于善安 刘国荣 解进 主编

新编高校体育与健康教程

（第三版）

立信会计出版社
LIXIN ACCOUNTING PUBLISHING HOUSE

图书在版编目(CIP)数据

新编高校体育与健康教程/于善安,刘国荣,解进主编.
—3 版.—上海:立信会计出版社,2019.7(2023.7 重印)
ISBN 978-7-5429-6216-4

Ⅰ.①新… Ⅱ.①于…②刘…③解… Ⅲ.①体
育—高等学校—教材 ②健康教育—高等学校—教材
Ⅳ.①G807.4 ②G647.9

中国版本图书馆 CIP 数据核字(2019)第 140053 号

责任编辑　方士华
封面设计　南房间

新编高校体育与健康教程(第三版)
XINBIAN GAOXIAO TIYU YU JIANKANG JIAOCHENG

出版发行	立信会计出版社		
地　　址	上海市中山西路 2230 号	邮政编码	200235
电　　话	(021)64411389	传　　真	(021)64411325
网　　址	www.lixinaph.com	电子邮箱	lixinaph2019@126.com
网上书店	http://lixin.jd.com		http://lxkjcbs.tmall.com
经　　销	各地新华书店		

印　刷	盐城市大丰区科星印刷有限责任公司	
开　本	787 毫米×1092 毫米	1/16
印　张	18.75	
字　数	510 千字	
版　次	2019 年 7 月第 3 版	
印　次	2023 年 7 月第 5 次	
书　号	ISBN 978-7-5429-6216-4/G	
定　价	42.00 元	

如有印订差错　请与本社联系调换

《新编高校体育与健康教程》编委会

主　编　于善安　刘国荣　解　进

副主编　李兴林　陈芝岭　王　骏　叶　鸣

　　　　胡志麟　黄建飞　蒋文怡

序　　　赵荣善

总策划　卞玉清

序

　　体育教育是高等教育的重要环节,是高等学校文化教育的重要组成部分。高校体育是集大学生身体及心理健康教育、思想道德教育、科学文化教育于一体的必修课程,是大学生学习掌握体育知识、技能,强身健体、磨练意志、增进健康的教育活动,是对青年学生进行培育和塑造的一个重要过程,是丰富校园文化生活、建设和谐校园的积极因素。

　　随着高等学校教育改革的不断深化,高等学校体育教育的改革和发展取得了前所未有的成就。高等学校体育工作应全面贯彻党的教育方针,深入贯彻《中共中央　国务院关于加强青少年体育增强青少年体质的意见》和《国家中长期教育改革和发展规划纲要(2010—2020年)》,把增强学生体质作为学校教育的基本目标,培养学生的终身运动习惯和健康的生活方式,广泛深入地开展"阳光体育运动"。高校体育不仅仅传授体育与健康的知识和技能,还应该在提高生活质量、生命质量、改进生活方式方面发挥其特有功能。

　　高等学校体育教材是实现学校体育教学目的与任务的重要载体,因此,编写符合当前高等学校教育改革形势需要以及大学生身心健康发展的体育与健康教材,是高等学校体育深化改革和校园体育文化建设的一项重要任务。为了全面推进素质教育,加强高等学校体育课程建设,提高体育教学质量,有关高校有丰富理论与实践经验的专家,根据《国家中长期教育改革和发展规划纲要》和教育部颁发的《全国普通高等学校体育课程教学指导纲要》的基本要求和精神,认真总结目前高校体育教学的现状,在遵循体育课程建设的客观规律、广泛参阅了众多优秀教材的基础上,结合高校体育教学和学生的实际需要编写了《新编高校体育与健康教程》。

　　本教材的编写以《全国普通高校体育课程教学指导纲要》和教育部、国家体育总局联合发出的《关于进一步加强学校体育工作,切实提高学生健康素质的意见》为导向,以"阳光体育"为抓手,以提高大学生的综合素质为宗旨。本教材融理论和实践为一体,以增强大学生体育与健康意识、掌握科学锻炼身体的基本方法为目的,树立"以人为本、健康第一、终身体育"的思想,引导大学生主动接受体育与健康教育,形成大学生热爱体育、崇尚运动、健康向上的好风气,不断提高大学生的健康素质。本教材突出了理论性、科学性、应用性和针对性,有利于指导大学生掌握体育基本知识、基本理论和基本技能。本教材在体育教育的理论和方法上有所创新,并从体育知识、体育教学、体育锻炼、体育趣闻等不同视角,引发学生对体育的兴趣。本书通俗易懂,图文并茂、结构完整、内容新颖,是适用于体育与健康理论课讲授和实践课教学的好教材,同时也是学生自学和课外阅读的好材料。

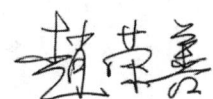

2017年5月

目　录

第三篇　休闲健身篇

第一篇　方法技能篇

第一章　短跑和中长跑
(Sprint & Middle and Long Distance Race)

本章提要：短跑是高速度的极限性运动项目，是田径运动的基础项目，短跑水平的高低体现了练习者神经中枢的灵活性和神经—肌肉系统的协调性，短跑是速度和力量的完美结合，给人以勇猛的表象。在学习短跑项目时，一定要循序渐进，在掌握技术的同时，不断提高跑速，以速度为中心，不断提高力量和技术的平衡能力。

中长跑是体能类竞技项目运动。运动员在比赛中，表现出良好的耐乳酸能力，有较高的有氧与无氧训练水平。练习中长跑对人的身体素质的完善、生理机能的提高、心理素质的健全起到了很大的推动作用，在全民健身活动中，更是一项人们喜闻乐见的体育活动。

通过中长跑技术与练习方法介绍及比赛欣赏等章节，希望你在中长跑的锻炼中，逐渐达到：健身、健体和健心。

短跑是田径运动的基础项目，短跑的竞赛项目有男、女 100 米、200 米、400 米，4×100 米和 4×400 米接力跑，因此，短跑也是田径比赛中竞争十分激烈的项目。除了竞赛之外，短跑运动又被广泛用作以健身为目的的健康锻炼。短跑运动动作结构简单，易学易练，不受年龄、性别、场地条件的限制。经常练习短跑，可以提高神经、肌肉、关节的灵活性；增强肌体负氧债的能力；提高神经—肌肉系统的能量储备和抗乳酸能力；使人始终保持充沛的精力和快速反应的能力。

第一节　短跑技术与练习方法
(Skills of sprint and exercise)

一、起跑和起跑后加速跑的技术（skills of starting and speed up）

起跑的任务是最大限度地发挥自身的力量以获取向前冲力，使身体迅速摆脱静止状态，为起跑后的加速创造条件。起跑后加速跑的任务是保持合理的身体姿势，充分利用向前的冲力，在加速跑段距离内尽快地达到或接近自己的最高速度。

根据竞赛规则规定，短跑项目必须采用"蹲踞式"起跑姿势。因此，起跑器的正确安装和使用显得尤为重要。通常，起跑器的安装采用"普通式"方法，前起跑器离起跑线约一个半到两个脚掌长，后起跑器到前起跑器之间的距离约为一个到一个半脚掌长。运动员应根据本人的身高、体型、训练水平等具体条件调整起跑器之间的距离。

起跑动作包括"各就位""预备"和"鸣枪"三个过程。

"各就位"。当听到"各就位"的口令后，应该先做几次深呼吸，然后精神饱满地走到起跑器。先把两手手掌撑在地上，双脚（有力脚在前）前脚掌依次踩在起跑器上，后膝跪在地上成支撑姿势，再放松一下手、臂、肩，两手置于起跑线后。两手的四指应该并拢（或稍分开）与拇指成"八"字形，拇指相对，两手之间的距离与肩同宽。两臂伸直，肩与起跑线齐，颈背放松，头自然下垂，集中注意力听"预备"的口令（见图Ⅰ-1-1）。

图Ⅰ-1-1　各就位

"预备"。当听到"预备"的口令以后，应该深吸一口气，然后憋住气。同时，平稳地抬起臀部使其略高于肩，身体重心适当前移。两脚前脚掌紧贴起跑器，头与躯干保持自然姿势，集中注意力听鸣枪的信号（见图Ⅰ-1-2）。

图Ⅰ-1-2　预备　　　　　　　　图Ⅰ-1-3　鸣枪

"鸣枪"。当听到鸣枪信号以后，双手应该迅速推离地面。两臂积极有力地前后摆动，两腿依次用力蹬离起跑器。后腿蹬离起跑器后迅速以膝部领先向前上方摆出，后腿前摆时，脚跟要尽量靠近臀部，以缩短摆动半径，加快摆动速度。这时，前腿继续用力蹬起跑器，当髋、膝、踝三关节充分蹬直时，后腿也前摆至最大限度。此时，上体仍保持较大前倾，后腿摆至最大限度后，大腿积极下压，用前脚掌在身体重心投影点的后下方落地，这是起跑的关键技术（见图Ⅰ-1-3）。

起跑后加速跑是衔接起跑和途中跑的重要跑段，这一跑段的距离约30米左右，直接关系到最快速度的发挥。在蹬离起跑器后，应该保持良好的身体前倾姿势，两臂积极有力地快速前后摆动，两腿用力蹬地，上、下肢协调配合。在加速跑的开始阶段，上体前倾较大，随着步长和速度的不断增加，上体应逐渐抬起，直到转入途中跑的正常姿势。在加速跑段，不应有任何停顿和跳跃现象，这是起跑后加速跑的技术关键，大腿积极下压的速度和力度直接影响到加速跑的效果（见图Ⅰ-1-4）。

图Ⅰ-1-4 起跑后加速跑

二、途中跑的技术(skills of running)

　　途中跑是短跑全程中距离最长的段落,其技术的合理与否决定着短跑成绩的优劣。途中跑的任务是继续发挥和保持加速跑段所获得的速度,并努力以最快速度跑完全程。途中跑的速度主要取决于两腿蹬摆的效果、上体的正确姿势和两臂动作的正确配合,以及肌肉用力和放松交替的能力。跑的动作包含支撑和腾空两个时期。一次支撑和一次腾空称为一个周期,一个周期中,每条腿都经过一次支撑和一次摆动(见图Ⅰ-1-5)。

图Ⅰ-1-5

　　摆动期:当支撑腿蹬离地面后,即进入摆动期,在摆动期,大腿完成折叠前摆和积极下压动作。折叠前摆的动作要领,是在大腿积极前摆的同时,脚跟应尽量向臀部靠拢,完成大、小腿的折叠动作,使大腿在尽量小的摆动半径的前提下快速前摆,在最短的时间内摆到个人力所能及的最大高度,为大腿的积极下压作好准备。积极下压的动作,是在大腿摆到最大高度后,带动小腿积极下压,同时,膝关节要保持自然放松,在大腿的带动下,迅速以"鞭打"式下压,脚尽量以与跑道相切的最佳方式接触地面,以减少着地时产生的阻力。完成以大腿为主导、大腿、小腿、脚和髋、膝、踝三关节协调配合的快速有力的积极下压动作。

　　支撑期:当摆动腿积极下压与地面接触后到脚蹬离跑道为止为支撑期。支撑期是身体重心获得移动速度的主要动力来源,脚与跑道接触后的运动方式和力度直接影响到身体重心的移动速度,因此,当脚接触跑道后应以大腿带动小腿积极伸髋,迅速有力地完成"趴地"动作,以最短的时间结束支撑期。积极的"趴地"动作可以推动身体重心快速前移。

　　手臂和躯干动作:在整个途中跑段落躯干应始终保持正直或略前倾,双目平视,以维持身体的平衡。

两手掌心相对,四指自然弯曲,同时两臂弯曲以肩为轴、以肘为用力点前后摆动。前摆时,手的高度不超过下额,肘关节的角度约 90°;后摆时,肘关节的角度约 130°,高度不超过肩。正确快速而富有节奏的摆臂动作不仅能维持身体左右平衡,而且能带动下肢的同步节奏(见图Ⅰ-1-6)。

图Ⅰ-1-6

弯道跑:200 米和 400 米跑中有 60% 左右的距离要在弯道上跑,所以,弯道跑的技术十分重要。弯道跑的技术与途中跑技术基本相同,由于弯道跑要克服离心力的作用,所以,在弯道跑时,躯干应向左倾斜,右臂和右腿的摆动幅度都要超过左侧,支撑腿的落点尽量靠近跑道的内沿线。

三、练习方法(exercise)

短跑的锻炼是以整体提高速度和速度耐力为核心,通过速度、力量、耐力的分层次练习以及练习量和练习强度的重复叠加的方法,促进速度和速度耐力的逐渐提高。当然,刚开始练习时,练习量和练习强度均不宜过大,应该以提高心血管系统循环代谢能力的耐力练习为主。随着代谢能力的提高,逐级提升练习量和强度,由有氧向有氧—无氧结合过渡,最后达到以无氧为主的有氧—无氧结合练习。以适应—提高—再适应—再提高的原则,练习量和强度以波浪式递增,促使运动水平螺旋式提高。

技术练习的方法:放松自然的大步跑、由慢到快的加速跑、高抬腿跑、小步跑、跨步跳等专门性练习是学习和提高短跑技术的有效锻炼手段,通过 20～40 米不同强度的跑的练习,可以有效地促进技术的掌握和提高。

速度练习的方法:通常,速度锻炼是指位移速度的锻炼,而动作速度是位移速度的基础。在实施速度锻炼方案时,应该先把跑的动作分解成多个环节,通过单一的肌肉力量练习和专门性练习相应地提高环节运动速度,然后再通过各段落的快速跑来提高位移速度。可以采用 20～40 米快节奏的高抬腿跑、小步跑、跨跳等专门性练习;也可以采用 30～60 米的加速跑和 20～30 米的行进间跑等快速跑。练习的重复次数少但强度要大。

速度耐力的练习方法:速度耐力的锻炼主要是各种距离的较快速度跑。可以采用 30、60、100、150 米的间歇跑;也可以采用 150、200、250、300 米的变速跑和 100～500 米的重复跑。初学者可根据不同的水平和能力,设计不同强度、不同段落的各种组合。总的设计原则是循序渐进,段落由长到短;强度由小到大;重复次数由少到多。

力量的练习方法:短跑的肌肉力量锻炼是一项比较重要的内容,肌肉力量的增强有助于加快动作速度。通常的练习方法有:负重半蹲、深蹲(练大腿前肌);负重对抗外力的俯卧屈膝(练大腿后肌);卧推和快速挺举(练上肢伸肌);以及各种负重跳跃(练下肢综合力量)等。负重量和重复次数应根据练习者的初始水平和奋斗目标作相应设计。

第二节 短跑比赛欣赏
(Enjoyment of sprint game)

短跑作为一项体育运动,同时具有竞技性和观赏性,优异的短跑技术给人以美的享受。短跑的技术动作合理与否有两个评判标准，即经济性和实效性。所谓经济性，是指在完成技术过程中，既获得了优异的运动成绩又动用了最少能量；实效性是指在完成技术动作时，能在技术的关键环节动用最大力量以获取最佳效果。在观看短跑比赛时，运用正确的技术概念仔细观察运动员的技术，就能发现跑在对手前面的选手，通常相对跑得轻松、动作自然协调、毫不费力就能跑完全程。技术形态通常表现为大步幅、快节奏、动作连贯性强并且没有多余动作、大腿在支撑和腾空交替过程中没有停顿感，体现了较好的经济性和实效性。当然，也不难发现有些选手跑步动作很僵硬，但是速度很快，这只能说明这些选手的技术动作含有较强实效性的个人特点，如果在经济性方面加以改善，把在短时间内可以动员的有限能量追加到个人特点上，或许可以取得更好的运动成绩，把更美好的姿态贡献给观众。

短跑发展的趋势：经历了几百年的运动实践，短跑运动从生活劳动、休闲健身，发展成为展现人类极限能力的竞技项目，百米的顶尖级人物都被冠以"飞人"的美誉。短跑运动是以个人的技术和快跑能力决定胜负的，当前，短跑运动技术的发展趋势是向着自然、协调、快节奏的方向演化，以充分挖掘最快速度为基础、培养保持高速度跑的能力为目的，建立起相关肌肉的力量水平、合理的个人技术和快速有效的能量供应系统之间的平衡。

完美的节奏是在竞争中获取全胜的首要武器，节奏是步长、步频、力量和协调能力的有机结合，是实效性的具体体现。在短跑比赛过程中，需要在最短的时间内发挥个人最快的速度，能否及时足额地发挥最快速度完全取决于节奏这一环节。

短跑是田径比赛中竞争十分激烈的比赛项目，在短短 10 秒左右的时间内，跑完 100 米的距离，运动员既紧张，又轻松，自然地飞驰在跑道上，充分体现出速度与协调的完美统一。

短跑比赛，运动员都要从固定的起跑器上起跑，听到发令枪响后，迅速起动，跑向终点。如果运动员两次抢跑，即在发令枪响之前跑出，就要取消比赛资格。运动员一般跑到 30 米以后，才能发挥出最高速度，然后保持，直至最后跑过终点。由于速度飞快，运动员几乎是齐头并进冲向终点线，所以，目前都借助于电子自动计时来判读成绩，有时仅仅是百分之一秒，才能分出谁是真正的金牌获得者。

200 米和 400 米比赛，运动员要跑过一个或两个弯道。由于外侧跑道半径相对内侧跑道半径要大，为了保证运动员都跑相等的 200 米或 400 米距离，且在同一条终点线上分出胜负，所以在起跑时，除第一道（最里面一道）运动员在原起跑线上起跑外，其他几道运动员都要相应地向前延伸一段距离，用来减去因外道半径大而比第一道运动员相应多跑的距离。因此，在观看 200 米和 400 米比赛时，运动员起跑都不在一条线上，越是外道运动员，其起跑位置向前延伸距离越长。

请你判断：某队员在 4×100 米接力赛交接棒时失误，接力棒掉在接力区以外，没有交到同伴手中，他拣起后交给同伴继续完成比赛，并获得第三名，裁判能否判该队犯规。

短跑除个人比赛项目外，还有十分精彩的 4×100 米和 4×400 米接力集体比赛项目。4×100 米接力比赛，每队由 4 名运动员组成，每个运动员跑 100 米。第一棒运动员带接力棒起跑，其他几名运动员分别站在第二棒（100 米）、第三棒（200 米处）、第四棒（300 米处）的交接棒区域前，交接棒区域为 20 米，其前面可以有 10 米的预跑区。在 20 米规定的区域距离内，前面的运动员要准确平稳地把接力棒传交给后面的运动员，后面的运动员可以在 10 米预跑区内适时迅速起动，争取在交接棒的 20 米区域内，发挥出自己最快速度时接过接力棒，再跑向下一名运动员处。如果交接棒时不到或超出 20 米规定区域，就算犯规，取消比赛成绩；如果掉棒，在不影响其他队运动员正常比赛的情况下，可以仍由掉棒运动员捡起来再跑。最后一棒运动员接过棒后，全力向终点跑去，最后一棒运动员往往也是全队中跑得最快的运动员。因此，欣赏接力比赛，既观看运动员个人跑的技术风采，同时又观看全队集体配合的协调和准确。4×400 米接力比赛，同样由 4 名运动员组成，每个运动员跑 400 米，运动员都在起终点线处完成交接棒。第一棒运动员是分道跑,第二棒运动员接过棒后,必须按分道跑过第一个弯道,在经过设在直道和弯道交界处附近的抢道线标志后,才可以插入里道跑进。等待接棒的运动员,必须根据本队运动员跑过第二个弯道进入最后一段直道的先后次序,由裁判从里道向外道按次序确定接棒位置。

研究与实践

课题名称:步长和步频对速度的影响

1. 研究目的:速度是短跑的灵魂,是步长和步频统一的体现。任何级别的短跑运动员都有其相对统一的步长和步频,成绩的提高依赖于步长、步频的完美组合。

2. 研究方法:采用光电记时器分段记时,同步完成摄影。(或人工计时,目测计步)

3. 研究对象:不同级别的短跑运动员。样本越大,可信度越高。

4. 数据处理:把分段记时和同步摄影的结果数字化,归类后进行统计分析。

5. 分析报告:运用统计处理后的数据完成分析报告。

参考文献

[1]王坦,等.田径运动高级教程[M].北京:人民体育出版社,1994.

(沈建廷)

第三节　中长跑
（Middle and long distance race）

中长跑是中跑和长跑的统称,是古代奥运会比赛项目之一,现代奥运会正式的中跑比赛项目有:男子和女子 800 米、1500 米;长跑的比赛项目有:男子 5000 米、10000 米,女子 3000 米、5000 米、10000 米。

由于中长跑属体能类运动,作为一名大学生,长期进行中长跑练习,能增强与提高心血管系统、呼吸系统、消化系统、神经系统等功能,并有助于培养坚定的意志、顽强的斗志,塑造完善的个性心理特征,适应各方面的挑战。

一、中长跑技术和练习方法
(skill and practice method of middle and long distance race)

中长跑各种距离跑的技术与短跑技术无本质的区别,然而,随着距离、跑速及强度的不同,在用力的程度、动作的速度与幅度等方面,短跑最大,中跑居次,长跑最小,而在经济地使用能量和跑的全程始终保持正确技术等方面,长跑的要求又是最高。

经济性和实效性是体现中长跑技术合理与否的重要标志。为了节省能量的损耗,在中长跑时应要保持适度放松,不要有任何部位的紧张。为了提高动作的实效性,跑步时要努力做到蹬摆协调,方向正,上体保持正直或稍前倾,前倾的角度在 5°左右。这种上体姿势对发挥蹬摆力量有利,并能保持自然步长,前倾过大或后仰,都会造成紧张。运动员通过适宜的后蹬角度、正确的用力顺序,加快了身体重心前移的速度和幅度。

正确的摆臂有助于两腿的蹬地和摆动,并帮助维持身体平衡,增加腿部动作的速度。摆臂时,两手自然半握拳,大小臂弯曲约成 90°,以肩为轴,前后自然摆动。

脚着地的方式有三种:一种是前脚掌外侧着地过渡到全脚掌,另一种是用前脚掌着地,还有一种是用全脚掌着地。无论哪种着地方式,脚着地点应距身体重心较近些,脚尖应正对跑进方向,脚向外或向内偏都是不对的。

由于中长跑持续的时间较长,人体为达到所需要的通气量,应掌握正确的呼吸方法。在正常情况下应坚持采用鼻子吸气、嘴巴呼气的方法。一般是两步一呼气,两步一吸气;也有三步一呼一吸的。在每个呼吸周期中,必须充分地呼气才能保证所需的吸气量。

中长跑时由于内脏器官工作条件的改变,氧气的供应落后于肌肉活动的需要,产生了缺氧的现象,往往会出现呼吸困难、节奏紊乱、两腿无力、跑速下降、有难以继续跑进的感觉,这种现象称为"极点"。"极点"是中长跑过程中的正常生理指标反应,也叫"第二次呼吸"。它与准备活动的程度,跑速的变化,内脏功能适应运动的能力等都有关。如运动员训练水平高,内脏器官的适应性强,其"极点"现象的出现,就比较缓和和短暂。当"极点"出现时,一定要以顽强的意志品质坚持跑。加深呼吸,特别是加深呼气,调整跑速尽力保持已跑出的节奏,跑一段距离后,难受的感觉就会减轻,呼吸也会逐渐均匀。

对于大学生来说,掌握了有关的练习方法,能更科学地、有效地进行跑步锻炼。为了达到事半功倍的效果,应遵循以下几点。

从实际出发:锻炼者要根据本身的身体状况,确定跑多少米、跑的强度、每周练几次、每次练习多长时间,使锻炼负荷适合自己的健康水平。

循序渐进:锻炼的效果不可能一蹴而就,而是一个漫长积累的过程。因为人体运动能力、机能能力的提高,遵循着生物学的适应原理。

持之以恒:跑步的目的,是使人体各器官系统的机能得到增强,但人体各器官系统机能提高的原则是"用进废退"。必须经过持续不断的锻炼,才能对有关的器官系统的提高起作用。如"三天打鱼,两天晒网",这对锻炼的效果而言,微乎其微。

方法多样:由于中长跑是项周期性运动,在固定的场地,老是围绕相同的跑道,进行练习,同学们会感到枯燥无味,神经疲惫,因此可采用一些游戏、比赛或越野跑的形式以激发锻炼兴趣。

科学锻炼:我们锻炼是为了增强体质,塑造健美的体型,培养顽强的意志品质。因此,我们对身体所承受的负荷要做到心中有数,尽量能科学控制。关于负荷量及强度的测量有多种方法,现介绍三种。

在规定的跑段内计时,如围绕 400 米操场跑了四圈,花费了多少时间(可用秒表直接计时);

在规定的时间内跑了多少米,如在 10 分钟内我们围绕操场跑了多少圈;

测运动即刻心率,跑完即测心率,得出 10 秒钟的脉搏数,然后乘以 6,即每分钟的心率。据生理学研究得出,运动即刻得出的不同心率,表明身体承受的不同强度:

144 次/分以下,属于小强度;150 次/分以上,属于中强度;

180 次/分以上,属于大强度。

运动后 5～10 分钟时脉搏恢复情况与运动负荷关系如下:

小运动负荷——恢复到运动前脉搏;

中运动负荷——较运动前快 2～5 次/10 秒;

大运动负荷——较运动前快 6～9 次/10 秒。

通过脉搏测定,结合自我感觉,进行调整和采纳。

二、中长跑的比赛欣赏（enjoyment of the middle and long distance race）

中长跑比赛除了800米以外,其余均是不分道的比赛项目。往往同一赛次的运动员在一组争逐,为了便于区分,在赛前,裁判员将每位运动员编上小号码,然后将这小号码贴在比赛服装易辨认的规定部位上。

起跑和起跑后的加速跑:

中长跑起跑按"各就位""跑"(鸣枪)两个口令进行,除800米外,其余项目的起跑均是不分道,并在弯道上进行,运动员一般采用半蹲踞式或站立式起跑;

起跑后(特别是前50米)任何时候都应快跑(但应注意避免碰撞或踏伤),一方面可以很快获得必要的跑速,另一方面还可以摆脱密集的运动员群。

发展趋势:对于中长跑运动来说,决定专项成绩的因素是速度和速度耐力水平。从当今中长跑技术和发展趋势来看,运动员要在比赛中战胜对手取得好成绩,必须具备较快的速度能力和良好的速度耐力。

匀速跑:

如此时运动员处于良好的竞技状态,而对手有突出的冲刺能力。运动员通常在起跑后,主动占据领先位置,然后采用均匀高速跑和最后的冲跑,这要求运动员严格按照预定计划通过全程,这是较省体力的跑法,对创造成绩有利。

领先跑:

如运动员的耐力好,速度差,往往占据领先跑的位置。但这对运动员的专项耐力和顽强的意志品质是个考验,因为领跑者花费的体能要比跟随者大得多,尤其在逆风的情况下。既要发挥自己的特长,持续以较高速度跑,又要防止后来者居上,要想方设法随时摆脱对手。

跟随跑:

此类运动员位于领先者后面的位置,并注意领先者及其他对手的情况,准备好随时都预备用力加速,摆脱包围等。这种战术要求运动员自信心强,与对手成绩相差不大而本人速度较快,冲刺能力较强,特别是400米比赛时运用较好。一开赛,通过高速跑的能力取得第二、第三的位置,然后紧紧咬住不放,直到最后冲刺段超越前者。

变换速度跑:

有一种是短而频繁的冲跑:这只有优秀的中长跑运动员才能胜任。最适合冲跑的时机,是在对手加速结束,被拉开的距离已经缩短,并逐渐赶上了领先者时,此时运动员加速,就能将原来的领先者远远地甩在身后。因为此时,对手已无力再进行冲跑了;

还有一种在赛中体现专门设计的速度节奏跑:在顺风段按自己的节奏快速跑,在逆风段就跟随跑;在弯道上跟随跑,弯道下直道时加速,在直道上快速奔跑,超越对手。

有目标的破坏性战术:

当参加比赛的同组对手水平相同,比赛的目的是为了夺取好名次时,有的运动员起跑后,强占领先位置,一会儿快,一会儿慢,引诱跟随的队员,将其正常跑的节奏被打乱,最终目的将其拖垮;

当同组选手有两名或两名以上的同队战友,按照赛前制定的计划,在不同阶段,由本方队员进行领跑或轮着领跑来打乱对手的节奏,使其生理和心理上承受负担过大,能量消耗剧增,疲劳提早出现,使其难以抗衡,通过队友的牺牲战术,掩护了主要选手,保证了本方夺冠人物及时出击,获得胜利。

俗话说,艺高才能胆大,只有运动员掌握熟练的运动技术,具备良好的身体素质和坚强的意志品质,才能有效地贯彻和运用战术,合理地分配跑的速度和体力。

请你判断：我组有两位运动员要参加1500米比赛,一位运动员的速度好,但耐力差,另一位运动员耐力好,但速度差,请你判断一下,他们分别要采用何种战术?

终点冲刺:

不同项目的冲刺距离各异,800米跑是在最后200～250米处开始冲刺,而在此之前的直道上,运动员都纷纷想占据出击的有利位置。1500米比赛的冲刺距离是离终点的300～500米。5000米和10000米跑时,是在最后的600～1000米处开始冲刺,随着运动水平的提高,中长跑运动员都逐渐具有用最快速度跑最后段落的习惯,当领跑者率先进入最后400米处,裁判员打铃示意,各位选手竭尽全力,在众多的"加油"声中,冲向终点。

研究与实践

课题名称:浅谈我校大学生练习长跑的益处

1. 研究目的:探讨我校学生在素质教育的实施中,练习长跑对其生理、心理的影响,对其全面和谐发展所起的作用。

2. 研究对象:在读的本校大学生。

3. 研究时间:一个学期或一个季节。

4. 研究方法:文献资料法、调查访问法、观察法、数理统计法等。

5. 预期结果:坚持长跑能对其生理、心理产生良好的作用,并对其全面和谐发展起到了积极的推动作用。

参考文献

[1] 文超.田径热点论[M].北京:人民体育出版社,1996.

[2] 田麦久.运动训练学[M].北京:人民体育出版社,2000.

（杨学军）

第二章　跳高（High Jump）

> **本章提要**：跳高在田径运动中属于非周期性运动项目，按其用力特点则属于克服垂直障碍的速度—力量性跳跃项目，也是深受广大青少年喜爱的体育活动。经常进行跳高练习，能促进人体力量、速度、柔韧和灵敏等机能不断增强，提高下肢关节的灵活性和活动范围，使肌肉、韧带的伸展性、弹性以及身体各部位得到充分的锻炼，同时也使神经系统、指挥控制能力得到明显的提高。

跳高在田径运动中属于克服垂直障碍的跳跃项目，人们参加跳高锻炼或比赛，就是尽可能使身体越过最高的高度。

研究表明，如果没有助跑进行原地跳高，身体重心仅能腾起70厘米左右，而利用助跑速度的起跳，身体重心的腾起高度能达到1米以上。因此，进行跳高练习时，助跑才能跳得高。

经常进行跳高锻炼，首先，有利于人体下肢的骨骼、肌肉的生长，促使人体形态和内脏器官功能正常发育；其次，能促进人体力量、速度、柔韧和灵敏等机能不断增强，提高下肢关节的灵活性和活动范围，使肌肉、韧带的伸展性、弹性以及身体各部位得到充分的锻炼；同时也使神经系统、指挥控制能力得到明显的提高。

第一节　跳高技术与练习方法
（Skills and exercise of high jump）

在田径运动各个项目中，跳高是技术发展比较突出的一个项目。跳高的过杆姿势经历了跨越式→剪式→滚式→俯卧式→背越式这样一个演变过程。

一、背越式跳高技术特点（technical characteristics of back style）

人体通过助跑、起跳，以背对横杆的姿势越过横杆并以背先着垫的方法叫背越式跳高。完整的背越式跳高技术由助跑、起跳和过杆落地三个部分组成。

适当的助跑跳高，助跑方向与横杆形成的合理角度，正确有效的助跑姿势，是助跑时应注意的要点。

背越式跳高采用弧形助跑，用摆动腿一侧靠近横杆助跑。助跑前段为直线，后段为弧线，前段和后段助跑一般都为4～5步。前几步助跑与普通加速跑相似，转入后几步弧跑时，随着助跑速度的逐渐加快，身体内倾程序是背越式跳高助跑的关键。以锻炼为目的的练习者，通常可采用走步丈量法来丈量助跑点。先确定起跳点。起跳点位置：大多数离近侧跳高柱1米，离横杆投影面50～80厘米。

从起跳点向助跑一侧平行于横杆的方向，自然地走 4 步，然后向助跑起点方向（与横杆投影面垂直），用自然步走 6 步，此处做一标记，再继续向前走 7 步，即是起跑点。经过反复多次的实践和调整，最后固定下来（见图Ⅰ-2-1）。

背越式跳高的起跳在起跳脚踏向起跳点时，要求保持身体的内倾姿势，积极向前送髋，同时向前移动躯干，然后起跳腿以大腿带动小腿积极下压着地。着地时，起跳脚外侧跟部先接触地面，接着迅速通过脚的外侧滚动至全脚掌，脚尖朝向弧线的切线方向。随着身体向内倾转为垂直，迅速完成缓冲和蹬伸动作。蹬伸动作依次由髋、膝、踝顺序用力，躯干和三个关节充分伸展，运动员顺势向上跳起。

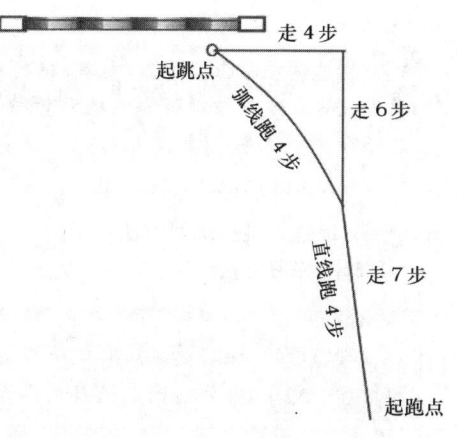

图Ⅰ-2-1　弧线助跑简易丈量法

为了增加起跳的效果，在起跳过程中，要注意摆动腿以及手臂的协调配合。背越式跳高基本采用屈腿或折叠式方法。通过摆动的加速和减速的节奏变化，能对起跳产生积极的动作效应。摆臂的方法有双臂摆动和单臂摆动两种，无论采用何种摆动方法，都要求快速、充分，与摆动腿的摆动协调配合。

起跳腿蹬离地面后，身体应保持充分伸展的姿势向上腾起，同时在摆动腿和同侧臂的带动下，围绕身体纵轴旋转，使身体转向背对横杆。当头和肩越过横杆以后，及时地仰头、倒肩和展体，并利用身体重心向上的速度，收腿挺髋，形成身体的背弓姿势，这时，两腿屈膝稍后收，两臂置于体侧，这样有助于缩小半径，加快围绕身体额状轴的旋转。当身体重心移近横杆时，则应做相反的补偿动作，即含胸收腹，控制上体继续下旋，同时以髋部发力，带动大腿和小腿加速向上方甩腿，使整个身体脱离横杆。

落地技术比较简单，在向后上方甩腿之后，保持屈髋伸膝的姿势下落，最后以背部或背的上部落于海绵坑，落坑后做好缓冲动作，防止受伤。

> **资讯窗**：决定跳高成绩的主要因素：运动学因素（腾起初速度、腾起角度）、动力学因素（下肢伸肌最大快速力量、下肢退让收缩能力）、身体形态（身高、下肢长）、心理因素（动机、焦虑水平）。

二、跨越式跳高技术特点（technical characteristics of scissors jump）

跨越式跳高技术简单易学，对场地、设备条件要求不高，因此，容易在群众体育和学校体育教育中推广和运用。

跨越式跳高从侧面采用直线助跑，摆动腿一侧靠近横杆，约成 30°～40°。助跑 6～8 步，随着技术的掌握和体能水平的提高，助跑步数可以适当增加。

助跑应采用自然跑进的方法，节奏逐步加快，最后一步依靠摆动腿积极有力的蹬摆，顺势地完成起跳动作。向上腾起时，上身应保持正直姿势，两臂充分上摆。

当摆动腿过横杆时，做内旋下压动作，同时，起跳稍向外旋，并迅速向上抬起。此时，除两腿做一下一上的补偿运动之外，起跳腿同侧臂向下、向后摆动，带动上体适度前倾并稍向横杆方向侧倒和扭转，帮助起跳腿和同侧髋部摆脱横杆，完成过杆动作。

过杆后，身体侧对横杆，用摆动腿先落于沙坑。

三、跳高练习方法（exercise of high jump）

练习跳高时，人体反复经历腾空和落地的过程，因落地不好，导致受伤的事例很多，所以，练习前，必须检查场地，注意安全。练习跨越式时，落地区的海绵尽可能厚而松软。练习背越式时，首先要掌握正确的落地动作，其次要检查海绵包是否达到规定的宽度和厚度。

(一)背越式跳高练习方法

1. 起跳练习方法

(1)原地起跳模仿练习:练习前,要确定起跳腿。通常,有力的腿,即最后用力蹬地、使人体腾空的腿,称为起跳腿,另一条腿则称为摆动腿。预备姿势为起跳腿在前,摆动腿在后,两臂屈肘引向体后,身体稍后倾。原地起跳时,摆动腿积极蹬地,使身体重心快速移向起跳点上方,并注意以髋带腿、大、小腿折叠,屈腿向上摆起,同时,两臂由后向上摆起,摆臂结束时,带出同侧髋,提起身体重心;摆臂练习时,提高两肩,使摆动腿一侧肩高于起跳腿一侧肩,躯干快速伸展,起跳腿充分蹬直。

(2)上一步起跳练习:摆动腿在前,起跳腿向前踏上起跳点,摆动腿积极蹬离地面起摆,完成起跳动作,并用力向上跳起。

(3)三步助跑起跳练习:摆动腿在前,起跳腿向前跨出着地支撑,使身体重心迅速前移,并积极后蹬,接着摆动腿向前跨出,用前脚掌或平脚掌落地积极过渡到后蹬,同时,起跳腿一侧手臂摆向前面,摆动腿一侧手臂留在体侧,而起跳腿一侧手臂拉向身后,然后,两臂与摆动腿一起向上摆起,同时,积极蹬伸起跳腿向上跳起。

2. 助跑与起跳相结合的练习方法

(1)沿着直径约15米左右的圆圈,进行助跑练习,体会向内倾斜的身体感觉。

(2)练习直线进入圆圈跑,体会身体由正直逐渐转入向内倾斜。

(3)沿圆圈做3~5步的起跳练习。助跑时,身体向内倾斜,后两步加快节奏,做好起跳动作,积极向上跳起,腾空后,身体自然沿纵轴旋转。

(4)3~5步助跑起跳,用头或摆动腿的膝部触高物,随着技术的熟练和能力的提高,逐渐递升高物的高度。

(5)3~5步助跑起跳,用摆动腿同侧手摸高物。

(6)3~5步助跑起跳,腾起后仰卧在铺海绵的高平台上。

3. 学习过杆技术

(1)对着齐腰高的海绵包,成起跳结束姿势,然后随着身体转向背对海绵包,同时做摆动腿下放、倒肩、展体、挺髋动作,最后用肩背落在海绵包上,成过杆时的背弓姿势。

(2)3~5步助跑起跳,背卧上较高的海绵包,完成背弓姿势,两小腿自然下垂。

(3)背对海绵包站立,原地双脚起跳,做挺髋、过杆模仿练习,注意收腹和上踢小腿协调配合。

(4)3~5步助跑背越式越过较低高度的横杆,反复练习,待技术熟练后,再逐步递升横杆高度。

4. 练习全程助跑起跳后过杆

(1)全程助跑(8步)对着高横杆做起跳练习。

(2)全程助跑起跳,背卧在铺海绵的高平台上。

（3）全程助跑起跳后背越式过杆。

（二）跨越式跳高练习方法

跨越式跳高通常采用完整练习法。练习时，要确定合适的助跑角度和起跳点，掌握合理的助跑速度和助跑节奏。速度过快，助力过大，起跳点不易准确，反而跳不高。

第二节　跳高比赛欣赏
（Enjoyment of high jump）

跳高运动发展趋势：当前跳高运动的发展趋势逐渐趋向于以速度为核心，其特征就是突出一个"快"字，即要求助跑速度快、起跳速度快、过杆速度快。

跳高是一项助跑后必须单脚起跳，越过一定高度横杆的竞技项目。每轮比赛之后，横杆提升不得少于 2 厘米。当比赛只剩下最后一人时，裁判员可征求其意见，确定自己所希望的提升高度。运动员可以选择任何一个高度开始起跳，但连续 3 次失败，即失去继续比赛的资格。

在大型的田径比赛中，跳高比赛的时间要长达 3 小时左右，运动员大部分时间是在运动员休息区域，一边想象正确的技术，一边做些轻松的身体活动，等待自己的试跳。这时，运动员可根据参赛人数、对手水平、本人实力等种种因素，合理安排比赛战术，根据具体情况，在不同高度提出免跳，一旦在某一高度请求免跳后，则不能再在该高度上恢复试跳。如在某一高度上连续两次失败，第三次试跳前仍可提出免跳，但下一高度只能有一次试跳机会。

比赛中，遇到下列情况为失败：① 试跳后身体碰到横杆使横杆掉落；② 在越过横杆之前，身体任何部分触及立柱之间、横杆延长线垂直面以外的地面或落地区域；③ 双脚起跳。试跳后，若身体明显没有碰杆，而是由于风将横杆吹掉时，成绩有效。助跑途中，横杆掉落时，还可再跳一次。运动员可自己选择决定助跑的距离和方向，在助跑和起跳区域确定标志物，起跳后，可用任何姿势越过横杆。

为了提高比赛的观赏性，使比赛时间更紧凑，运动员每次试跳都有时限的规定，一般为 1 分钟。在规定时间里不完成试跳，也要被判为失败。

跳高比赛的名次按所跳高度的顺序排定，高者名次靠前。成绩相等时，同等高度试跳次数少的人排前，上述情况仍不能决定名次时，无效试跳少的人排前，前面所述情况都相同，还不能决定名次时，第二名以下可并列名次。如果是涉及第一名，应再进行一次试跳，都成功了，再递升一个高度，都失败了，再下降一个高度，每个高度，每人一次机会，直至决出第一名。

研究与实践

课题名称：对我国部分优秀男子跳高运动员起跳技术的生物力学分析

1. 研究的目的和意义：现阶段影响我国跳高水平提高的主要因素是助跑最后一步差异和起跳技术落后的影响，为此，我们拟采用运动学、动力学相结合的手段，对部分优秀运动员进行分析，从而为我国跳高训练提供理论依据。

2. 研究的对象与方法：以 10 名优秀男子跳高运动员为研究对象，采用两部 JVC 高速摄像机进行三维立体拍摄，借用 PACK 框架进行运动学解析；采用 KESTELE 测力台对起跳技术进行动力学测试。所得数据采用 SPSS FOR WINDOWSE 社会科学统计软件进行统计学处理。

3. 预期结果：a. 寻找出阻碍成绩提高的主要运动学因素；b. 寻找出阻碍成绩提高的主要动力学因素；c. 探讨运动学与动力学间的相互关系及改进运动学特征对动力学特征和起跳效果的影响。

4. 结题报告书写格式：a. 题目的目的和意义；b. 研究的对象与方法；c. 课题研究成果（收获）与感想（建议）；d. 研究小组的人员组成与分工；e. 专家意见。

参考文献

［1］文超.田径高级运动教程［M］.北京：人民体育出版社,1994.

［2］全国体育学院教材委员会.田径运动教程［M］.北京：人民体育出版社,1999.

［3］中国田径协会.1998 年田径竞赛规则［M］.天津：天津人民出版社,1998.

（成万祥）

第三章　跳远（Long Jump）

本章提要：跳远是通过高速助跑的冲击，迅速地改变运动方向，以争取更大远度效果的运动。跳远运动属于速度力量型项目。因此，经常从事跳远运动，可以发展练习者的速度、弹跳、意志力以及协调性。本章主要介绍跳远的基本技术和跳远的主要练习手段与方法。通过学习提高对跳远运动的认识和欣赏水平。

跳远是助跑后在起跳板上以单脚起跳、腾空，最后以双脚落入沙坑的远度竞赛项目。由于跳远是全身协调的运动，几乎全身的肌肉都要参与用力。因此，经常适量地参加跳远运动，可以提高腰部和腿部的肌肉力量，而健壮了的肌肉，不仅可以增加关节的稳定性，还可以承担运动施加于关节的一些压力，从而增加了下肢肌肉、关节和韧带的活动能力；可以增加骨骼的密度，从而防止骨质疏松；还可以提高运动员肌肉的弹性力量，从而有效地改善人体的灵活性、协调性和提高神经系统的控制能力。

第一节　跳远技术与练习方法
（Long jump technique and training methods）

跳远由助跑、起跳、腾空和落地四个技术部分组成。在跳远过程中，运动员的身体重心轨迹属于斜抛运动。因此，获得水平速度的助跑和获得垂直速度的起跳技术，是最重要的两个紧密结合的部分。当然，平稳的空中动作和合理的举腿落地动作也是不可忽视的因素。

一、助跑与起跳相结合技术

助跑的任务是发挥速度和准确地上板并为起跳创造有利的蹬伸条件。起跳的作用是改变人体运动的方向，获得尽可能大的腾起初速度和适宜的腾起角度。

助跑速度和助跑距离：助跑速度，决定着腾起初速度的快慢。这在很大程度上与跳远运动员的短跑技术水平有关。此外，助跑速度的发挥又与运动员的快速起跳能力以及助跑距离具有一定的关系。

助跑的起动方式：有静止状态起动和行进间起动。静止状态起动一般采用近似站立式起跑的姿势。行进间起动一般采用走、慢跑或垫步的方法，踩上助跑标志后开始起动。

助跑的加速方式：有逐渐加速和积极加速两种。

助跑的准确性和最后几步助跑节奏：助跑的准确性很大程度上取决于助跑最初几步的稳定性和使全程助跑节奏的变化不超过 3％ 的能力。因此，在助跑中应保持步长的稳定性，并应在助跑的最后几步跑出高步频的最大速度。这种高步频的助跑节奏，可通过保持步长相对稳定，同时加快步频的加速节奏来实现，或采用步长相对缩短，同时步频明显加快的加速节奏来达到助跑的最高速度。

起跳动作的协调配合：起跳力量的大小，首先取决于起跳腿用力肌肉群在上板时被拉长的速度和强度，还取决于全身力量的发挥。这就要求全身各部分正确、协调的配合。第一，起跳腿上板时应以大腿带小腿积极下压，并尽可能以全脚掌同时着板。同时，摆动腿应以髋带腿迅速前摆。两臂的摆动是助跑中两臂自然摆动的延续；第二，在积极蹬伸起跳腿时，还要强调腰背肌的积极用力和胸部的上挺，以反射性地引起支撑力量的加强，并使支撑反作用力通过身体重心；第三，当摆动腿和手臂快速摆动到接近水平位置时，要提高制动的速度，以加速身体重心的向上运动。

> **资讯窗**：决定跳远远度的主要因素是腾起初速度和腾起角度，这在很大程度上取决于助跑的速度和起跳的爆发性。

二、腾空和落地技术

人体离开地面后的空中腾越阶段，叫腾空。腾空后的任何动作都不能改变身体重心的抛物线轨迹。如果能在落地时高抬两腿并向前伸展，则可延缓落地的时间，从而增加落地的距离。

腾空步和空中动作技术：起跳结束瞬间基本保持起跳结束时的姿势，这种腾空初期的过渡动作叫腾空步。这一姿势是正确起跳后自然产生的动作。腾空步后的空中动作有蹲踞式、挺身式和走步式三种。蹲踞式技术是人们日常生活中单脚跳跃动作的自然发展。其技术特点，是在完成腾空步后双臂前上举的同时，起跳腿迅速前摆向摆动腿靠拢，从而使双膝接近胸部成蹲踞姿势。这种技术动作简单易于掌握。但在于空中把身体屈成一团，容易造成身体向前旋转，从而使两腿过早地落地。挺身式技术的特点，是在腾空步后摆动腿大腿积极向下、向后下方弧形摆动，并与起跳腿靠拢使髋关节伸展。同时，两臂随摆动腿的下方向两侧振摆或上举成挺身姿势。这种展身动作，可减缓因起跳引起的向前旋转动能，从而有利于提高空中动作的稳定性。

落地技术：良好的落地技术，是在控制好躯干稍有前倾的同时，使两腿高抬和向前伸展，并一直保持到脚跟即将触沙前，而当脚跟一接触沙坑，膝关节就要弯屈缓冲髋部前移，两臂由后向前摆动，使身体重心尽快移过落地最近点，落地的方式可采用侧倒或向前跪出等方法。

三、跳远练习方法

（一）掌握助跑与起跳的结合技术

1. 练习方法

（1）模仿起跳时的手臂、躯干、髋和腿部动作。

（2）在跑道上或跳跃区进行不同距离的助跑起跳腾空步练习。例如，连续进行 6～8 步助跑起跳，交替进行助跑和助跑起跳，用更快的速度进行起跳等练习。

2. 练习要求

（1）为有效地衔接助跑与起跳，先可从原地起跳开始过渡到短程助跑起跳，体会助跑的节奏，然后逐渐增加助跑距离掌握助跑起跳节奏。对初学者来说，以加速的节奏完成最后几步是十分重要的。

（2）助跑与起跳技术结合的好坏，主要体现在练习者能否在快跑中完成有效的起跳动作，从而获得尽可能大的腾起初速度和适宜的腾起角度。因此，要控制好助跑的速度和节奏，使助跑速度与起跳能力相适应。

（3）在最短时间内发挥出最大的起跳的力量是非常重要的。这就要求练习者应掌握好起跳过程中摆动腿、手臂和躯体等环节与起跳腿蹬伸动作的协调配合。

（二）掌握蹲踞式、挺身式和落地技术动作

1. 练习方法

（1）按跳远的完整技术要求进行模仿空中技术动作的练习，并逐渐加快动作的练习节奏。例如，从原地做腾空步后下放摆动腿成挺身式的模仿练习，过渡到助跑起跳腾空步后下放摆动腿成挺身式的模仿练习。

（2）在不同条件下进行蹲踞式或挺身式跳远练习。例如，以不同的助跑速度进行完整的技术练习或利用助跳板进行蹲踞式或挺身式跳远练习。

2. 练习要求

（1）起跳过程中的支撑转动，是引起腾空后身体前旋的主要原因。因此，要维持好身体的平衡，必须在正确地完成起跳动作的基础上，在腾空中充分利用双臂和腿的伸展来最大限度地控制身体的向前转动。

（2）在完成腾空步时，要特别强调腰部的紧张和向前送髋，以减少身体的前旋。

（3）蹲踞式跳远的最大弱点在于身体的各部分环节重心比较靠近髋横轴，使旋转半径较小，易产生向前旋转。因此，在腾空中，应通过较长时间地保持平稳的腾空步姿势以及加大上肢的上举幅度来加大旋转半径，以此来控制身体的前旋。

（4）挺身式跳远可以使身体各部分环节重心远离髋横轴，从而有助于控制身体的向前旋转。因此，在腾空步后，摆动腿应积极下压，使小腿呈弧形后摆并与起跳腿靠拢，同时，两臂向两侧振摆或上举形成送髋挺身姿势。

（5）落地技术的关键是控制好身体的前倾和使两腿高抬并向前伸展。如果过早地做屈体动作，会使双脚过早地落地。

（三）提高助跑的速度、节奏和快速起跳能力

1. 练习方法

> **试一试**：请设计一种能有效地发展运动员专项跳跃能力的训练手段与方法，并注明练习的重点与要求。

（1）在跑道上或跳跃区进行或交替进行全程和超全程助跑起跳练习。

（2）系统地进行短距离的速度训练。例如，30～60 米的加速跑、行进间跑、顺风跑等。

（3）利用助跑速度进行各种跳跃训练。例如，助跑单脚跳、助跑单脚起跳触高跳等练习。

（4）进行全程助跑跳远练习和参加跳远比赛。

2. 练习要求

（1）助跑的开始几步用力应稳定，整个助跑都应保持短跑技术动作的基本形态，在助跑的最后几步，应力争跑出自己的最高速度，尤其是在助跑的最后一步，要力求不引起速度的下降，并能准确地踏上起跳板。因此，必须进行大量的助跑节奏和助跑起跳节奏训练。

（2）助跑速度的加快，必然要求提高快速支撑能力。因此，为了使起跳能力与快速助跑相适应，必须重视发展快速支撑能力。但这种能力的培养只有通过大量的快速助跑起跳训练才可能实现。

第二节　跳远比赛欣赏
（Enjoyment of long jump games）

跳远是通过高速助跑起跳迅速地改变运动方向，以争取更大远度效果的运动。跳远属于速度力量性项目。优秀的速度型运动员通过大约 45 米的助跑（跳远比赛的助跑距离必须在 45 米之内），可以达到男子每秒 11 米、女子每秒 10 米以上的助跑速度，这是跳得远的原动力。世界级短跑、跳远双料明星欧文斯

和刘易斯以及女运动员琼斯和德雷克斯勒在跳远比赛中取得的辉煌业绩,充分地证实了这一点。并使人们深刻地认识到了高度的水平速度是跳远运动的本质特征。考虑到运动员在充分发挥助跑速度进行起跳的同时,也增加了获得更大的垂直速度的难度。因此,在比赛中可以看到他们的腾跃高度相对较低,所获得的腾起角度相对较小,大约在$19°\sim21°$左右。这种跳法表现为"速度型"。

有些运动员助跑速度相对小些,但具有突出的速度力量水平。世界纪录创造者比蒙和鲍维尔以及女运动员契斯佳科娃和乔伊娜等都属于"速度力量型"。因此,在比赛中,可以看到他们的腾起高度相对较高,所获得的腾起角度相对较大,大约在$22°\sim24°$左右。

跳远发展的趋势: 跳远是一项具有高速度、高强度运动性能的项目。它的完整过程明显地表现出速度、力量和技术的突出作用。因此,充分地发展运动员的速度、速度力量,尤其是在强度训练中挖掘运动员的速度力量潜力,并在起跳中合理利用这些素质(起跳前,达到最高的助跑速度,提高快速支撑能力,减少支撑时间,加快摆动速度,充分发挥垂直速度,维持空中动作的平衡等),从而有效地将运动员的速度训练水平和身体训练水平与跳远技术训练结合起来,这是当前跳远运动发展的基本方向。

跳远比赛时,运动员要受到试跳次数和起跳线的限制。运动员在起跳时,身体的任何部分如果触及了起跳线前面的地面或在橡皮泥显示板上留下痕迹,则被判定为失败;有效成绩是以起跳线为标准点丈量成绩的。如果运动员在起跳板后面起跳,则必然要损失跳远距离;成绩丈量的最小单位为1厘米。运动员为达到及格赛标准、获得好名次和向纪录挑战,都要为每1厘米而奋力拼搏;在及格赛、预赛和决赛中每一运动员只有三次试跳机会。因此,运动员在激烈的竞争中,必然会因自己的水平、比赛时的成绩、采用的拼搏性或保守性战术等因素,产生一系列的心理状态变化。例如,在2000年奥运会跳远及格赛上,我国选手关英楠的第一跳远度虽然达到了及格赛标准,但因在橡皮泥显示板上留下了1厘米的痕迹而被判定为犯规,这大大增加了她第二、第三跳的心理紧张程度,最后因上板的误差而遭到淘汰。世界女飞人琼斯在2000年奥运会跳远决赛中也是由于犯规而无缘金牌。即使是比赛成绩最为稳定的刘易斯,也因超过起跳线起跳而未实现打破世界纪录的梦想。

请你判断: 运动员采用45米以上的助跑距离进行跳远,裁判能否判他犯规。运动员起跳时触动了起跳线,裁判应如何判定?

跳远比赛的成绩还要受到起跳后身体的向前旋转的影响。当运动员以每秒10米以上的助跑速度上板起跳时,运动员的身体也要加速向前运动。这就必然引起腾空后身体的向前旋转。这就如同人们在日常跑进中当脚突然受阻时那样,人体不仅会迅速前倾,甚至还会摔倒。因此,如果空中动作不平衡,两腿也就必然会因身体的向前旋转而过早地落地。现在,大多数运动员都采用走步式跳远,说明了这种技术的合理性。所谓走步式,就是在腾空步后两腿继续完成一步或两步的跑步,两臂配合腿的动作向前、向后交叉绕环摆动,最后,两脚靠拢前伸落地。因此,在观看运动员的空中动作时,可根据空中动作的平稳程度以及落地时能否将两腿高举并前伸来判定运动员空中技术的合理性。

研究与实践

课题名称:高水平跳远运动员的基本特征

此研究的基本思路:通过收集文献资料和比较分析国内外高水平跳远运动员的有关数据,使学生掌握文献综述方法和分析资料方法,并充分地认识助跑速度、腾起的水平速度和垂直速度对提高跳远成绩所具有重要的作用。

参考文献

[1] 文超,等. 田径运动高级教程[M].北京:人民体育出版社,1994.

[2] 张贵敏,等. 田径运动教程[M].北京:人民体育出版社,1999.

（张乐平）

第四章　足球(Football)

本章提要：以个人技术为主线,重点介绍了足球运动中的控、运、踢、接、头顶、抢截、掷界外球和守门员等八大类基本技术,并对足球运动的基本规则从欣赏角度作了介绍。对于足球技术的学习,在体会要领的同时,应注重发挥创造力与想象力,设计一些适合于自己的技术动作。对于足球比赛欣赏的学习,应适当了解足球运动的竞赛规则。

现代足球运动于 1863 年 10 月 26 日诞生于英国。迄今为止,加入国际足球联合会(FIFA)的会员协会已达 203 个,成为会员协会最多的国际单项体育组织。足球运动的魅力在于集观赏性和参与性于一身,它蕴涵着丰富多彩的技术、战术,展现了人类机智勇敢、团结合作的优良品质,吸引着全球数以亿计的爱好者,被誉为"世界第一运动"。

经常参加足球运动锻炼,能有效地提高人体的力量、速度、耐力、柔韧及灵敏等身体素质,增强人体的心血管及呼吸系统等功能,并能改善人的高级神经活动,还能有效地发展人的意志力、自制力、责任感,培养人的勇敢顽强、机智果断、勇于克服困难、团结合作、集体荣誉感及遵守纪律等思想品质。

第一节　足球技术与练习方法
(Football skills and ways of exercise)

一、控球(ball controlling)

控球是指持球者以脚的各个部位,通过拖、拨、扣、颠、推、挑等动作,将球置于自身控制范围之内的技术。

(1) 拖球:拖球是以前脚掌触球的上部,将球由前向后或由左(右)向右(左)进行拖拉的动作。当拖球到位后,一般均以脚内侧做一下挡球动作,然后进入下一动作(见图 I-4-1)。

图 I-4-1

（2）拨球：拨球是指持球者用脚踝类似抖拨的动作，以脚背内侧或脚背外侧触球，使球向侧方或侧后、前方滚动。用脚背内侧拨球称为"内拨"，以脚背外侧拨球称为"外拨"。一般是在与对手相持时，在对手伸腿抢球的一刹那，以拨球技术从对手的一侧越过（见图Ⅰ-4-2）。

图Ⅰ-4-2

（3）扣球：扣球是指持球者突然转身变向，以踝关节的急转压扣动作，用脚背内侧或脚背外侧触球，使球向侧或侧前（后）方改变方向。用脚背内侧扣球，称为"内扣"（见图Ⅰ-4-3）。用脚背外侧扣球，称为"外扣"。当扣球动作完成后，身体重心应立即跟上，迅速进入下一个动作。

图Ⅰ-4-3

（4）颠球：颠球是指持球者以身体各有效部位连续触击球，并尽量不使其落地的技术动作。通过练习，可有效地促进人体对于球的各种特性（如：弹性、重量、旋转等）的熟悉程度，同时加深练习者对于触球部位、击球力量的感觉。颠球的部位包括脚背、脚内侧、脚外侧、大腿、头部、胸部、肩等。

试一试：控球技术主要采用一人一球的重复练习法，在一定时间内，将拖、拨、挑、扣、颠等控球技术重复练习一定的次数和组数。

二、运球（ball moving）

运球技术是指持球者以身体的某一部分触击球，使球能随持球者的跑动而运动，常用的运球方法包括脚背正面、脚背内侧、脚背外侧及脚内侧等。在此，主要介绍脚背外侧及脚背内侧的运球技术。

（1）脚背外侧运球：持球者上体稍前倾，身体自然放松，双臂自然摆动，步幅中小，跑动时，运球腿膝关节弯曲，脚跟提起，脚尖内扣，以脚背外侧推击球的后中部（见图Ⅰ-4-4）。

图Ⅰ-4-4

（2）脚背内侧运球：持球者稍前倾并稍向运球方向侧转，身体放松自然，步幅中小，运球腿膝关节稍弯曲，脚跟提起，脚尖向外转，以脚背侧击球后中部（见图Ⅰ-4-5）。

图Ⅰ-4-5

三、踢球（ball kicking）

踢球是指持球者有目的地以脚的某一部位将球击向预定目标的技术，它是足球运动中最重要的技术，主要用于传球和射门。

（1）脚背正面踢球：踢球者直线助跑，最后一步支撑脚积极着地，踏于球侧约 10～12 厘米处，脚尖指向出球方向，膝关节微屈。踢球腿在支撑脚前跨和助跑的最后一步蹬离地面时后摆，大、小腿折叠。支撑脚落地时，以髋关节为轴，大腿带动小腿前摆。当膝关节摆至接近球的正上方时，小腿做鞭打动作，脚背绷直，脚趾向下扣紧，以脚背正面（楔骨和跖骨的末端）击球后中部，随后踢球，腿随球继续提膝前摆（见图Ⅰ-4-6）。

图Ⅰ-4-6

（2）脚背内侧踢球：踢球者斜线助跑，与出球方向夹角约 45°，支撑脚外沿积极着地，踏于球侧后方约20～25 厘米处，膝微屈脚尖指向出球方向，身体稍向支撑脚一侧倾斜。踢球腿在支撑脚落地时，以髋关节为轴，大腿带动小腿前摆，当膝关节接近球的内侧正上方时，小腿做鞭打动作。踢球腿击球时，脚尖稍外转指向地面，脚跟提起，脚趾扣紧，脚背绷直，以脚背内侧部位的几个楔骨、趾骨末端击球后中部，随后继续前摆。

（3）脚背外侧踢球：脚背外侧踢球时，其助跑，支撑脚站位，踢球腿的摆动与脚背正面踢球基本相同。在踢球腿的膝盖摆至接近球正上方时，小腿做鞭打动作，膝盖与脚尖内扣，脚趾扣紧，脚背绷直，以脚背外侧击球后中部，随后踢球腿继续前摆。

（4）脚内侧踢球：踢球者直线助跑，支撑脚积极落地，踏于球侧约 15 厘米处，膝关节微屈。踢球腿在支撑脚落地时，以髋关节为轴屈膝前摆，在前摆过程中，膝关节、踝关节外转。击球时，小腿加速前摆，踢球脚脚尖稍上翘，脚掌与地面平行，以脚内侧（跖趾关节、舟骨与跟骨所构成的三角部位，即脚方）击球后中部，随后踢球腿继续前摆。

四、接球（ball receiving）

接球是指踢球者有目的地利用身体的合理部位将来球停挡在自身控制范围之内的技术。常用的接球部位有脚内侧、脚掌、胸部、大腿、脚背外侧、脚背正面及腹部等。任何接球技术都应包括判断落地、移动抢点、接球及接球后的控球四个过程。

（1）脚内侧接球：接地滚球时，支撑脚正对来球，膝微屈。停球腿屈膝外转，脚尖稍翘起主动前迎来球，在脚内侧与球接触前的瞬间，后撤缓冲，将球控制于便于衔接下一个动作处。如需将球停于自己的侧后方，则在停球撤至支撑脚侧方时，以支撑脚为轴，身体转向侧后方，接球腿髋关节外转，腿顺势后引，将球控制于侧后方（见图Ⅰ-4-7）。

图Ⅰ-4-7

当脚内侧接空中球时，接球腿应根据来球高度举腿前迎，当脚内侧与球接触前的瞬间，后撤缓冲，接球到位。

（2）脚掌接反弹球：接球时，支撑脚踏于球落点的侧后方。在球落地反弹的一刹那，伸腿以接球脚前脚掌对准球的反弹路线，盖压球的后上部（见图Ⅰ-4-8）。

图Ⅰ-4-8

（3）背外侧接反弹球：接球者面对来球，支撑腿膝微屈。接球腿提起屈膝，脚尖内扣，脚背绷直，以脚外侧触击球的侧后方，将来球推送至身体的侧方或侧后方（见图Ⅰ-4-9）。

图Ⅰ-4-9

（4）大腿接球：面对来球，接球腿大腿抬起，肌肉适当放松，以大腿中部触球，在大腿与球接触的一刹那，大腿迅速后撤缓冲，接球到位（见图Ⅰ-4-10）。

图Ⅰ-4-10

（5）胸部接球：接从高于胸部下落的球用挺胸接球（见图Ⅰ-4-11）。接胸部高度的平直球用收胸接球（图Ⅰ-4-12）。挺胸接球时，收下颚，双臂自然张开，身体重心落于两脚之间，膝微屈。胸部接球的刹那，两脚蹬地，胸部稍上挺，同时展腹，上体稍后仰，以胸部触击球后接球到位。收胸接球当胸部与球接触的刹那，则须重心迅速后移，收胸、收腹，以胸部压挡球后接球到位。

图Ⅰ-4-11

图Ⅰ-4-12

五、头顶球（ball heading）

头顶球是踢球者以前额正面或侧面顶球的技术，在比赛中，常常采用原地、跑动、起跳、鱼跃等方式顶球。

（1）前额正面原地顶球：正对来球，双腿前后开立，膝微屈，上体稍后倾，重心落于后脚，双臂自然张开，目视前方，腰腹发力，颈部紧张，身体迅速前摆，以前额正面击球后中部后，上体随球前摆（见图Ⅰ-4-13）。

图Ⅰ-4-13

（2）前额正面跳起顶球：起跳时，双脚用力蹬地，两臂屈肘上摆。身体在上升过程中，挺胸展腹，双臂自然张开，目视来球。身体上升到接近最高点。准备顶球时，身体成背弓。当球位于身体垂直面的刹那，腰腹迅速发力，上体收腹前摆，以前额正面击球，随后屈膝缓冲落地。

试一试：单人练习主要采用自抛自顶的重复练习法；也可顶同伴抛来或传来的空中球，并将球顶向设立的目标，以提高头顶球的准确度。

六、抢截球（ball interrupting）

抢截球包括抢球和截球两部分内容，抢球是指用足球规则允许的条件和动作，将处于对手控制下的球夺过来或破坏掉。截球是指将对手间的传球堵截或破坏掉。

（1）正面跨步抢球：两脚前后开立，膝微屈，身体重心下落于两脚间。在对手运球触球后即将着地时，支撑脚用力后蹬，抢球脚以脚内侧堵截球，当球被堵住时，另一脚迅速跟上。如双方脚同时触球时，则抢球脚应顺势向上提拉，使球从对手脚背滚过。同时，身体重心迅速跟上，控制球。

（2）侧面合理冲撞抢球：当与对手并肩跑动时，身体重心下降，以肩以下、肘以上的手臂部位紧贴自己身体去冲撞对手相应部位，使其失去平衡而失去对球的控制，乘机将球夺下。

试一试：两人对抗，攻防结合，并重复一定的次数。在练习过程中可以计算成功次数作为双方的比分，以利提高练习兴趣。

七、掷界外球（the throw-in）

掷界外球是指将越出边线而出界的球，按照规则规定用手将球掷入场内，使比赛得以恢复的一项技术。

（1）原地掷界外球技术：面向场内，双手持球于头后，经头顶用一个连贯的动作将球掷入场内，双脚均不得全部离地（图Ⅰ-4-14）。

图Ⅰ-4-14

（2）助跑掷界外球技术：面向场内助跑几步，当接近边线时，使双手持球于头后，借助助跑的速度，把球从头顶上方掷入场内，双脚均不得全部离地。

> **试一试**：单人对墙进行掷球练习，也可采用一人掷界外球、另一人接球后及时回传、两人轮流练习的形式。

八、守门员技术（goalkeeping techniques）

守门员是全队的最后一道防线，其主要任务是不让球射入大门。守门员技术包括选位、准备姿势、移动、接球、扑球、拳击球、托球、运球、踢球和踢球等。

（1）单腿跪撑接地滚球或低平球：正对来球，两腿左右开立，支撑腿弯曲支撑身体重心。另一腿内转跪撑，膝关节接近地面并靠近前脚脚跟，上体前屈，双臂下垂，两手小指相对，手掌对球。稍向前迎，在手触球的一刹那，两手随身后引，并屈肘、屈腕，双臂靠近，抱球于胸前后起立。

（2）接低于胸的平直球：身体正对来球，两脚左右开立，上体稍前倾，双臂下垂并屈肘前仰，两手小指靠近手掌对球。当手触球时，屈肘后引抱球于胸前。

（3）接高球：确定接球点后，迅速移动并跳起，双臂上升迎球，双手拇指呈八字形，手指微屈，手掌对球。手触球时，手腕及手指用力将球接住，注意手型，顺势屈肘，双臂回收下引，转腕，抱球于胸前。

> **试一试**：初始阶段，以无球模仿练习为主，以建立手型、移动步法、接球等技术动作的概念。随后再接各种手抛球，最后过渡到接各种踢来的球。

第二节　足球比赛欣赏
（Football game and its appreciation）

攻守平衡是现代足球运动最重要的发展趋势。片面强调技能或体能的时代已经结束，足球运动在世界各国正朝着技能、体能和智能全面发展的方向前进。同时，欣赏足球比赛已成为人们休闲娱乐的生活方式之一。

一、技术风格的欣赏（the appreciation of technical style）

在足球比赛中，运动员们精彩的技术表演，一直都是观众们欣赏的焦点。进攻中巧妙的过人、精准的传球、美妙的射门，固然让人击掌叫绝，然而防守时有效的阻抢、出人意料的断截、勇猛准确的铲球同样让人赞叹不已。

由于各地区、各民族文化渊源、民族气质及身体条件的不同,对足球技术风格的形成有明显的影响。然而,在长期的对垒与交流过程中,各技术流派间互相取长补短,以丰富自身求得发展。以巴西、阿根廷为代表的南美球队在保持自己技术细腻、巧妙等特点的基础上,吸收了欧洲球队快速、简练、勇猛的特点,使他们的攻守更加流畅,比赛中,他们控球的巧妙、传球的精确、对门前机会的把握仍占有优势。欧洲球队的技术风格尤其丰富,北欧球队的球员身高体壮,善于对抗,他们的技术动作给人慓悍、勇猛的感觉,被人们称为“北欧海盗”,其代表国家有瑞典、丹麦及挪威等。而英、德两国球员技术风格朴实无华,讲究实效,如机械般准确、及时,给对手以极大的压力。而以热情浪漫著称的法国和意大利,他们的球员较欧洲其他球队更加讲究技术动作的优美与精巧,与南斯拉夫、荷兰等国被人们共称为“欧洲拉丁派”。

近年来,非洲球队进步神速,在世界大赛中屡挫欧美强队,震惊世界足坛,黑人球员天生的柔韧与爆发力使他们的技术动作极富创造力,在比赛中,出人意料的即兴发挥往往使人们惊叹不已。亚洲足球技术的发展也正以坚实的步伐追赶世界水平。伊朗、沙特阿拉伯、日本及韩国可称得上是亚洲的代表,伊朗队的技术更接近德国,而沙特阿拉伯则偏向于南美风格。近年来进步最突出的首推日本和韩国球队,他们的技术风格更加突出了亚洲人灵活、敏捷的特征,水平提高很快。

在足球比赛中,不同技术风格球队之间的对抗,充分展现了足球运动的魅力,给人们带来了艺术的享受。值得注意的是:任何技术风格的球队,在比赛中,都应在足球比赛规则规定的范围内运用自己的技术动作,任何犯规及不正当行为都将受到规则相应的处罚。在足球比赛中,以下九种犯规将被判罚由对方队员罚直接任意球,它们是:踢或企图踢对方队员;绊摔对方队员;跳向对方队员;猛烈地或带有危险地冲撞对方球员;除对方正在阻挡外,从背后冲撞对方队员;打或企图打对方队员,或向对方队员吐唾沫;拉扯对方队员;推对方队员;手触球(守门员在本方罚球区内除外)。若队员在本方发球区内出现上述九种犯规行为中的任何一种,则判由对方罚点球。此外,比赛中队员违反以下五种规定的任何一种,则由对方在犯规地点罚间接任意球,它们是:危险动作;目的不是为了争球而对对方进行所谓的“合理冲撞”;故意阻挡;冲撞守门员;守门员违例。

二、对战术打法的欣赏(the appreciation of tactics)

如果说技术能力表现了运动员的个人才华,那么,战术能力则体现了一支球队的整体作战能力,它是一支球队能否获得比赛胜利的关键因素。技术风格的不同,直接影响到战术的运用。一般来说,技术细腻的球队,更加注重地面的短传渗透,在对方密集防守的区域也能较为从容地打出精妙的短传配合,这种战术的运用是建立在技术精确巧妙的基础之上的,南美球队及欧洲拉丁派球队是这种战术打法的主要代表。身体条件突出的球队,在身体对抗中具有一定的优势,他们的比赛风格较为硬朗,通过不知疲倦的奔跑和勇猛的逼抢来压迫对方,充分利用球场的空间拉开对方防线,以空中传球配合威胁对方球门,欧洲球队及澳大利亚球队更加侧重此种战术打法。但战术打法的运用不是死板的,一支高水平的球队往往能针对不同的对手,采用不同的战术,以达到以己之长克彼之短的效果。战术打法,应当做到攻守兼备,进攻中的定位球战术、边路突破、中路强攻、边中结合等战术的成功运用固然令人赏心悦目,而防守中的保护补位、造越位、密集防守、逼抢等战术的合理调配同样值得称道,正是由于攻与守这一矛盾的不断转换,共同构成了比赛的全过程。在欣赏足球比赛的战术打法时,应当对“越位”规则(offside)有一定的了解,正是由于1925年新的“越位”规则的产生,带来了足球运动的第一次变革,造就了著名的、攻守平衡的“WM”式阵形。越位(offside)位置的概念,越位位置必须同时具有三个条件,即:队员在对方半场,在球的前面,该队员较球和最后第二名对方队员更接近于对方球门线。当本方队员触球的一刹那,处于越位位置的队员企图从越位位置获得利益,或正在干扰比赛及对方,则判罚其越位。但在本方队员触球的一刹那,处于越位位置的队员,仅仅是处于越位位置或直接接得角球、球门球、掷界外球及裁判员坠球,则不判罚越位。

请你判断：在对方半场，进攻方一名队员在左侧边线处于越位位置，另一名未处于越位位置的队员在右边得后场传球，是否判罚越位？

三、体育精神的欣赏（the appreciation of sportsmanship）

正如所有的体育项目一样，足球比赛的目的并非单纯是为了战胜并征服对手。在某种意义上，运动员通过比赛向人们展示了人类不屈服于任何困难和压力、一往无前的精神风貌。虽然也有少数不良现象的存在，但足球比赛的主流依然是积极的，在比赛中，双方相互尊重，服从裁判，共同为观众奉献精彩的表演，广泛地受到足球爱好者的认同。哪怕是一场强弱悬殊的比赛，只要弱队积极进攻，顽强防守，依靠集体的力量和智慧与对手周旋，这样的球队同样能得到对方及观众的尊重。而那些骄傲自大、为获胜不惜作出不择手段的行为，则与体育精神格格不入，并为广大球迷所不耻。所以说，在足球比赛中运动员所表现出的良好的体育精神，同样是欣赏比赛的重要内容。

研究与实践

课题名称：对中国足球运动现状及发展方向的分析与探讨

研究思路：从分析我国职业足球联赛、技战术打法及群众基础等方面出发，针对如何使中国发展成为世界足球强国提出自己的观点与建议。

参考文献

[1] 杨一民，何志林，等. 现代足球[M].北京：人民体育出版社，2000.

（张忠　戚明）

第五章　篮球（Basketball）

本章提要:主要介绍常用的篮球基本技术与一些较简便的练习方法,以指导你科学有效地参与篮球运动锻炼。另外,通过本章的学习,使你在锻炼的同时,经过不断的积累,逐渐学会和懂得如何欣赏篮球运动。

篮球运动是 1891 年由美国马萨诸塞州斯普林菲尔德市基督教青年会训练学校体育教师詹姆士·奈史密斯博士发明的。

篮球运动是由跑、跳、投掷等动作所组成的一项快速、激烈、综合性的运动。经常参加篮球运动,可使身体各部分肌肉结实,发展匀称,体格健壮,促进力量、速度、耐力、弹跳、灵敏等身体素质的发展,提高中枢神经系统的灵活性,增强心脏、血管、呼吸、消化系统的机能,使身体得到全面发展。篮球比赛是在错综复杂、变化多端的情况下进行的,要求参赛者高度集中注意力,对空间和时间具有准确的定向能力,并要掌握如何协调多样的技术动作,具备随机应变的能力。由于篮球运动具有不受年龄、性别限制的特点,既能给参与者带来良好的健身效果,又能使人们从中获得乐趣及心理上的满足,因此被越来越多的人们所喜爱,进而极大地促进了篮球运动的发展和普及。

第一节　篮球技术与练习方法
（Basketball skills and practice）

篮球技术分为进攻技术和防守技术两大部分。进攻技术有传接球、投篮、运球、持球突破等;防守技术有防守对手、抢球、打球、断球等。移动、抢篮板球技术是进攻与防守共有的技术。

一、移动（moving）

移动是篮球比赛中队员为了改变场上位置、方向、速度和争取高度等所采用的各种脚步动作的统称。它是篮球技术的基础,也是比赛中运用最多的一项基本动作。

（一）移动技术

移动技术包括起动、跑、跳、急停、跨步、转身、滑步、后撤步、交叉步、攻击步、绕步、碎步。

1. 基本站立姿势

基本站立姿势是移动技术的准备姿势。

动作要领:两脚开立,与肩同宽,两腿微屈,上体稍前倾,身体重心位于两脚之间,两臂自然弯屈于体侧,两眼注视全场情况。

2. 跑

跑是基本的移动方法,有侧身跑、变向跑、变速跑、后退跑等,其中主要的是以下三种。

(1)侧身跑。

动作要领:向前跑时,脚尖对着跑动方向,头和上体转向球的方向,以便观察场上情况。

(2)变向跑。

动作要领:(以从左向右变向跑为例)顺步变向跑时,左脚落地制动,屈膝降低身体重心,用前脚掌内侧蹬地,同时扭腰转胯,右脚迅速向右跨步加速。交叉步变向跑时,左脚落地制动,腰胯向右转动,同时,左脚前脚掌内侧蹬地向右跨步,继续加速跑动前进。

(3)变速跑。

动作要领:加速时,上体前倾,前脚掌积极蹬地,同时,迅速摆臂,加快频率。减速时,上体直起,步幅加大,用前脚掌抵地,缓冲降速。

3. 急停

急停是跑动中突然制动速度的一种动作方法,可分为跨步急停与跳步急停两种。

(1)跨步急停。

动作要领:先向前跨出一大步,脚跟着地过渡到全脚掌抵住地面,迅速屈膝上体后仰,第二步着地时,身体侧转,脚尖内旋,用前脚掌内侧蹬撑地面保持身体平衡。

(2)跳步急停。

动作要领:单脚或双脚起跳,上体后仰,两脚同时平行落地,用前脚掌内侧有力撑地,两膝弯屈,降低重心保持身体平衡。

4. 滑步

滑步是防守移动的主要动作方法,可分为侧滑步、前滑步和后滑步。

(1)侧滑步(又称平滑步)。

动作要领:滑步前,两脚左右开立,膝弯屈,上体稍前倾,手臂向两侧张开。向左滑步时,右脚前脚掌内侧蹬地,左脚向左跨出一步,落地的同时,右脚迅速随同滑行,然后依次重复上述动作,眼要注视对手;向右滑步时,动作相反。

(2)前滑步。

动作要领:由前后站立姿势开始,向前滑步时,后脚前脚掌内侧蹬地,前脚向前跨步,着地后,后脚紧随着向前滑动,保持前后开立姿势。注意屈膝降低重心。

(3)后滑步。

动作要领:与侧滑步相同,只是向侧后方向移动。

5. 转身

转身是以一脚做中枢脚,另一脚蹬地向前或向后跨出进行旋转,改变原来身体方向的一种动作方法,可分为前转身和后转身(图Ⅰ-5-1)。

前转身即为往胸前的方向转身,后转身即为往背的方向转身。

图Ⅰ-5-1 转身

（二）移动技术练习方法

（1）根据信号按动作要求做各种移动技术练习。

（2）结合运球、接传球等技术进行各种移动练习，如侧身跑、变向跑、转身等练习。

（3）脚步动作综合性练习。

二、传、接球（pass and catch）

传、接球是篮球比赛中进攻队员之间有目的地转移球的方法，是进攻队员在场上相互联系和组织进攻的纽带，是实现战术配合的具体手段。

（一）传球技术

1. 持球

动作要领：两手五指自然分开，两拇指相对成"八"字型，用指根以上部位持球的两侧，指尖内扣，掌心空出。

2. 传球

有双手胸前传球、双手低手传球、双手低手向后传球、双手头上传球、单手肩上传球、单手胸前传球、单手低手传球、单手低手向后传球、单手肩上向后传球、单手背后传球、单手体侧传球、勾手传球等。以下主要介绍两种最常用的传球方法。

（1）双手胸前传球（图Ⅰ-5-2）。

动作要领：身体成基本姿势站立，双手持球于胸腹之间，两肘自然下垂而不上翻。传球时，两臂迅速向传球方向前伸，当手臂将要伸直时，手腕由内向外、由下而上翻转，同时拇指用力前推，食、中指用力拨球将球传出。

图Ⅰ-5-2　双手胸前传球

（2）单手肩上传球（以右手传球为例）。

动作要领：双手持球于胸前，成基本姿势站立。传球时，左脚向传球方向迈出一小步，同时右臂引球至右肩上方，左肩对着传球方向，重心落在右脚上，右脚蹬地，同时转体并迅速向前挥臂，手腕前屈，通过食、中指拨球将球传出。

（二）接球技术

接球是篮球运动中的主要技术之一，是获得球的动作，是抢篮板球和断球的基础。

1. 双手接球

双手接球有双手接胸部高度的球、双手接头部高度的球、双手接低于腰部的球、双手接反弹球、双手接地滚球。以下介绍最常用的双手接胸部高度的球的方法：

动作要领：接球时，两眼注视来球，两臂向来球方向伸出迎球，手指自然分开，掌心向下，当手触及到来球时，手腕上翻，顺势随引至胸腹之间。

2. 单手接球（以右手接球为例）

动作要领：两眼注视来球，右臂微屈，手掌成勺形，手指自然分开，迎着来球的方向伸出，当手指触球时，手臂顺势向后下引球，左手立即帮助将球持于胸腹之间。

（三）传、接球技术练习方法

（1）做各种原地传、接球练习（两人或三人一组练习）。

（2）行进间传、接球练习（两人或三人一组练习。四角传、接球练习。跳起空中传球练习）。

（3）传、接球游戏。开始时，其他队员在半场内不得出界，两人在半场内行进传、接球追赶（不违例）。球只要在两传球人控制下，将球触及其他队员，则被触者就算被捉到，并加入传球队伍，直到剩下最后一个队员为止。

三、投篮（shoot）

投篮是进攻队员为将球投入篮筐而采用的各种专门动作的总称，也是篮球运动的主要进攻技术，是唯一的一种得分手段。

（一）投篮技术

投篮技术包括原地投篮、行进间投篮、跳起投篮、补篮和扣篮。

1. 原地投篮

原地投篮是最基本的投篮方法，是行进间投篮和跳起投篮的基础。有双手胸前投篮、双手头上投篮、单手肩上投篮、单手头上投篮等。以下介绍一种应用比较广泛的投篮方法。

原地单手肩上投篮。动作要领：（以右手投篮为例）左手扶球的左侧，右臂屈肘，置球于右肩上，两脚前后或左右开立，两膝微屈，重心落在两脚之间。投篮时，下肢蹬地发力，右臂向前上方将要伸直时，手腕前屈，食、中指用力拨球，通过指端将球投出（图Ⅰ-5-3）。出手后，掌心向下。

图Ⅰ-5-3　原地投篮

2. 行进间投篮

行进间投篮是比赛中广泛应用的一种投篮方法。有单手肩上投篮、单手低手投篮、双手低手投篮、反手投篮、勾手投篮等。以下介绍三种常用的投篮方法。

（1）行进间单手肩上投篮（以右手投篮为例）。

动作要领：右脚跨出一大步的同时接球，接着左脚跨出一小步并用力蹬地起跳，举球于肩上，当身体接近最高点时，右臂向前上方伸直，手腕前屈，食、中指用力拨球，通过指端将球投出。

（2）行进间单手低手投篮（以右手投篮为例）。

动作要领：右脚跨出一大步的同时接球，左脚接着跨出一小步并用力蹬地起跳，右腿屈膝上抬，右手掌心向上托球，并充分向球篮方向伸展，接着屈腕，食、中指用力拨球，通过指端将球投出。

（3）行进间勾手投篮（以从球场左侧斜插到球篮右侧右手投篮为例）。

动作要领：右脚跨出一大步接球，同时右脚用力侧蹬，左脚向球篮方向跨一小步，并蹬地起跳，右腿屈膝上提，右手持球由胸前经体侧向右肩上方画弧举球，当球举至头的侧上方接近最高点时屈腕，食、中指拨球，通过指端将球投出。

3. 跳起投篮

跳起投篮简称跳投。它具有突然性强、出手点高和不易防守的优点。有原地跳起投篮（单手肩上投篮、单手头上投篮、双手头上投篮）和急停跳起投篮（接球急停跳起投篮、运球急停跳起投篮、转身跳起投篮和跳起转身投篮)。

原地跳起单手肩上投篮。动作要领(以右手投篮为例):两手持球于胸腹之间,两脚自然开立,两腿微屈,重心在两脚上。起跳时,脚掌用力蹬地向上跳起,双手举球至右肩上方。右手托球,左手扶球的左侧方。当身体接近最高点时,左手离球,右臂向前上方伸直,手腕前屈,食、中指拨球,通过指端将球投出。

(二)投篮技术练习方法

(1)两人一组一球相距5米左右,相互做原地投篮练习或做接球、运球跨步上篮动作和跳起投篮动作。

(2)两路纵队分别站在左、右边线内。开始时,右边队员跑上去接球投篮。投篮后,再跑到左边的排尾。左边队员及时跑上去接篮板球传给右边的第二人。以此类推,按同样的练习方法换左边队员投篮。

(3)传球切入上篮。站在中线的队员传球给端线的同伴,然后跑向篮下接回传球上篮。投篮后,拿球回到队尾。传球动作与切入接球上篮动作衔接好。

(4)固定位置的投篮练习。

资讯窗:决定投篮命中率的因素

1. 投篮技术动作:投篮手法的关键,在于正确的持球和手腕、手指力量的运用。出手前的一瞬间,球在手中应有相对的稳定性。

2. 球的旋转:球的旋转是决定投篮准确性的一个因素。球飞行中正常的旋转能排除空气阻力干扰,使球稳定地沿着正确的轨道运行。

3. 瞄准点:直接命中的瞄准点,是篮圈离投篮队员最近的一点,即篮圈后沿的正中点。碰板投篮的瞄准点,是投篮时将球投向篮板上能够碰板入篮的一点。投篮队员与篮板成 $15°\sim45°$ 的位置时采用碰板投篮效果较好,以接近 $30°$ 的地方最佳。

4. 抛物线及入篮角:抛物线的高与低,决定球入篮角的大小。而入篮角是否适宜,则是影响投篮命中率的关键。比较理想的抛物线(中、远距离投篮)最高点应与篮板上沿基本平行,投篮容易命中。据实验测定最小入篮角不应小于 $33°$。

四、运球(dribble)

运球是持球队员在原地或移动中,用手连续按拍借助地面反弹起来的球的动作。它是个人摆脱防守进行攻击的方法,也是组织全队进攻战术配合的桥梁。

(一)运球技术

运球技术包括高运球、低运球、运球急停急起、体前变向换手运球、体前变向运球、背后运球、运球转身、胯下运球等。

1. 高运球

动作要领:运球时,两腿微屈,上体稍前倾,目平视,以肘关节为轴,前臂自然伸屈,用手腕、手指柔和而有力地按拍球的后上方。球的落点控制在运球手臂同侧脚的外侧前方,使球的反弹高度在胸腹之间。

2. 低运球

当受到对手紧逼时,常采用这种方法。

动作要领:运球时,抬头、目视前方,两膝深屈,降低重心,上体前倾,用上体、腿和另一手臂保护球。同时,用手短促地按拍球,使球从地面向上反弹的高度在膝关节以下。

3. 运球急停急起

动作要领:当运球队员被对手盯得很紧而又不能运用快速运球超越时,运球队员应突然降低运球速度,或突然急停原地运球,当对手也降低速度或急停时,运球队员则突然用力蹬地,加速运球以超越对手。

4. 体前变向换手运球

动作要领:(以运球队员从对手右侧突破为例)运球队员先向对手左侧运球,当对手向左侧移动时,运球队员突然向他的右侧变向。变向时,右手按拍球的右上方,使球从自己身体的右侧拍向左侧,同时,右脚向左前方跨出,上体左转探肩,以右臂和身体保护球,换左手按拍球的后上方,加速突破对手。

5. 背后运球

当对手距离较近,无法采用体前变向运球时,可采用背后运球突然改变前进方向,以摆脱防守。

动作要领:(以右手运球向左侧变向为例)变向时,右手按拍球的前上部将球拉到身后,迅速按拍球的侧后方,将球从身后拍至左侧前方,同时,右腿向左前方跨出,上体左转,换左手按拍球的后上方,加速突破对手。

6. 胯下运球

动作要领:(以右手做胯下运球为例)右手按拍球的右侧上方,使球从两腿之间穿过,着地反弹至左手,右脚向左前方跨出,换左手运球继续前进。

> **学练提示:**运球时,要扩大视野,全面观察场上的情况,并要善于运用假动作迷惑对手,灵活地运用各种运球动作,并把运球与传球、投篮动作结合起来。值得注意的是,在比赛中,合理的运球可以创造有利的进攻机会,如滥用运球,则会贻误战机。

(二)运球技术练习方法

(1)原地运球。体会运球的动作要领。练习改变运球的速率及运球部位;练习原地换手运球;结合脚步假动作和身体虚晃动作运球练习。

(2)直线运球。运球练习的速度可由慢逐渐加快,并可练习突然变换高运球或低运球(运球急停急起)。

(3)绕圆弧运球练习。将学生分成三组,绕三个跳球圈运球。可以顺时针或逆时针练习左、右手运球,速度可逐渐加快。运球时,身体要向内倾斜,并控制好球。

(4)变向运球练习。在罚球线延长线近边线处和中跳球圈与中线交点处共放置六个立柱。将学生分成两组,分别从禁区底角处开始运球,到立柱位置时,做体前变向换手运球、背后运球、运球转身、胯下运球练习。

(5)运球游戏。队员分布在半场内,由运球队员追逐同伴,在运球中能够把球控制住,并用另一只手触及同伴,便换由被触队员运球追逐。

五、持球突破(break through by dribble)

持球突破是持球队员运用脚步动作和运球技术快速超越对手的一项攻击性很强的技术。

(一)持球突破技术

持球突破可分为交叉步突破、顺步(同侧步)突破、前转身突破、后转身突破。以下介绍两种常用的突破方法。

1. 交叉步持球突破

动作要领:(以右脚作中枢脚为例)两脚左右开立,两膝微屈,身体重心降低,持球于胸腹之间。突破时,左脚向左前方跨出,假做向左突破,当对手重心跟着偏移时,左脚前脚掌内侧迅速蹬地,上体稍向右转,左肩向前下压,重心向右前方移动,左脚向右侧前方跨出,将球引于右侧,接着运球,中枢脚蹬地向前跨出迅速超越防守。

2. 同侧步持球突破

动作要领:(以左脚作中枢脚为例)准备姿势和突破前的动作要求与交叉步相同。突破时先做假动作,当对手重心前移时,右脚向右前方跨出一步,向右转体探肩,重心前移,右手运球。左脚前脚掌迅速蹬地,向右前方跨出,突破防守。

(二)持球突破技术练习方法

(1)原地持球练习交叉步突破和顺步突破的动作。

（2）一人抛球，一人向前跑动跳步急停接球后练习不同的突破方法。

（3）运用假动作，做不同的突破练习，提高运用动作的变化能力和动作的变换速度。

（4）一对一持球突破练习。进攻者应运用各种假动作诱骗对手，并将持球突破与中、远距离投篮结合进行练习。防守者应积极防守。

（5）半场三对三按规定练习持球突破。练习时，防守队员只能用人盯人防守，不许交换防守。规定进攻队员不允许掩护，只能运用持球突破得分以及积极摆脱防守后接球进攻。

六、防守对手（defend opponent）

防守对手是防守队员根据球与对手的情况，合理地运用脚步移动和手臂动作，积极地抢占有利位置，阻挠和破坏对手进攻，以争夺控制球权的一种个人防守动作。

（一）防守技术

1. 防守无球队员

（1）防守位置：防守队员要根据对手、球篮和球的位置距离以及对手的身高、速度、进攻特点和自身的特点来决定防守位置。一般来说，防守队员应在对手与球篮之间偏向有球一侧位置上，保持一定的角度和距离，对有球侧的防守，距离要近，对无球侧的防守，距离可适当远一些。对篮下的防守，要靠近对手，体现出"以球为主""球、人、区兼顾"的原则，使防守变得积极主动，并带有一定的攻击性。

（2）防守姿势：

① 防守离球较近的对手，采用面向对手侧向球的斜前站立姿势，靠近对手的异侧脚在前，伸前脚一侧的手臂，封锁接球的路线，干扰对手接球；

② 防守离球较远的对手，采用面向球侧向对手的站立姿势，靠近对手的脚在前，两臂伸于体侧，观察球与对手的动向，堵截对手的接球路线。

（3）防守方法：根据进攻队员和球的移动，运用上步、撤步、滑步、交叉步和快跑等脚步动作来堵截无球进攻队员的穿插、切入、溜底，不让对手在有利于进攻的位置上接球。

2. 防守有球队员

（1）防守位置：应站在对手与球篮之间的位置上，对手离球篮远，则离对手远些；反之，则近些。

（2）防守姿势：有平步防守和斜步防守两种。

（3）防守方法：

① 防守投篮较准的对手，首先，要掌握其投篮技术的特点及投篮点，积极干扰，迫使其改变投篮动作及投篮点；其次，当对手投篮时，要准确地判断其起跳时间，突然向上起跳封盖其投篮；

② 防守运球突破能力较强的对手，要根据其位置与习惯（中枢脚、突破方向、假动作）来采取对策，运用脚步动作，堵截其习惯的突破路线，迫使对手改变运球方向或停止运球；

③ 防守善于传球的对手时，由于他经常助攻传球，给其同伴创造接球投篮的机会，所以防守队员要积极阻挠其传球，上前贴近对手，挥动手臂封堵其传球，迫使其向没有攻击威胁的位置上传球。

（二）防守技术的练习方法

（1）队员根据教师的信号做前、后、左、右各方向的滑步练习。

（2）连续做滑步练习。队员位于两个立柱之间，距离3～4米。用滑步动作连续摸两边立柱。要求重心低，移动速度及转换方向快。滑半分钟到一分钟，要求尽最大能力进行。

（3）专门练习打球和抢球。固定两人传球（传球可以先慢些），防守人随球移动，判准时机突然上步打球或抢球。

（4）抢、打、断球练习。练习时，由四人或五人传球，中间三人练习抢、打、断球。谁被断或被打球，就到圈里换做防守。

七、抢篮板球（control the rebounds）

比赛中，双方队员在空间争抢投篮未中从篮板或篮圈反弹出的球，统称为抢篮板球。

（一）抢篮板球技术

抢篮板球技术包括抢占位置、起跳动作、抢球动作、得球后的动作。

（1）抢占位置：根据对手和投篮队员所处的位置，正确判断篮板球的反弹方向、距离，运用快速的脚步移动（转身、跨步、上步），抢占有利位置。

（2）起跳动作：当抢占到有利位置时，应保持两腿屈膝，重心降低，上体稍前倾，两臂稍屈置于体侧的起跳准备姿势。起跳时，两脚用力蹬地，两臂上摆并向上伸，腰、腹协调用力，身体充分伸展，准备抢球。

（3）抢球动作：根据攻、防队员的位置及球的方向，可分为单手抢球、双手抢球和点拨球。

单手抢篮板球动作：身体在空中要充分伸展，达到最高点时，用靠近球一侧的手臂尽力伸向球，当指端触及球时，屈腕、屈肘，用力将球拉至胸前，另一手扶球，将球握紧。

（二）抢篮板球练习方法

（1）起跳和抢球练习：原地双脚起跳模仿抢篮板球的动作。强调抢篮板球的准备姿势、踏跳、空中伸展及落地动作要领。

（2）自己向头上抛球（高度5米左右），跳到最高点时，手臂伸直，用双手或单手抢篮板球练习，可连续练10～20次。

（3）三人为一组，一人罚球，另两人一对一抢篮板球练习。进攻者抢到篮板球后补篮；防守者抢到篮板球后，即转三人一组发动快攻上篮。

第二节　篮球比赛欣赏
（Appreciation of basketball games）

19世纪末，美国人发明了篮球运动，50年前，美国人又开职业篮球之先河，使篮球运动的发展达到了巅峰。由美国职业篮球运动员组成的"梦之队"在巴塞罗那奥运会上掀起了篮球职业化的冲击波，全世界数亿观众都被"梦之队"令人眼花缭乱的技艺和辉煌的战绩所征服，从而吸引了越来越多的人开始投身这项运动，大大促进了篮球运动在全世界的推广。

> **篮球运动的发展趋势**：当前篮球运动的发展趋势是向着"高、快、全、准、变"及攻守平衡的方向发展。"高"：运动员身高、弹跳、与技术结合形成的高空优势，促进了投篮、补篮、封盖和抢篮板球技术的发展，攻、守双方在空中争夺的高度已在3.50米以上。"快"：运动员的观察、判断、反应更加敏锐，技、战术运用更加合理，加之规则中一次进攻时间限制的改变，加快了攻、守转换的速度，从而出现了高比分的结果。"全"：首先是全队的实力较平均；其次是个人技术的全面发展，表现在运动员既能在自己的位置上发挥技术特点，又能打破位置的界限进行攻、守技术的运用。"准"：主要表现在投篮的准确性上。一些优秀运动员在比赛中的投篮命中率达到60%以上，个别场次可达到70%以上。"变"：从多变的移动进攻（进攻战术）和综合性防守（防守战术）中，体现战术灵活、综合多变的特点。攻、守平衡已成为世界强队的重要特征之一。

一场精彩的篮球比赛，不但能吸引成千上万名观众赴比赛场观看，而且能通过电视转播或计算机网络吸引数百万甚至上亿的球迷。比赛中运动员们所展示的高超技艺和顽强的拼搏精神以及那些极富想象力的奇妙配合，紧张激烈的攻防转换，变幻莫测的比分变化，都使篮球运动产生了无穷的魅力，在为人们带来美好艺术享受的同时，也焕发了人们拼搏人生的高昂激情。

常言道"行家伸伸手，就知有没有"，我们看篮球，应该对篮球比赛的基本规则有所了解，只有这样，才有可能通过积累，逐渐学会欣赏，懂得欣赏。

欣赏一场篮球比赛，一般可从以下四个方面入手。

（1）球队的整体技战术能力：篮球是一个集体项目，要求攻防俱佳，单靠一两个人是不行的。因此，进攻中的快攻、掩护、接应、突破、传切、策应、转移、空切、三分球战术以及防守中的紧逼、联防、盯人、补位、协防、关门、夹击等技、战术的灵活运用均能反映出一个球队的技、战术能力和训练水平。目前,篮球的争夺空间是地面至高空 3.50 米以上的范围,这就要求运动员跑得更快,空中停留的时间更长,空中动作更加舒展。如果说技术能力表现了运动员的个人才华,那么,战术能力则体现了一支球队的整体作战水平,它是一支球队能否获得比赛胜利的关键因素。在赛场上,运动员要善于隐蔽自己的攻守意图,然后乘其不意,攻其不备,才能出奇制胜。

(2)明星球员个人水平发挥:体育运动离不开明星,欣赏篮球比赛离不开明星,明星球员是一支球队的灵魂和核心,比赛的攻防战术常常是围绕着球星而进行的,他们发挥的好坏,往往决定了比赛的胜负。NBA 美国湖人队中锋奥尼尔威力无比的大力扣篮令对手心惊胆颤;费城 76 人队的控球后卫艾佛森惊人的速度赢得了无数球迷;迈克·乔丹超常的灵敏性使他在比赛中游刃有余,在强手如林的 NBA 中,为球队打下了公牛王朝;湖人队的后卫科比·布莱恩特良好的身体素质和协调性使他的技、战术水平能在比赛中充分发挥出来,已成为继乔丹之后新一代的篮球巨星。中国篮球巨人、2003 年中国"10 佳杰出青年"姚明在 2003 年加盟 NBA 美国火箭队,凭着他优秀的篮球技术、高尚的体育道德、全面的身体素质和身高优势,活跃在 NBA 篮球比赛中,取得了颇佳的战线,赢得了国内外广大观众的好评。

(3)主教练的临场指挥:欣赏教练斗智斗勇的临场指挥艺术是一种享受。比赛是训练的镜子,队员在场上能否正常发挥水平、能否贯彻战前意图,全靠教练审时度势、沉着调度。暂停、换人、赛中节间战术布置以及在比赛关键时刻合理运用篮球规则,采取犯规、拖延战术等,都是篮球比赛中令人津津乐道的看点。

(4)裁判执法和把握比赛的能力:一场篮球比赛,裁判的水平、责任心及公正与否,在很大程度上会影响到比赛的观赏性和精彩程度。因此,裁判执法的尺度、判罚的时机、手势的准确性、能否较好地掌握有利无利原则等,都是保持比赛连续性、提高观赏性的重要保证。

现代篮球技术正继续朝着强对抗、高速度、全空间的方向发展,对运动员的身体素质、力量、速度、耐力、柔韧、反应、协调性及思想品质等都提出了更高的要求,通过参加篮球运动和观看高水平的篮球比赛,能更好地培养我们不怕困难、排除干扰、顶住压力、团结奋斗、坚韧不拔、勇往直前的精神风貌和道德品质。

参考文献

[1] 牛钟岐,李震中,陈广兴,等.篮球[M].北京:人民体育出版社,1985.

(于善安)

第六章　排球（Volleyball）

本章提要:排球运动因场上队员分排站位,故称为排球。通过场上队员的个人技术、集体战术配合充分展示排球运动的魅力。本章以排球运动的基本技术为主线,重点掌握垫球、上手传球、发球、扣球、拦网等基本技术。介绍排球比赛的基本规则及比赛的欣赏,让人们感受到体育竞赛带来美的享受。

排球运动始于 1895 年,是由美国人威廉·摩根发明的。因场上队员分排站位,故称为排球。通过排球教学和训练能发展人体力量、速度、弹跳、灵敏、耐久力等身体素质;提高人体中枢神经系统和内脏器官的功能,增进身体健康;培养机智顽强、勇敢拼搏、团结友爱等意志品质。

第一节　排球技术与练习方法
(Volleyball techniques and training methods)

在排球比赛中,运动员依据规则规定和允许所采用合理的动作完成比赛过程,其中包括击球技术、无球技术,我们统称为基本技术。击球技术有发球、传球、垫球、扣球和拦网。无球技术有准备姿势、移动、起跳和倒地等。

一、准备姿势和移动(ready position and motion)

准备姿势和移动是排球运动中各项技术的基础。任何一项排球技术在比赛中运用的效果如何,在一定程度上取决于准备姿势和移动技术正确掌握和合理运用与否。

准备姿势是为了合理移动,移动的目的是为了迅速贴近球,获得合理站位。它是完成各项技术的重要条件,同时也是连接攻防技术的重要环节。只有准备姿势正确,才能及时、快速地向各个方向移动。移动速度的快慢取决于正确的准备姿势、正确的判断、起动和移动步伐。

（一）准备姿势

（1）两脚左右开立略比肩宽。站在左半场的队员,左脚在前约一只脚,右脚跟提起。站在右半场的队员,右脚在前,左脚在后。站在场中央的队员,两脚平行开立比肩稍宽。重心落在脚前掌上,膝关节保持一定的弯曲并内扣。

（2）上体前倾,两肩的垂直面超出膝部,膝部的垂直面超出脚尖。身体重心的着力点在前脚掌拇指根部。双目注视来球,注意力高度集中,全身保持"静中待动状态"。

（3）两臂放松自然弯曲,并置于胸腹之间,两手心相对,手指自然张开。

（二）移动

移动是接好球的重要条件,其目的是为了接近和调整好人与球之间的位置,以便于击球。因此,要尽快地移动取好位置,做好接球前的准备。

通常采用的移动步法有以下几种:滑步法、跨步法、并步法、交叉步法、跨跳步法、跑步法、后退步法、综合步法。

在快速移动后,由于惯性作用,身体会继续向前冲,只有采用制动技术,才能保持稳定的姿势,衔接下一动作。

（三）学习步骤

1. 明确准备姿势和移动的意义、作用及实战的运用

2. 练习方法

（1）做好准备姿势,同伴给出信号或提示后,做向前、后、左、右一步或两步移动。

（2）站在端线处,向前两步移动,制动后,再向前两步移动,直至另一端边线处。

（3）站在端线处,向右斜上两步移动后,再向左斜上两步移动。

二、发球（service）

发球是排球比赛中的进攻手段之一。发球是比赛的开始,有威力的发球可以破坏对方战术,起到先发制人、争取主动的作用。强有力的攻击性发球,不仅能创造得分的机会,还能给本方造成组织反攻的机会,既能给对方造成心理压力,又能鼓舞本方队员士气。

发球的种类很多,无论采用哪种方法,要想发好球,必须注意以下几个方面。

（1）抛球稳:抛球是发球好坏的基础,要求平稳地将球向上抛起。抛球的高度和离身体的距离应相对固定。

（2）挥臂快:手臂的挥动速度与球飞行的速度呈正比,手臂挥动快,球的速度则快。

（3）击球准:以正确的手型,击球的相应部位、用力方向必须和所要发球的方向一致。

（4）正确的手法:击球手法的不同,发出球的性能也不同。不同的发球种类,应采用不同的击球手型。

（一）正面上手发球

发球时（以右手发球为例）,面对前场,左脚在前、右脚在后开立,左手持球,平稳地将球向右肩的前上方抛起,高度适中。抛球的同时,右臂抬起,并屈肘后引,肘与肩平齐,手掌自然张开,抬头、挺胸、展腹。击球时,后脚蹬地,带动上体向左转动,同时迅速收腹,以蹬地转体之力带动手臂向前挥动,重心随之移至左脚,伸直手臂在右肩的上方,以全掌或掌根击球的中下部,击球后,迅速进场进行比赛（见图Ⅰ-6-1）。

图Ⅰ-6-1

（二）正面下手发球

发球时，面对球网两脚自然开立，左脚在前，右脚在后，两膝弯曲，上体前倾，重心在后脚，左手持球置于腹前。击球时，左手将球抛起偏右侧肩 20～30 厘米处，同时，右脚蹬地，身体重心前移，伸直右臂，以肩为轴，向前摆动，用虎口、掌根或手掌击球的后下部，击球后迅速进场进行比赛（见图Ⅰ-6-2）。

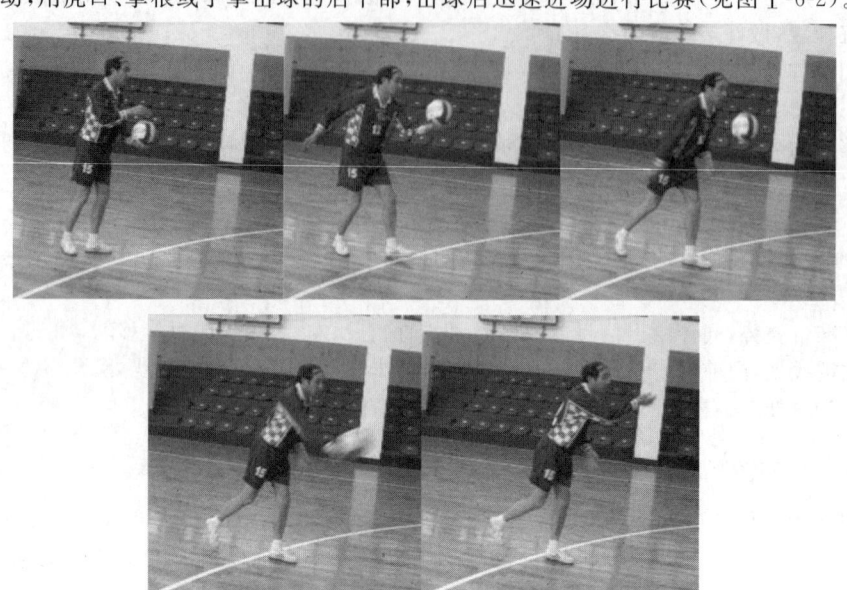

图Ⅰ-6-2

（三）侧面下手发球

发球时，左肩对网，两脚左右开立与肩同宽，两膝微屈，上体稍前倾，左手持球置于腹前。击球时，左手平稳地将球向上抛离至身体正前方约一臂之远，离手高度约 30 厘米，同时右臂摆至右侧后下方，利用右脚蹬地转体的力量，右臂迅速向前摆动，用虎口或全掌在腹前击球的后下方。随即入场比赛（见图Ⅰ-6-3）。

图Ⅰ-6-3

（四）勾手发球

发球时，左肩对网，两脚左右开立与肩同宽，两膝微屈，重心在两脚之间，左手持球于胸前。击球时，双手将球垂直而平稳地抛至头的左前上方,高约 1 米。抛球同时,右腿弯屈,重心移至右脚上,上体向右倾斜并转动,右臂同时向右后侧摆动,抬头看球。随着右腿用力蹬地,利用挺胸及转体的动作,带动手臂向上挥击。

（五）发球练习方法

（1）抛球练习。平稳地将球向上抛起,使球不旋转,每次抛出球的高度与身体的距离基本一致。

（2）近距离对墙、对网练习发球。要求抛球击球动作连贯、协调。

（3）发球区隔网发球。要求技术动作正确,逐步熟练掌握发球基本技术。

三、垫球（setting）

垫球是借来球的反弹力用手臂从球的下部向上击球的技术动作,是排球基本技术动作之一,是接发球、接扣球和后排防守的主要技术动作,是组织进攻和防守反击的基础。

（一）正面双手垫球

正面双手垫球是各项垫球技术的基础,是运用最多的一种动作,适合接力量大、速度快、落点低的各种来球（见图Ⅰ-6-4）。

图Ⅰ-6-4

（1）准备姿势:正面对准来球,做好准备姿势。

（2）垫球手型:分为叠掌式、抱拳式和互靠式三种。两臂自然伸直,前臂外展,两手腕紧靠下压,形成腕关节以上前臂部位击球平面。

（3）击球动作:击球时,手臂迅速插入球的下方,含胸收肩,两臂相夹,压腕抬臂,蹬腿提腰,将来球准确地垫在前臂的平面上。同时,身体和两臂要自然伴随球前送,以控制球的落点和方向。对于球速快、力量大的来球,手臂应顺势后撤缓冲,使球速得以缓冲而垫出。

（4）击球角度:根据垫球距离和入射角等于反射角的原理,适当调整两手臂的角度以控制球的方向、弧度和落点。

正面双手垫球应掌握以下三字要领。

插——伸直两臂,插到球下。

夹——两臂夹紧,含胸收肩,手腕下压,前臂击球。

提——提肩抬臂,重心随球前移。

（二）垫球练习方法

（1）两人一组,一人持球于腹前,另一人用垫球动作击球。

（2）两人一组,一人抛球,一人垫球。

（3）自垫练习,向上抛球垫球或对墙垫球。

（4）多人一组,场上垫发球或防守垫球。

四、传球（pass）

传球是排球运动基本技术之一,是进行比赛与战术组织的基础。其特点是准确性较高,容易控制球的落点和方向,由防守转为进攻的组织对第二传显得尤为重要。

（一）正面上手传球

（1）准备姿势：正对来球，两脚开立，两膝稍屈，上体挺起，眼睛注视来球，两臂屈肘抬起，两手成传球手型（见图Ⅰ-6-5）。

图Ⅰ-6-5

（2）手型：两手自然张开微屈成半球型，手腕后仰，小指在前，拇指相对成八字型置于额前（见图Ⅰ-6-6）。

图Ⅰ-6-6

（3）击球：传球时，利用蹬地、伸膝和伸臂的动作，通过球压在手指上的反弹力，以拇指、食指、中指和手腕的协调力量将球传出，用力一定要协调一致。传球距离近时，用手指、手腕的弹力较多，传球距离较远时，必须要加强蹬地展体的力量，才能控制好球。

（二）背传

在比赛过程中，使用背传能迷惑对方，达到出其不意的效果。通过蹬地、展腹、伸肘和指腕的弹力将球传出（见图Ⅰ-6-7）。

（三）正面双手传球练习方法

（1）根据动作要领，做原地徒手模仿练习。

（2）将球抛起，用正确手型接球，体会手型和手指、腕的弹力。

（3）两人一组，一抛一传，过渡到对传。

（4）多人一组，纵队跑动传球。

（5）多人对传，较熟练掌握后，利用侧面传、跳起传和背传，提高和运用各种方法传球的能力。

图Ⅰ-6-7

五、扣球（spiking）

扣球是排球的基本技术之一，是进攻得分的最有效方法。扣球可分为准备姿势、判断助跑、起跳、空中击球和落地五个部分。整个动作相互衔接，协调一致。

（一）准备姿势

两臂自然下垂，两脚开立，两膝微屈，眼睛注视来球，随时向各种方向起动助跑（见图Ⅰ-6-8）。

图Ⅰ-6-8

（二）判断助跑

判断是对一传、二传的情况，根据二传的方向、弧度、速度和落点来确定起跳的地点和起跳时间。助跑的目的是为了提高起跳的高度，选择起跳地点和时间。助跑的方向、速度和步数决定于来球的方向、弧度和速度。助跑的步法一般有两步、三步等。以两步助跑为例，左脚自然放松跨出一步，接着右脚跨出一大步，以脚跟先着地，两臂由体前经体侧摆至体后下方，右脚由脚后跟过渡到全脚掌着地，左脚并上在右脚稍前。两膝弯屈内扣降低重心，眼睛注视来球，准备起跳。

（三）起跳

起跳时，两脚迅速有力踏跳，同时快速展腹，带动身体腾空而起，两臂由体后下方向体前上方挥摆。

（四）空中击球

起跳后，上体要挺胸展腹，稍向右转，右臂屈肘抬起，以迅速转体收腹动作带动手臂猛烈挥击。击球时,手臂要伸直,用全手掌击球的中上部,手腕带有鞭状击打。

（五）落地

以前脚掌落地过渡到全脚掌着地,并以屈膝收腹缓冲下落的力量,立即准备做下一动作。

（六）扣球练习方法

（1）原地扣固定球。

（2）两人一组,一人抛球,一人扣球。

（3）助跑后,扣网前固定球。

（4）由一人在网前抛球,其余人助跑扣球。

六、拦网（blocking）

拦网是反攻的重要环节,使本队由被动转为主动。通过拦网可以减轻本队防守压力。同时也是一道防线,可以拦死对方扣球直接得分。

拦网技术动作由准备姿势、移动、起跳、空中动作和落地几个互相衔接部分组成（见图Ⅰ-6-9）。

图Ⅰ-6-9

拦网时,要有准确的判断,要选择准确点及时起跳,两臂伸直,手掌呈勺型压腕包住球压在对方扣球路线上。拦网分为单人拦网和集体拦网,其个人技术是相同的,集体拦网时,要注意队员相互间的配合。

（一）拦网练习方法

（1）两人隔网站立,同时原地起跳在网上击掌。

（2）两人一组,一对一从3号位跑至2号位,两人组成集体拦网。

试一试: 不妨经常邀请三四位同学走出室外,找一块空地,围成圆圈垫垫球、传传球。定会有一些同学受你的影响加入你的队伍,达到八九个人时,你就可以组队并给队伍起一个诸如"××队"的队名,去排球场上与别人较量一番,你的兴趣、水平一定会得到提高,从中享受到排球带给你的快乐。

研究与实践

课题名称:中国男排如何以快变应对欧洲高举强攻战术之研究

1. 课题思考:我们可以通过一些国际大赛中中国球队与欧洲球队的技术统计、身体素质来进行分析研究,找出差距,研究对策,对今后运动员的选材、训练手段、个人技、战术意识的培养、战术创新与运用等方面进行研究和分析。尤其可结合现代排球比赛每球得分制的新规则,对运动员的个人技术——如提高发球的质量和发球的成功率、提高一攻的质量、提高拦网的质量以及加强防守反击能力方面——作一些思考和研究。

2. 研究方法:a. 研究小组人员与分工;b. 研究计划与进度;c. 结题报告;d. 课题收获与感想。

第二节　排球比赛欣赏
（Appreciation of volleyball games）

人们在观赏体育竞赛过程中,从运动员匀称的体型、优美的姿态、发达的肌肉、秀丽的肤色以及精湛熟练的技术、灵活巧妙的战术配合、顽强拼搏的精神,享受到体育竞技的美感,得到精神调节,有益身心健康。我们可以通过排球比赛的过程、技术运用、战术配合了解排球运动的内涵,欣赏和感受体育竞技给我们带来美的感受。

（1）排球比赛是各队依照规则以垫、传、吊、扣等手段将球击过网落在对方场地上视为有效得分,避免使球落在本方场地内。根据国际排联对排球规则的修改,实行每球得分制,以一方先胜 25 分为一局,如双方均为 24 分时,一方需净胜 2 分为胜。每场比赛一般采用 3 局 2 胜制或 5 局 3 胜制。

（2）为了更有效地发挥场上每一个运动员的特长,对场上队员进行合理的搭配和布置,一般有"四二"配备:即场上两个二传手、四个攻手(其中两个主攻手、两个副攻手),安排在对称的位置上。"五一"配备:即场上一个二传队员,五个进攻队员。

（3）比赛过程由发球开始,使球从网上或触及球网上沿进入对方场区。因此,发球的作用不可低估。大力发球、跳发球被大多数运动员所采用,以扼制对方一攻质量,起到威慑作用。高质量攻击性的发球使竞争对抗性越发激烈。优秀运动员发球的时速可达到 100 千米,有的甚至达到 110 千米以上。发球成功,就等于抓住了机会,而发球失误,就等于将机会拱手相让,自断后路。

（4）与发球相对抗的形式是一传,它是防守反击的关键。接发球的质量是进攻战术运用的保证,通过二传手的组织,使排球灵活多变的战术在比赛中得以体现。

（5）在比赛中,我们常常会发现,一个队中时常有一个衣着有别于其他队员的运动员,这就是新规则中增设的自由防守人。排球新规则规定自由防守人可以不通过裁判员就出入比赛场,专门司职后排防守和接发球。自由人的出现,会使后排防守技术达到精益求精的目的,带动攻防水平,就会增加比赛中的攻防次数,使比赛的回合增多,精彩纷呈。同时,新规则允许教练员在比赛时站起来,沿本方场地的边线走动和指挥队员,这一规定则是从 NBA 篮球赛中学习的,这样可以增加比赛的气氛,展示教练员的指挥激情。

当前排球运动正在世界各地得到广泛开展,国际排联除了奥运会、世锦赛和世界杯赛外,还举行各种国际重大比赛。如四国超级联赛、世界俱乐部锦标赛、世界青少年排球锦标赛等。尤其是我国排球联赛制的快速发展,赛事频频,各队技、战术水平有了迅速的提高,观看比赛的人数日益激增,加之电视实况转播,利用慢镜头回放等高新技术,观众无论是在现场,还是在电视机前,都能得到美的享受和情绪的感染。

第三节　软式排球
（Soft volleyball）

软式排球是一项每队由 3～6 人组成的两队在被球网分开的室内外场地均可进行比赛的运动项目。

可以用身体的任何部分进行击球,比赛的目的是各队遵照规则,将球击过球网,使其落在对方场区内,而阻止其落在本方场区内。

软式排球运动像其他球类项目一样,通过训练,能发展力量、弹跳、速度、灵敏、耐久力等身体素质;提高人体中枢神经系统和内脏各器官的功能,增进身体健康,并培养勇敢顽强、机智灵敏、刻苦耐劳、遵守纪律、团结友爱等集体主义精神。但也有其本身的如下特点。

（1）软式排球对场地的要求不高,设备比较简单,主要的规则容易掌握。运动量可大可小,适合不同年龄、不同性别和不同训练程度的人,可以在球场上训练和比赛,也可以在空地上围成圈将球打来打去,都能达到锻炼身体的目的,因此具有广泛的群众性。

（2）排球基本技术内容较多,要领要求精细,形成了高度的技巧性。

（3）要求每一个队员都必须掌握全面的攻、防技术,要能攻善守,可以促进身体素质的全面发展。

一、软式排球发展概况（development of soft volleyball）

1988 年,日本诞生了软式排球,作为人们健身娱乐的一种手段,软式排球很快普及到日本中、小学校里,在欧洲也开展得非常好,1995 年传入我国。此排球以柔软的橡胶为外壳,以海绵类泡沫为球体填充物,其质地柔软且不易戳手,而使初学者感到好玩,深受人们的欢迎。软式排球在我国是一项新开展的运动项目,已被国家教委列入课程纲目,加以推广和普及。

二、软式排球技术特点（technical features of soft volleyball）

软式排球比赛具有场地小、不受室内外限制、球网低、球质轻而软、球速慢等特点,且不会造成初学者的手指、手臂挫伤或红肿,从根本上消除了打排球的恐惧心理,便于不同性别和年龄的人参与;既为培养选拔运动员提供早期训练项目,奠定一定的排球技术和身体素质基础,更好地发展少年儿童的灵敏柔韧和协调性等,又为全民健身提供了积极有效的方法和手段,更好地普及排球运动,提高全民身体素质水平。软式排球是由柔软的材料制成,颜色为浅色,能适应室内外比赛,比赛场地长 13.4 米,宽6.1米,中间用网隔开,四周至少有 2 米的无障碍区,在离中线 2.2 米处各有一条限制线,网高如下:成人2.20米,家庭组和 12 岁以下组 2.10 米,10 岁以下组 2.00 米。一个队上场比赛为 6 名队员,发球不允许击球点高于肩(下手发球),成人组和 12 岁以下组及 10 岁以下组必须始终有 6 名队员在场上轮换打球;家庭组有三名队员在场上打球即可,但必须是夫妇和一名 12 岁以下儿童。10 岁以下组可男女混合组队(男女人数不限),也可不混合组队,比赛中不得参与拦网。成人组必须是男女各占 50% 参赛,按年龄可分为:铜组 30~40 岁;银组 41~50 岁;金组 50 岁以上。比赛采用三局二胜制,每局每队可请求两次暂停,每次 30 秒钟,其他同室内排球。

三、软式排球锻炼方法及其注意事项（training methods of soft volleyball and notice）

（1）软式排球锻炼方法:根据排球运动发展规律,采用由浅入深、由易到难、由简到繁的方法,循序渐进地进行锻炼,在锻炼中,既要发挥教练的积极主导作用,又要调动锻炼者的主动性和积极性,互教互学,共同提高。

（2）软式排球注意事项:由于软式排球气压小,球体软,所以,当球的运行速度快时,球的表面易变形,易改变飞行轨迹;由于球的重量轻,球在运行时速度衰减大,易下沉,在锻炼时,应注意以上情况。

参考文献

[1] 全国体育学院教材委员会. 排球[M]. 北京:人民体育出版社,1989.

（胡志麟）

第七章　手球（Handball）

> **本章提要**：本章是以手球基本技术为主要内容，通过学习基本技术，为提高打下扎实的基础。队员在比赛中连续的快速奔跑、有力的跳跃、灵敏的躲闪、奋力地掷球及频繁的身体接触，使人体各运动器官得到锻炼，促进了身体素质的全面发展。在比赛中，需要有敏捷的思维、合理的技术和相互间默契的配合去战胜对手，为此，手球运动对锻炼人的意志品质、提高人们的判断思维、培养积极进取和团结协作精神起到了很大的积极作用。

手球运动是一项快速、激烈的对抗性运动，它运用手的传、接球、运球技术和全队的战术配合，将球射入对方球门为取胜方式的一项球类项目。

从 20 世纪 60 年代起，7 人制手球比赛取代了 11 人制手球比赛。7 人制手球现已作为奥林匹克运动会上的正式竞赛项目，并在世界各地得到了广泛的开展。20 世纪 50 年代，11 人制手球运动流传到我国，随后在我国得到了广泛开展。至今，我国手球运动员在世界及亚洲等各项赛事中都取得过较好成绩。手球运动主要赛事有奥运会、世界锦标赛及世界大学生锦标赛等。在亚运会及全国运动会上，手球项目也属一项主要的赛事。

第一节　手球技术与练习方法
（Handball technique and training methods）

手球技术可分为脚步移动技术、进攻技术、防守技术及守门员技术等。下面主要对一些常用的基本技术进行阐述（技术动作和图解都以右手持球为例）。

一、脚步移动技术（movement technique）

（一）技术动作

1. 基本站立姿势

在比赛中，为了适应瞬息万变的需要，必须随时保持一种既稳定又机动灵活的基本站立姿势，这样才能快速地移动。

动作要领：两脚平行或斜向开立，与肩同宽，脚尖向前，膝关节微屈稍内扣，脚跟稍提起，支撑点在两前脚掌，上体稍前顿，身体重心落于两脚之间，两臂屈肘自然置于体侧，抬头两眼注视目标。

2. 跑

(1) 起动跑。由静止状态变为移动状态的一种脚步动作。在进攻中突然快速的起动能有效地摆脱防守队员,而在防守中快速起动跑能抢占有利位置,完成防守任务。

动作要领:基本站立姿势开始,起动时(向前起动)一脚用力蹬地,身体前倾,身体重心随之向起动方向移动,另一脚迅速跨步,紧随的前几步要小而快,同时,手臂协调配合,积极摆动,以提高跑动的速度。

(2) 侧身跑。在比赛中,进攻队员为了便于观察场上情况和接来自侧后方的球,经常采用侧身跑的技术动作。

动作要领:跑动中,头部和上体向场内或向有球的一侧扭转,身体重心侧前移,脚尖和膝部朝着跑动方面,形成上体侧转,两臂膀自然摆动,两眼注视场地,随时准备接球。

3. 跳

跳是为了取得空间优势和占据空间有利的射门点而采用的一种双脚离地、身体有一定腾空时的脚步动作。

(1) 向前跳。多用于快速切入射门。

动作要领:起跳时,踏跳腿屈伸膝关节,并且用前脚掌用力蹬地,上体前倾,身体重心向前移动并超越支撑点,腾空后充分展体、抬头,两眼注视目标。落地时,踏跳脚先着地,屈膝,以保持身体平衡。

(2) 向上跳。常用于外围远距离射门或接断高空球。

动作要领:起跳时踏跳腿屈膝,降低身体重心,然后由踏跳脚后掌过渡到前掌用力向上蹬地,上体伸直,手臂协调上摆,使身体重心升高,另一脚自然屈膝抬起。落地时,踏跳脚先着地,屈膝缓冲,降低身体重心,以控制身体平衡。

(二) 练习方法

(1) 原地站立,听信号做起动跑、侧身跑的练习。

(2) 听信号做不同方向跑的练习。

(3) 向前、向侧、向上的各种跳跃练习。

(4) 带球或传、接球做上述跑跳练习。

二、传、接球技术(pass and catching technique)

传、接球是比赛中进攻队员有目的转移球的方法,也是组织进攻完成战术配合的纽带。

(一) 技术动作

1. 持球

任何一种传球、突破或射门都是由持球开始,持球是进攻中有球技术的基础,持球可分为单手持球和双手持球。

2. 传球

(1) 单手肩上传球。单手肩上传球是比赛中最常用的传球方法。它的特点是:动作简单,传球准确,适用不同距离的传球,能与射门动作结合运用,具有很强的攻击性。

动作要领:两脚前后开立,右手持球于肩上并举球后引,左肩稍向右转。持球手的上臂与躯干之间的夹角要大于90°。肘关节高于肩,前臂与上臂的夹角也要大于90°。传球时,右脚蹬地,同时,身体重心前移,髋关节带动躯干向左转动,并以肩关节带动肘关节,向前挥臂,手掌对准出球方向,最后屈腕经手指将球传出(见图Ⅰ-7-1)。

(2) 单手体侧传球。单手体侧传球是向身体侧方转移球时运用的一种传球方法。它的特点是传球动作幅度小,较隐蔽,出手快,适用于短距离传球。

动作要领:右手持球自然放松下垂置于体侧,两脚前后左右开立,膝稍屈,身体重心落于两脚之间,身体正对前方。传球时肘关节微屈,将球提起置于体前,然后以上臂带动前臂由左向右沿水平挥摆,手腕外旋,使手掌对准传球方向,利用手臂的挥摆和手腕最后的甩动将球传出(见图Ⅰ-7-2)。

3. 接球

图 I-7-1　单手肩上传球

图 I-7-2　单手体侧传球

（1）双手接球。接胸部以上高度的球：这是比赛中最基本、最常见的接球动作。

动作要领：两眼注视来球，两臂主动伸向来球，手指自然分开稍向上，两手拇指、食指相对呈"八字"，手掌掌形成半球状，当来球触及手指的瞬间，手指紧张握球，两臂迅速后缩，以缓冲来球力量，并将球置于胸前。

接低于腰部的球：为了接住同伴传来的低于腰部的球，接球方法有所区别。

动作要领：接球时，上体前屈弯腰，两臂下垂略向前伸，手指向下，手指自然分开，双手小拇指并扰，整个手形成半球形，当手与球相触时，手指紧张，两臂弯屈，迅速后引缓冲，上体直起将球持于胸腹之间。

（2）单手接球。单手接球在比赛中运用较少，它的特点是：接球时控制范围大，但接球不够稳固，易失误。

动作要领：接球时，单臂主动伸出迎球，五指自然分开，当手掌与球接触后，顺势往回撤，同时，另一手快速上去护球。

（二）练习方法

（1）单手、双手反复地拿地面上的球。

（2）加强手指力量各种辅助练习。

（3）反复对墙传球，接反弹球。

（4）两个一组迎面传、接球练习，从原地到移动。

（5）两人或三人直线或交叉跑动推进。

（6）多人的三角或四角的不同形式和距离的传、接球练习。

> **资讯窗**：传球时除了合理的技术动作外，还应注意传球的力量和传出球在空中飞行的弧度，使接球者感到舒服，在时间上恰到好处；接球时手形是该技术的基本要点，而对来球的判断和移动将影响接球的效果。

三、射门技术（shooting technique）

射门是手球比赛唯一的得分手段，是进攻技术和战术运用的最终目的。射门技术种类较多，现介绍支撑射门和跳起射门两种主要的射门技术。

（一）技术动作

1. 支撑射门

（1）原地肩上射门。动作要领：两脚左前右后站立，与肩同宽，上体向右略转，上体侧对球门，身体重心移至右脚，前膝稍屈，同时持球于肩上，形成单手肩上传球的动作。射门时，右脚蹬地，身体重心前移，以肩带动上体向左转动，同时，右臂以肩带动上臂和肘向前挥动，上体前屈，通过手腕、手指力量将球射出。此时，右脚顺势向前跨一步。

（2）跑动支撑射门。动作要领：接球后跨左脚，同时引球到肩上，随后右脚向前跨步，上体稍向右转动，当身体由右脚支撑时，右脚用力蹬地，上体迅速向左转动，前屈，带动手臂向前挥摆。同时，左脚随着右臂挥摆出球的动作向前迈步，然后随着快速跑动的惯性继续向前跑动。

2. 跳起射门

（1）向前跳起射门。动作要领：接球后，利用助跑，左脚前脚掌积极用力向前蹬地跳起，此时，上体前倾，左肩侧对球门，上体向右转动，右腿屈膝自然抬起，膝关节外展，使身体向前上方腾起，同时，右手持球快速引球于肩上，挺胸展腹，抬头两眼注视球门，当身体上升接近最高点时，上体向左转动，并带动右臂向前挥摆将球射出。球离手后起跳脚和摆动脚依次落地，屈膝缓冲，以保持身体平衡。

（2）向上跳起射门。动作要领：接球后快速助跑，当最后一步左脚落地时用力蹬地向上跳起，右腿自然屈膝抬起。同时持球的右手由下向后划弧快速引球至肩上方，身体向右转动，左肩侧对球门，当身体腾空接近最高点时，快速向左转体，并带动右臂用力挥动，收腹，最后通过屈腕将球射出。球离手后，起跳脚先落地，并迅速降低身体重心，以控制身体平衡（见图Ⅰ-7-3）。

图Ⅰ-7-3　向上跳起射门

（二）练习方法

（1）持球对墙做各种射门技术动作。

（2）接同伴传球做各种射门的技术动作。

（3）运球后做各种射门的技术动作。

> **试一试**：看完这段，邀朋友来到球场，面对球门，拿球进行射门，看谁动作标准、完美。你将从中获得一种成功的感觉。

四、防守技术（defence technique）

防守技术是合理地通过脚步移动，抢占有利位置，利用身体躯干部分来阻挠和破坏对方的进攻，以争夺控球权的一项基本技术。

（一）技术动作

1. 防守的基本姿势

防守的基本姿势是防守动作的准备期。站立姿势要做到稳定、灵活，又能进行有力对抗。

动作要领：两脚平行或斜向开立，与肩同宽，两膝稍屈，脚跟稍提起，身体重心稍降低前移，并落于两脚之间，上体略前倾，抬头，目视对方，两臂自然屈肘置于体侧，便于随时作出移动和防守动作。

2. 防持球队员

动作要领：当对方接球时，快速移动，主动出击，采用斜步站立的方法以身体躯干对着其持球手顶贴上去，与对方持球手同侧的脚在前，另一脚在后，与前脚同侧的手臂上举，阻挡和影响其持球手的活动，另一手屈肘置于胸腹间,以防对方向前冲击。当进攻队员持球在外围进行较远距离射门时,要积极主动地迎上,并充分伸展两臂进行封堵。如内线进攻队员接球而防守队员又在其背后时,应采用双臂"卡压"对方的持球手,破坏其抬手射门的动作。

（二）练习方法

（1）听指令做静止的防守姿势。

（2）听指令做各种防守的技术。

（3）一对一或二对二的徒手防守。

五、守门员技术（goal keeper technique）

守门员技术可分为准备姿势、位置选择、脚步移动、封挡球、传球等五项。现主要介绍封挡球技术。

（一）技术动作

1. 手挡球

手挡球分为双手挡球和单手挡球。

（1）双手挡球。双手挡球多用于靠近身体的来球或头顶上方的来球。特点是封挡面积大。

动作要领:双臂向来球方向伸展,手臂并拢,手掌五指自然分开,掌心对准来球;在触球的一刹那,手腕下压,将球挡落在身前。

（2）单手挡球。单手挡球多用于封挡离身体两侧较远的不同高度的来球。其特点是封挡范围大,动作灵活、速度快,但是接触球面积较小。

动作要领:单臂向来球方向伸展,五指自然分开,掌心对准来球,当球与掌接触的一刹那,手指、手腕紧张,并做下压动作,将球挡落于身体附近,也可用单手托球的方法将球托出。

2. 臂封挡球

臂封挡球分为单臂封挡球与双臂封挡球。

（1）单臂封挡球。动作要领:单臂向来球方向伸出,手臂肌肉和肘关节保持紧张,当球触及手臂时,手臂顺势稍后引,同时手臂作内旋将球挡落在身体附近。当一些来球速度快而来不及正确判断飞行路线时,可采用单臂撩球动作,撩球时,伸直手臂从体侧由下向上呈扇形快速挥摆,这样能控制较大范围,效果较好。

（2）双臂封挡球。双臂封挡球用于守门员封挡头顶上的来球,特别是边锋切入射向球门近上角的球。

动作要领:双臂伸直上举,并拢,掌心向前,当球触及手臂时,快速下压,将球挡落于身体附近。

3. 腿、脚封挡球

主要应用于封挡射来的低球。

动作要领:封挡左侧来球时,右脚用力下压蹬地,使身体重心向左侧方向移动,左腿关节外展并向来球方向伸出,脚弓对准来球,用腿的内侧或脚弓封挡球,此时,腿部肌肉要紧张。脚伸出时,尽量要贴着地面,不要抬脚踩地,以免漏球。如果球离身体较远时,可做"劈叉"动作来挡球。

4. 手脚并用封挡球

常用于封挡胸中部以下的来球,其特点是封挡球的面积大。

动作要领:在腿、脚挡球动作的基础上,手臂向来球方向伸出,身体重心向来球方向移动,使手、脚靠拢。当迎球而上进行封挡时,整个躯干和四肢充分伸展,像雄鹰展翅一样跃起,封挡来球。以上动作可见图Ⅰ-7-4。

（二）练习方法

（1）伸展韧带,如"劈叉"、搁腿等。

（2）听指令做不同方向的移动。

（3）面对墙站立,教师在背后对墙掷球,根据球的反弹方向作出技术反应。

（4）守射向不同角度的球。

准备姿势

双手封球

单臂挡球

脚挡球

手脚并用封挡球

图 I -7-4　守门员部分技术图

（5）守来自不同区域的射门。

（6）一传固定目标和移动目标。

> **试一试**：站在球门中间，运用已学的技术，充分展示你的英姿，当封挡住对方射门的球时，将会迎来一片喝彩声，将使你的勇气和信心倍增。

第二节　手球比赛欣赏
（Appreciation of handball match）

一场比赛，观众最为欣赏的是队员精湛的技术和相互间的默契配合。进攻时，队员巧妙的突破，快速而准确的传球和超出想象的射门技术定会引来一片掌声，特别是长传反击快攻，这就像"闪电"一样在人们眼前一闪而过，凸显了手球运动的魅力；而防守时，队员有效阻截，奋不顾身地扑抢和判断准确的断球同样使人赞叹；守门员以敏捷的反应和勇猛防守动作封挡住对方射来的球时，往往会使比赛场上热烈的气氛达到沸点。

一支球队的队员不仅要有精湛而全面的技术，而更主要的是队员之间的默契配合，形成有效的攻防体系，才能保证球队有较强的战斗力。

手球比赛中，进攻时，整体战术都是以队员相互间的传切、交叉、掩护等配合为基础，配合成功与否，则要看队员的技术运用、跑位意识，随机应变等各方面的综合能力。而防守则主要是在个人防守能力的基础上队员之间进行补位、夹击等配合，来阻止、破坏进攻。整个战术是根据本队和对方的特点而制定的。一般来讲，力量大、身材高大的人，防守时，采用一线防守较多；进攻时，多利用个人或简单的配合来解决问题（如东欧球队和俄罗斯球队）。反之，身材矮小的人，其技术相对细腻，脚步灵活，防守时，防线会扩大，采用二一四或三一三等阵形；进攻中利用灵活的脚步快速穿插跑动来完成进攻任务（如韩国、日本、法国）等。

手球比赛是一项高速度、强对抗的集体竞技项目，一场紧张激烈的比赛常使观众心跳不已。

手球运动发展趋势:个人技术的全面和快速,攻防战术体系的连续多变是今后的发展趋势。2001年规则的改动,更是突出了这一点,使手球比赛更具有艺术性和观赏性,使球员和观众从中享受到该项运动的乐趣。

研究与实践

课题名称:基层开展手球运动状况分析

1. 研究问题:手球队作为奥运项目,在欧洲及韩国、日本等地开展非常普及,在20世纪70年代,手球运动在我国得到重新恢复,并且迅速地发展,在世界上都取得了较好成绩,基层手球运动开展得也十分红火。但在近期,基层手球开展十分冷清。本研究试图为改变这种状况提出参考意见。

2. 课题研究收获与感想:手球运动作为一项集体球类项目,它集跑、跳、掷及柔韧灵敏为一体,对培养与提高青少年身体素质全面发展有很大作用。加大力度想方设法地去解决目前存在的问题,在不久的将来,手球运动定会像足球、篮球等项目一样,在基层深受人们的喜爱,得到进一步的普及,我国的手球成绩定会有一个新的提高。

参考文献

[1] 中国大学生体育协会手球分会.手球基础教学[M].上海:同济大学出版社,2000.

(徐　强)

第八章 乒乓球（Table Tennis）

本章提要:本章主要介绍乒乓球运动的握拍、站位与身体姿势、发球、接发球、推挡、搓球、攻球、弧圈球等单项技术和左推右挡结合技术以及为获得最佳击球部位、击球时间、击球的路线、步法的快速灵活移动等,还进一步阐述了乒乓球技术练习方法,使学生逐步熟悉、掌握基本技术与战术,循序渐进地提高乒乓球运动水平。

乒乓球运动可以改善心血管系统的机能,使心肌发达,心脏变大和收缩加强,心跳搏动有力。经常打乒乓球,可刺激脑细胞,促进大脑的发达,提高人的反应速度。因此,青少年经常打乒乓球,能提高动作的速度和上、下肢活动的能力,运动机体更灵活,耳聪目明,精力更充沛,不仅增强体质,而且有助于培养人的勇敢顽强、机智果断等品质。

学练提示:在比赛中我们常常会发现一样颜色的胶皮,而击出球后对方以常规回球时,球却出现反常现象,这又是怎么回事呢? 原来是长胶球拍。在和长胶球拍使用者打球时,对方来球较轻或不转,回球亦不转;在对方来球力量越大、旋转越强时,回球亦越强。而且,长胶拍回球为来球的反旋转。

第一节 乒乓球技术与练习方法
（Techniques and training methods）

一、术语（technological idioms）

（一）基本姿势

两脚开立略比肩宽,屈膝提踵,身体重心置于两脚之间,上体微前倾,执拍手臂自然弯曲,置于身体右侧,前臂与手腕保持水平状,置于腹前。

（二）站位

乒乓球运动员根据各自的打法,在比赛时选择的基本站立位置,有近台（身体离台 30～50 厘米范围内）、中近台（离台 50～70 厘米）、远台（离台 1 米以外）等。

（三）握拍法

1. 直拍快攻型握法

以食指第二关节和拇指第一关节扣压拍面,虎口贴住拍柄。其他三指自然弯曲重叠,中指第一关节顶在后中线处。

2.横拍握法

虎口贴住拍肩,中指、无名指、小指握住拍板,拇指放在正面,食指自然伸直置于背面。

（四）拍形

拍形包括拍面角度和拍面方向。拍面角度指球拍触球时拍面与球台表面及其延长线之间的角度,可分为前倾、稍前倾、垂直、稍后仰、后仰。拍面方向指击球者手中球拍面朝对方台面的方向。

（五）击球时间

指击球时球拍触球的时间。从球的着台点至触及地面为止,球的运行路线可分为上升前期、上升后期、高点期、下降前期、下降后期。

（六）击球路线

指球体在台面上空飞行的俯视角度的投影线。按击球位置可分左方斜线、左方直线、中路直线、右方直线和右方斜线。

（七）击球的部位

指击球时球拍触及球体的某一部位。分为上部、中上部、中部、中下部、下部等五个部位。

二、步法(basic footwork)

由于来球的落点不断变化,要准确地还击每个来球,除必须具备快速的反应和良好的身体素质之外,还需要正确、灵活的步法。

（一）基本步法

（1）单步:指以一脚的前脚掌为轴,另一脚向前、后、左、右某个方向移动一步的步法。在来球角度不大、小范围内移动时使用。

（2）跨步:以一脚向来球方向跨出一大步,另一脚跟着移动的办法。它常用来对付来球急、角度大、离身体稍远的球。

（3）跳步:一脚用力蹬地,使两脚离开地面,同时向左向右或前后跳动。快攻型打法用它来侧身。

（4）并步:来球远侧方的脚先向近侧方靠一步,然后近侧方的脚再向来球方向迈一步。在小范围内移动,常使用此步法。

（5）交叉步:离球远的脚朝来球方向跨出一大步,并从前面超过另一脚形成交叉状,另一脚再向来球方向移出一步的步法。快攻在侧身进攻后扑挡常用此步法。

（二）基本步法练习方法

（1）反复做站位和步法的模仿练习。

（2）移动时,可根据来球的方向作相应随球步法的练习。

（3）两人一组,可根据来球方向作相应随球步法的练习。

三、发球技术(service techniques)

发球时,不受对方的制约,可以选择自己最适合的站位,按照自己的意图,把球发到对方球台的任何位置上去,先发制人,直接得分或为自己的进攻创造有利条件。

（一）发球技术

1.平击发球

发球时持球手将球轻轻抛起,同时持拍手(右手为持拍手)向后引拍,当球从高点下降到低于球网,持拍手以肘部为轴心,前臂向右前方横摆击球,向前挥拍时,拍面前倾,击球中上部。击球后第一落点在球台的中区。

2.正手发下旋加转球与不转球

发下旋加转球时,左脚在前,右肩侧对球台,持球向上抛球,同时,持拍手臂将拍引至后上方略比肩高,肘部后移,带动手腕旋内,球拍呈横向拍面垂直,身体重心后移。当球回落时,肘关节加速运动,前臂带动手腕猛然加力旋外,在胸腹前偏右一前臂距离处,拍形后仰用球拍下部靠左的部位,触球正后位底部,加大力臂摩擦球体,击球后,随势将身体重心移至前脚。"切"球愈薄,发球愈转。

发不转球与发加转下旋球的主要区别在于球拍触球瞬间,突然减慢手臂前进速度,并减小拍形后仰角度,用球拍中部偏右的地方去碰撞球的中下部,使作用力接近球心,由于力臂小造成力矩小,因而旋转不明显或成不转球。

（二）发球练习方法

（1）反复练习将球抛起后再击球,以防犯规。

（2）模仿练习,发多球练习。

（3）两人一组,一人发球,一人接发球练习。

四、接发球（receive）

首先,必须根据对方发球的位置来决定自己的位置,然后注意对方发球时挥臂动作和球拍移动方向,根据对方发球时摆臂振幅大小和手腕用力的不同程度来判断来球落点的远近和旋转强弱。根据来球的飞行弧线和速度来判断旋转性能。接发球的方法一般是由点、拨、拉、搓、削、摆、扑、撇、侧等技术组成。接发球和发球是常常结合在一起进行练习的,通常从简单的固定旋转和落点开始,然后过渡到复杂的、综合的发球与接发球。

资讯窗:在比赛中,对乒乓球运动员的反应要求很高,最高球速可达 20 米/秒,也就是说,对方攻出的快球,只需 0.15 秒左右的时间就直达本方台面,所以要求运动员具有敏捷的反应能力。

五、推挡球（push）

推挡球是乒乓球技术中的基本技术之一,其特点是站位近、动作小、变化多。推挡球包括挡球、快推、快拨、加力推、减力推、推下旋(见图Ⅰ-8-1)。

图Ⅰ-8-1　推挡球

（一）推挡球技术

（1）快推:站位靠近球台,击球时,小臂前推,手腕外旋,食指压拍,拇指放松,使拍前倾,在球上升期击球中上部。

（2）加力推:站位离台 30~40 厘米左半台,小臂后收,使球拍稍提高。推球的上升后期或高点期,击球中上部。

（3）减力挡:在触球瞬间,球拍前移的动作骤然停止,也可将球拍稍微后移,以减弱来球的反弹力。

（二）推挡球练习方法

（1）模仿推挡球动作,体会动作要点。

（2）对墙做推挡球练习。

（3）两人在球台上对练挡球,不限落点,只求动作。

（4）两人在球台上先练挡中线再练挡斜线。

（5）两人在球台上加速推,体会快推。

（6）一人逐渐加力推,另一人减力挡。

六、攻球(attack)

攻球是乒乓球的一项重要技术,也是得分的重要手段,按身体方位有正手攻球、反手攻球、直拍反面攻球、侧身攻球,按站位有近台快攻、中台快攻、远台快攻,按动作有快抽、拉抽、扫抽、扣杀。

(一)攻球技术

1. 正手攻球

左脚稍前站位,当来球时,前臂外展将球拍后引至身体右侧稍后,当来球从台面弹起时,上臂带动前臂向左前上方快速挥动,击球的中上部,身体重心从右移至左脚,球拍挥至头部高度(见图Ⅰ-8-2)。

图Ⅰ-8-2 攻球

2. 反手攻球

站位近台,右脚稍前。引拍时,前臂与台面平行,将球拍引至腹前偏左位置。击球时,前臂旋外向右前上方挥动,手腕同时配合伸和旋外转腕的动作,拍面前倾,上升期击球的中上部,击球后,随势将球拍挥至右肩前,身体重心从左脚移至右脚。

3. 正手快拉球

站位比快攻稍远,击球前,整个手臂放松,前臂略下沉。拉球时,以前臂发力为主,在来球高点期或下降期,手腕同时向前向上用力转动球拍摩擦来球,制造上旋弧线。拉球时,要判断好来球下旋程度,调整用力大小和方向,调节拍面角度和触球部位。

(二)攻球练习方法

(1)持拍模仿练习,反复体会动作要领,建立正确的技术动作概念。

(2)腰部转动和身体重心转移练习。近台正反手快攻采用快速、小幅度姿势,正手快拉球须把上臂、手腕、腰、腿的力量协调地集中在击球一刹那摩擦,动作稍大。

(3)结合所学步法在移动中模仿攻球、拉球练习。

(4)对着挡板或挡墙自抛自击、自抛自拉。

(5)接同伴固定球,攻打一板后重新再接。快拉时,接同伴的下旋球,体会击球手法,拍形和击球部位等动作。

(6)在推挡练习时,进行攻球、快拉练习。

七、搓球(chop)

搓球是近台还击下旋球的一种基本技术,搓球可分为反手搓球和正手搓球、慢搓和快搓、加转搓球和搓不转球(见图Ⅰ-8-3)。

(一)搓球基本技术

站位离球台约50厘米,右脚稍前,上体竖直,身体重心居中。击球前,手臂引拍至左肩处,屈肘成80°,手腕内收,拍面稍仰。击球时,以肘关节为轴前臂发力带动手腕迅速向前下方挥拍,同时伸肘,前臂略内旋和上翘手腕,在左胸前离一个前臂的距离处,迎来球下降后期,击球中下部,并向底部摩擦。击球后,手臂肌肉放松,并随即收回还原。

图Ⅰ-8-3 搓球

（二）搓球练习方法

（1）徒手模仿搓球动作练习，体会要领。

（2）自己将球向球台抛球，弹起后将球搓向对方球台。

（3）在接发球时，以相反球路将球搓回对方球台。

（4）练习正反手搓球。

八、弧圈球（drive）

弧圈球是速度与旋转相结合的一种进攻技术，于20世纪50年代由日本运动员最先发明。当时被称为"弧圈型上旋球"。70年代在欧洲取得很大突破，形成了以弧圈球为主的打法类型，现已成为一种流行于世界的先进技术，有加转弧圈球、反手弧圈球、正手右侧弧圈球等。特点是攻击力大、使用率高、稳健性强（见图Ⅰ-8-4）。

图Ⅰ-8-4 弧圈球

（一）弧圈球技术

1.加转弧圈球

加转弧圈球又称"高吊弧圈球"。正手击球时，左脚在前，身体向右扭转，右肩略低于左肩。引拍时，执拍手臂自然下垂，将球拍置于靠近臀部的位置。击球时，上臂带动前臂快速向前上方挥动，拍面垂直，在来球下降后期摩擦球中部或中下部。特点是上旋力强、弧线高、着台后突然下坠。

2.前冲弧圈球

击球前，将球拍引至身体右侧偏后，约与台面同高，拍面稍前倾。击球时，前臂在上臂的带动下迅速内收，手臂向前上方挥拍，在来球的高点期或下降前期击球的中上部。拍面前倾角度较大，约为60°。特点是球速快、弧线低、前冲力和上旋力强。

（二）弧圈球练习方法

（1）徒手做模仿拉弧圈球的动作。

（2）一人发中路出台球的下旋，另一人练习拉弧圈球。

（3）一人推挡，另一人练习连续拉弧圈球。

（4）两人对搓。固定一人搓中抢拉弧圈球。

（5）一人削球，另一人练习连续拉弧圈球。

（6）结合其他技术练习拉弧圈球，如发球抢拉、接发球抢拉等。

第二节　乒乓球比赛的欣赏
（Appreciation of table tennis game）

当今，乒乓球比赛的场面正通过电视走进千家万户，吸引着越来越多的人为其如痴如醉如狂，观赏乒乓球比赛已成为人们余暇生活中的重要内容。

乒乓球运动需快速、旋转、节奏、力量等。我国优秀选手刘国梁打球时，出手速度相当之快，直板反手横打相当有威力，让欧洲的选手防不胜防，体现了速度与力量的变化。在2001年的第46届世乒赛上，王励勤的打法是板板带凶，属快凶均衡型打法，让坐在看台上的观众过了"一把瘾"，特别是在形成弧圈球对攻相持局面时，速度、旋转、节奏、短线路、中远台相持变化，让人叫好，他目前打法具有宏观优势，突出了落点的变化，具有超前性的打法特点。

在乒乓球比赛中，心理素质也是获胜的非常重要的因素，平时技术熟练而在比赛中却未必能发挥出强劲的水平，往往就是心理素质欠佳造成的。

乒乓球比赛的奖牌按金、银、铜牌统计，世乒赛要产生金牌7块，银牌7块，铜牌7块，总计21块奖牌。7块金牌各设一个奖杯，男子团体为斯韦思林杯；女子团体为考比伦杯；男子单打为勃莱德杯；女子单打为盖斯特杯；男子双打为伊朗杯；女子双打为波普杯；混合双打为赫杜赛克杯。球拍按形状分有椭圆型、方型、桃扇型、菜刀型、双握把型、圆握把型等。按性能分有正胶海绵拍、防弧胶皮海绵拍。使用哪种球拍，要因人而异，不同类型的打法要配备相应的球拍。

在乒乓球比赛中，在球触及台面上边缘时为"擦边球"，而球触及台面上边缘以下的侧面为出界球。球是否擦边，可根据击球路线、反弹情况及着台声音等进行判断。

观赏乒乓球比赛不仅丰富了人们的余暇生活，更使人们从中受到教育。当人们为运动员顽强拼搏的意志品质和不断超越自我的体育精神所感动时，人们已经在接受着勇敢、顽强、无私、团结、友爱、公正等道德、伦理、思想和法律方面的教育，而这些又正是现代文明的重要内容。

> **研究与实践**
>
> 选择课题：浅谈弧圈球结合快攻打法的训练方法
>
> 研究目的：乒乓球运动有着不同技术的打法。弧圈球结合快攻打法是乒乓球运动打法类型的一种，特点是旋转强、速度快。正、反手的攻势均较强。所以，正确掌握弧圈球结合快攻打法的训练方法，可以为在比赛中发挥良好技术打下坚实的基础。

参考文献

[1] 陈荫生，陈安槐. 体育大词典[M]. 上海：上海辞书出版社，2000.

[2] 体育院系教材编审委员会. 乒乓球体育系通用教材[M]. 北京：人民体育出版社，1984.

（彭玲群）

第九章　健美（Body Building）

> **本章提要**：健美简单易行，适用性强，能有效地增强体质，增进健康，发达肌肉，改善体型，陶冶情操，深受人民大众、特别是青年学生的欢迎。健美运动已成为大学校园生活中的新时尚，拥有一个健美的身材是莘莘学子孜孜以求的目标。本章以介绍身体各部位肌肉的锻炼方法为主线，重点要求掌握发达大肌肉群的技术动作，了解如何去欣赏健美；帮助练习者塑造健美的体型和体态；陶冶高尚的情操和胸怀；培养高雅的气质和风度；铸造坚强的意志和毅力。要想达到健美的目的，就必须付出艰苦的努力，只有经过坚持不懈的锻炼，才能获得理想的效果。

健美运动是一项以发达肌肉、增长体力，改善形体和陶冶情操为目的的运动项目。它不仅强调"健"，而且强调"美"，把体育和美育融为一体。

古希腊时代人们已开展健美运动，人们炫耀力量和人体健美，并展示在古代奥林匹克运动会上。19世纪末，德国人山道开创了近代健美运动。20世纪初期在美国和英国得到广泛的开展。1946年，加拿大人本·韦特兄弟发起创建了国际健美协会。

20世纪30年代，健美运动传入我国，1946年在上海举行过男子健美比赛。随着国际健美运动迅速发展，20世纪80年代，健美运动在我国上海、北京、广州等地蓬勃开展，并每年举行全国性的健美比赛。1985年，我国加入了国际健美健身联合会。

女子健美运动在20世纪40年代才开始兴起，70年代有了正式的女子健美比赛。目前，女子健美运动在我国也有比较广泛的开展，并举行全国性的女子健美比赛。

第一节　身体各部位肌肉的锻炼方法
（The method of training for body muscles）

一、颈部肌肉锻炼（training for neck muscle）

（一）单手侧压颈屈伸

按在头右侧的手用力把头向左侧推压，而颈部则用力顶住，不让轻易压倒，但逐渐被压倒。然后，颈部用力把头向上向右抬起，而右手则用力压住头部，不让其轻易抬起，逐渐完全竖直。如此反复多次，直到颈部感到酸胀。练完一侧，换练另一侧。

（二）双手正压颈屈伸

双手用力压头部，使其向前下屈，颈部则用力顶住，不让轻易下压，但逐渐被压到颈部触及锁骨柄。然后，颈部用力把头向上抬起，而两手则用力压住头部，不让其轻易抬起，但逐渐抬到原位（见图Ⅰ-9-1）。

1   2   3   4

图 I-9-1　双手正压颈屈伸

（三）头压铁片颈屈伸

俯卧长凳上，两手握一铁片压在头后，头部下垂。颈部用力把头抬到可能的最高点。颈部放松，让头部徐徐下垂到原位置。

二、肩部肌肉锻炼（training for shoulder muscle）

（一）三角肌前部

前平举：两腿直立，挺胸收腹。两手正握哑铃或杠铃，两臂下垂于腿前。直臂持铃向上举起，至稍高于肩。静止 1 秒钟，再直臂徐徐放下，还原至腿前。如用哑铃，可左右手各一次，连续交替做（见图 I-9-2）。

（二）三角肌中部

1. 侧平举

两脚自然开立，两手握哑铃，下垂于身体两侧。收缩三角肌，直臂向侧上方举起，直到略高于肩，静止 1 秒钟，再让两臂徐徐放下到下垂位置（见图 I-9-3）。

1   2   1   2

图 I-9-2　前平举　　　　　　　　图 I-9-3　侧平举

2. 单臂侧平拉

收缩三角肌，一手将拉力器或胶皮条向侧上方拉到与肩齐高。另一手用力插按腰间以保持平衡。上拉到最高点后，静止一秒钟，然后，在三角肌继续用力控制下，让拉簧或胶皮条徐徐松缩到开始位置。重复练一肩，已无力上拉后，换练另一肩。

（三）三角肌后部

1. 俯身侧平举

两足开立，向前屈体 90°，两手握哑铃，两臂直垂肩下。收缩三角肌后部，直臂从两侧平举起哑铃，直到与地面平行。静止一秒钟，再让两臂徐徐放下（见图 I-9-4）。

1   2   3   4

图 I-9-4　俯身侧平举　　　　　　　图 I-9-5　直立推举

2.直立推举

把杠铃从地面上拉到胸上,全身直立。两臂向上直推至完全伸直,静止一秒钟,让杠铃慢慢下落到胸上(见图Ⅰ-9-5)。

三、胸部肌肉锻炼(training for chest muscle)

(一)平卧举

仰卧长凳,将杠铃放在胸部上方。将杠铃垂直上举至两臂完全伸直,胸肌彻底收缩,静止一秒钟,慢慢下落(见图Ⅰ-9-6)。

图Ⅰ-9-6 平卧举　　　　　　　　　　图Ⅰ-9-7 上斜卧举

(二)上斜卧举

头朝上斜卧长凳30°~45°,两手正握杠铃置于胸部上方。把杠铃垂直上举至两臂完全伸直,静止1秒钟,慢慢下落徐徐至原位(见图Ⅰ-9-7)。

(三)下斜卧举

头朝下斜卧长凳,两手正握杠铃置于胸部下方。把杠铃垂直上举至两臂完全伸直,静止一秒钟,慢慢下落徐徐至原位(见图Ⅰ-9-8)。

图Ⅰ-9-8 下斜卧举　　　　　　　　　　图Ⅰ-9-9 仰卧飞鸟

(四)仰卧飞鸟

仰卧长凳上,两手拳心相对,持哑铃;两臂向上直伸与地面垂直,两脚平踏地面。两手向两侧分开下落,两肘微屈,直到不能更低时止。静止1秒钟,让胸大肌完全伸展,然后将两臂从两侧向上,回合到开始位置(见图Ⅰ-9-9)。

(五)卧式直臂上拉

仰卧长凳上,两手正握哑铃或杠铃,两臂直伸,与地面平行。两脚平踏在地面或长凳上。两臂保持平伸,将把哑铃或杠铃向上向后拉,并下落到可能的最低点。静止1秒钟,让胸大肌尽量拉伸。然后,收缩胸大肌,把两臂拉向上,拉向前,直至下落到腿侧开始位置。

四、臂部肌肉锻炼(training for arm muscle)

(一)上臂三头肌

1. 臂屈伸

两手正握或反握杠铃或两手合握一个哑铃。将其高举过头顶后,屈肘,让前臂向后下垂。全身直立或坐在凳上。两上臂贴近两耳,保持竖直,不摇动。收缩三头肌,逐渐伸展肘关节,把前臂向上挺伸,直到臂部完全伸直,三头肌彻底收紧。静止1秒钟,再屈肘,让前臂徐徐下垂到开始位置,使三头肌尽量伸展(见图Ⅰ-9-10)。

2. 俯身臂屈伸

向前屈体,单手握哑铃,另一手撑开或一手扶膝后腿上,让握铃的上臂贴靠身侧,与上体平行。屈肘,让前臂自然下垂。上体和上臂保持不动,收缩三头肌,把前臂向后上方挺伸,直到臂部完全伸直,同时彻底收缩三头肌。静止1秒钟,再屈肘,让前臂徐徐下垂到开始位置。

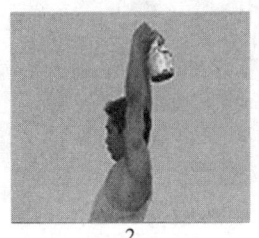

图Ⅰ-9-10　臂屈伸

3. 卧式臂屈伸

平卧长凳上,两手反握或正握杠铃,向上举起,两臂和地面垂直后,屈肘下垂前臂。保持上臂不摆动,收缩三头肌,把前臂向上挺伸,直到臂部完全伸直,静止1秒钟,彻底收缩三头肌,然后屈肘有控制地让前臂徐徐下垂到开始位置,充分伸展三头肌。

4. 直臂后抬

身体直立,两手反握或正握杠铃,置于身后。保持两臂伸直,将杠铃尽量向后上方抬起。最后,向上屈转手腕,并尽力收缩三头肌,静止1秒钟,下降杠铃到原位。放松三头肌。

5. 双臂胸前压棍屈伸

两手在胸前握一根连接拉力条的弯把,握距与肩同宽或稍窄或合紧。上臂贴靠两肋。屈肘,弯起前臂。保持上臂不动,收缩三头肌和前臂的肌肉,将弯把用力下压到臂部完全伸直。静止1秒钟,尽力收缩三头肌,屈肘,让弯把徐徐回到原位。

(二)上臂二头肌

1. 两臂弯举

全身直立,两手仰握杠铃,两臂下垂。上臂尽量保持不摆动,屈肘,弯起前臂到可能的最高点,同时收缩二头肌,静止1秒钟。松展肘关节,让前臂徐徐下落到两臂完全伸直(见图Ⅰ-9-11)。

图Ⅰ-9-11　两臂弯举

2. 单臂蹲坐弯举

蹲在地上或坐在凳上,一手握哑铃,让上臂贴在大腿内侧,前臂向下直垂。另一只手扶压在另一大腿上。收缩握铃一臂的二头肌将前臂向上弯起,到可能的最高点时,彻底收缩二头肌1秒钟,然后伸展肘关节,让哑铃徐徐下落到开始位置。练完一侧,换练另一侧。

3. 两臂斜板弯举

立在斜板后,两手握杠铃,手心向上,将整个臂部或是上臂平贴在斜板上。收缩二头肌,将前臂向上弯起,直到可能的最高点时,彻底收缩二头肌1秒钟,然后慢慢松展肘关节,让杠铃徐徐回落到板上。

（三）前臂腕弯举

两手反握杠铃,蹲坐下来。将前臂贴放在大腿上,把手腕向前伸出,垂于膝盖前,两手也可正握杠。反握主练前臂内侧肌肉。正握主练前臂外侧肌肉。也可把上臂贴靠在平板或斜板上做或用哑铃左右轮流做。前臂平贴大腿,只把手腕尽力向上、向内屈转(收缩屈指肌),直到不能再屈转时,静止1秒钟。放松前臂肌肉,让手腕向前回落。

五、背部肌肉锻炼(training for back muscle)

（一）上背部

1. 立式耸肩

身体直立,两手用正(俯)握法握杠铃或哑铃,握距稍宽于肩。先让肩部尽量下倾,两臂完全不使劲,然后耸起两肩(主要是收缩斜方肌),静止1秒钟,松下肩,重复再做。

2. 直立划船

两脚自然开立,两手握杠,用上握法握距比肩狭(可窄到两拳在杠中央相接)。把杠铃徐徐向上拉起,直到横杠几乎触及颏部。静止1秒钟,让杠铃徐徐下垂到两臂完全伸直,重复再做(见图Ⅰ-9-12)。

图Ⅰ-9-12　直立划船

（二）背阔肌

1. 引体向上

两手用宽握距正握(掌心向前)单杠,两脚离地,两臂身体自然下垂伸直。用背阔肌的收缩力量将身体往上拉起,直到单杠触及或接近胸部。静止1秒钟,使背阔肌彻底收缩。然后逐渐放松背阔肌,让身体徐徐下降,直到回复完全下垂,重复再做。

2. 坐式下拉吊棍

坐在凳上,两手用宽握距向上伸直,正握(掌心向前)吊棍。收缩背阔肌,将吊棍尽力往下拉,直到触及颈后肩背部或是触及前胸。然后慢慢放松背阔肌,让吊棍缩回到两臂伸直拉住的高度(见图Ⅰ-9-13)。

3. 俯身划船

屈膝,上体前倾,两臂直垂握杠,应使杠铃稍离地面。头不要低垂。收缩背阔肌,将上臂上拉,把杠铃尽量拉高,静止1秒钟,让杠铃徐徐下降到两臂完全伸直下垂(见图Ⅰ-9-14)。

图Ⅰ-9-13　坐式下拉吊棍

图Ⅰ-9-14　俯身划船

4. 并握划船

将横杠一端套上杠铃片,让一端留空,并顶住墙角或用重物压住。骑跨横杠,面向重端,站在垫木上,两膝稍弯,臀部向后移,两手一前一后并握杠的近杠铃片处。将重端稍稍拉离地面。两臂下垂,不要低头。收缩背阔肌,屈肘将杠铃的重端拉起到接近胸骨。静止1秒钟,极力收紧背阔肌。放松背阔肌,让杠铃重端徐徐下降。

（三）骶棘肌

1. 直腿硬拉

两脚开立,比肩稍狭。向前屈体,不要屈膝。两手用正、反握握杠,握距稍宽于肩。勿低头。收缩下背部肌肉,把上体向上向后挺起,两肩尽量后移。最后,尽力收缩骶棘肌,静止1秒钟,再慢慢屈体向前,直到杠铃片几乎触及地面。

2. 超度挺身

俯伏在长凳上,让上身前滑,直到小腹贴在凳边。向前屈体,让上体直向下垂。让一同伴压住或坐在小腿上。两手交叉放在胸前。若要增大抗力,还可抱一杠铃片在胸前。上体尽量向上挺,到最高点时,静止1秒钟。然后慢慢回复。

3. 负重躬身

颈后肩负杠铃,两手用宽握距握杠,全身直立。慢慢向前屈体躬身,直到上体与地面平行,静止1秒钟,身体向上挺起,直到回复全身直立(图Ⅰ-9-15)。

图Ⅰ-9-15　负重躬身

试一试:根据每周一次训练计划,结合自己的实际情况,有针对性地编排适合自己的动作组合,以求取得最佳锻炼效果。

六、腰腹部肌肉锻炼(training for belly muscle)

（一）仰卧起腿

仰卧平垫上或头朝上仰卧斜板上。两手握住头后方的固定物件,全身伸直。收缩腹肌,将保持伸直的两腿向上弯起,直到可能的最大程度。保持1秒钟,再让两腿徐徐回落。

（二）仰卧抬腿卷缩上体

平卧床上或地上。两膝弯屈,抬起小腿,勿使下降,两手抱头。在保持小腿不下放的姿势中,尽力把上体向前卷缩,身体实际上不会上抬很高。

（三）悬杠屈膝缩腿

两手正握单杠,全身直垂杠下。屈膝,把小腿尽力向上缩起,到最高点时,彻底收缩腹直肌1秒钟。然后徐徐下垂小腿,直到完全伸直(见图Ⅰ-9-16)。

（四）坐式缩腿

坐在凳边,两手向后撑在凳上。两腿向前直伸。屈膝缩起小腿到可能的最高点。彻底收缩腹直肌1秒钟,然后徐徐降落小腿,直到完全伸直。

图Ⅰ-9-16　悬杠屈膝缩腿

学练提示:1. 练前热身准备活动做充分。
2. 练时互相帮助和保护,特别要注意安全。
3. 练后全身放松非常重要。

七、腿部肌肉锻炼（training for leg muscle）

（一）股四头肌

1. 后蹲

站在深蹲架前，屈膝，两手握住深蹲架上的杠铃并担负在颈后肩上。向前走两步，两脚开立，略宽于肩，足趾稍向外撇，身体伸直屈膝下蹲到大腿上面和地面平行或稍低，静止1秒钟，大腿和臀部用力使两脚蹬地，使身体回复到直立。按规定次数和组数重复再做。完成后，退回几步，把杠铃放回深蹲架上（见图Ⅰ-9-17）。

图Ⅰ-9-17　后蹲　　　　　　　　　图Ⅰ-9-18　前蹲

2. 前蹲

站在深蹲架前，屈膝，两手握住深蹲架上的杠铃托在胸前肩上。向前走两步，两脚开立，略宽于肩，足趾稍向外撇，身体伸直。屈膝下蹲到大腿上面和地面平行或稍低，静止1秒钟，大腿和臀部用力使两脚蹬地，使身体回复到直立。按规定次数和组数重复再做。完成后，退回几步，把杠铃放回深蹲架上（见图Ⅰ-9-18）。

3. 腿举

仰卧在"腿举架"的底板上，蜷缩双腿让整个脚底顶住加重板的底面。两腿用力向上蹬板，到两腿完全伸直，同时尽力收缩股四头肌。静止1秒钟，屈膝，让加重板慢慢下降到先卡定的高度。重复再做。

4. 坐式腿屈伸

坐在专制长凳上，在滚轴的另一边加上所要重量的杠铃片，两脚勾住滚轴，小腿与大腿成90°角。两腿用力收缩股四头肌，伸直膝关节，使小腿向上挺直。静止1秒钟，垂下小腿，重复再做。

（二）股二头肌

1. 立式腿弯举

站在一高木块或矮凳上，一腿系一哑铃，自然直悬在木块外，另一腿支撑体重，一手或两手扶墙或木条。屈膝，把小腿用力尽量向后弯起，静止1秒钟，同时尽力收缩股二头肌。自然垂下小腿到原来位置，重复再做。

2. 俯卧腿弯举

俯卧在专用长凳上，两脚踝伸钩在滚轴下面，滚轴另一面加上所要重量的杠铃片。屈膝，把小腿向后弯起，到最高点时尽力收缩股二头肌。静止1秒钟，伸直放下小腿到原来位置，重复再做（见图Ⅰ-9-19）。

图Ⅰ-9-19　俯卧腿弯举

（三）小腿腓肠肌

1. 站立提踵

将杠铃放在颈后肩上，两脚开立，脚尖稍向里扣或外撇，脚掌站在垫木上，脚跟露在垫木外。收缩小腿肌肉群，使脚跟尽量提高，使腓肠肌彻底收紧。静止1秒钟，放下脚跟，还原。重复再做。

2. 驴式提踵

用脚掌站在一长垫木边上。向前屈体，两手扶在身前凳上。让一同伴骑坐在身后臀部上。收缩小腿腓肠肌,使脚跟尽量上提,静止 1 秒钟,降下脚跟,重复再做。

第二节　女子健美训练
（Body building for women）

一、女子形体美的锻炼技巧（training skin for good figure）

女子形体锻炼主要是胸部、腰背部、大腿和臀部的锻炼。下面介绍一些实用的形体美锻炼技巧。

（一）胸部锻炼方法

双膝跪地,手臂伸直撑地。向下做屈臂动作,直到下颏和胸触地。屈臂时注意臀部不要后引,身体重心在手上,手臂支撑体重,静止片刻,重复 8～10 次。

（二）腰背部锻炼方法

仰卧地下,向上做挺胸动作。到极限时,静止片刻。注意,挺胸时头和臀部不得离地。重复做 6～8 次。

（三）大腿和臀部锻炼方法

双膝跪地,上体直立,双手合掌置于胸前。两手用力互推,做对抗动作。注意,肘关节不得下垂,前臂成"一"字形,挺胸抬头,配合深呼吸。做 8～10 次。腿的曲直直接影响形体美,腿太粗、太细皆不美,腿过粗或过细,可用下述方法锻炼:靠墙站直,双臂侧平举,掌心贴墙,然后左腿前抬至齐腰高度,再向左摆移,还原。右腿前抬,动作相同,方向相反。左右交替,重复 6 次,注意,腿举摆时,膝盖始终要伸直。

在坚持上述锻炼的同时,还应做些走、跑、跳、身体波浪运动和柔韧性练习,以全面锻炼身体,塑造健美的体型。

> **健美运动发展趋势**:在开展全民健身运动的今天,健美运动有很强的吸引力和生命力,它可以使少年儿童健康成长,使老年人健康长寿,使男人魁梧,让女人苗条。健美是开展全面健身运动的重要内容,它和健身强体息息相关,不可分离,今后应在青年和军人中提倡开展健美运动,在青少年和老年人中开展健身运动,以求提高我们整个中华民族的健康水平。

二、女子形体健美法（training for good figure）

目前,我国绝大多数女性还不能接受像男人一样发达的肌肉,下面介绍的练习方法主要是用于改善形体的,不会练出发达的肌肉(手持器械最好是可调节重量的哑铃,如果没有,可用书籍等代替)。

（一）颈部

（1）坐式或站立,将头部最大限度地旋转画圆,顺、逆时针交替进行。

（2）双手交叉置于脑后,下颌贴胸上部,然后双手向下压头部同时抬头后仰。每分钟 5～10 次。

（3）仰卧,双臂自然贴近身体两侧。头部慢慢抬起,将下巴尽量向胸部贴近,直至极限。每分钟做 5～20 次。

（二）肩部

（1）臂回环:双腿自然站立,双手握拳。然后伸直双臂,做大回环运动,直到感觉疲劳为止。每分钟环绕 40 次以上。

（2）双臂交叉侧平举:紧握双拳,做直臂体前迅速交叉动作,还原。重复至疲劳为止。每分钟 40 次为宜。

（3）前平举:徒手,每分钟重复 20～30 次。也可持哑铃做。

（4）侧平举:徒手,每分钟 15～20 次。也可持哑铃做。

（三）臂部

（1）哑铃弯举：两腿自然站立，两手掌心向上手持哑铃，两臂下垂，上翻至胸前，稍停，缓慢由原路返回。也可单手交替进行。

（2）臂屈伸：两腿自然站立，挺胸收腹，双手各持一哑铃。开始时手臂伸直过头，然后慢慢向脑后弯曲，使哑铃置于颈后位置后，慢慢把手伸直还原。

（3）屈体后伸：上体前屈与地面平行，双膝微屈，屈臂持哑铃，拳心相对。平臂后伸与地面平行，慢慢还原。

（四）胸部

（1）手持哑铃自然站立，一手前平举与肩同高，另一手沿体侧下垂。然后两臂于体前上下交替平举哑铃。每分钟 25～30 次。

（2）板卧推：仰卧于斜板，双手握哑铃置于体侧。然后两臂轮流举哑铃于头前上方。每分钟 20～30 次。

请你判断：当锻炼者消耗的热量大于摄入的补充营养时，脂肪细胞缩小。健美锻炼发达肌肉，也可以使脂肪转化为肌肉，这种说法对吗？

（五）腰腹部

（1）仰卧起坐：每组 8～15 次。做 3 组。肥胖者最好屈腿做。

（2）仰卧，双腿伸直，双臂上举。然后迅速屈膝收腹，双手抱膝，慢速伸展还原。每分钟 20 次左右。

（3）仰卧，双手抱头，分腿屈膝。收腹使上体抬起，坚持不动 3 分钟左右（可间断休息）。

（六）臀部

健美的臀部丰满圆翘，富有弹性，是体现女性形体美的重要部位。

（1）仰卧，两胯上部放一重物。然后臀部用力上抬，至最高点静止片刻，慢慢落下。每分钟上抬 20 次左右。

（2）跪撑举腿：双手撑地下跪，一条腿跪地，另一条腿先弯曲至胸前，然后快速并最大限度地向后上方展直。感到疲劳时，再换另一条腿。

（3）仰卧，头偏向一侧，双腿合并伸直，然后双腿尽量上举，与上体垂直，慢慢还原。每分钟 20 次左右。这个动作也锻炼腰腹部。

（4）侧卧抬腿：直体侧卧，脚尖绷直，身体下面的手臂伸向头前，将头枕在上面，另一手臂屈肘于胸前撑地面。然后，将上面的腿抬起，至最高点，慢慢还原。重复练习 15～20 次。转身换另一侧卧，抬另一条腿。腿抬起时不得弯曲。

（七）大腿部

（1）仰卧，双腿屈膝置于胸前。然后伸直上举，与上体垂直。慢慢还原，每分钟 15～20 次。

（2）直立，一手扶支撑物，另一手撑腰。然后用力摆腿做侧上举动作。两腿交替进行。每分钟 25～30 次。

（3）双手握椅背下蹲，然后站起，下蹲。每分钟 25～30 次。

（4）直立，双手叉腰。然后两腿屈膝交替上抬至胸前。每分钟 25～30 次。

跪腿后踢：体前屈双手撑地，屈膝跪地，上体与地面平行，抬头目视前方。然后，先将一腿伸直，向后上方踢抬，还原。换另一条腿。左右各做一遍为 1 次，做 15～20 次。

（八）小腿部

（1）直立，两手扶一固定物体，前脚掌踩在一块砖头上，脚跟悬空。然后将脚跟提起，尽量抬高，稍停后下落。注意保持平衡，不要左右摆动。每分钟做 15～20 次。

（2）背靠椅子坐下，大腿抬起。然后上举小腿，尽量展直，还原。每分钟 15～20 次。

（3）站立，上体前倾，脚跟着地，脚尖朝上。用脚后跟向前走动。

研究与实践

课题名称:健美训练"滞缓期"探析

1. **研究的问题**:从事健美训练的人都会出现肌肉生长"滞缓期",这是爱好健美的大学生最头痛的问题。

2. **研究计划与进度**:根据健美专项课的教学计划,选择20名学生(每班5名)。分一学年两个学期,用8个月时间进行建模实验。

3. **研究方法**:文献资料法,座谈访问法,归纳分析法。

4. **结题报告**:克服训练中"滞缓"状态的方法:①循序渐进逐步加大负荷量,使肌肉不断获得新的强烈的刺激。②掌握正确的动作技术和呼吸方法。③积极休息,尽快消除疲劳,促进新陈代谢,保证机体得到恢复和补偿。④训练时精力集中,用意念控制训练。⑤合理的饮食营养,在补充高蛋白的同时,应保证适量脂肪和维生素的摄入。

5. **课题研究收获与感想**:从最大限度刺激肌肉生长的角度分析,做大重量练习,要求肌肉提供最大能量,增加血流量,扩充毛细血管,加速新陈代谢,激发生理、生化反应,挖掘肌肉增长的潜在能力,突破"滞缓期"。

第三节　健美比赛欣赏
（Body building competition appreciation）

一、比赛规则（competition rules）

（一）健美比赛项目

男子个人;女子个人;混合双人;集体造型。

（二）年龄分组

(1) 青春组:21周岁以下。

(2)成年组:21周岁以上。

(3)元老组:45岁以上。

（三）竞赛级别

1. 男子按体重分为下列八个级别

(1)羽量级:体重在60千克以下。

(2)雏量级:体重在60.01～65千克。

(3)轻量级:体重在65.01～70千克。

(4)轻中量级:体重在70.01～75千克。

(5)次中量级:体重在75.01～80千克。

(6)中量级:体重在80.01～85千克。

(7)轻重量级:体重在85.01～90千克。

(8)重量级:体重在90千克以上。

2. 女子按体重分为下列三个级别

(1)轻量级:体重不超过52千克。

(2)中量级:体重在52.01～57千克。

(3)重量级:体重在57千克以上。

男女混合双人和元老赛不分体重级别。

（四）运动员服饰

（1）男子：单色三角裤。

（2）女子：单色比基尼赛服。

（3）集体造型：服饰必须一致。

（4）运动员在比赛中不准穿鞋、袜，不准戴手表、戒指、手镯、脚镯、项链、耳环、假发和其他装饰品；不准吃糖和吸烟；身上不准贴胶布或绷带；身上不准有人工刺花。

（五）着色和擦油

（1）允许用人工色剂，但不得勾画。

（2）半决赛和决赛，允许擦植物油、润肤膏，用量要适宜。

（六）竞赛动作

（1）自然站立。

（2）男子做7个规定动作：①前展肱二头肌；②前展背阔肌；③侧展胸部；④后展肱二头肌；⑤后展背阔肌；⑥侧展肱二头肌；⑦前展腹部和腿部。

3．女子个人做5个规定动作

（1）前展肱二头肌。

（2）侧展胸肌。

（3）后展肱二头肌。

（4）侧展肱三头肌。

（5）前展腹部和腿部。

4．混合双人5个规定动作

这5个规定动作完全同女子5个规定动作，不同的是男子动作要刚劲有力并和女子动作对称。①前展肱二头肌；②侧展胸部；③后展肱二头肌；④侧展肱三头肌；⑤前展腹部和腿部。

5．自由造型

应从前、后、左、右四个面来展示体型和肌肉。

男子——1分钟不得少于15个动作。

女子——1分钟30秒不得少于20个动作。

二、比赛欣赏（competition appreciation）

作为观众，如何赏析健美比赛，现作以下几方面的介绍，以提高对健美竞赛的观赏水平，培养观赏情趣。

（一）观赏的准则

（1）匀称性：全身各肌肉的发展是否匀称，不能有任何一个部位比其他有明显差距，包括身体两侧和上下肢的匀称发展程度。

（2）体型比例：在同一级别中，躯干、上肢和下肢的比例是否协调，臀部和肩部是否成比例，身高和体围，手和足，四肢与身高是否成比例。

（3）肌肉发达情况：这是指在同一个级别中，运动员之间肌肉的质和量的比较，主要部位的肌群和小肌肉群的比较，比较发达差距的大小。

（4）肌肉的明显程度：这是指全身肌肉群的皮下脂肪含量，肌肉线条应非常明显，而不是单纯的肌肉块大或脂肪太多。

（5）皮肤：皮肤是否光洁柔和，颜色是否深浅一致，是否有斑点、粉刺、痣和疮疤等有损外观的斑纹。

（6）骨架和体格：身体有无明显的脊柱后凸、胸椎前凸、脊柱侧弯，腿是否畸形等。

（7）表演：在整个表演竞赛中，造型、动作是否准确，动作衔接是否自然协调，规定动作的表演是否完整、刚劲、优美，自选动作能否根据自己的体型和肌肉的发展特点来编排并充分地表现自己，动作是否连贯舒展、流畅和富有艺术感，以及动作与音乐的配合是否和谐。

（8）总观感觉：外貌是否端正整洁，发型和脸型是否相配，站立和表演时是否处于自然良好的状态，走步是否庄重、自然、大方，以及运动员的体育风度和精神文明风貌等。

（二）观赏的内容

1. 男子个人的观赏内容

（1）肌肉：全身肌肉的发达程度和肌肉的大小。

（2）均衡：运动员的先天骨架和肌肉形态，即体格比例的均衡。

（3）匀称：指全身肌肉发展的匀称。

（4）线条：肌肉线条明显性。

（5）造型表演：运动员是否把所有的发达肌肉群用一定的控制能力，用艺术造型的表演充分地展示出来，及整套动作的过渡衔接与音乐节奏是否配合。

2. 女子个人的观赏内容

（1）均衡：女运动员的体型应符合"女性"的特点，整个身段的骨架和体态具有"女性美"。

（2）匀称：指全身肌肉发展的匀称性。

（3）肌肉：指全身肌肉的发达程度，对女子不能用男子的肌肉发达程度及其标准来评定，只能用对参加同一场比赛的女子运动员进行相对的比较，女子应该有一定的肌肉块和适当的皮下脂肪。

（4）线条：包括两方面，一是肌肉线条的明显性，二是女子体型的线条美。

（5）造型表演：运动员的造型姿势和自选动作的表演技能，女子自选动作可适当选择一些舞蹈、体操等手势和步法。

3. 男女混合的观赏内容

（1）男女运动员的身材、体型是否相配、和谐相称，不要一高一矮相差悬殊，一般男子应略高于女子。

（2）男女运动员的体格和肌肉发达程度是否相协调、匀称相配，皮肤色调是否一致，容貌、发式和精神气质是否吻合。

（3）男女运动员的表演技能是否协调默契，是否有整体感。

参考文献

[1] 文斯·吉龙达，罗伯特·肯尼迪. 男女健美精粹[M]. 余力，周明译. 北京：人民体育出版社，1988.

[2] 全国体育学院教材委员会. 健美运动[M]. 北京：人民体育出版社，1991.

[3] 形体健美与健美操编委会. 形体健美与健美操[M]. 北京：高等教育出版社，1995.

[4] 裔程洪. 健美·减肥·健身[M]. 北京：北京体育大学出版社，2000.

（孔进涛）

第十章　健美操（Sportaerobics）

本章提要:健美操是一项融体操、舞蹈、音乐为一体的新兴体育项目。它的内容丰富、形式多样(不受年龄、性别、气候、场地的限制)，充分展现各种优美的人体造型，体现青春活力。当你开启健美操之门时，你会发现，这里的世界美妙无比，在这里，既可以满足你的一切审美心理，又可以帮助你消除忧虑和烦恼。它既培养你的表演创作才能，又迫使你循规蹈矩、吃苦耐劳，使你身心愉快、精力旺盛。本章以健美操身体各部位的基本动作为主，重点介绍大学生健美操规定动作，以增进身心健康，培养正确的身体姿势，塑造健美形体及培养终身体育的能力等。

　　健美操是在音乐伴奏下运用各种不同类型的操化动作，融体操、舞蹈、音乐为一体的体育项目。它可分为健身健美操和竞技健美操两大类。健身健美操的目的在于健身，其强度和难度相对较低，音乐节奏在 24 拍/10 秒以下(以有氧代谢为主)，而竞技健美操是以竞技为目的，有特定的竞赛规则和评分要求，对人体的心肺功能、身体素质、技术、技能和艺术表现能力有较高要求。它的音乐节奏在 24 拍/10 秒以上(以无氧代谢为主)。经常进行健美操锻炼，不仅能健身美体、提高协调性、节奏感、韵律感和表现力，而且还能激发情绪、愉悦身心。更重要的是它给人们带来热情奔放的情感体验，符合现代人追求健美、自娱自乐的需要，因此，深受广大群众的喜爱。

第一节　健美操基本技术与练习方法
（Basic technique of sportaerobics）

一、基本技术（basic technique of sportaerobics）

（一）健身健美操基本技术

　　健身健美操的基本动作根据身体的各部位而确定的，它包括头颈动作、肩部动作、上肢动作、胸部动作、腰部动作、髋部动作和下肢动作。

　　1. 身体各部位基本动作

　　（1）头颈动作:由屈、转、绕、绕环等动作组成(见图Ⅰ-10-1)。

　　（2）肩部动作:由提肩、沉肩、绕肩、肩绕环等动作组成(见图Ⅰ-10-2)。

　　（3）上肢动作:由举、屈、伸、摆、绕、绕环、振、旋等动作组成。常用手型:掌(分、并指及屈指掌)、拳(握拳和半握拳)(见图Ⅰ-10-3)。

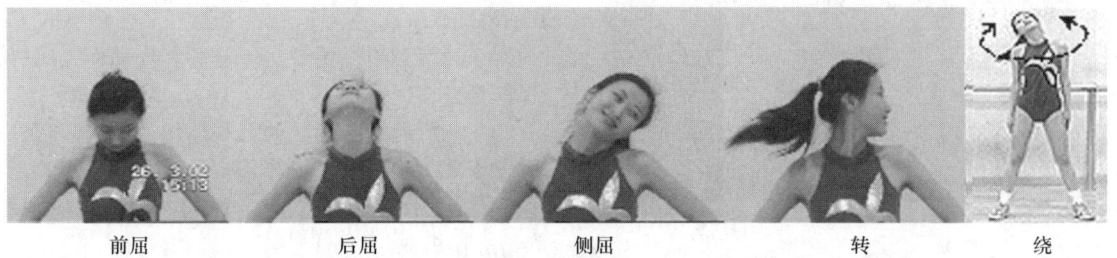

前屈　　　　　　后屈　　　　　　侧屈　　　　　　转　　　　　　绕

图Ⅰ-10-1　头颈动作

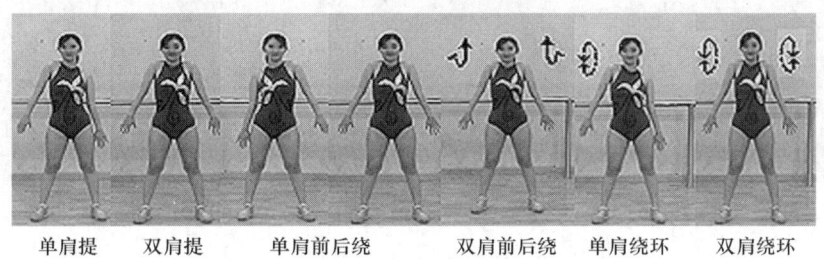

单肩提　　双肩提　　单肩前后绕　　双肩前后绕　　单肩绕环　　双肩绕环

图Ⅰ-10-2　肩部动作

前举　　后举　　侧举　　侧上举　　侧下举　　上举　　胸前屈　　胸前平屈

肩侧屈　肩上侧屈　肩下侧屈　肩上侧屈　腰间屈　头后屈　单臂绕环　　双臂绕环　　单臂内外绕　双臂内外绕

侧举后振　　上举后振　下举后振　　　内旋　　　　　　　外旋

图Ⅰ-10-3　上肢动作

含胸　　　挺胸　　　　左右移胸

图Ⅰ-10-4　胸部动作

（4）胸部动作：由含胸、挺胸、移胸、屈胸组成（见图Ⅰ-10-4）。

（5）腰部动作：由屈、转、绕和绕环动作组成（见图Ⅰ-10-5）。

（6）髋部动作：由顶髋、提髋、摆髋、绕髋和髋绕环、三角髋动作组成（见图Ⅰ-10-6）。

（7）下肢动作：由弹踢、踢、蹲、屈伸、内旋和外旋等动作组成（见图Ⅰ-10-7）。

前屈　　　　后屈　　　　左侧屈　　　　右侧屈　　　　绕　　　　　绕环

图Ⅰ-10-5　腰部动作

左顶　　　　　右顶　　　　　后顶　　　　　前顶

图Ⅰ-10-6　髋部动作

正弹腿　　　　侧弹腿　　　　前踢　　　　侧踢　　　　后踢

全蹲　　　　半蹲　　　　屈　　　　内外旋

图Ⅰ-10-7　下肢动作

1. 基本站立

基本站立由立、弓步、跪立动作组成(见图Ⅰ-10-8)。

(1) 立:包括直立、开立、提踵立等动作。

(2) 弓步:包括前弓步、侧弓步和后弓步。

(3) 跪立:包括双腿跪立、单腿跪立。

直立　　　开立　　　侧点地　　　前点地　　　后点地　　　提踵立

前弓步　　　侧弓步　　　后弓步　　　双腿跪立　　　单腿跪立

图Ⅰ-10-8　基本站立

2. 基本步法

基本步法由屈伸步、滚动步、并步、交叉步、磋步、踏点步、点弓步动作组成。

3. 跑跳步

跑跳步由跑步、跑跳步、并腿跳、开并腿跳、弹踢跳、高踢腿跳、后踢腿跳、吸腿跳、侧摆腿跳、弓步跳等动作组成(见图Ⅰ-10-9)。

屈伸步　滚动步　交叉步　侧摆腿　　跑步　跑跳步　并腿跳

图Ⅰ-10-9　跑跳步

(二)竞技健美操基本技术

竞技健美操基本动作是在健身健美操基本动作的基础上,将跑跳动作与手臂、身段、腿部等动作的变化配合起来。它包括身体各部位的配合练习、跑跳组合等。

二、练习方法(method of exercises)

（一）健身健美操练习方法

健身健美操是根据不同年龄、不同身体状况、不同需求进行创编的,它的练习内容较为广泛,有徒手健美操、器械健美、有氧操、踏板操等。人们可根据自己的需要和情况,选择不同类型的健美操进行练习。本节仅介绍大学生健身健美操。此操共12节,58个8拍,需时3分钟45秒。

1.第一节 热身运动

第一个八拍

1—4拍,两臂经侧上举(五指分开,掌心向前),低头。5—8拍,两腿屈膝半蹲逐渐加深,同时两臂屈肘经前和掌(五指并拢,指尖向上)落至体侧,抬头(如图Ⅰ-10-10)。

预备 1———— 4 5———— 8

图Ⅰ-10-10 第一个八拍

第二个八拍

1—2 3—4 5———— 8

图Ⅰ-10-11 第二个八拍

1—2拍,身体重心移至左腿站立(右脚尖点地),同时左臂经胸前平屈上举(五指分开,掌心向前)。3—4拍,身体重心移至右腿站立(左脚尖点地),同时右臂经胸前平屈上举(五指分开,掌心向前)。5—8拍,两腿屈膝半蹲逐渐加深,同时两臂屈肘经前合掌(五指并拢,指尖向上),抬头(如图Ⅰ-10-11)。

第三个八拍

1拍,右脚向左前一步成交叉步,同时两腿微屈膝,右臂胸前平屈(五指分开,掌心向前),低头。2拍,左腿侧伸(脚尖点地)成右弓步,同时右臂上举(五指分开,掌心向前),抬头。3—4拍,腿同1—2拍,方向相反,同时右臂经胸前平屈向下伸直(五指分开,掌心向内),目视前方。5—6拍,腿同1—2拍,同时两臂经胸前平屈前伸至侧举(五指分开,掌心向前)。7—8拍,左脚向右前一步,同时交叉转体360°,两臂置于体侧(如图Ⅰ-10-12)。

图 I -10-12　第三个八拍

第四个八拍

1—6拍,左脚起步原地踏步走,两臂前后自然摆动(握拳,拳心向后)。7拍,左脚向左侧踏步。8拍,右脚向右侧踏步成开立,同时两臂置于体侧。

要求:动作起伏大,充分伸展,柔中有刚。原地踏步时要收腹、立腰、挺胸(如图 I -10-13)。

图 I -10-13　第四个八拍

2. 第二节　头部运动

第一个八拍

1—2拍,两腿半蹲,同时头后屈,左臂前举(立腕,五指分开)。3—4拍,头前屈。5拍,头向左转,同时左臂侧举(立腕,五指分开)。6拍,两腿直立,同时头向右转。7拍,头还原。8拍,左臂下摆还原至体侧。

第二个八拍

同第一个八拍,方向相反(如图 I -10-14)。

第三个八拍

1—2拍,两腿半蹲,同时头向左屈。3—4拍,两腿直立,同时头向右屈。5—8拍,头由后向左绕环1周。

第四个八拍

同第三个八拍,方向相反(如图 I -10-15)。

图 I -10-14　第二个八拍

图 I -10-16　第一个八拍

图 I -10-15　第四个八拍

3. 第三节　肩部运动

第一个八拍

1—2拍,左腿向前屈膝(脚跟提起),同时左肩上提1次。3—4拍,左腿还原伸直,同时左肩下沉1次。5—6拍同1—2拍,方向相反。7—8拍同3—4拍,方向相反(如图 I -10-16)。

第二个八拍

1—2拍,左腿屈成左弓步,同时双肩向后绕环1周。3—4拍,右腿屈膝并于左腿,同时双肩向后绕环1周。5—6拍,右脚向侧一步成半蹲,同时双肩向前绕环1周。7—8拍,两腿直立,同时双肩向前绕环1周。

图Ⅰ-10-17　第四个八拍

第三个八拍

同第一个八拍,方向相反。

第四个八拍

同第二个八拍,方向相反(如图Ⅰ-10-17)。

第五个八拍

1拍,左脚向侧半步成开立,同时两臂伸直向后绕至上举(五指分开,掌心向前)。2拍,右腿并于左腿后,同时两膝微屈,两臂继续后绕至肩侧屈(五指分开,掌心向前)。3拍,两臂向侧屈伸1次(五指分开,掌心向前)。4拍,两臂向侧伸出成侧举(五指分开,掌心向前)。5拍,左臂旋外(五指并拢,掌心向上),同时右臂旋内(五指并拢,掌心向下)。6拍同5拍,方向相反。7拍同5拍。8拍,两腿伸直,同时两臂下摆至体侧。

第六个八拍

同第五个八拍,方向相反(如图Ⅰ-10-18)。

要求:头部尽可能做牵拉性的屈、伸、绕环动作,绕环时,要连贯、柔和。

图Ⅰ-10-18　第六个八拍

4.第四节　胸部运动

第一个八拍

1—2拍,左腿半蹲,右腿屈膝并于左腿,同时向左转体45°,两臂体前交叉(五指并拢,手背相对),含胸、低头。3—4拍,左腿后蹬成右后弓步(左腿伸直,脚跟着地),同时两臂屈肘后振于腰间(握拳、拳心向上),挺胸、抬头。5—6拍,身体重心移至左腿成左前弓步,同时两臂伸直经前向侧打开扩胸(五指分开,掌心向前)。7—8拍,左腿伸直(右脚尖点地),同时两臂经下、前至上举后振(五指并拢,掌心向前)。

第二个八拍同第一个八拍,方向相反。

第三、第四个八拍同第一、第二个八拍(如图Ⅰ-10-19)。

要求:抬头、挺胸和低头,含胸要充分,两臂后振应短促有力、舒展。

图Ⅰ-10-19　第三、第四个八拍

5.第五节　踢腿运动

第一个八拍

1拍,向左转体90°,同时左腿伸直提踵立,右腿向前弹腿,左臂胸前平屈(握拳,拳心向下),右臂后下举(握拳,拳心向下)。2拍,右腿屈膝落于体前,左腿屈膝(脚尖后点地),两臂落于体侧。3拍,右腿伸直提踵立,同时左腿向前弹踢,右臂胸前平屈(握拳,拳心向下),左臂后下举(握拳,拳心向下)。4拍,向右转体90°,同时左腿屈膝落于体侧屈膝点地,两臂肩侧屈(握拳,拳心向前)。5拍,左腿提踵立,同时右腿直膝前踢,两臂上举(五指分开,掌心向前)。6拍,左腿半蹲,同时右腿落下(前脚掌点地于左脚旁),两臂向内交叉于腹前(五指分开,掌心向后),上体稍前倾。7拍,左腿提踵立,同时右腿直膝侧踢,两臂侧举(五指分开,掌心向后),上体尽量前倾。8拍,右腿落下成开立,同时两臂经侧落下。

第二个八拍同第一个八拍,方向相反。

第三、第四个八拍同第一、第二个八拍(如图Ⅰ-10-20)。

要求:弹踢时,要有短暂停顿过程,前踢时,上体保持正直,侧踢时,摆动腿脚面向上。

图Ⅰ-10-20　第三、第四个八拍

6. 第六节　体侧运动

第一个八拍

1—2拍,右腿屈膝成弓步,同时左臂屈肘外张,手扶膝,右臂后上举,上体左前屈。3—4拍同1—2拍,方向相反,4拍的后半拍,左腿伸直成开立,同时右臂肩侧屈(握拳,拳心向前),左臂自然落于体侧。5拍,上体左前屈,同时右脚并于左脚,成两腿微屈,右脚点地,右臂伸直上举(五指分开,掌心向前)。6—7拍,右脚右侧一步成两腿开立,同时右臂左下经体前摆至侧举(五指并拢,掌心向下)。8拍,上体直立,同时右臂落于体侧。

第二个八拍同第一个八拍,方向相反。

第三、第四个八拍同第一、第二个八拍(如图Ⅰ-10-21)。

要求:弓步步幅要大,体侧屈幅度大而有力,还原要有弹性,手臂尽量远伸。

7. 第七节　体转运动

第一个八拍

1拍,右腿屈膝成右弓步,同时上体向左拧转90°,右臂屈肘扶肩,左臂贴于体侧(五指并拢)。2拍,右腿伸直成开立,右臂自然放于体侧。3—4拍同1—2拍,方向相反。5拍,两腿半蹲,同时上体向左拧转90°,两臂侧下举(五指分开,掌心向前)。6拍,两腿直立,同时上体回转,两臂自然放下。7拍,两腿半蹲,同时上体向左拧转90°,两臂侧举(五指分开,掌心向前)。8拍,同6拍。

第二个八拍同第一个八拍,方向相反。

第三、第四个八拍同第一、第二个八拍(如图Ⅰ-10-22)。

图Ⅰ-10-21　第三、第四个八拍

图Ⅰ-10-22　第三、第四个八拍

要求:上体向左、右拧转幅度要大,脚不能转动,向侧下、向侧伸臂要有力度,转回要充分到位。

8. 第八节　腹背运动

第一个八拍

1拍,左脚向侧一步,同时两臂腹前交叉(五指并拢,掌心向后)。2拍,右腿并于左腿同时跳起,两臂经胸前至侧举(掌心向上)。3拍,两腿跳成开立,两臂旋内(掌心向下)。4拍,腿同3拍,两臂上举(掌心向前)。5拍,上体前屈,同时两臂屈肘由胸前向下伸出。6拍,上体稍抬起。7—8拍同5—6拍(如图Ⅰ-10-23)。

图Ⅰ-10-23　第一个八拍

第二个八拍

1拍,上体前屈。2拍,上体稍抬起同时向左拧转45°,两臂摆至侧举(掌心向下)。3拍,上体前屈。4拍,上体抬起,同时两臂自然落于体侧。5拍,右臂经前向后绕环1周。6拍,右腿向前屈膝成右前弓步,同时右臂继续绕至前举(掌心向下)。7拍,腿同6拍,右臂于肩上前屈(拳心向内),头向右转45°。8拍,右腿伸直,同时上体转回,右臂自然落于体侧。

第三、第四个八拍同第一、第二个八拍,方向相反。

第五至第八个八拍同第一至第四个八拍(如图Ⅰ-10-24)。

要求:体前屈时,两膝伸直,屈体要有弹性。

图Ⅰ-10-24　第五至第八个八拍

9. 第九节　髋部运动

第一个八拍

1—2拍,右腿屈膝(脚尖点地),同时左腿伸直向左顶髋2次,左臂侧举(五指分开,掌心向前),目视左手。3—4拍同1—2拍,方向相反。5—8拍,向左、右顶髋(一拍一动)同时两臂经下向内绕环1周,头转正(如图Ⅰ-10-25)。

图Ⅰ-10-25　第一个八拍

第二个八拍

1拍,左腿向前踏步右腿自然屈膝,同时右臂摆至胸前平屈,左臂摆至侧举(两手握拳,拳心向下)。2拍,右腿屈膝落在左腿后,同时两臂自然落于体侧。3拍,左腿向后踏步,右腿自然前屈膝,同时左臂摆至胸前平屈,右臂摆至侧举(握拳,拳心向下)。4拍,右腿屈膝落于左腿前,同时两臂自然落于体侧。5拍,左脚向前一步旋内(脚尖右转),同时提左髋(身体重心移至右脚),双手插腰。6拍,左腿屈膝同时向右后顶髋。7拍同5拍。8拍,左脚收至右腿旁成开立,同时两臂自然落于体侧。

第三个八拍同第一个八拍,方向相反。

第四个八拍同第二个八拍,方向相反(如图Ⅰ-10-26)。

要求:顶髋时上体不要侧转,髋部扭动有弹性,顶髋的腿要用力伸直。

图Ⅰ-10-26　第二个八拍

10．第十节　全身运动

第一个八拍

1—2拍,上体左转45°,同时左腿弹膝一次,右腿由屈膝向左前伸直(脚尖点地),左臂前伸屈腕(鹰爪掌,掌心向前),右臂屈肘后拉(鹰爪掌,掌心向下)。3—4拍,左腿弹腿一次,同时右腿由屈膝向右后伸直(脚尖点地),左臂屈肘后拉于腰间(鹰爪掌,掌心向下)。右臂伸直前推(鹰爪掌,掌心向前)。5—6拍,以左脚为轴向左转体135°后右脚并于左脚成半蹲,同时右臂经下绕至肩侧屈(五指并拢,掌心向内),左臂自然落于体侧。7拍,以右脚为轴向左转体90°后左脚并于右脚成半蹲,同时左臂肩侧屈(五指并拢,掌心向内)。8拍,腿和臂同7拍,抬头(如图Ⅰ-10-27)。

图Ⅰ-10-27　第一个八拍

第二个八拍

1—2拍,全蹲,同时两臂屈肘外张,两手扶膝(五指并拢)低头。3—4拍,两腿蹬跳成开立,同时两臂伸直经胸前至侧举(五指分开,掌心向前),挺胸,抬头。5—8拍,左脚起步向后退3步,第八拍,右脚退到左侧,同时两臂向前推出(掌心向前,手指向上)(如图Ⅰ-10-28)。

图Ⅰ-10-28　第二个八拍

图Ⅰ-10-29　第四至六个八拍

第三个八拍

1拍，左腿侧出一步屈膝成点弓步（脚尖点地，身体重心在右腿上），同时上体稍左转，左臂屈肘收于腰间（拳心向上），右臂前伸（五指分开，掌心向外）。2拍，左腿伸直，同时右脚并于左脚（提踵），右臂由前向后画弧屈肘收于腰间（拳心向上），上体转回。3—4拍同1—2拍。5—8拍同1—4拍。

第四至第六个八拍同第一至第三个八拍，方向相反（如图Ⅰ-10-29）。

要求：动作柔中有刚，脚下灵活，身体协调，幅度大，姿态美。

11. 第十一节　跳跃运动

第一个八拍

1—2拍，左脚开始向前交叉跑跳步，身体稍前倾，两臂自然摆动。3—4拍，左脚向后交叉跑跳步，上体抬起，两臂自然摆动。5拍，双脚跳起落至开立，同时两臂经胸前平屈，两手重叠上下打开（五指并拢，掌心向下）。6拍，双腿跳起落至并立，同时两手胸前重叠（握拳，拳心向下）。7—8拍同5—6拍。

第二个八拍同第一个八拍，但最后1拍，两臂前举（握拳，拳心向下）（如图Ⅰ-10-30）。

图Ⅰ-10-30　第一个八拍

第三个八拍

1拍，双脚跳起落至左腿屈膝、右腿侧伸（勾脚尖），同时左臂屈肘后振（拳心向下），右臂侧举后振（拳心向下）。2拍，双腿跳起成直立，同时两臂前伸（拳心向下）。3拍同1拍，方向相反。4拍同2拍。5拍，右脚蹬跳，同时左腿屈膝上提，两臂经前至侧举（拳心向下）。6拍，左腿下落双脚蹬跳，同时两臂上举（拳心向前）。7拍，腿同5拍，同时上体左转，两臂后举（五指分开，掌心向前）。8拍，腿同6拍，同时上体转回，两臂前伸（握拳，拳心向下）。

第四个八拍

1—7拍同第三个八拍的1—7拍，方向相反。8拍，右腿下落蹬跳，同时两臂屈肘收于腰间（握拳，拳心向上）（如图Ⅰ-10-31）。

图Ⅰ-10-31　第四个八拍

第五个八拍

1拍,双脚蹬跳成左侧弓箭步,同时右臂前伸冲拳(拳心向下)。2拍,双脚蹬回成直立,同时右臂屈肘收于腰间(拳心向上)。3拍同1拍,方向相反。4拍,腿同2拍,两臂落于体侧。5拍,双腿蹬跳成左前弓箭步,同时向左转体90°,两臂肩侧屈(握拳,拳心相对)。6拍,双腿蹬回成直立,同时向右转体90°,两臂落于体侧(拳心向上)。7拍同5拍,方向相反。8拍,双脚蹬回成直立,同时向左转体90°,两臂屈肘收于腰间。

第六个八拍

同第五个八拍,最后1拍,两臂收至肩侧屈(拳心向前)(如图Ⅰ-10-32)。

图Ⅰ-10-32 第六个八拍

第七个八拍

1拍,左腿向前屈膝弹腿跳,同时两臂经肩侧屈(拳心向前)向上伸出(五指分开,掌心向前)。2拍,跳成左腿着地,右腿向后屈膝,同时两手握拳收至肩侧屈(拳心向前)。3拍同2拍,换腿做。4拍,跳成右腿着地、左腿向后屈膝,同时两臂向内交叉至腹前(握拳,拳心向内)。5拍,左腿向左侧屈膝弹腿跳,同时两臂向外摆至侧下举(五指分开,掌心向后)。6拍,跳成左腿着地右腿向后屈膝,同时两臂收至腹前交叉(握拳,拳心向后)。7拍同5拍,换腿做。8拍,腿同4拍,两手握拳收至肩侧屈(拳心向前)。

第八个八拍

同第七个八拍,但最后1拍,两臂落于体侧。

要求:挺胸,立腰,动作轻快,富有弹性,落地时,前脚掌着地缓冲,注意呼吸配合(如图Ⅰ-10-33)。

图Ⅰ-10-33 第八个八拍

12. 第十二节 整理运动

第一个八拍

1—2拍,左脚起步向左走一步,右脚跟并步,同时左臂经侧至上举(拳心向下)。3拍,左腿再向左一步伸直(重心左移,右脚尖点地),同时,向左斜前转体45°,左臂向上伸出。4拍,左腿半蹲,同时右腿屈膝并于左腿,上体放松前屈,左臂屈肘经前自然落下。5—8拍同1—4拍,方向相反(如图Ⅰ-10-34)。

图Ⅰ-10-34 第一个八拍

图Ⅰ-10-35　第二个八拍

第二个八拍

1—2拍,左脚侧出一步成开立,同时上体转回,两臂由腹前向外经侧(掌心向下)至上举,第二拍,两手翻掌(掌心相对)。3—4拍两腿屈膝半蹲逐渐加深,同时两臂屈肘向下按掌(指尖相对,掌心向下)。5—8拍同1—4拍,最后左脚并于右脚,同时两臂落于体侧(如图Ⅰ-10-35)。

要求:充分放松,调节呼吸,动作连贯自如,舒展大方。

试一试:打开你的 Recorder,放上一段节奏明快的音乐,合着节拍,尽情地"舞蹈"起来,做你想做的任何动作,创编出一套属于你的健美操。

(二)竞技健美操练习方法

竞技健美操的练习内容包括基本形态、专项技术和素质训练。

1. 基本形态训练

基本形态是指先天形体和后天塑造的身体姿态,如生活中的坐、立、行等各种动作姿态,通过基本形体训练,建立美的意识使之潇洒大方、端庄健美。① 身体各部位的本体感觉练习;② 把杆练习;③ 基本动作练习;④ 舞蹈练习。

2. 专项技术、技能训练

(1)专项技术练习:① 竞技健美操基本动作和组合动作练习;② 造型动作和特定动作练习。

(2)专项技能训练:① 力度、幅度训练;② 表现力和节奏训练。

3. 身体素质训练

(1)力量练习:① 上、下肢力量练习;② 躯干力量练习。

(2)柔韧训练:① 肩、胸部柔韧练习;② 躯干柔韧练习;③ 腿部柔韧练习。

(3)耐力训练:有氧操练习、3～5分钟连续跳绳练习等。

(4)协调性训练:包括音乐节奏与动作节奏协调一致的练习、各种动作与空间感觉的练习。

(5)心理训练:念动训练、模拟训练。

第二节　健美操比赛欣赏
(Enjoyment of gymnastics sportaerobics games)

竞技健美操比赛共设 5 个项目,男子单人、女子单人、混合双人、三人(男三、女三、混合三人)、混合六人(3 男 3 女,4 男 2 女,2 男 4 女)。成套动作必须在音乐伴奏下进行,音乐速度在 24 拍/10 秒以上,成套动作完成时间:单人、混合双人、三人项目均为 110～130 秒,六人项目为 150～180 秒。成套动作必须有三类特定动作和两项特定要求。特定动作为:连续 4 次高踢腿,连续 4 次俯卧撑,连续 4 次仰卧起坐。特定要求为:连续 30 秒跑跳,四个八拍操化动作(有健美操特色的对称动作)。不得出现违例动作,如空翻、托举等。六人项目成套动作中不得少于 5 次不同的队形变化。

一、欣赏形体美和着装美

优美的身体形态、得体的着装是夺取健美操冠军的必备条件。因为健美操比赛是从运动员一上场就开始的,五官端正、身材匀称、具有健与美特征的运动员,配以得体的着装及恰到好处的脸部化妆,首先就会使观众得到视觉和审美心理上的极大满足。

二、欣赏音乐美

音乐是健美操的灵魂,音乐赋予了健美操特有的活力。当你听到鲜明强劲的动感音乐,首先就会随着音乐的旋律按照自己的理解产生联想和想象,在大脑中形成富有一定的情感意向,忍不住想"舞蹈"起来,进而在精神和听觉上得到满足。

三、欣赏动作美

动作的力度、幅度、准确性、协调性、熟练性及稳定性是健美操项目评判和欣赏的重要方面。

1. 特定动作的欣赏

特定动作有连续 4 次俯卧撑、仰卧起坐和高踢腿跳。在欣赏单人完成这部分动作时,主要看动作的规范性、准确性及姿态。而双人、3 人、6 人集体项目完成这部分动作时,不仅要看以上的内容,而且还要看整体的一致性、整齐性。

2. 特定要求动作的欣赏

特定要求动作包括 4 个八拍的站立式操化动作组合、连续 30 秒的跑跳动作。在欣赏这部分动作时,主要看动作的各种变化。

3. 难度动作的欣赏

难度动作可分为支撑类动作、跳跃类动作、转体类动作及俯卧撑类动作。在欣赏这部分动作时,主要看运动员完成动作的质量如腾空的高度、动作的开度、支撑动作的持续时间变化及稳定性等。集体完成这些动作时,还应看动作的整齐性和一致性。

4. 力度的欣赏

"力度"是健美操的重要特点之一,与成套动作质量密切相关。男单动作应豪放,力度感强,体现男子的阳刚之气。女单动作应优美,刚柔结合。

5. 表现力的欣赏

运动员在进行健美操比赛时,应表现出朝气蓬勃的精神面貌和喜悦、自信的激情。将音乐、动作深层次的内涵淋漓尽致地表现出来,用眼神和脸部表情与裁判和观众交流,吸引观众,感染观众。

四、动作创新及编排的欣赏

一套节奏感强、动作有独创性、有新意及编排立意新颖、风格独特、连接巧妙、流畅连贯,具有体育和艺术美感染力的成套动作,必然会牢牢地吸引观众,征服观众,使他们得到视觉、听觉和心理上的满足。

研究与实践

课题名称:健身健美操与竞技健美操的比较研究

查阅有关文献资料、与专家访谈,将现有的资料和从专家那里获取的信息进行汇总、归纳,寻找健身健美操与竞技健美操在特点、规则、对机体的促进作用等方面的差异及相同点,并逐一进行比较研究。例如,在特点上,健身健美操与竞技健美操都是在音乐伴奏下进行的身体练习,健身健美操以有氧为主,以健身为目的,强度和难度较低,速度较慢,而竞技健美操以无氧为主,以竞技为目的,强度和难度较高,速度较快等。

参考文献

[1] 形体健美与健美操编委会. 形体健美与健美操[M]. 北京:高等教育出版社,1995.

[2] 王德元、刘健. 高校体育选项课理论教程[M]. 上海:复旦大学出版社,1998.

(解 进)

第十一章 艺术体操（Rhythmic Gymnastics）

本章提要：艺术体操是融体操、舞蹈、音乐为一体的女子竞技运动项目，具有很强的艺术性。它因集形与美、舞与美、器械与美、乐与美、心灵与美于一体，而广受人们喜爱。女大学生是一个具有现代思想、充满青春活力的知识型群体，进行艺术体操锻炼，在获得健康的同时，可以促美益智。本章以一般性艺术体操的基本动作为主要内容，以自然动作和协调动作练习为主线，重点掌握身体各部位的基本姿态、基本的身体动作、球操基本动作的组合与练习方法，以帮助学生形成正确优美的动作概念，塑造其健美形体与优雅气质，培养艺术审美，磨炼其坚韧毅力，使学生成为全面发展的身心健康的现代人。

　　艺术体操是一项徒手或手持轻器械在音乐伴奏下，以自然性和韵律性动作为基础的体育运动项目，是艺术性较强的女子竞技性体操项目。根据对动作内容、难度、强度等的不同要求，艺术体操分为一般性艺术体操和竞技性艺术体操两大类。

　　一般性艺术体操动作自然、协调，以改善形体形态，培养人体内在气质，以身体锻炼和娱乐为主要目的，以艺术美感为特征的艺术性体育锻炼项目，它具有鲜明的时代性、高度的艺术性和简易推广性。一般性艺术体操动作简单、形式多样，在锻炼过程中，难度水平、运动量、动作频率与节奏可以自我调节。竞技性艺术体操是在自然和协调动作的基础上，以更加优美精确的身体与器械动作及高难度技术在音乐伴奏下进行个人和集体操练的一种竞技运动。

第一节　徒手基本动作技术及练习方法
(Basic skills of body movements and methods of practice)

　　徒手各类基本动作练习是艺术体操的基础，其内容包括各种走、跑、舞步、摆动、波浪、跳跃、转体、平衡及近似技巧动作等。它可发展柔韧、协调、灵巧、力量等身体素质，培养正确的身体姿态、协调性、节奏感以及表现力。

一、徒手基本动作技术(basic skills of body movements)

（一）站立的基本姿势（图Ⅰ-11-1）

　　正确的站立姿势是形成正确优美动作和身体姿态的基础，徒手练习必须从基本站立开始。站立的基本要求是：头正直、两肩下沉、背部挺直、收腹立腰、臀部和两腿肌肉收紧,目前视。

（二）脚的基本位置

常用的基本站立位置(图Ⅰ-11-2)。① 立(正步)——两脚并拢,脚尖向前(图Ⅰ-11-2(1))；② 自然位(八字步)——脚跟相靠,两脚尖向斜前方成"八"字形(图Ⅰ-11-2(2))；③ 开立(大八字步)——两脚侧开,相距约同肩宽,脚尖各向斜前方(图Ⅰ-11-2(3))；④ 丁字步——一脚跟在另一脚弓处成"丁"字形(图Ⅰ-11-2(4))；⑤ 点立——一脚站立,另一脚向前(侧、后)伸出脚尖点地,前、后点地时脚面绷直向外,侧点地时脚面向上(图Ⅰ-11-3)。

| 1 | 2 | 3 | 4 |

图Ⅰ-11-1 站立的基本姿势　　图Ⅰ-11-2 常用的基本站立位置　　图Ⅰ-11-3 点立

（三）手臂的基本位置

1. 常用的手臂基本位置

(1) 两臂同方向举(图Ⅰ-11-4)。前上举——以大臂带动肘,小臂抬起至前上举,掌心向下(图Ⅰ-11-4(1))；前下举——做法同上,唯两臂举至前下举(图Ⅰ-11-4(2))；侧上举——做法同上,唯两臂位置在侧上举45°,掌心向内或向外均可(图Ⅰ-11-4(3))；后斜下举——同上,唯两臂位置在后下45°,掌心向下或向内(图Ⅰ-11-4(4))。

(2) 两臂不同方向举(图Ⅰ-11-5)。一臂前举,另一臂前上举(图Ⅰ-11-5(1))；一臂前上举,另一臂后下举(图Ⅰ-11-5(2))；一臂侧上举,另一臂侧下举(图Ⅰ-11-5(3))；一臂后上举,另一臂前下举(图Ⅰ-11-5(4))。

| 1 | 2 | 3 | 4 |

图Ⅰ-11-4 两臂同方向举

| 1 | 2 | 3 | 4 |

图Ⅰ-11-5 两臂不同方向举

2. 芭蕾舞手臂的七个基本位置(图Ⅰ-11-6)

图Ⅰ-11-6 芭蕾舞手臂的七个基本位置

芭蕾舞手臂的基本要求：肩放松,肘、腕自然微屈,手臂呈弧形,手指并拢,自然伸长,拇指与中指稍向里合。

一位:两臂体前自然下垂,指尖相对,掌心稍向内;二位:两臂保持弧形前举(稍低于肩),掌心向内;三位:两臂保持弧形上举(稍偏前),掌心向内下方;四位:一臂上举,一臂前举;五位:一臂上举,一臂侧举(掌心向前下方);六位:一臂前举,一臂侧举;七位:两臂侧举(掌心向前下方)。

（四）基本步法

1. 柔软步(图Ⅰ-11-7)

预备姿势:自然站立。

动作做法:左腿膝和脚面绷直向前伸出,脚面向外,由脚尖过渡到全脚掌落地,身体重心随之前移,接着再换右脚向前伸出落地,两腿依次交替进行。

2. 足尖步(图Ⅰ-11-8)

预备姿势:两脚并立提踵,两手叉腰。

动作做法:左腿膝和脚面绷直向前伸出(脚尖稍向外),由脚尖过渡到前脚掌落地支撑,重心前移,两腿交替进行。

图Ⅰ-11-7　柔软步

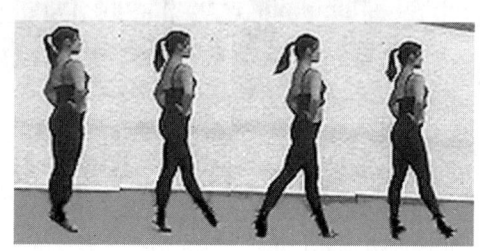

图Ⅰ-11-8　足尖步

图Ⅰ-11-9　向前华尔兹

（五）基本舞步

华尔兹步

华尔兹步是常用舞步,它具有轻盈、优美、流畅的特色,动作形式变化多样,可向前、向后、向侧、转体及跑动进行。用三拍完成,采用3/4节拍的华尔兹舞曲。以向前华尔兹为例,见图Ⅰ-11-9。

预备姿势:两脚并立提踵,两臂侧举。

动作做法(以左脚为例):

①左脚向前做一次柔软步,落地稍屈膝,重心随之前移;②右脚开始向前两次足尖步,在三拍动作过程中,配合左臂做一次波浪;③右脚开始做,动作相反。

（六）摆动动作

摆动是以身体某一关节为轴,做自然、柔和的钟摆式摆动动作。一般有手臂摆动、腿的摆动及躯干摆动。

1. 手臂摆动

以肩为轴,向同方向或不同方向,同时也可依次进行。

（1）两臂同时向前、后摆动(图Ⅰ-11-10)。

（2）两臂同时分别向前、后摆动(图Ⅰ-11-11)。

图Ⅰ-11-10　两臂同时向前、后摆动

图Ⅰ-11-11　两臂同时分别向前、后摆动

2. 腿的摆动

腿的摆动主要以髋关节为轴,向前、后、侧各方向的摆起动作。可原地做,也可行进间进行。动作形式包括自然摆动和快速有力的踢腿。① 前、后摆动腿(图Ⅰ-11-12);② 向前踢腿(图Ⅰ-11-13);③ 向侧踢腿(图Ⅰ-11-14);④ 向后踢腿(图Ⅰ-11-15)。

图Ⅰ-11-12　前、后摆动腿　　　　　　　　　图Ⅰ-11-13　向前踢腿

图Ⅰ-11-14　向侧踢腿　　　　　　　　　图Ⅰ-11-15　向后踢腿

（七）绕环动作

绕环是以身体某一关节为轴做移动范围在360°以上的圆形绕动动作,若移动范围大于180°,小于360°则称为绕。一般有手臂绕环,腿部绕环及躯干绕环等。

手臂绕环是以肩、肘、腕为轴的绕动动作,其形式有各种大、中、小绕环,可同方向、不同方向及同时或依次做。以大绕环为例。①两臂向内大绕环(图Ⅰ-11-16);②两臂向外大绕环(图Ⅰ-11-17);③一臂或两臂向前大绕环(图Ⅰ-11-18);④两臂依次向后大绕环(图Ⅰ-11-19);⑤两臂向左大绕环(图Ⅰ-11-20)。

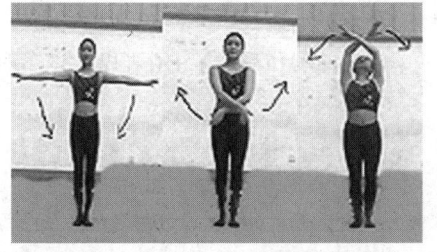 

图Ⅰ-11-16　两臂向内大绕环　　　　　　　　　图Ⅰ-11-17　两臂向外大绕环

图Ⅰ-11-18　　　　　图Ⅰ-11-19　　　　　　图Ⅰ-11-20
一臂或两臂向前大绕环　两臂依次向后大绕环　　　两臂向左大绕环

（八）波浪动作

波浪是指身体各关节按顺序依次、连贯的屈伸动作，如手臂波浪。（图Ⅰ-11-21）

预备姿势：自然站立，两臂侧举。

动作做法：以肩带动肘，腕稍屈，手指放松下垂，接着肩稍下压，肘、腕、指各关节依次伸直至侧举。手臂波浪动作的幅度可大可小，并可在前举、上举及斜举等不同部位做，也可两臂同时或两臂依次进行。

图Ⅰ-11-21　手臂波浪

图Ⅰ-11-22　基本跳步

（九）基本跳步

一位小跳（图Ⅰ-11-22）。

预备姿势：一位站立，两手叉腰。

动作做法：①两腿经半蹲蹬地跳起；②落地成一位半蹲，接着下半拍蹬地跳起；③动作同1，可连续进行练习。

二、练习方法（methods of practice）

（1）每一个徒手基本动作，在完成的过程中，都应保持收腹立腰、抬头挺胸的基本身体姿态。

（2）在练习手臂动作时，手臂要尽可能地远伸，手臂摆、绕时，要"走"最远的"路线"，使动作达到最大幅度的效果。

（3）每种基本步法、舞步及跳步，在动作过程中，都应使腿形保持直膝、绷脚背、外展的基本姿态。

（4）每个基本动作的练习，都可以先在有扶持帮助下以控制身体重心完成动作，再过渡至脱扶持的空间，站立或行进间完成动作。

（5）每个基本动作的练习幅度可以先由小逐步过渡到较大或最大的幅度。

（6）徒手的各种基本动作，在经过一定的练习，身体获得了较好的动作感觉后，则可以尝试各种动作进行组合练习。

> **学练提示**：在练习徒手的各种基本动作时，你可以自己叫节拍练习，但你若选配一段舒缓的或轻快的音乐进行练习，将会有更好的效果。在艺术体操练习过程中，音乐须贯穿始终，无音则不成操。通过动作与音乐的配合，能提高动作的韵律感、节奏感与美感，能激发练习者内在的情感与表现力。

第二节　球操基本动作组合与练习方法
（Basic movements in combination of ball rhythmic gymnastics and methods of practice）

一般性艺术体操包括徒手和轻器械练习，手持轻器械多种多样，除绳、圈、球、棒、带以外，还有纱巾、扇子等，由于篇幅有限，本节仅介绍球操的基本动作组合。

球是艺术体操最早使用的轻器械之一。球的各种动作都是和身体动作配合进行的，具有较高的锻炼价值，球操包括滚球、拍球、抛接等基本动作外，还包括持球在手上的摆动、绕环、螺旋8字等动作。

一、球操基本动作组合(basic movements in combination of ball rhythmic gymnastics)

预备姿势:左45°站立,右手持球于体侧,左臂自然下垂。

(1)1—2:右转45°,右脚向右侧一步,同时两腿屈膝半蹲,右手托球由左向前摆至前举;3—4:右转90°,右腿支撑,左脚后点地,同时右手托球由前经侧摆至上举,左臂自然垂于体侧;5—8:保持3—4的身体姿势。

(2)1—2:右臂屈肘,右手扶球于左肩,左臂自然垂于体侧;3—4:左肩下沉,球落地反弹;5—6:左脚并右脚,屈膝半蹲,左手快拍球3次,右臂斜上举;7—8:左转90°,右手接球,成左臂侧举,右手托球前举站立。

(3)1—2:右脚右前45°上一步,左脚并右脚提踵立,同时,右手托球向外绕至上举,左臂侧举;3—4:两脚落踵,屈膝半蹲,低头含胸,同时,右臂完成向外绕8字;5—6:右脚支撑,左脚后点地,同时,右手托球斜上举,左臂侧举;7—8:保持5—6的身体姿势。

(4)1—2:右手伸腕,球由手掌滚落至右胸前,左手扶球,右臂斜上举;3—4:保持1—2的身体姿势;5—6:左脚左前45°上一步成左弓步,同时左手将球从右拨至左胸前。左手由左肩拨球,左臂前伸,球由左肩沿手臂滚球至左手托球前举,右臂斜后上举;7—8:左手托球斜上举,右臂侧举。

(5)1—2:左脚立踵,右脚并左脚立,左手托球摆至体前,右臂侧举;3—6:右脚左前一步,向左转360°足尖步6步,左手托球向外绕8字;7—8:双脚提踵站立,同时左手托球前举,右臂侧举。

(6)1—2:立踵,低头含胸,稍屈膝,左手托球落于体前,右臂自然垂于体前;3—4:提踵立,双手体前持球,足尖碎步后退,双手经下屈臂至胸前托球,抬头挺胸;5—6:两手胸前向上拨球,完成双手体前胸臂滚球;7—8:屈膝半蹲,两手持球下举。

(7)1—2:伸膝提踵,同时两手向上抛球,双手接球;3—4:两脚提踵立,右手托球前平举,左臂侧举;5—6:右脚向前一次并步跳,同时右手拍球二次;7—8:左脚上前一步,右脚上前一步,成右腿于左腿前,屈膝半蹲左脚后点地姿势,上体稍右侧屈同时右手低拍球二次,接球于体侧托球,左臂斜上举。

(8)1—:伸膝提踵立,右手向左上侧抛球,左臂侧举;2—:左脚开始向左侧足尖步碎步,两臂侧举;3—:提踵立,左手左侧斜上接球,右臂侧举;4—:右脚右前45°上一步,左腿屈膝半蹲,右脚斜点地,左手托球斜前下举,右臂斜上后举;5—8:动作同1—4,方向相反。

(9)1—2:左脚向左侧一步成左弓步,同时双手头上举球;3—4:保持1—2的身体姿势;5—6:上体向右侧屈,做双手体前螺旋8字;7—8:两手持球上举站立。

(10)1—2:左脚向前一步,重心前移,右脚屈膝后点地,抬头挺胸,两手扶球于胸前;3—4:屈膝半蹲,右脚后点地,低头含胸,上体前屈,两手持球夹于腹部,同时两臂上举。5—6:抬起上体,落球,两手体前接球;7—8:两脚提踵立,两手持球前举。

(11)1—:右脚向左前足尖下插一步,同时两臂屈肘胸前持球,左手推球于右肩上;2—:左脚向右前足尖下插一步,同时右手推球于左肩上;3—4:右脚开始向前二步。右脚并左脚,同时右转90°,屈膝半蹲,左手扶球于右胯,右臂斜上举,抬头挺胸;5—6:双脚提踵立,同时左手体后换球于右手;7—8:右脚向前一步,成右弓步提踵立,同时,右手上举托球,左臂侧举。

(12)1—:左脚并右脚,立踵、伸腕,球落于右胸前左手扶球,2—:屈膝半蹲,左手扶球于右胸前,右臂斜上举;3—4:左转45°,同时,右臂落至体侧,左手推球至右肩;5—6:屈膝半蹲,左手扶球,推球至肩背,低头含胸,成背滚球,两手置于背后,手心向上,双手背后接背滚球;7—8:左脚右后插一步成右弓步,同时,右手反托球于体前,左手经球上端,扶球外侧,两臂交叉,两手扶球于两侧,两臂斜上举球,抬头挺胸。

> **学练提示:**要想流畅、漂亮地完成球操组合动作,熟悉球性是基础。球性的熟悉需要对球的基本动作的反复操练方能获得。

二、球操基本动作的练习方法(methods of practicing the basic movements)

(1)摆动:单手正托球以肩为轴向各个方向做钟摆式动作,如体侧前后、体前左右的摆动。练习时,可以结合屈膝弹动、左右移重心等动作。

（2）双手体前螺旋绕"8"字：双手握球上举，上体稍右侧屈，球由上、经右、前绕至左下方，半蹲稍含胸低头，在腹前逆时针绕一水平小圆，随即绕至左上方，经后、向右水平大绕环。

（3）向外绕"8"字：一手正托球前举，向外头上绕大圆，向内转肩至侧下举反托球，屈肘向内绕小圆至前举，另一手臂侧举。

（4）拍球：托球前举，体前向下拍球，两腿要弹动一次。拍球时手臂自然弯曲，手腕伸直，前臂向下按压球时，手形与球形要吻合，手随球动。单手拍球时，另一手臂斜上举。

（5）双手体前胸臂滚球：双手持球前举，由前举摆至体前持球，两臂屈肘扶球于胸前，沿胸向上拨球至胸的上部，指尖最后离球，两臂经侧绕至前举并靠近，球沿双臂滚至双手。

（6）单臂滚球：左手扶球于左胸侧，向左肩拨球，落肘，左手向前轻拨球，手臂前伸，球沿上臂滚至左手托球。

（7）抛接球：屈膝半蹲，两手持球于体前，两腿蹬地同时两臂上摆抛球，球经指端出手。两臂前上方直臂迎球，球经指端滚入手掌接球，随即手臂下落缓冲，屈膝半蹲。单手抛接球时，另一手臂侧举。

（8）在练习球操各种基本动作时，可以先由原地练习逐步过渡至移动中练习。左右手的练习尽量要平衡。

第三节　艺术体操比赛欣赏
（Appreciation of rhythmic gymnastics competitions）

一、简要规则（brief regulations）

（一）比赛与项目

艺术体操正式比赛只进行绳、圈、球、棒、带五种器械项目的比赛。比赛场地为 13 米×13 米的正方形。竞赛种类分为个人赛和集体赛两种。

（二）裁判与评分

艺术体操比赛需要两组裁判进行评分，即编排组与完成组。其中编排组又分为技术价值组和艺术价值组。技术价值组评判难度数量和难度水平动作的价值，难度水平动作最低值为 0.1 分，最高值为 1 分，有 10 个级别的难度价值动作。艺术价值组评判艺术编排，即音乐、器械的选择与使用、身体动作的选择与使用、熟练性与独创性。成套动作的艺术价值的分配为音乐 2 分，舞蹈 8 分。完成组根据选手的动作表现力、艺术鉴赏力以及技术失误情况进行评分。技术价值组、艺术价值组、完成组的评分价值，最高分均为 10 分。在没有助理裁判员扣分的情况下，最后得分计算是将 3 个部分的分数相加，即技术分＋艺术分＋完成分。

二、欣赏身体难度动作（appreciating body movements with degree of difficulty）

艺术体操的身体动作由基本组与其他组组成。基本组适用难度动作，包括跳、平衡、转体、柔韧与波浪。跳步难度动作必须具备足够的高度。平衡难度动作必须足尖或单膝完成，并有明显的片刻停顿，转体从开始至结束必须是足尖完成。柔韧波浪必须用单脚、双脚或者身体的另一部分支撑来完成动作。在完成跳、转体、平衡、柔韧与波浪的身体难度动作时，姿势必须是固定并且准确，动作幅度足够大，没有足够的幅度或姿势不固定，则不算难度。

三、欣赏器械动作（appreciating movements with apparatus）

艺术体操选手在完成成套动作时，她的身体动作与器械动作自始至终通过统一主旨来表达一个主题思想。器械动作和身体动作必须协调一致，左右手的器械动作要平衡，要使器械在多样化的运用过程中，始终处于运动状态。在成套动作中，器械不能作为一种装饰，运动员与器械之间的关系不能中断，器械必须与身体动作紧密结合。

艺术体操器械的运动形式丰富多样,各种摆动、绕环、8字、抛与接等是器械动作的基本形式。除此之外,各种器械都有其表现不同性能的特定技术组动作。绳:手握绳两端过绳大跳、过绳小跳。圈:绕一只手或身体的另一部分的转动、在身体上或地上的滚动、绕圈的一个轴的转动或悬空转动。球:拍球、在身体上或地上的各种滚动。棒:小绕环、小五花、空中转动、不对称动作、敲击等。带:4~5个波浪的蛇形、4~5个圈的螺形。

四、欣赏个人比赛项目(appreciating individual competition)

个人项目通常包括4套动作,即5个项目(绳、圈、球、棒、带)中的4个项目。每套动作时间为1分15秒至1分30秒。每套动作的技术价值由10个最高价值的难度动作来决定,在运动员所完成的10个最高价值难度中,至少有5个难度动作是属于各项器械所要求的规定身体动作组并且要与器械特有的技术动作紧密结合。

五、欣赏集体比赛项目(appreciating team competition)

集体项目包括同种器械和不同种器械两套动作。每套动作必须由5名运动员来完成。每套动作时间为2分15秒至2分30秒。每套动作的技术价值由10个最高价值的难度动作来决定。其中,至少要有5个器械交换的难度动作。

研究与实践

课题名称:艺术体操身体动作难度的发展趋势

一、研究思路

本文通过运用图像解析法、数据统计与比较研究法、文献综合和观察法,对当今高水平艺术体操个人项目运动员的身体动作难度进行统计与分析,旨在了解艺术体操个人项目身体动作难度的现状及发展趋势的同时,为我国艺术体操难度动作方面创新设计作一粗浅探索。

二、研究步骤

1. 艺术体操比赛中,具有难度价值的平衡、跳跃、转体及柔韧性身体动作,当与器械动作相结合时,构成各种不同形式的高难度动作,在成套动作中常起骨架作用。通过统计与分析显示当今艺术体操身体动作难度发展潮流。

2. 对当今身体动作难度发展的主要表现形式进行分析论述。现代艺术体操的发展,身体动作难度不断加大,特别是柔韧素质。第23届世界艺术体操锦标赛单项前8名决赛队员的录像资料中显示,俄罗斯队员在场上表现出非凡的柔韧性,这使她们在选择动作类型的多样化、身体难度的创新设计及完成动作幅度方面具备优势。

3. 实践证明,追求最大幅度的身体动作难度,已成为现代艺术体操创造完美动作形式的首要条件。

参考文献

[1] 黄美林.艺术体操[M].北京:北京体育学院出版社,1985.

[2] 张丽华等.艺术体操[M].北京:人民体育出版社,1993.

[3] 喜勋.艺术体操[M].上海:上海教育出版社,1985.

(解 进)

第十二章 体育舞蹈（Dancesport）

本章提要：体育舞蹈是一项高价值、多功能的体育运动项目，在我国是一项新兴的体育运动，它在丰富人民精神生活和增强人民体质方面已显示出不可估量的作用和强大的生命力。本章着重介绍摩登舞中的华尔兹和拉丁舞中的伦巴，重点掌握华尔兹和伦巴中的基本技术、主要特点和简单的套路，培养良好的身体姿态、节奏感、优美感，提高音乐素养和表现力。

　　体育舞蹈是融体育与舞蹈为一体的新型体育运动项目，是体育与舞蹈的叠加，是舞蹈的运动化，又是运动化的舞蹈。国际上也把国际标准交际舞称为体育舞蹈。体育舞蹈有别于其他艺术舞蹈，它也有严格的规范教程、规定的基本动作和技术规范。教师上课必须严格按英国皇家舞蹈教师协会和中国体育舞蹈运动协会规定的教材施教。动作是从铜牌、银牌和金牌动作循序渐进、由易到难、由低级到高级地完成。国际标准交谊舞已形成两大类，10个舞种。其中，5种摩登舞：华尔兹、探戈、狐步舞、快步舞、维也纳华尔兹；5种拉丁舞：伦巴、恰恰、桑巴、帕索多不列（斗牛舞）、加依夫（牛仔舞）。

第一节 体育舞蹈技术与练习方法
(Basic skill and exercises method of dancesport)

一、基本知识(basic knowledge)

1. 场地

舞者在 15 米×23 米、平坦、光滑的场地上按照舞程线进行比赛。舞程线是指舞者沿着共同的逆时针方向移动的路线。

2. 竞赛形式

体育舞蹈分摩登舞和拉丁舞两种比赛。两个舞种又各分甲组、乙组、丙组和长青组等多种比赛形式。

3. 简要规则

（1）基本技术正确。

（2）对音乐的表现力。

（3）对体育舞蹈风格的表现。

（4）体育舞蹈的编排既要体现出舞种的基本风韵，又要含有一定的技术难度。

4. 角度与方位

在每个舞步开始、结束时所站立的方向，旋转过程中的方位、角度，都有一定的规定。旋转角度的认定：旋转时以每转 360°为一周，旋转 90°为 1/4 周，旋转 135°为 3/8 周，旋转 180°为 1/2 周，旋转 225°为 5/8

周。在做旋转动作时,均标明旋转的方向,即左转或右转,然后标明旋转角度。跳舞时,为了便于辨别方位和检查旋转的角度,根据国际上记录各种舞蹈的惯例,在舞场上要规定一定的方位:一般多以乐队演奏台的一面规定为基点,定为"1点",然后男伴每右转45°所向的点依次定为2点、3点、4点、5点、6点、7点和8点(图Ⅰ-12-1)。

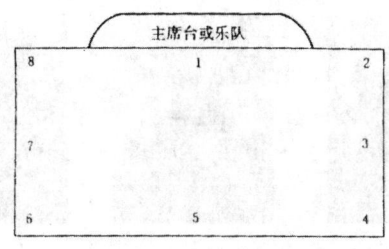
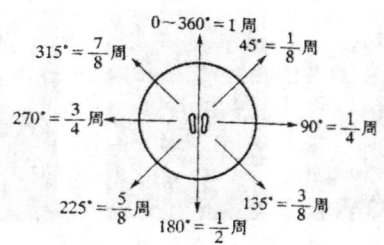

图Ⅰ-12-1 角度与方位

5. 握姿与舞姿

(1)摩登舞的握抱姿势:

① 闭式舞姿:男女舞伴的身体相互错开三分之一,在腹部横膈膜处,微微相贴。女伴上身打开,侧面看成 V 字型。双方的头均向左偏,透过双方的肩部,形成一个"瞭望台"。男伴右大臂平伸,右小臂下斜,右手掌轻轻托住女伴后背的左肩胛骨下方,不超过中线处。女伴左臂平抬,肘部自然向里弯曲,左手虎口张开,轻放在男伴右大臂三头肌处,大拇指放在男伴上臂内侧,其他 4 指均放在上臂外侧,腕部不可突起,同时,右臂的肘部适当弯曲,右小臂向上抬起,右手大拇指握于男伴左手大拇指外缘,其余 4 指并拢弯曲轻置于男伴左手大拇指与食指间的"虎口"处(图Ⅰ-12-2)。

② 敞式舞姿:敞式舞姿是在闭式舞姿的基础上,男伴身体的右侧与女伴身体的左侧互相接触,另一侧的身体向外打开成 V 字形,即男伴的上身及头部略向左打开,女伴的上身及头部向右打开(图Ⅰ-12-3)。

③ 外侧舞姿:亦称右外侧舞姿。它是指男伴在女伴身体的右边外侧前进的姿态。此外,还有左外侧舞姿、后退外侧舞姿等(图Ⅰ-12-4)。

图Ⅰ-12-2 闭式舞资　　　　图Ⅰ-12-3 敞式舞姿　　　　图Ⅰ-12-4 外侧舞姿

(2)拉丁舞的握抱姿势:

① 闭式舞姿:舞伴相对而立,站立时,男女舞伴上体稍前倾,头正直,两眼平视前方。男伴左臂与女伴右臂,小臂相靠呈 90°。男伴右手扶在女伴左肩胛处。女伴左手搭在男伴右肩膀处。双方重心向前倾,侧看成 A 字形。男伴左手虎口张开,握住女伴右手外缘。女伴右手四指并拢,搭在男伴左手食指的上方,见图(Ⅰ-12-5)。

② 开式舞姿:男女相对而立,不交手握持,分离较远。或单手相拉,或双手相拉,或不拉手,见图(Ⅰ-12-6、图Ⅰ-12-7)。

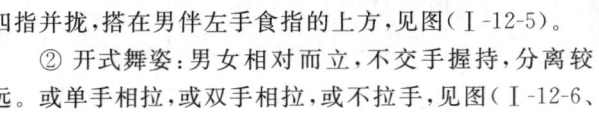

图Ⅰ-12-5 闭式舞姿　图Ⅰ-12-6 开式舞姿　图Ⅰ-12-7 开式舞姿

③ 并行舞姿：在拉丁舞中，男女握抱交手而不贴身，相当于现代舞侧行位舞姿，即并行舞姿。在闭式舞姿的基础上，男女舞伴分别向左向右转体90°，两脚一前一后，相握的手向前平伸，形成并列行进的态势（见图Ⅰ-12-8）。

④ 并肩舞姿：以男伴为基准，男伴左肩与女伴右肩相并的叫"左并肩位"，男伴右肩与女伴左肩相并的叫"右并肩位"（图Ⅰ-12-9、图Ⅰ-12-10）。

图Ⅰ-12-8 并行舞姿　图Ⅰ-12-9 并肩舞姿　图Ⅰ-12-10 并肩舞姿　图Ⅰ-12-11 影位舞姿　图Ⅰ-12-12 影位舞姿

⑤ 影位舞姿：女伴在男伴的前方偏右或偏左位置，并靠近男伴，就像男伴为女伴的影子一样，女伴居前偏右的是右影位，居前偏左的是左影位（图Ⅰ-12-11、图Ⅰ-12-12）。

二、体育舞蹈基本动作（basic skill of dancesport）

体育舞蹈有十个舞种，它们的基本动作各不相同，由于篇幅有限，本节仅介绍摩登舞中华尔兹和拉丁舞中伦巴的基本动作。

（一）华尔兹的基本动作

华尔兹属旋转型舞步，其特点是舞姿华丽高雅，秀美潇洒，动作流畅，旋转性强，热烈兴奋。它以此起彼伏，连续不断的潇洒转体，至今保持"舞蹈之王"的美称。华尔兹的舞曲是 3/4 拍，每分钟约 30～32 小节。其基本舞步是一拍跳一步，每小节跳三步，但也有每小节跳两步或四步的特定步法。第一拍一般用大步，第二拍与第三拍一般用小步，舞步的升降一般为"降、次升、升"。

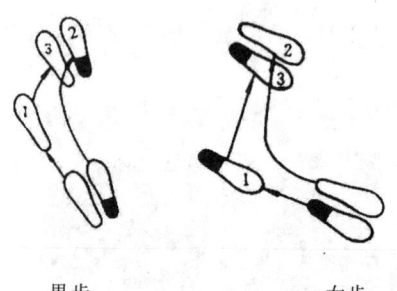

男步　　　　女步

图Ⅰ-12-13 左脚并换步

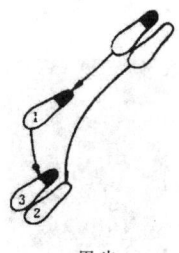

男步　　　　女步

图Ⅰ-12-14 右脚并换步

1. 左脚并换步（图Ⅰ-12-13）

准备姿势：闭式舞姿。

第一拍　男：左脚前进。

　　　　女：右脚后退。

第二拍　男：右脚向侧并稍向前。

　　　　女：左脚向侧并稍后退。

第三拍　男：左脚并右脚。

　　　　女：右脚并左脚。

2. 右脚并换步（图Ⅰ-12-14）

准备姿势：闭式舞姿。

第一拍　男：右脚前进。

　　　　女：左脚后退。

第二拍　男：左脚向侧并稍向前。

　　　　女：右脚向侧并稍向后。

第三拍　男：右脚并左脚。

　　　　女：左脚并右脚。

3. 右转步（图Ⅰ-12-15）

该步法由六小节构成，每小节向左转 3/8（135°），共 3/4（270°）。

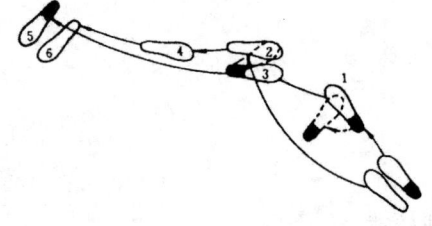

男步　　　　　　　　　　　　女步

图Ⅰ-12-15 右转步

第一拍　男:右脚前进,开始右转。
　　　　女:左脚后退,开始右转。
第二拍　男:左脚向前,右转 1/4。
　　　　女:右脚向侧,右转 3/8。
第三拍　男:右脚并左脚同时右转 1/8。
　　　　女:左脚并右脚,身体完成转动。
第四拍　男:左脚后退,继续右转。
　　　　女:右脚前进,继续右转。
第五拍　男:右脚向侧,右转 3/8。
　　　　女:左脚向侧,右转 1/4。
第六拍　男:左脚并右脚,身体完成转动。
　　　　女:右脚并左脚,右转 1/8。

4. 左转步（图Ⅰ-12-16）
第一拍　男:左脚前进,开始左转。
　　　　女:右脚后退,开始左转。
第二拍　男:右脚向侧,左转 1/4。
　　　　女:左脚向侧,左转 3/8。
第三拍　男:左脚并右脚,左转 1/8。
　　　　女:右脚并左脚,身体完成转动。
第四拍　男:右脚后退,继续左转。
　　　　女:左脚前进,继续左转。
第五拍　男:左脚向侧,左转 3/8。
　　　　女:右脚向侧,左转 1/4。
第六拍　男:右脚并左脚,身体完成转动。
　　　　女:左脚并右脚,左转 3/8。

5. 外侧换步（图Ⅰ-12-17）
第一拍　男:左脚后退。
　　　　女:右脚前进。
第二拍　男:右脚后退,开始左转。
　　　　女:左脚前进,开始左转。
第三拍　男:左脚向侧,并稍向前,转 1/4。身体稍转。
　　　　女:右脚向侧,并稍后,转 1/4。身体稍转。
第四拍　男:在反身位置和外侧舞伴中,右脚前进。
　　　　女:在反身动作位置中,左脚后退。

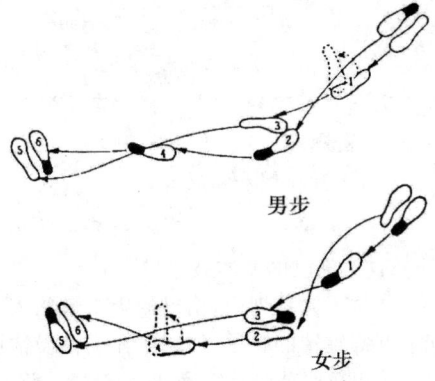

男步

女步

图Ⅰ-12-16 左转步

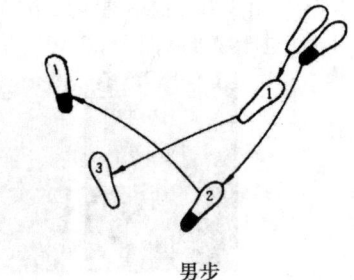

男步

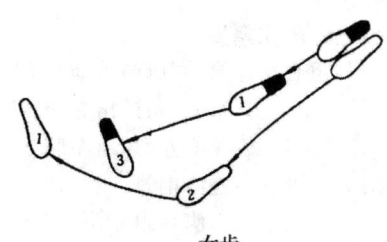

女步

图Ⅰ-12-17 外侧换步

6. 扫步（图Ⅰ-12-18）

第一拍　男：左脚前进，有轻微反身动作。

　　　　女：右脚后退。

第二拍　男：右脚向侧，并稍前进。

　　　　女：左脚斜退，右转1/4，身体少转。

第三拍　男：左脚在侧行位置交叉于右脚后。

　　　　女：右脚在侧行位置交叉于左脚后，身体完成转动。

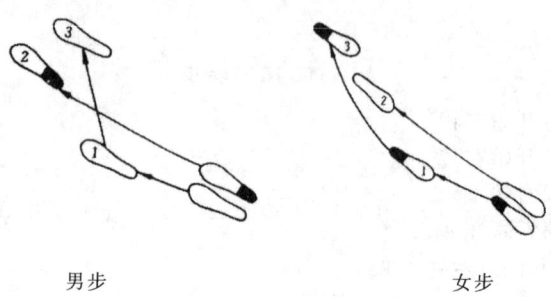

男步　　　　　　　　　　　女步

图Ⅰ-12-18 扫步

资讯窗：高水平的体育舞蹈不仅仅是一种肢体的运动，更是一种身体与心灵的锻炼，是对音乐的一种理解和表现。

（二）伦巴的基本技术

在拉丁舞系列中，伦巴的历史最悠久，舞型最成熟，被称为"拉丁舞之王"。伦巴动作舒展，舞姿优美，配上缠绵婉转的音乐，使舞蹈充满浪漫情调，令人陶醉。

伦巴舞曲节奏较缓慢，曲调抒情。近年来，随着伦巴舞的广泛流传，舞曲也出现了较为热烈奔放的旋律。伦巴舞曲的节奏为每分钟28～31小节，节奏型4/4拍，重音在第一拍上。节奏：//蓬 嚓 嚓嚓 蓬嚓 蓬嚓//拍子：1 2 3 4拍音乐走3步胯部摆动5次。基本韵律是"快、快、慢"。伦巴舞有一个非常重要的特点："先出胯，后出步"。这样，舞步的节拍和音乐节奏才能一致。

1. 前进十字步（图Ⅰ-12-19）

图Ⅰ-12-19 前进十字步

准备：闭式舞姿。

男：重心在左脚，右脚旁点地。女：重心在右脚，左脚旁点地。

第一拍　男：重心右移，出右胯。

　　　　女：重心左移，出左胯。

第二拍　男：左脚前进一步。

　　　　女：右脚后退一步。

第三拍　男：右脚后回步。

　　　　女：左脚前回步。

第四拍　男：左脚左横一步。
　　　　　女：右脚右横一步。

2. 后退十字步（图Ⅰ-12-20）

第一拍　男：重心左移，出左胯。
　　　　　女：重心右移，出右胯。
第二拍　男：左脚后退一步。
　　　　　女：左脚前进一步。
第三拍　男：左脚前进一步。
　　　　　女：右脚后退一步。
第四拍　男：右脚右横一步。
　　　　　女：左脚左横一步。

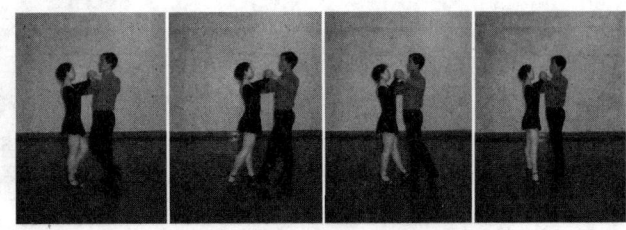

图Ⅰ-12-20 后退十字步

3. 前进十字步（图Ⅰ-12-21）

图Ⅰ-12-21 前进十字步

第一拍　男：重心右移，出右胯。
　　　　　女：重心左移，出左胯。
第二拍　男：左脚前进一步。
　　　　　女：右脚后退一步。
第三拍　男：右脚后回一步。左手放到腰
　　　　　　　际处。
　　　　　女：左脚前回步。
第四拍　男：左脚左横一步。
　　　　　女：右脚前进一步，右脚尖在男伴双脚中线。准备做扇形步。

4. 扇形步（图Ⅰ-12-22）

第一拍　男：出左胯，右脚收向左脚。
　　　　　女：出右胯，右转身90°。
第二拍　男：右脚退一步。
　　　　　女：左脚向斜前方进一步。
第三拍　男：左脚向左前方进一步。
　　　　　女：右脚向右后方退一步。
第四拍　男：右脚右横一步。身体展开成扇
　　　　　　　形位置。
　　　　　女：左脚向左后方横步，重心左移，
　　　　　　　身体展开成扇形位置。

图Ⅰ-12-22 扇形步

5. 开式扭胯（图Ⅰ-12-23）

图Ⅰ-12-23 开式扭胯

第一拍　男：出右胯重心在右脚，后半拍左脚
　　　　　　　并向右脚。
　　　　　女：出左胯重心在左脚，后半拍右脚
　　　　　　　擦地向左脚靠拢。
第二拍　男：左脚前进一步。
　　　　　女：右脚掌向右转45°，同时左脚跟离
　　　　　　　地，双膝并拢，左胯扭向左前方。
第三拍　男：右脚后回步。左手带领女伴
　　　　　　　前进。
　　　　　女：左脚前进一步。

第四拍　男:左脚左横步,左手上举。

　　　　　女:右脚进一步,右转身90°。右脚尖对男伴双脚中线,左脚旁点地。

6. 阿里曼娜(图Ⅰ-12-24)

第一拍　男:出左胯,重心左移。

　　　　　女:出右胯,重心右移。

第二拍　男:右脚后退,左手带领女伴
　　　　　右转。

　　　　　女:左脚前进,右转身90°。

第三拍　男:左脚前回步,继续带领女伴
　　　　　右转。

　　　　　女:右脚收向左脚,同时右转身。

图Ⅰ-12-24 阿里曼娜

第四拍　男:右脚右横步,与女伴成双拉手势。

　　　　　女:左脚左横步,右转90°与男伴相对。

7. 扫步(图Ⅰ-12-25)

图Ⅰ-12-25 扫步

第一拍　男:出右胯,重心右移,左反身。

　　　　　女:出左胯,重心左移,右反身。

第二拍　男:左脚后退一步,左转身90°,右手向前单拉手势。

　　　　　女:右脚后退一步,右转身90°,左手向前单拉手势。

第三拍　男:右脚前进一步,右肩与女伴左肩相靠。

　　　　　女:左脚前回步,左肩与男伴右肩相靠。

第四拍　男:左脚左横步,右转90°,成双拉手势。

　　　　　女:右脚右横步,左转身90°,成双拉手势。

第五拍　男:出左胯,重心左移,右反身。

　　　　　女:出右胯,重心右移,左反身。

第六拍　男:右脚后退一步,右转身90°,成单拉手势。左手向前伸出。

　　　　　女:左脚后退一步,左转身90°,成单拉手势,右手向前伸出。

第七拍　男:左脚前回步,左肩与女伴右肩相靠。

　　　　　女:右脚前回步,右肩与男伴左肩相靠。

第八拍　男:右脚右横步,左转身90°,成双拉手势。

　　　　　女:左脚左横步,右转身90°,成双拉手势。

第九拍　男：出右胯,重心右移,左反身。
　　　　　女：出左胯,重心左移,右反身。
第十拍　男：左脚后退一步,左转身90°,右手向前,单拉手势。
　　　　　女：右脚后退一步,右转身90°,左手向前,单拉手势。
第十一拍　男：右脚前回步,右肩与女伴左肩相靠。
　　　　　　女：左脚前回步,左肩与男伴右肩相靠。
第十二拍　男：左脚左横步,左转身90°,成双拉手势。
　　　　　　右脚右横步,左转身90°,成双拉手势。

8. 点步转（图Ⅰ-12-26）

图Ⅰ-12-26 点步转

第一拍　男：重心左移,出左胯。
　　　　　女：重心右移,出右胯。
　　　　　男：右脚向前点步,向左反身。
　　　　　女：左脚向前点步,向右反身。
第二拍　男：左转90°。
　　　　　女：右转90°。
第三拍　男：左转,重心移向左脚。
　　　　　女：右转,重心移向右脚。
第四拍　男：左转身180°,成双拉手势。
　　　　　女：右转身180°,成双拉手势。

9. 组合

(1) 十字步第1-2小节。(2)扇形步接开式扭胯第3-4小节。(3)阿里曼娜第五小节。(4)扫步第6-8小节。(5)点步转身第9小节。

第二节　体育舞蹈比赛的欣赏
（Enjoyment of dancesport match）

　　体育舞蹈融艺术、体育、音乐、舞蹈于一体,被人们称为"健"与"美"相结合的典范。作为一种艺术形式,它有独特的观赏性,强烈的艺术感染力使它在众多的体育项目中鹤立鸡群。而作为一项体育运动,它又有极强的竞技性,使它有别于崇尚表演的舞蹈艺术。同时,体育舞蹈还是一项老少皆宜的健身和娱乐方式。正因为如此,体育舞蹈自问世之日起,就很受大众喜爱并很快风靡世界。我们可以从以下几个方面来观赏。

　　1. 观赏形体美

　　在比赛中,几乎所有的选手不仅技艺超群,而且都以其优美的形体外貌使裁判和观众为之倾倒,优美的身体造型与音乐的协调配合能够极大地满足人类的审美心理要求。因此,在这样一个较量美的运动项目中,优美的身体形态也就成为夺取好成绩的必要条件。

　　2. 欣赏音乐美

　　音乐是体育舞蹈的重要组成部分,体育舞蹈一定要在音乐的伴奏下进行。音乐是一种表现艺术,它以声音来表达创造者和表演者的内心世界。因此,我们在观赏时,可以随着音乐的旋律产生联想与想象,进而在自己头脑形成富有一定情感的臆想,在情绪中受到感染和陶冶。我们观看体育舞蹈比赛,要欣赏音乐与动作的有机结合,动作必须符合音乐的特点,巧妙地把技术动作、乐曲的旋律、节奏以及个人的风格和谐地组织起来。

3. 观赏动作美

根据体育竞赛的竞技性特点,由动作、技术和战术综合表现的动作美,是观赏体育竞赛的核心内容。当代体育舞蹈的发展,要求运动员在不同的舞种表演中,寻求和表现不同的风格。体育舞蹈比赛中,运动员利用自己的身体条件和表演风格,把具有各自特色的动作表演得那样娴熟、完成足够数量的精彩的难度动作组合,做到动中有静,静中有动,舒展流畅,连绵不断,使外表的动作与内在的情感融为一体,加上优美动听的音乐,令您陶醉在美的艺术之中,充分得到美的享受。

研究与实践

课题名称:体育舞蹈的生理学价值

相关研究:运动生理学是一门研究人体对运动的反应和适应的学科。根据运动负荷的价值或理论,得出结论,心率在 120~140 次/分的状态,身体各组织能得到充分的血液供应,代谢状态最好。现对体育舞蹈中华尔兹、恰恰舞、探戈舞、牛仔舞这四种舞种进行心率测试,结果如下:华尔兹最高平均心率为 142.8 次/分,恰恰舞为 145.2 次/分,探戈舞为 142.6 次/分,牛仔舞为 172.8 次/分,综上所述,体育舞蹈对健身的效果明显,具有生理学价值。

参考文献

[1] 杨威,惠采莲.学跳交谊舞[M].上海:同济大学出版社,2001.

[2] 吴谋,张海丽.体育舞蹈的理论与实践[M].上海:复旦大学出版社,1999.

(解 进)

第十三章　游泳（Swimming）

本章提要：游泳运动是最古老的体育运动之一，也是人类最喜爱的运动竞技、休闲娱乐、康复保健项目之一。游泳是集水水浴、空气浴、阳光浴三者为一体、深受大众喜爱的运动，本章追求简明、易学、易懂、易练的风格，使广大学生朋友欣赏到游泳运动的美丽、健康及美妙，体验到游泳运动是快乐、健康的。

游泳运动是水上运动项目之一，是指人在水中不借助任何器具，凭借自身腿臂动作和水的相互作用力，在水上漂浮前进或水下潜泳。它是指人凭借自身适应水、驾驭水的能力在水中进行活动或前进的运动，主要包括"实用游泳""竞技游泳"。竞技游泳包括自由泳（爬泳）、仰泳、蛙泳、蝶泳、四种泳姿组成的四混合泳。"实用游泳"是指运用各种身体姿势，采用模仿某些动物的动作或形象，或采用方便、省力的身体动作在水中游泳。游泳运动可以提高人体素质和增进身心健康，是男、女、老、幼都能从事的体育活动。

第一节　游泳技术与练习方法
(Swimming techniques and practice)

一、蛙泳（breast stroke）

给你提示：蛙泳是模仿青蛙游泳动作的一种泳姿，技术结构相对简单，易于掌握，也是广大游泳爱好者所喜爱的泳姿之一。

（一）蛙泳技术

1. 身体姿势

游蛙泳时，身体几乎呈水平姿势俯卧水中，游进时，身体位置随着上体的上抬、前压以及两腿的后蹬动作而不断变化。

2. 腿部动作

蛙泳的腿部动作是产生身体游动推进力的主要动力来源。腿部动作的好坏是掌握蛙泳技术的基础。蛙泳的腿部动作由收腿、翻腿、蹬腿和滑行四个部分组成。

（1）收腿。收腿时屈膝、屈髋同时两膝慢慢分开,当大腿前收与躯干成130°～140°时,开始翻腿(图Ⅰ-13-1)。

（2）翻腿。翻腿时,两脚外翻,脚尖朝外,脚掌朝上,两膝关节靠拢,其距离应小于两脚间距离(图Ⅰ-13-2)。

（3）蹬腿。蹬腿时,两脚用力向两侧、向后做快速弧形蹬夹水动作(图Ⅰ-13-3)。

图Ⅰ-13-1　蛙泳收腿　　图Ⅰ-13-2　蛙泳翻腿　　　　　　图Ⅰ-13-3　蛙泳蹬腿

（4）滑行。蹬腿结束后,两脚并拢伸直,身体借助惯性向前滑行(图Ⅰ-13-4)。

3. 臂部动作

蛙泳划臂动作也可产生较大的推进力。蛙泳臂部动作可分成开始姿势、滑下、划水、收手和移臂五个部分。

（1）开始姿势。两臂前伸,拇指相靠,掌心向下,身体保持流线形姿势(图Ⅰ-13-5)。

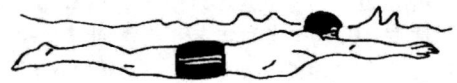

图Ⅰ-13-4　蛙泳滑行　　　　　　　图Ⅰ-13-5　蛙泳开始姿势

（2）划下。也称抓水,划下时,上臂内旋,两手向两侧分开,掌心向斜下方对准划水方向(图Ⅰ-13-6)。

（3）划水。两手继续外分,并保持高肘,掌心、前臂和上臂内侧同时向外、向下、向后运动(图Ⅰ-13-7)。

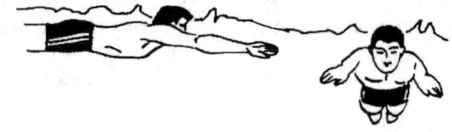

图Ⅰ-13-6　划下　　　　　　　　　图Ⅰ-13-7　划水

（4）收手。当臂划至肩下方时,手臂向外旋转,两手同时向胸前、向内快速运动(图Ⅰ-13-8)。

（5）移臂。蛙泳移臂是四种泳姿中唯一在水下完成的。移臂时,两臂自然前伸,掌心由相对逐渐转为向下(图Ⅰ-13-9)。

图Ⅰ-13-8　收手　　　　　　　　　图Ⅰ-13-9　移臂

4. 完整动作配合技术

蛙泳配合技术通常采用1次腿、1次臂、1次呼吸(1：1：1)配合技术。

游蛙泳时,两腿自然伸直(图Ⅰ-13-10①),手滑下时开始收腿(图Ⅰ-13-10②),收手时抬头吸气(图Ⅰ-13-10③),两臂前移时,两脚向后蹬夹水(图Ⅰ-13-10④⑤)。

（二）蛙泳技术与练习方法

1. 腿部动作练习

动作要领:收腿要慢,翻腿要充分,使脚掌、小腿和大腿内侧形成最好的对水面并向外、向内做弧形蹬夹水动作。

练习方法:

（1）陆上模仿练习:

① 坐撑在地上或池边,做收腿、翻腿、蹬夹水、并腿分解练习。

② 按上述动作做完整连贯动作练习。

③ 俯卧在凳子或出发台上做上述动作练习。

（2）水中练习:

① 抓池边做蛙泳蹬腿练习。

② 蹬边滑行做蛙泳连续蹬腿练习。

③ 扶打水板做上述练习。

2. 臂部动作练习

动作要领:划水时收手要快,移臂要慢,保持动作节奏,明确划水路线,整个臂部动作应同时对称进行。

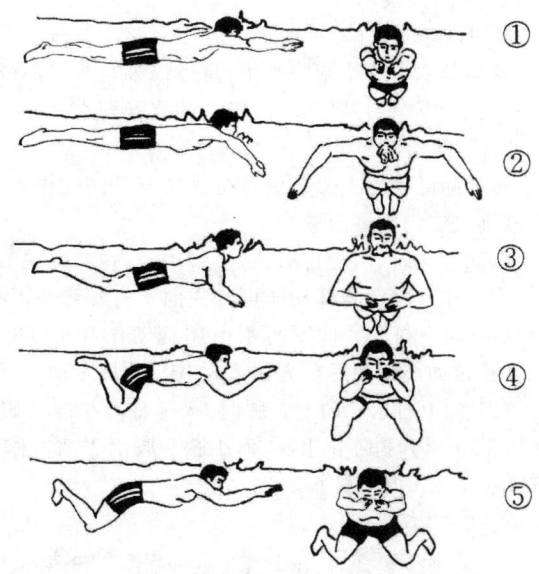

图 I-13-10 蛙泳的完整配合

练习方法:

（1）陆上模仿练习:

① 两脚原地左右开立,上体前倾,做蛙泳臂划水练习。

② 按上述动作配合呼吸进行蛙泳臂划水练习。

（2）水中练习:

① 两脚前后开立,上体前倾,做蛙泳臂划水练习。可配合呼吸动作进行练习。

② 由同伴抱住双腿,俯卧水中做上述练习。

③ 双腿夹打水板进行上述练习。

3. 完整动作配合技术练习

动作要领:臂的划水动作先于腿,即先臂后腿,收手抬头吸气、伸臂低头吐气,收腿要慢,蹬夹要快,保证动作节奏。

练习方法:

（1）陆上模仿练习:

① 两臂伸直上举,一脚站立,另一脚抬起,做腿、臂、呼吸完整配合模仿技术练习。

② 两脚前后开立,前脚站立,后脚抬起,做蛙泳完整动作配合技术练习。

（2）水中练习:

① 蹬边滑行俯卧做蛙泳腿臂连续配合技术练习。

② 按上述动作,逐渐增加呼吸次数,最后,过渡到1∶1∶1完整动作配合技术。

③ 增加练习距离,熟练和巩固蛙泳技术。

二、爬泳（crawl）

给你提示:爬泳是人体模仿爬行动作的一种游泳姿势。在竞技游泳比赛中,爬泳速度最快,人们通常采用爬泳技术参加自由泳比赛,故爬泳也称为自由泳。

（一）爬泳技术

1. 身体姿势

身体呈水平姿势俯卧水中,身体纵轴与水平面成很小的锐角,使身体保持良好的流线形,游进时,两腿快速做上下"鞭打"打腿,两臂交替移臂划水,上体围绕身体纵轴自然摆动。

2. 腿部动作

爬泳腿部动作主要起保持身体位置平衡的作用,同时,对身体也起一定的推进作用,但随着游速的加快,其推进作用则逐渐减小。

爬泳打腿时,两腿自然伸直,脚尖稍内扣,踝关节放松,髋关节先发力,大腿带动小腿作上下"鞭打"交替打水动作。爬泳腿部动作可分成向上打水和向下打水两个部分。

（1）向下打水。向下打水由屈腿动作开始（图Ⅰ-13-11①）,打腿时,脚背绷直,脚尖稍内扣,腰部发力,大腿带动小腿朝后下方用力做"鞭打"打水动作（图Ⅰ-13-11②、③）。

（2）向上打水。向上打腿时,大腿带动小腿直腿向上移动,当腿,脚移至水面并与水平面平行时（图Ⅰ-13-11④）,大腿停止上移,而小腿和脚由于惯性作用仍继续上移,当大小腿弯屈成160°角左右时（图Ⅰ-13-11⑤）,转入向下打水。

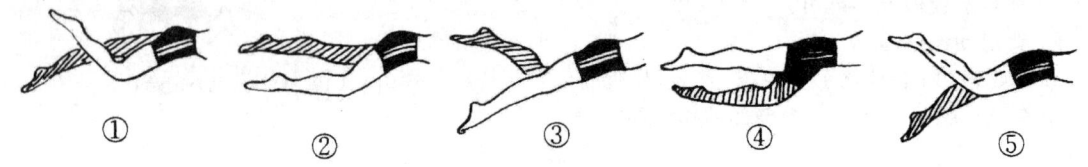

图Ⅰ-13-11　爬泳打水

3. 臂部动作

爬泳臂部动作是推动身体前进的主要动力,同时还起着保持身体平衡的作用。爬泳臂部动作由入水、抱水、划水、出水和空中移臂六个部分组成。

（1）入水。入水时,保持屈肘、手指自然伸直并拢,向前下方斜插入水,入水点在同侧肩的正前方（图Ⅰ-13-12）。

（2）抱水。积极插向前下方至有利抱水位置后,前臂外旋,同时屈腕、屈肘、对水并保持高肘至划水开始（图Ⅰ-13-13）。

图Ⅰ-13-12　爬泳入水　　　　　　　　　　　　图Ⅰ-13-13　爬泳抱水

（3）划水。划水是臂部获得推进力的主要阶段,由拉水和推水两部分组成。

① 拉水:拉水时继续保持高肘,同时手臂向内、向上和向后运动至肩下方（图Ⅰ-13-14）。

② 推水:当手划至肩下方时,快速向外、向上、对水、向后运动,完成推水动作（图Ⅰ-13-15）。

图Ⅰ-13-14　爬泳划水拉水　　　　　　　　　　图Ⅰ-13-15　爬泳划水推水

（4）出水。划水动作结束后,借助惯性将手臂向外上方提拉出水。

(5) 空中移臂。手肩提拉出水后,借助肩关节自然转动,高肘将臂前移至肩前方,准备入水。

4. 完整动作配合技术

爬泳完整动作配合技术有 6 次腿、4 次腿、2 次腿即 1 次呼吸、2 次划水与 6 次或 4 次与 2 次打腿配合技术。一般,6 次腿动作较适合于游泳初学者和短距离项目,4 次和 2 次腿技术则有利于中、长距离项目。游爬泳时,以 6∶2∶1 配合技术为例(图Ⅰ-13-16),两腿连续做上下交替"鞭打"打水,当右臂入水时,左臂向后手掌对水推水(图Ⅰ-13-16①);

图Ⅰ-13-16　爬泳 6∶2∶1 配合过程

右臂向后划水时,左臂经空中向前移臂(图Ⅰ-13-16①);右臂向后划水时,左臂经空中向前移臂(图Ⅰ-13-16②);右臂向后推水结束,左臂入水同时,侧头吸气(图Ⅰ-13-16③);右臂前移准备入水。

(二) 爬泳技术练习方法

1. 腿部动作练习

动作要领:直腿向上打水、屈腿向下打水。向下打水时,腰部先发力,大腿带动小腿,做上下交替"鞭打"打水动作。

练习方法:

(1) 陆上模仿练习:

① 坐在地上,双手后撑、举腿做爬泳腿模仿练习。

② 坐在池边或出发台上做上述模仿练习。

③ 俯卧池边,出发台上或凳上做上述模仿练习。

(2) 水中练习:

① 手扶水槽俯卧做爬泳腿打水练习。

② 手扶水道线俯卧憋气连续做爬泳腿打水练习。

③ 由同伴站在前面,抓住双手按上述方法做爬泳腿打水练习。

④ 蹬边滑行做爬泳腿打水练习。

⑤ 手扶打水板做爬泳腿打水练习。

2. 臂部动作练习

动作要领:抓水要积极,划水要保持屈臂高肘,且快速有力,两臂前后交替做向后划水动作。

练习方法:

(1) 陆上模仿练习:

① 弓步站立、上体前倾,一手撑腿,另一手做爬泳单臂划水练习,两臂交替进行练习。

② 原地站立,上体前倾,两手做直臂爬泳臂划水练习。

③ 按上述练习方法逐渐过渡到屈臂爬泳臂划水练习。

(2) 水中练习:

① 脚尖勾水槽或水线,俯卧做爬泳臂划水练习。

② 由同伴在后面抱住双腿,做上述练习。

③ 蹬边滑行俯卧做上述练习。

3. 完整动作配合技术练习

动作要领:两臂前后对称划水,两腿向后下方上下交替打水,侧头吸气,低头吐气,身体绕纵轴左右转动。

练习方法：

（1）陆上模仿练习：

① 两脚前后开立，上体前倾，直臂做爬泳呼吸、腿、臂完整配合模仿练习。

② 按上述方法屈臂做爬泳完整配合练习。

（2）水中练习：

① 俯卧蹬边滑行做腿、呼吸和单臂划水练习。划臂手与呼吸同侧，两臂交替进行。

② 两臂夹紧头部向前伸直，两腿连续上下打水，其中一臂配合呼吸做向后划水动作，另一臂保持不动，待划水动作结束前移手臂入水时，另一臂重复上述动作。

③ 俯卧滑行做连续打腿动作，由多次划臂、一次呼吸、逐渐过渡到完整动作配合技术。

④ 逐渐增加游泳距离，熟练和巩固爬泳技术。

三、仰泳（backstroke）

给你提示：仰泳是身体仰卧在水中进行游泳的一种泳姿。游仰泳时，脸部露出水面，便于呼吸，且仰泳交替划臂动作技术结构简单、省力、实用性强，故深受人们喜爱。

（一）仰泳技术

1. 身体姿势

游仰泳时，身体自然伸展，仰卧水中，头与肩稍高于下肢，身体成较好流线型姿势。游进时，两腿上下交替踢水，身体随两臂划水动作绕身体纵轴转动，转动的角度在 45°左右。

2. 腿部动作

仰泳中腿的作用是保持身体处于较高水平位置，控制身体平衡，并产生一定的推进力，仰泳腿部动作由上踢和下压两部分组成（图 I-13-17、图 I-13-18）。

（1）下压。下压时，通过臀部肌肉群的收缩，大小腿直腿下压至一定深度后，大腿停止继续下压（图 I-13-17①，②③），小腿和脚在惯性的作用下继续下压，当膝关节弯屈成 135°角左右时，完成下压动作转入上踢过程（图 I-13-17-④）。

（2）上踢。当下压动作结束时，小腿和脚形成较好的对水面（图 I-13-1-8①）；随即大腿带动小腿用力向后上方做踢水动作（图 I-13-18②③④）。在上踢过程中膝关节和脚不能露出水面。

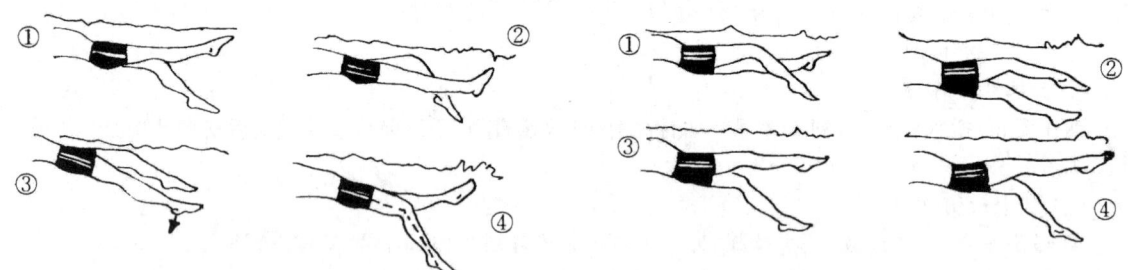

图 I-13-17　仰泳腿的下压（右腿）　　　　　图 I-13-18　仰泳腿的上踢（右腿）

3. 臂部动作

仰泳臂的划水动作是产生推进力的主要因素。仰泳划臂动作可分成入水、抱水、划水、出水和空中移臂五个部分。

（1）入水。仰泳臂入水时，小拇指领先掌心朝外，手掌和前臂构成 150°～160°的夹角。臂的入水位置在肩的正前方（图 I-13-19）。

（2）抱水。臂入水后，躯干向入水的同侧方向转动，并借助前移速度直臂向深水处积极抓水，同时通过转腕,使臂内旋,形成有效抱水动作(图Ⅰ-13-20)。

图Ⅰ-13-19 仰泳入水　　　　　　　　　　图Ⅰ-13-20 仰泳抱水

(3)划水。划水时,屈肘并内旋前臂,使整个手臂处于对准划水方向的位置,向后下方用力划水,当手臂划至大腿近侧时,手掌朝后下方做快速"鞭打"推水动作(图Ⅰ-13-21①②)。

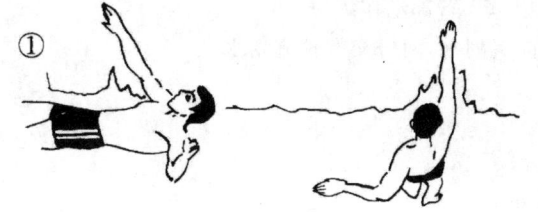

图Ⅰ-13-21 仰泳划水

(4)出水。划水结束后,借助推水动作的惯性作用,迅速提拉手臂出水(图Ⅰ-13-22)。

(5)空中移臂。手臂出水后,直臂迅速向游进方向移动,入水前,手臂向外旋转,掌心朝外,准备入水(图Ⅰ-13-23)。

图Ⅰ-13-22 仰泳出水　　　　　　　　　图Ⅰ-13-23 仰泳的空中移臂

4. 完整动作配合技术

完整动作配合技术通常采用6次打水、2次划水、1次呼吸(6∶2∶1)配合技术(图Ⅰ-13-24)。

左臂入水时,右臂向后下方推水(图Ⅰ-13-24①);左臂屈肘向后下方划水时,右臂经空中前移(图Ⅰ-13-24②);左臂划水结束后,提臂出水,右臂入水并积极向前做滑下动作(图Ⅰ-13-24③);左臂伸直前移,右臂用力迅速向后下方划水(图Ⅰ-13-24④)。

(二)仰泳技术练习方法

1. 腿部动作练习

动作要领:直腿下压、屈腿上踢,两脚上下交替向后上方做"鞭打"打水动作。

练习方法:

③

④

图 I-13-24　仰泳完整配合技术

（1）陆上模仿练习：

① 坐地上或池边，两手后撑，两腿伸直上举，做上踢、下压"鞭打"打水动作。

② 仰躺地上或池边，做上述动作练习。

（2）水中练习：

① 头枕池边，两手反手抓水槽，做上踢下压"鞭打"打水动作。

② 由同伴帮助，一手托头颈、另一手托臀部做上述动作练习。

③ 仰卧蹬边滑行，两手掌重叠、伸直、头部夹在两手中间，做上述动作练习。

2. 臂部动作练习

动作要领：抓水积极充分，保持屈臂、屈肘对水和向后划水，两臂交替轮流划水。

练习方法：

（1）陆上模仿练习：

① 原地站立，做单臂仰泳划水模仿练习。

② 上述动作熟练掌握后，做两手交替仰泳划水练习。

（2）水中练习：

① 单手扶水槽或水线仰卧做仰泳单臂划水动作。左、右臂交替进行。

② 由同伴双手抱住双腿，仰卧做仰泳两臂交替划水练习。

③ 两脚尖勾住水线，仰卧水中做仰泳划水练习。

④ 两腿夹打水板，仰卧做仰泳划水练习。

3. 完整动作配合技术练习

动作要领：身体自然伸展，呈较好流线型姿势仰卧水中，两腿做上踢、下压"鞭打"打水动作，直臂空中移臂、屈臂屈肘向后划水。

练习方法：

（1）陆上模仿练习。一脚站立，另一脚抬起做上踢下压打水动作，两手臂做向后交替划水动作。

（2）水中练习：

① 仰卧滑行做仰泳单臂划水练习，两脚保持连续打水动作（两手交替练习）。

② 按上述动作做两臂交替划水和连续打腿动作练习。

③ 增加游距，熟练和巩固仰泳技术。

四、蝶泳（butterfly）

给你提示：蝶泳是从蛙泳技术演变发展而来的一种游泳姿势，游泳时，两臂划水动作近似蝴蝶飞舞，故称为蝶泳，而躯干和下肢动作又类似于海豚的上下打水动作，故蝶泳也称为海豚泳。

（一）蝶泳技术

1. 身体姿势

游蝶泳时，身体俯卧水中，两腿并拢，躯干和腿同时作上下波浪打水动作，两臂对称做空中移臂和水中划水动作。身体随着波浪动作而上下起伏。

2. 躯干和腿部动作

打腿时，身体俯卧水中，两腿并拢伸直，脚尖内扣，由腰背部发力，大腿带动小腿做"鞭打"打水动作。

蝶泳打水动作由向下打水和向上打水两个部分组成（图 I-13-25）。

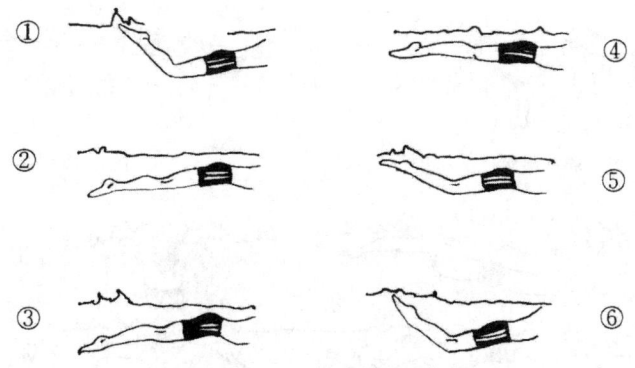

图Ⅰ-13-25 蝶泳打水动作

向下打腿时,屈膝成110°～130°角,脚背绷直对准水(图Ⅰ-13-25①);大腿带动小腿向下做快速"鞭打"打水(图Ⅰ-13-25②),当小腿和脚向下打水即将结束时,大腿开始向上打水,臀部上升至水面,躯干与大腿成160°角(图Ⅰ-13-25③);随着小腿和脚继续向上移动(图Ⅰ-13-25④),臀部开始下沉,大腿下压,膝关节弯屈(图Ⅰ-13-25⑤);当臀部下降至最低点,脚上移到最高点时,快速向下打水(图Ⅰ-13-25⑥),重复下一个动作周期。

3. 臂部动作

蝶泳臂部划水动作是推进身体向前游进的主要动力。蝶泳臂部动作由入水、抱水、划水、推水、出水和空中移臂六个部分组成。

(1)入水。蝶泳手臂入水位置在正前方。入水时,大拇指领先,斜插入水,随后,前臂、上臂依次入水(图Ⅰ-13-26)。

(2)抱水。臂入水后,手和前臂向外旋转,随后手臂同时向外、向后使手掌对水和向下运动,并保持高肘姿势(图Ⅰ-13-27)。

图Ⅰ-13-26 蝶泳入水　　　　　　　　　　　　　　图Ⅰ-13-27 蝶泳抱水

图Ⅰ-13-28 蝶泳划水　　　　　　　　　　　　　　图Ⅰ-13-29 蝶泳推水

(3)划水。划水时,手臂继续向外旋转,手同时向内、向上和向后划水,当手臂划至肩下时,结束划水并进入推水阶段(图Ⅰ-13-28)。

(4)推水。推水时,手臂同时向外、向后和向上运动。当手臂划至大腿两侧时,推水结束(图Ⅰ-13-29)。

(5)出水。在推水动作结束时,上抬肘部,并利用推水的惯性,提臂出水(图Ⅰ-13-30)。

(6)空中移臂。手臂出水后,在肩的带动下,手臂迅速前移到头前准备入水(图Ⅰ-13-31)。

4. 完整动作配合技术

蝶泳完整动作配合技术通常采用2次打腿、1次划水、1次呼吸(2∶1∶1)配合技术(图Ⅰ-13-32)。

两臂入水做第1次向下打水,同时低头吐气(图Ⅰ-13-32①②);当划水至肩下方时,作第二次打水(图Ⅰ-13-32③);当划至臂下方时,下颌前伸,抬头吸气(图Ⅰ-13-32④)。推水结束后,吸气和第二次打腿都

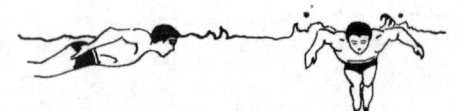

图Ⅰ-13-30 蝶泳出水

图Ⅰ-13-31 蝶泳空中移臂

①
②
③
④
⑤

图Ⅰ-13-32 蝶泳完整的配合技术

已结束,利用推水的惯性低头、前移两臂至头前方准备入水(图Ⅰ-13-32⑤)。

(二)蝶泳技术练习方法

1.躯干与腿部动作练习

动作要领:由腰背部发力,大腿带动小腿做上下"鞭打"打水动作。

练习方法:

(1)陆上模仿练习:

① 原地站立,两手掌重叠,上举伸直后,做屈膝、挺腹、提臂、还原分解练习。

② 将上述技术动作连贯起来,做连续波浪打水动作练习。

(2)水中练习:

① 扶池边或水槽,身体成俯卧流线型姿势,两脚并拢,屈膝向后下方做打水动作。熟练掌握后逐渐过渡到波浪打水动作。

② 由同伴在前面拉住双手做蝶泳波浪打水练习。

③ 俯卧蹬边滑行后做上述练习。

④ 双手扶打水板做上述练习。

2.臂部动作练习

动作要领:两臂同时对称做向后划水和推水动作,划臂动作要连贯、协调。

练习方法:

(1)陆上模仿练习:

① 原地站立两脚平行或前后开立,两臂做直臂向后划水动作练习。

② 按照上述姿势,两手屈臂做向后划水动作练习。

(2)水中练习:

① 水中站立,上体前倾,两臂做向后划水动作练习,同陆上练习一样先直臂后屈臂。

② 俯卧蹬边滑行后,两臂连续做向后划水动作(腿部保持不动)。

③ 两腿夹打水板做蝶泳划水练习。

2. 完整动作配合技术练习

动作要领：两臂入水时打第一次腿，划至肩下时打第二次腿，推水和打腿结束时抬头吸气，配合技术要有节奏且连贯、协调。

练习方法：

(1) 陆上模仿练习：

① 两脚前后开立，上体前倾，做蝶泳腿、臂动作配合练习。

② 按上述姿势，做蝶泳腿、臂与呼吸完整动作配合技术练习。

(2) 水中练习：

① 俯卧蹬边滑行做连续多次打腿，1 次划臂、1 次呼吸配合练习。

② 按上述练习方法，逐渐过渡到 2 次打腿、1 次划臂、1 次呼吸的完整动作配合练习。

③ 逐渐增加练习距离，熟练和巩固蝶泳技术。

第二节　游泳比赛欣赏
（Swimming appreciation）

发展概况：现代游泳运动的发展与奥运会的发展紧密相连。在 1896 年希腊雅典举行的第一届奥运会上，游泳就被列为正式比赛项目。目前，世界泳坛强国主要有美国、澳大利亚、俄罗斯、德国、中国、荷兰等，但苏里南、南非、西班牙等国的选手均在奥运会上夺取过金牌，可以说，当今世界泳坛强手林立，群雄纷争，没有任何国家和任何选手可以长期独霸泳坛。

一、比赛的开始

比赛开始前，统一从出发台起跳出发（仰泳项目在水中出发）。当听到裁判发出长哨声信号后，运动员应站到出发台上，两脚距出发台前缘相同距离；仰泳运动员下水，在裁判发出第二声长哨时，仰泳运动员应迅速游向池端做好出发准备。当发令员发出"各就各位"的口令后，运动员应至少有一只脚立即在出发台的前缘做好出发准备；仰泳运动员在水中做好出发准备。当所有运动员都处于静止状态时，发令员发出"出发信号"（鸣枪、电笛、鸣哨或口令）。运动员在听到"出发信号"后才能作出发动作。

发令员发现运动员抢码犯规或裁判判定运动员抢码犯规鸣哨后，发令员应连续不断地发出召回信号直至将运动员召回，并放下召回线。

二、比赛中的犯规情况

(1) 运动员必须在自己的泳道内比赛完毕，否则即算犯规。

(2) 游出本泳道或用其他方式干扰、阻碍其他运动员者，应取消其比赛资格。

(3) 比赛中，运动员转身时必须使身体某一部分触及池壁，否则即算犯规。

(4) 在比赛中均不得跨越或行走，否则即算犯规。

(5) 每一个接力队应有 4 名队员，接力比赛中任何一名队员犯规即算该队犯规。接力比赛时，如本队的前一名运动员尚未触及池壁，而后一名运动员即离台出发，应算犯规，如该运动员重新返回并以身体任何部分触及池壁再行游出时，不作犯规论。任何接力队员在一次接力比赛中只能参加一棒比赛。

(6) 在一项比赛进行过程中，当所有比赛的运动员还未游完全程前，未参加比赛的运动员如果下水，应取消其原定的下一次的比赛资格。在接力比赛过程中，当各队的所有运动员还未游完之前，除了应游完该棒的运动员之外，任何其他接力队员如果进入水中，该接力队将被取消比赛资格。

三、各项泳式的比赛规定

（一）自由泳

（1）自由泳比赛中，可采用任何泳式。

（2）转身和到达终点时，可用身体任何部分触池壁。

（二）仰泳

（1）运动员面对出发端，两手抓住握手器，两脚应处于水面下，禁止蹬在水槽内或水槽上或用脚趾钩住水槽边。

（2）出发和转身后，运动员应蹬离池壁，并在整个游进过程中呈仰卧姿势。除做转身动作外，运动员必须始终仰卧。仰卧姿势允许身体做转动动作，但必须保持与水平面小于90°的仰卧姿势。头部位置不受此限。

（3）在整个游进过程中，运动员身体的某部分必须露出水面。在转身过程中，允许运动员完全潜入水中。但在出发和每次转身后，运动员潜泳距离不得超过15米，在15米前，运动员的头必须露出水面。

（4）在转身过程中，当运动员肩的转动超过垂直面后，可进行一次连续单臂划水或双臂同时划水动作，并在该动作结束前开始翻滚。一旦改变仰卧姿势，就不允许做与转身动作无关的动作。运动员必须呈仰卧姿势蹬离池壁。转身时，运动员身体的某部分必须触壁。

（5）运动员到达终点时，必须以仰卧姿势触壁。

（三）蛙泳

（1）出发和每次转身后，从第一次手臂动作开始，身体应保持俯卧姿势，任何时候不准侧身，两肩应与水面平行。

（2）两臂和两腿的所有动作都应同时并在同一水面上进行，不得有交替动作。

（3）两手应同时在水面、水下或水上由胸前伸出，并在水面或水下向后划水，除最后一个动作外，在手臂的完整动作中，两肘不得露出水面。除出发和每次转身后的第一次划水动作外，两手向后划水不得超过臂线。

（4）在蹬腿过程中，两腿必须做外翻动作，不允许做剪夹、上下交替打水或向下的海豚式打水动作。只要不做向下的海豚式打腿动作，允许两脚露出水面。

（5）在每次转身和到达终点时，两手应在水面、水上或水下同时触壁，触壁前两肩应与水面平行。在触壁前的最后一次向后划水动作结束后，头可以潜入水中，但在触壁前的一个完整或不完整的配合动作中，头应部分地露出水面。

（6）在每个以一次划臂和一次蹬腿顺序完成的完整动作周期内，运动员的某一部分应露出水面。只有在出发和每次转身后，可在全身没入水中时，做一次手臂充分的向后划至腿部的动作和一次蹬腿动作，但在第二次划臂至最宽点并在两手向内划水前，头必须露出水面。

（四）蝶泳

（1）除在做转身动作时，身体必须始终俯卧。从出发和每次转身后的第一次手臂动作开始，至下一个转身或到达终点止，两肩应与水面平行。任何时候都不允许转成仰卧姿势。

（2）两臂必须在水面上同时向前摆动，并同时在水下向后划水。

（3）两脚的动作必须同时进行，允许两腿和两脚在垂直面上同时做上下动作。两腿或两脚可不在同一水平面上，但不允许有交替动作。

（4）在每次转身和到达终点时，两手应在水面、水上或水下同时触壁，触壁前两肩应与水面平行。

（5）在出发和每次转身后，允许运动员在水下做一次或多次打水动作和一次划水动作，这次划水动作必须使身体升到水面。

（五）混合泳

（1）个人混合泳须按照下列顺序进行比赛：蝶泳、仰泳、蛙泳、自由泳。

（2）混合泳接力须按照下列顺序进行比赛：仰泳、蛙泳、蝶泳、自由泳。

（3）在个人混合泳和混合泳接力项目的仰泳转蛙泳过程中,运动员肩转动超过垂直面之前必须呈仰泳姿势触及池壁。

研究与实践

课题名称：如何在最短时间里学会蛙泳、自由泳（爬泳）；如何提高、改进游泳技术水平；游泳运动对身心健康的意义。

①选择课题；②组成研究小组；③研究计划与进度；④ 研究方法；⑤结题报告；⑥课题研究收获与感想。

参考文献

[1] 贾玉瑞等. 游泳[M]. 北京：人民体育出版社,1990.

[2] 章钜林等. 体育词典[M]. 上海：上海辞书出版社,1983.

[3] 杰姆斯·依·康西曼. 美国游泳技术和训练[M]. 北京：人民体育出版社,1974.

[4] 中国游泳协会. 游泳竞赛规则[M]. 北京：人民体育出版社,2003.

（叶　鸣）

第十四章　太极拳(Taijiquan)

> **本章提要**:本章主要介绍太极拳的基本技术,常用动作术语、要求及二十四式简化太极拳的练习方法。
>
> 　　太极拳是一种柔和、缓慢、轻灵的拳术。其动作轻柔圆滑,处处带有弧形,运动连续不断,势势相连。它以掤、捋、按、采、挒、肘、靠(八法)、进、退、顾、盼、定(五步)为基本十三势。
>
> 　　通过本章的学习,要求初学者能从整体上了解太极拳的项目特点、常用动作规格及要求,初步学会二十四式简化太极拳,具备一定的看图学练的能力及一定的欣赏高水平太极拳比赛的能力。

　　有关研究表明,太极拳在提高中枢神经系统的兴奋性、减少血管外周阻力、提高肺通气量及气体交换率、提高消化与吸收能力、增加肌力等方面都有显著的效果。经常习练太极拳,可平衡阴阳并提高人体防治疾病的能力,延缓人体衰老速度,从而达到强身健体、延年益寿的目的。

　　目前在社会上流传较广的太极拳流派为杨式太极拳、陈式太极拳、武式太极拳、吴式太极拳、孙式太极拳及国家统编太极拳套路,如简化太极拳、四十八式太极拳、八十八式太极拳、亚运会竞赛套路等。由于太极拳具有卓越的保健功能,因此当前太极拳的发展趋势是练习人数越来越多,技术水平呈上升趋势,各式太极拳以百家争鸣、百花齐放的格局迅速发展,在国际上也产生了巨大的影响。

第一节　太极拳技术与练习方法
(Taijiquan skills and practice)

一、太极拳技术(technology of taijiquan)

　　由于太极拳有不同流派,其架势、风格和特点各有不同,其一般身法要领可概括如下。

　　(1)虚灵顶劲:即"头顶悬"。练习太极拳时,要求练习者的头部头正、顶平、项直、颌收。头顶百会穴上犹如有绳索向上提悬,使"头容正直,神贯于顶"。同时,头顶要保持平正,在练习时即使头顶上放一碗水,也不会洒出。要做到"头正,顶平",就必须使"项直,颌收",但又不可过分用力,否则就会导致颈项僵硬,气血不能流通。

　　(2)含胸拔背,气沉丹田:含胸是指胸廓自然向内略涵,使气沉于丹田和胸部有舒宽的感觉。因含胸和拔背紧密相连,所以做到了含胸,自然就能拔背;气沉丹田,是宽胸实腹,身法端正,用意识将气沉于下丹田,则无血脉偾张之弊。

　　(3)松腰敛臀:腰为一身之主宰。太极拳要求含胸及气下沉于丹田,则必须松腰,腰部松沉后,才会使坐身或蹲身时的姿势更加稳健,这样,不仅能帮助沉气和增强下肢的稳定性,更主要的是它对动作的进退旋转、用躯干带动四肢的活动及动作的完整性起主导作用,即虚实变化皆由腰转动,有拳谚曰:"命意源头在腰隙"。

敛臀是指在含胸拔背和松腰的基础上臀部稍作内敛,敛臀时,应尽量放松臀部和腰部,使臀肌向外下方舒展,然后向前、向里轻轻收敛,像用臀部把小腹托起来似的。当然,也不能使臀部故意前弓而导致上体后倾。松腰敛臀有利于气沉丹田。

(4)沉肩坠肘:沉肩是指肩松开而下垂,在此前提下,使肩肘向下沉坠,从而产生上肢内在的如棉里裹针的遒劲,并使劲力贯穿到手臂。

(5)尾闾中正:尾闾中正,要求上体正直,无论是直的或斜的动作姿势,都必须保持尾闾与脊椎成一直线,处于中正状态。在转身时,腰、胯、肩要同时转动,否则,尾闾一歪,则下盘重心偏斜,使下盘与躯干的劲力间断,上下劲力不整。

(6)内外相合:太极拳练习时,要求做到"内宜鼓荡,外示安逸",即内在精神振奋,外则神色自然,并且"心与意合,意与气合,气与劲合"。

(7)上下相随:即指整个身法、步法、腿法要有机配合,一动无有不动,一静无有不静,保持整个躯体的动态平衡和动态稳定。

(8)相连不断:指动作要势势相连,贯穿一气。自起势至收势,应绵绵不断,周而复始,循环无穷,中间没有间断,没有停顿。

(9)用意不用力:不用力,指不用拙劲笨力,"意之所至,气即至焉"。动作用意不用力,则意到气到,力由意生,劲出自然。

(10)动静有常,势势均匀:练习太极拳时,必须保持均匀的速度(据不同的太极拳流派而有所不同),不可忽快忽慢,且所有动作势式,一般都要保持相同的高度。

二、太极拳常用动作术语和要求

(name of conventional action and requirement of taijiquan)

(一)手型

(1)拳:五指卷屈,拇指压于食指、中指的第二指节上,握拳无须太紧。

(2)掌:五指微屈分开,掌心微含,虎口成弧开,手指不可故意用力挺直,也不可太放松而弯屈过度。

(3)勾:五指指尖撮拢,屈腕,手指和手腕要自然放松。另用食指、中指、拇指三指捏拢,无名指和小指屈于掌心也可。

(二)步型

(1)弓步:所弓之膝以前不超过脚尖、后垂直于脚跟为度,膝与足尖方向一致,后腿膝关节不能挺直,也不能太屈,应寓意于直中有松,前腿承重约70%,后腿承重约30%。

(2)仆步:一腿屈膝下蹲,膝尖与脚尖方向一致,同时,胯根微后抽,开裆,使重心往后下落,而不是直接往脚上坐;伸直腿胯根微沉,膝盖微屈,脚尖不可翘起,向承重腿侧方伸出。

(3)虚步:一腿屈膝坐实(主承重),另一腿膝微弓前伸,脚尖虚点地面。

(三)步法

(1)上步:后脚前进一步或前脚前移半步。

(2)退步:前脚后退一步。

(3)撤步:前脚或后腿后退半步。

(4)进步:两脚连续各向前移动一步。

(5)跟步:后脚向前跟进半步。

(6)侧行步:两脚连续平行侧向移动。

(7)碾脚:脚跟作支点,脚尖内扣或外展;脚尖作支点,脚跟外展。

(四)腿法

(1)分脚:支撑腿微屈站稳,另一腿屈膝提起,然后小腿上摆,腿伸直,脚面绷平,脚尖向前伸直,高过腰部。

(2)蹬脚:支撑腿微屈站稳,另一腿屈膝提起,然后脚尖上勾慢慢向前蹬出,腿伸直,高过腰部。

(五)常见动作

(1)野马分鬃:两臂保持弧形,前臂以大拇指一侧弧形捌出,掌心斜向上,高与眉齐,并与前脚上下相对,方向一致;后臂弧形下采于同侧胯旁,肘微屈掌微坐,掌心向下,掌指斜向前。

(2)白鹤亮翅:两臂保持弧形,上下撑圆,上扬的手臂不可折成三角或完全伸直,肘尖不可抬起,意要下坠;另一手按于体侧,肘尖不要外翻,也不要夹肋。

(3)搂膝拗步:推掌时,先掌心微朝下,随推随坐腕,并须经耳旁向前推出,手高上不过眼,下不过肩;搂膝时,以掌心朝下坐掌,松肩屈肘向外搂出。前推和搂膝须上下协调一致,定势时,两掌与弓步同时到位。

(4)手挥琵琶:身体面向斜前方,肩胯要上下相对,两肩松沉,两肘坠合,两手合抱时,要随着松腰拔背,两臂微向前送,有意气下沉、劲往前发之势,前手高不过眼,后手护于前臂肘内侧或举在胸前。

(5)倒卷肱(倒撵猴):退步时,须以一腿坐实,控制另一腿的后退,退步时先以脚尖落地,再过渡到全脚掌,保持身体平衡,不可忽高忽低,转动时,以腰为轴,前推手经耳旁向前推出,高不过眉,低不过肩,后抽手不可走直线,肩、肘、腕呈弧形。

(6)揽雀尾(懒扎衣)由掤、捋、挤、按四式组成:

① 掤:掤出的手臂呈弧形,高不过口,肘关节稍低于手腕,手指既不可软弱无力,也不可僵硬挺直,后手臂保持弧形,可按于体侧,也可随前手同时掤出;

② 捋:两手相距约一肘,呈圆形或曲线回抽,并要与重心的虚实转换相吻合;

③ 挤:两臂撑圆,前臂高不过口,并与弓腿、松腰相一致;

④ 按:两手掌心向前,手腕微塌,两掌向前按出时,微弧形向上,双臂不可伸直,按掌要与前弓步相一致。

(7)单鞭:两臂呈弧形微屈,手高不过头,定势时,前手掌尖、鼻尖、足尖方向一致,吊手腕关节下垂,注意左右肩平,要做到头顶、腰松、肩沉、胸含、腕柔。

(8)云手:步法要平行横向移动,并步时两脚相距 10~30 厘米,一脚踏实,一脚随即离地并要保持重心的平稳移动;两臂运势要圆转,速度要均匀,动作要连贯,两手高不过眉,低不过小腹部;四肢运动和身体转动均要以腰为轴。

(9)高探马:前探之掌高不过眼,劲点在掌缘小指一侧;后掌收于腹前,沉腕,肘不夹肋,两臂呈弧形。

(10)双峰贯耳:两拳经两侧向前上方横打,高不过头,低不过口,相距约一头宽,拳眼向下,两臂如钳状,两肩要沉,两肘不可扬起,劲点在两拳虎口,劲起于脚跟,由腿而腰而背,再贯穿于两拳勾击,腿到、身到、手到。

(11)金鸡独立:两臂成弧形;一脚一经离地并屈膝上提时,另一腿即渐起,不可出现一腿先直立,另一腿再后起的现象;手的运动要与腰腿相互随动。

(12)左右穿梭:两臂成弧形,上托与前推要相一致,前推之手高不过眉,低不过腰,并注意与弓步的方向一致,做到松肩坠肘,气沉丹田。

(13)海底针:两腿虚实要清晰,上身前俯不超过 45°,并要注意斜中寓直,右手下插时,弧形是往下前。

(14)闪通臂:两臂皆成弧形,前掌高不过头,低不过口,弓步,托掌与推掌应一到俱到。

(15)搬拦捶:手臂不可伸直,压拳和拦掌动作要有明显的弧度,不能直来直往,身体的转动与两臂动作的配合要恰当,在意识上要求以意运身,以气运劲;在身法步法上,要做到势不起伏,身不歪斜,速度均匀,上下相随。

(16)如封似闭:身体重心后移时,两胯骨先与两肩同时后抽,两掌后收时,以肘关节牵引,边分边翻转;双掌前按时,要领同"按"。

三、太极拳练习方法(training way of Taijiquan)

(一)《简化太极拳》图谱

本节所选太极拳套路为 24 式简化太极拳,是 1956 年原国家体委组织部分专家在传统太极拳的基础上,按由简入繁、循序渐进、易学易记的原则,去其繁难和重复动作,共选取二十四式而编成《简化太极拳》,全套共分四段,约五分钟左右可练完一遍。其特点是拳架舒展大方,结构严谨,身法中正,动作和顺。

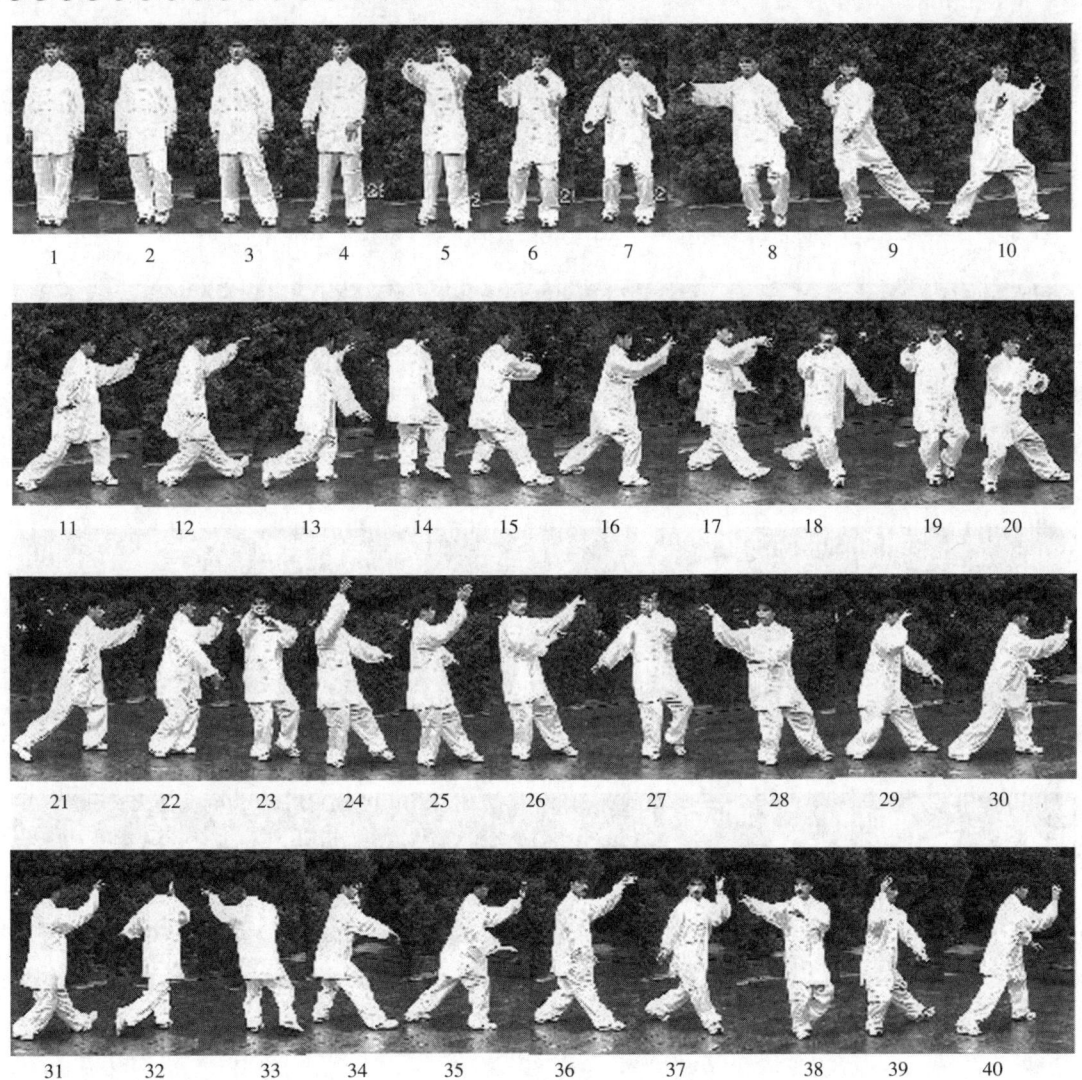

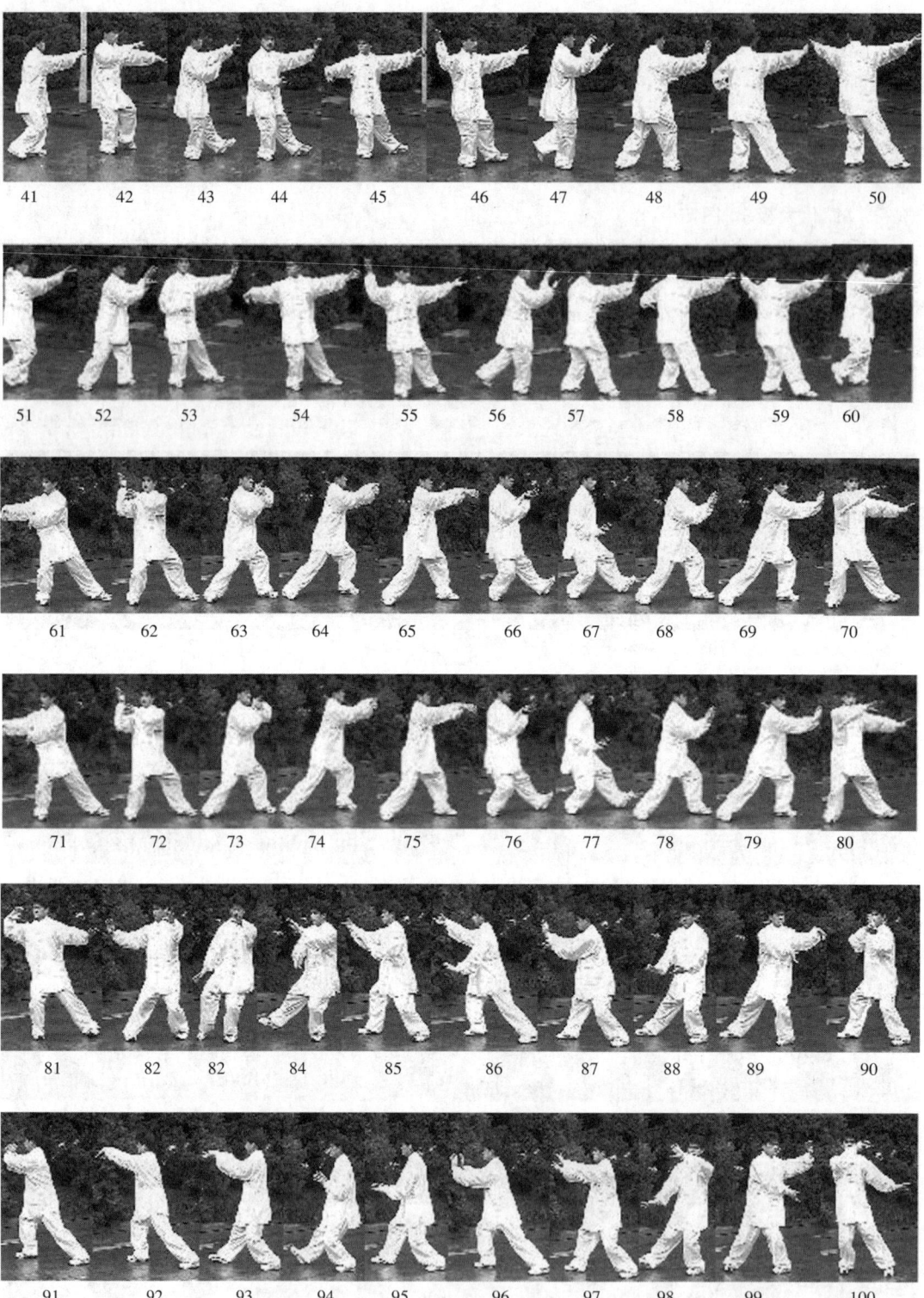

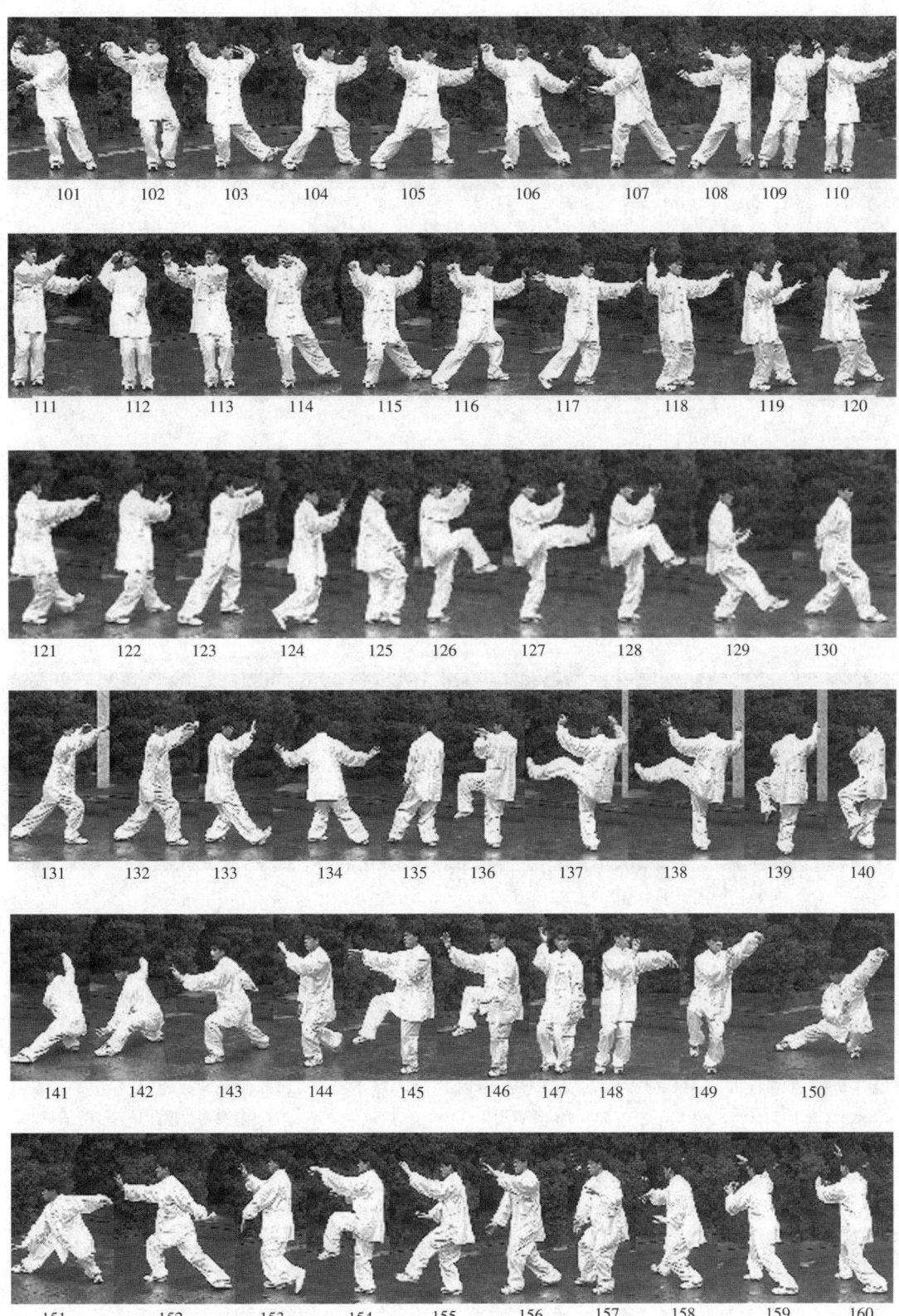

161　162　163　164　165　166　167　168　169　170

171　172　173　174　175　176　177　178　179　180

181　182　183　184　185　186　187　188　189

190　191　192　193　194　195　196　197

1. 起势（图Ⅰ-14-1～7）
2. 左右野马分鬃（图Ⅰ-14-8～21）
3. 白鹤亮翅（图Ⅰ-14-22～25）

4. 左右搂膝拗步（图Ⅰ-14-26～40）
5. 手挥琵琶（图Ⅰ-14-41～43）
6. 左右倒卷肱（图Ⅰ-14-44～62）

7. 左揽雀尾（图Ⅰ-14-63～79）
8. 右揽雀尾（图Ⅰ-14-80～96）
9. 单鞭（图Ⅰ-14-97～105）

10. 云手（图Ⅰ-14-106～113）
11. 单鞭（图Ⅰ-14-114～116）
12. 高探马（图Ⅰ-14-117～120）

13. 右蹬脚（图Ⅰ-14-121～127）
14. 双峰贯耳（图Ⅰ-14-128～132）
15. 转身左蹬脚（图Ⅰ-14-133～139）

16. 左下势独立（图Ⅰ-14-140～146）
17. 右下势独立（图Ⅰ-14-147～154）
18. 左右穿梭（图Ⅰ-14-155～165）

19. 海底针（图Ⅰ-14-166～170）
20. 闪通臂（图Ⅰ-14-171～174）
21. 转身搬拦捶（图Ⅰ-14-175～185）

22. 如封似闭（图Ⅰ-14-186～189）
23. 十字手（图Ⅰ-14-190～193）
24. 收势（图Ⅰ-14-194～197）

注：云手时从图Ⅰ-14-108～112重复三次，再接图Ⅰ-14-113。

请你判断：如果一个人在练拳的过程中经常有遗忘而停顿、身体重心忽高忽低、动作很紧张，该如何纠正？

（二）练拳须知

（1）练拳时，应选择空气新鲜、环境优雅之处，不宜在烈日、强风以及有阴湿霉气的地方练习。

（2）衣着宜宽松,过饥、过饱、酒后不宜练拳,早起练拳时,应先排清大小便。

（3）练拳时,不要强求动作与呼吸的配合,呼吸以"自然"为准则。

（4）练拳后,不可随即安坐或静卧,也不宜立即进食,出汗后,应避冷风。

第二节 太极拳比赛欣赏
（Enjoyment of taijiquan contest）

太极拳比赛时,运动员由静至动,暗合无极生太极、太极生两仪、两仪生四象、四象生八卦之高深哲理,其动作匀速缓慢,如同滔滔江河连绵不绝;其动作动静开合,虚实刚柔,姿态优雅,给人以心旷神怡之感。因此,太极拳具有很高的欣赏价值。如个人会练太极拳,再了解一些比赛规则,则可进一步提高自身欣赏太极拳比赛的水平。下面介绍一些太极拳比赛的简要规则。

（1）比赛裁判组成员有裁判长1人,副裁判长1人,裁判5人,记时、记分员1人,套路检查员1人。运动员结束套路演练后,5名裁判亮分,去其最高分和最低分,取中间3个分数的平均值,即为运动员的应得分。

（2）完成一套太极拳演练,时间为5～6分钟,到5分钟时,裁判长应鸣哨示意,时间不足或超时均会被扣分。

（3）比赛规定套路时,运动员的动作应与规定动作相符;比赛自选套路时,整个套路至少要包括四种腿法和6种不同组别的动作,发劲及跳跃动作可要也可不要。

（4）太极拳的评分标准总分为10分,其中动作规格的分值为6分,即对手型、步型、手法、步法、身法、腿法等方面的要求;劲力、协调的分值为2分,即对运劲顺达、沉稳准确、连贯圆活、手眼身法步协调等方面的要求;精神、速度、风格、内容、结构、布局的分值为2分,即对意识集中、精神饱满、神态自然、内容充实、速度适中、结构合理、布局匀称等方面的要求。

另外,在观看运动员比赛时,应注意其拳架的高低（显示练习者功底是否深厚）、动作是否符合规格、重心是否有起伏、是否有断劲现象等,这样才能真正做到"内行看门道"。

研究与实践

课题名称:太极拳与健康

1. 方法:a. 文献检索法;b. 实验对比法;c. 数理统计法。

2. 实践:a. 根据检索的资料,了解已有的关于"太极拳与健康"的研究成果,确定自己的研究方向及所需的测试指标;b. 组建实验组和对比组并测取原始数据;c. 经过一段时间的锻炼后,再次测取数据;d. 将数据进行统计学处理。

3. 结论:根据实验结果得出自己的结论。

参考文献

[1] 赵斌,赵幼斌,路迪民. 杨氏太极拳正宗[M]. 西安:三秦出版社,1994.

[2] 潘志伟,张爱武. 简化太极拳二十四势分步自学法[M]. 北京:北京体育学院出版社,1992.

（虞玉华）

第二篇 理论知识篇

第一章 体育与健康概念
(Physical Education and Wellness Conception)

- 什么是健康?
- 什么是健康促进?
- 如何培养体育意识,增强身体健康?

本章学习目标
- 树立现代健康意识
- 增强维护健康的责任感
- 培养学生健康意识,养成终身锻炼的习惯

第一节 健康新概念
(New wellness conception)

一、何为健康(what's the meaning of wellness)

古往今来,人们对于"健康"的解释各不相同。过去,人们总认为无病痛即健康。殊不知,即使没有任何躯体上的疾病,在生活中还会有烦恼、抑郁等不良症状存在。长久以来,"没病就是健康"的传统健康观和"人的命天注定"的宿命论仍在社会人群中普遍存在,健康教育的重要任务之一就是向广大人民群众宣传和普及新的健康观。

1984 年,世界卫生组织(WHO)在其宪章中明确提出:"健康不仅是免于疾病和衰弱,而是保持躯体、精神和社会诸方面的完美状态。"这一定义大大超越了疾病的范畴,将人的健康与生物的、心理的、社会的等多方面的关系密切联系起来。躯体健康就是身体强壮、没有病伤。精神健康,即保持良好的心理状态、和谐的人际关系和积极乐观的人生态度,从而更好地适应社会生活。社会健康较难以理解,它有三个层次,一是个人对社会环境适应良好;二是要为家庭、他人、社区和全社会的健康作出积极贡献;三是要发挥个人最大能力去实现生命存在的社会价值。因此,从积极的健康观出发,健康是生命存在的最佳状态。每一个人都积极地追求健康,都应对个人、家庭、社区乃至全社会的健康承担责任。

1978 年,国际初级卫生保健大会发表的《阿拉木图宣言》重申了世界卫生组织的健康定义,并进一步提出"健康是基本人权,达到尽可能的健康水平,是世界范围内的一项最重要的社会性目标"。把对健康的认识提到一个新的高度。即健康不仅是个人生活、家庭幸福的基础,而且是国家发达、民族昌盛的保证,是社会进步的一个重要标志。"人人为健康,健康为人人"维护和促进健康不仅仅是卫生部门和医护人员的事情,而且是政府和全社会共同的责任。这便是人们经常说的"大卫生观"。

面向未来,国际卫生机构和医学专家相继提出跨世纪卫生工作和人类健康新的认识和理论。1994

年 6 月,世界卫生组织亚太地执委会提出了"健康新地平线"战略来迎接 21 世纪,并明确提出,未来医学和卫生工作的侧重点应该是"以人为中心,以健康为中心",而不是以疾病为中心,并且必须将重点放到有利于健康的工作上,作为人类发展的一部分。

> **资讯窗**:衡量一个人是否健康的 10 个标志:精力充沛、处事乐观、应变力强、抵抗力强、身体匀称、眼睛明亮、牙齿清洁、头发光泽、走路轻松。

由此可见,健康没有上限,更不是一种静态的标准。一个人如果想要达到真正的健康,就必须在身体和心理上保持健康状态,并且有良好的社会适应能力。显然,为使人类健康跃上新的地平线,健康概念的更新有不可低估的作用。

二、健康的组成(the composition of the wellness)

世界卫生组织关于健康的概念:所谓健康,是由身体健康、心理健康、道德健康等方面的组成的。它们之间相互联系,相互影响。因此,对于维护人的健康而言,下面几个方面缺一不可。

1. 生理健康

生理健康是指一个人除了没有需要高度治疗的身体疾病外,还应有余力应付意外的挑战,并有足够的能力满足日常生活的需要。另外,生理健康主要还体现在形体匀称、眼睛明亮、头发有光泽、牙齿洁白,睡眠良好等。你若想要拥有一个健康的身体,可以采取科学锻炼的方式来达到这一目的。积极科学的锻炼不仅能提高身体的健康,减少疾病的发生,而且能使人延年益寿。

2. 心理健康

心理健康不仅是指人的精神、情绪和意识方面的良好状态,而且还要求一个人必须具有情感认识、接受、表达、独立行为以及应付日常各种应急挑战的能力等。心理健康包括情绪健康和思维健康。情绪健康是指情绪稳定乐观、意志坚强、行为规范协调、精神充沛。它涉及我们对自己和对他人的态度,它以情绪的稳定性为主要标志,主要是指个体能从容不迫应付日常生活中的人际关系和工作压力的能力。思维健康是指人们根据实际情况,认识世界,乐于承担责任,作出挑战反应,能面向未来,充满信心,具有对生活采取理性策略的能力。

3. 道德健康

道德健康是指参与社会活动,为社会作贡献,能与他人保持和谐的人际关系的能力。尤其重要的是能够按照社会道德行为规范准则约束自己,并支配自己的思想和行为,有辨别真、善、美、荣、辱的是非观念和能力。这种能力可使人更有自信感和安全感,在日常生活中,能使人始终保持一个良好的心情,有益于身心健康。

三、影响健康的因素(the factor affecting the wellness)

健康是许多因素相互制约,相互作用的结果。一个健康人的机体机能和其生活、工作环境处于相对稳定的平衡状态,这种平衡一旦被破坏,就会影响人的健康。根据健康的整体观念,现代医学将影响健康的因素归结为四大类,即生物学因素、环境因素、卫生服务因素、行为与生活方式因素。

1. 生物学因素

从古代到本世纪初,人类死亡的重要原因是病源微生物引起的传染病和感染性疾病以及内分泌失调和免疫功能失常等。这些致病微生物和遗传因素称为生物性致病因素。在社区人群中,特定的人群特征如年龄、民族、性别,对某些疾病的易感染性、遗传危险性等,也是影响该社区健康水平的生物学因素。例如,随着老龄化社会的到来,社区中的老年人越来越多,老年人的生理、心理等因素决定了他们对卫生保健服务的需求和依赖远远大于其他人群。

2. 环境因素

人生活于自然与社会环境之中,所以人类健康问题与环境有关。自然环境恶劣、营养匮乏、卫生条件差导致传染病、寄生虫病和地方病流行。社会环境涉及政治制度、经济水平、文化教育、人口状况、科技发展等诸多因素,良好的社会环境是人民健康的根本保证。开展爱国卫生运动,创建卫生城市,在农村大力开推行改水改厕,就是致力于为社区居民创造一个优美、文明、健康、清洁的生活和工作环境。健康与社会发展的双向促进作用已越来越多地为实践所证实。

3. 卫生服务因素

卫生服务是卫生医疗机构和专业人员为了达到防治疾病、促进健康的目的,运用卫生资源和医疗保健手段向个人、群体和社会提供必要服务的过程。卫生服务的范围、内容与质量直接关系人的生、老、病、死及由此产生的一系列健康问题。因此,卫生服务的提供与利用对人的健康有着至关重要的作用。

4. 行为与生活方式因素

生活方式是指在一定环境条件下所形成的生活意识和生活行为习惯的统称。国内外大量研究表明,在现代社会,不良生活方式和有害健康的行为习惯已经成为危害人们健康,导致疾病的原因。如吸烟、酗酒、缺乏锻炼、不良饮食习惯是人群高血压、冠心病、糖尿病等"现代生活方式病"的患病率不断增高的危险因素。1992 年 WHO 估计,从全球看,生活方式原因导致疾病,发达国家为 70%~80%,发展中国家为 40%~50%。

总之,对健康及其影响因素的理解,有助于我们进一步认识人的整体性,以及人与自然环境的统一。人在与环境的相互协调过程中往往处于主动地位,而自身行为和生活方式对健康和社会更有举足轻重的作用。这种对健康与疾病因果的关系的认识是健康观念的更新,是我们开展健康教育工作的必要基础。

健康贴片:

没有一个朋友能够比得上健康,没有一个敌人能够比得上疾病。

(印度)《五卷书》

忽略健康的人,就等于与自己的生命开玩笑。

(陶行知)

第二节 体育与健康
(Physical education and wellness)

人生最可贵的是健康。人人都希望有一个健康的身体,以便更好地为社会服务。然而健康的身体又受到各种因素的影响,其中以体育运动与健康的关系最为密切,正像法国思想家伏尔泰说:"生命在于运动。"我国也有句俗话:"健身之道,运动为妙。"可见运动是增进健康的重要措施。在科学技术和精神文明高度发展的今天,体力劳动已逐渐减少,脑力劳动逐渐增加,通过运动来增进身体健康更不可忽视。为什么生命和运动的关系如此密切呢?请看下面的事实。

把刚出生不久的白兔、夜莺和乌鸦关在笼子里,不让它们出来活动。尽管按时喂它们营养丰富的食物和水,按时让它们睡觉,但它们发育得还是很缓慢。等它们长大以后,虽然外表和没有禁锢的白兔、夜莺、乌鸦一样,但放出以后,就可以看到发生在它们身上的悲剧:兔子刚跑几步就栽倒在地上死去;夜莺没飞多高,就从半空中摔下来;乌鸦还没有飞到枝头上,也"哇哇"地叫了几声坠地身亡。经过尸体解剖,发现它们有的心脏破裂,有的动脉撕开。因为长期缺乏运动,内脏器官发育不良,剧烈运动时血压升高,所以,它们的心脏和血管弹性是极低的。动物是这样,人是不是也这样呢?试验的结果表明,人和动物的情况完全一样。国外做过这样的科学试验:把身体完全健康的 25 岁男子,分成两个试验组,第一组在 20 个昼夜里一直躺着,就是连吃饭、大小便也不许坐起来,更不许站立和走动。第二组和第一组的情况基本一样,只是让他们每昼夜在器械上活动四次身体,但仍保持躺着的姿势。20 天过后,第一组的人感到头晕目眩,心慌气短,两腿酸软站不起来,甚至背部肌肉酸痛,不能吃饭,光想栽倒在地上;而第二组的人仍然保持着一定的工作能力,身体上也没有像第一组人那样的剧烈反应。为什么第一组的这些年轻小伙子,

20天前身体还健壮,又没有闹病,静止这短短一段时间就吃不消呢? 这说明人生活在世界上是需要运动的,如果没有运动,就没有生命。运动得少,生命力就弱;运动得多,生命力就强。如果人体运动过少,易引起中枢神经系统和内分泌系统的变化,使新陈代谢发生障碍,骨骼疏松,肌肉萎缩,消化功能、排泄功能也都逐渐降低,人会过早地衰老和死亡。

科学家还认为,心脏的强弱是关系到寿命长短的重要因素。爱运动的人和不爱运动的人相比较,爱运动的人心脏储备能力大,心脏的功能强,能把身体的老化现象降低到最小限度。有人做过这样的统计,发现心脏跳的快慢和寿命的长短成反比,即心跳越慢的人,其寿命越长;心跳越快的人,寿命越短。体育运动能使心肌得到锻炼,逐渐发达,排血量增多,再加上管理心跳快慢的迷走神经紧张度增加,所以,他们的心脏跳动是比较缓慢的,这也是爱好运动的人长寿的一种原因。

随着科学技术的发展和机械化、自动化程度的提高,人们的体力劳动强度越来越低,如果不参加体力劳动和体育运动,除了高血压、肥胖病、冠心病的发病率逐渐升高外,还有一种肌肉萎缩、心脏衰退的"文明病"将要降落在我们身上,正像古希腊思想家亚里士多德早就说过的那样:"最易于使人衰竭,最易于损害一个人的,莫过于长期不从事体力活动。"

朋友们,体育运动能使你的生命充满活力,使你的各个组织器官更加健康,使你对外界环境的适应能力增强,还能使你聪明,使你美丽,使你能更好地为现代社会服务。

健康贴片:
体育是增进青年健康,发展他们的体力和各种能力的必要条件。

(苏联 凯洛夫)

健身圣典:健身之道,运动为妙。

第三节 体育与健康促进
(Physical education and wellness promotion)

一、体育的基本概念(the fundamental general idea of physical education)

体育概念的外延扩大,标志着体育概念的发展变化过程。当今世界上许多知名学者都试图在体育的"育人机制"上来探求其概念。美国的布切尔教授在1979年所著的《体育基本理论》中,认为"体育是整个教育过程的一个不可缺少的部分,是一个通过身体活动的方法努力达到提高人体机能的目的的领域。"前苏联《体育百科全书》书中提到:"体育,整个来说,是教育的一个方面,是身体能力全面发展,形成和提高人的生活的重要运动技能和本领的有计划的过程。"德意志联邦共和国《体育百科全书》一书称:"体育是教育和教育学的一个组成部分,其任务是通过运动和游戏激励人们去提高运动成绩和从事有意义的业余活动,体育是全面教育的一个组成部分。"

由此可见,国外对体育一词的理解可以概括出几点共同之处。首先,体育是培养和完善人的一种有意识的活动或过程;其次,体育所借助的手段一般被称为身体活动或过程;最后,体育不仅是通过身体,而且还必须是针对身体所进行的教育。"身体"一词已远远超出了生物的限定。其含义,用辩证唯物主义的"身心一元论"来解释,应该是灵魂和肉体相互作用、相互依赖和相互影响的统一整体。依据上述分析,我们对"体育"这一概念作如下定义:"体育是以身体活动为媒介,以谋求个体身心健康、全面发展为直接目的,并以培养完善的社会公民为终极目标的一种社会文化现象或教育过程。"体育的这一定义既说明了它的本质属性,又指出了它的归属范畴,同时也把自身与相似的社会文化现象中区别开来。

二、健康促进的概念(the general idea of promoting wellness)

健康促进是健康教育发展的新阶段。实现健康行为的转变,既不能单纯依靠行政命令,也不能仅凭几句宣传口号,而是需要多方面的综合作用,包括教育的、组织的、行为的、经济的、政策的以及其他环境的支持。以糖尿病防治为例,为控制人群中糖尿病的发生发展,仅仅依靠临床治疗是远远不够的,要提供预防性卫生服务(疾病监测、普查普治、糖尿病人的社区系统化管理等);要通过健康教育普及有关防治知识,提高人们自我保健意识和能力;要以立法和行政手段清除糖尿病的危险因素,如改善饮食结构、控制吸烟、酗酒等。这些内容综合起来,在各级政府和有关部门的领导下有计划地进行,就是健康促进活动的具体实施。

概括地讲,健康促进是指以健康教育、组织、法律、政策和经济等综合手段对有害健康的行为和生活方式进行干预,创造良好的社会和生态环境,促进人类健康。健康促进的两大构成要素是健康教育和一切能够促使行为和社会环境问题有利于健康转变的社会支持系统。

总之,我国健康教育事业的发展经历了卫生宣传、健康教育、健康促进三个阶段。三者的关系是:后者包容前者,后者是前者的发展。卫生宣传着眼于卫生知识的改善和社会舆论,只是健康教育的手段之一;而健康促进是在组织、政策、法律上为健康教育提供支持环境,要求全社会都能参与和支持各部门的合作。健康教育作为全民素质的组成部分,已经受到我国政府的高度重视。以政府行为和行政干预来支持和推动健康教育工作,这是健康教育事业发展的必然趋势。

三、体育与健康关系(the relationship between training and wellness)

体育是通过身体运动的方式进行的,它要求人体直接参与活动。这是体育最本质的特点之一。这个特点就决定了体育有健康功能。随着社会的进步,余暇时间的增多,如何善度余暇时间成为了一个社会性问题。丰富多彩、健康文明的余暇生活不仅可以使人们在繁忙的劳动之后获得积极性休息,而且还可以陶冶情操、愉快身心,培养高尚的品格。体育的一个重要目标正是要教会人们去合理、有效地利用、保护和促进身体健康,它是一种利用身体去完善身体的活动过程。人体的发展遵循着"用进废退"的生物学规律,合理而科学的身体锻炼,是保障人体发挥其极限效能的有效途径。身体锻炼引起神经肌肉的活动,而神经肌肉的有效活动,既可保证人体的运动器官和其他有关器官的良好功能,又会引起多重反应。健康快乐的一生,除了求助于身体锻炼以外,还需热心于身体活动的兴趣和情绪。文明社会在时间、财力和营养方面,为人类的身体活动提供越来越富裕的条件。文明社会的人类需要体育,如同原始社会的人类需要饮水和食物一样,适度的身体活动,既健身,又悦心。

从上可见,体育是健康促进的重要内容和基础工作,它着重于增强体质,建立健康的信心,并要求最终落实到健康行为上;而健康促进已超越了"教育"的范围,不仅是对个体的要求,更强调全社会力量的参加。在"实现人人享有健康"的历程中,健康促进显然具有更积极、更广泛的意义。

> **健康贴片**:2002 年世界卫生日的主题是"体育锻炼"。
>
> **健身圣典**:走路能使你童颜常在,运动能使你青春永驻。
>
> (英国 盖伊)

实践与探索(practicing and exploring)

学校是培养人的场所,"健身育人"是学校体育最基本的要求。良好的生长发育,正常的生理机能及将来承担社会一定工作后的适宜反应,是衡量健康层次标准之一。人的健康状况和未来的工作效率,不能单纯取决于整个身体各器官、系统的功能和相互协调,而应取决于整个身体对自然、社会环境的适应能力。要获得对环境的适应能力、生存能力应是长期、系统、科学锻炼的结果。不同的年龄阶段、不同职业、不同种族的人,对环境适应能力是有差异的,除受制于不同的自然条件、生活环境、经济因素外,在相当程度上,与体育锻炼息息相关。科学证明,体育锻炼是进行自我心理调节和增强体质的有效手段之一。高校学生由于经常处于紧张的学习状态,如果适当地参加一些体育锻炼,不仅能起到积极的休息作用,而且还能使自己的身心得到良好的调节。众所周知,大脑是思维的器官,具有记忆、理解、分析、综合等各种机能。人体的一切活动都是在大脑的统一指挥下进行的。所以,在人体中大脑的物质代谢最为旺盛,如果持续用脑过久，人将出现疲劳、注意力不集中和头脑发昏，进而影响全身各机能器官系统，以至对身体健康产生不良影响。如果在工作一定时间后参加一些体育锻炼，这样，就会使人体各器官系统机能得到加强，新陈代谢更加旺盛，进而提高人体对疾病的抵抗能力和对外界环境的适应能力。体育锻炼的方法应多种多样，必须量力而行，循序渐进，持之以恒，只有这样，才能达到终身受益之目的。"生命在于运动"就深刻寓意了体育锻炼对身体健康所起的重要作用。

小结与思考(brief summary and thinking)

高校体育作为学校体育的最后一站，作为学校体育与社会体育的衔接点，应树立"健康第一"的教育理念，贯彻终身体育思想，服务于全民健身计划，把大学生培养成既有一个健壮的身体，又有终身体育能力的、社会需要的人才。

思考题

1. 健康的组成包括那些方面?

2. 什么叫健康促进?

3. 体育与健康的促进关系?

参考文献

[1] 孙宗鲁.大学生健康教育教材[M].北京:北京大学出版社,1994.

[2] 米光明,林琳.医院健康教育[M].北京:中国医药科技出版社,1999.

[3] 李国泰,夏思永.大学体育教程[M].重庆:重庆大学出版社,2000.

(魏月红)

第二章　体育锻炼对人体各器官系统的作用
(The Effect of the Physical Exercise on the Organs and Systems of Human Body)

- 体育锻炼对人体神经系统的作用是什么?
- 体育锻炼对人体循环系统的作用是什么?
- 体育锻炼对人体呼吸系统的作用是什么?
- 体育锻炼对人体运动系统的作用是什么?

本章学习目标
- 了解体育锻炼对神经系统、循环系统、呼吸系统、运动系统的作用
- 初步掌握体育锻炼的原则和方法

第一节　体育锻炼对神经系统的作用
(The effect of the physical exercise on nerve system)

人体的神经系统是由中枢神经系统和周围神经系统两部分组成。中枢神经系统包括脑和脊髓。周围神经系统包括脑神经、脊神经和植物神经。中枢神经系统是专门接受体内外各种信息、储存信息,并进行分析判断作出决策,向身体各个部分发出命令的最高司令部。周围神经系统好比通讯连队,负责传递情报和命令。中枢神经系统是由脑和脊髓组成,而脑是由大脑、小脑、间脑、中脑、脑桥、和延髓组成的。其中,大脑是司令部的最高领导者。它统率着整个中枢神经系统和周围神经系统,从而调控人体的各个器官的活动以及彼此间的协调与合作。如你正常行走时,上肢摆动与下肢移动的顺序是交替而有序地进行,这样才使你的步伐稳健、有力。在运动场上,一个体操运动员或一位跳水运动员,他能在短时间内完成惊人复杂的优美动作;拳击手在瞬间,能连珠炮似地准确猛击对手的要害处。这一切活动,全部是在大脑的命令与指挥下,通过神经系统控制人体有关器官来完成的。人的大脑由两个大脑半球组成。它们之间由胼胝体相连。大脑半球的表面是一层灰质,叫大脑皮层。大脑皮层表面,有许多凹陷的沟和隆起的回。这些沟沟、回回构成了大脑皮层的不同区域,行使不同的职能,管理人体的不同部位,我们把这些功能区,叫做神经中枢。比较重要的神经中枢有:运动中枢、躯体感觉中枢、语言中枢、时间中枢、视觉和听觉中枢等。由于人的大脑分成两半球,它们各司其职,相互分工,当然也相互联系,左脑有较强的语言、书写、逻辑、计算能力,而右脑侧重于图形的感知、空间认识能力和音乐方面的功能。所以,人们常把左半脑称为逻辑思维的半脑,而右半脑是形象思维的半脑。尽管大脑从结构和功能上被认为是完善的超级器官,但这并不意味着我们的学习或训练已是轻而易举,恰恰相反,必须经过严格的训练才能产生我们所需要的功能。

健康贴片:动是健康的源泉。

(马约翰)

大脑半球对人体的管理是对侧性的,左半脑支配右侧身体,右半脑支配左侧身体。由于世界上有99％的人习惯于右手干活,使得右手比左手灵活、有力,那么,人们为什么都习惯于用右手呢? 据生物学家们的研究,人们习惯于用右手,是在长期的劳动中渐渐养成的。在很早很早的时候——石器时代,人们成群结队,手里拿着石斧、石矛,与野兽搏斗。在交战中,人们本能地弯着左臂来保护身上重要器官——胸膛左侧的心脏,而用右手拿着武器冲向野兽。

因而,相对于右脑来说,左脑是优势半脑,其潜能要比右脑发挥得好。然而,人们在思考问题时,首先要利用形象,动用右脑;只是到了整理、表达思考的结果时,才需要使用左脑分管逻辑和语言功能。左脑进行的是熟练性思维,而右脑进行的才真正是创造性思维。有关研究人员,进行了"脑潜能开发模式与运动训练"的研究,探讨了脑潜能与利手运动优势,所谓利手运动优势,是指惯用手在某些运动项目所表现出来的运动能力优势。如左手在击剑、羽毛球、乒乓球等技能类对抗性项目中表现很明显,由于"利手是脑优势的最明显例子",左、右两半球的结构和功能上的差异会在利手上表现出来,左利手者更多地表现出右脑的功能优势,而右利手者则更多表现出左脑的功能优势,从而形成了运动能力的差异。研究得出的脑潜能开发模式如下。

(1)开发的观点:开发大脑右半球在知觉、空间、潜加工、创造性、整体认知的功能以及开发大脑左右半球协调功能。

(2)开发的方法:直接刺激、自己诱导、肢体操作、功能配对、协同化、营养学等六项开发模式。

根据科学家们测量了许多时代的人的头颅后所得的结论表明:越是近代的人,右边与左边大脑半球活动的差异越小。这是为什么呢? 原因很清楚,因为人们的劳动变得越来越需要双手紧密配合,互相协作。许多著名的科学家,都是左脑和右脑能够平衡发展的人。爱因斯坦不但具有抽象思维的头脑,而且酷爱音乐,他说:"音乐和物理学领域的研究工作,虽不属于同一族系,但彼此之间却有着相同的目的——力求反映出未知的东西,在这方面,它们是相辅相成的。"著名翻译家傅雷在教育儿子傅冲时,曾讲了一句很发人深思的话:"单靠音乐修养来培养音乐家,也是不够的。"以往的学校教育大致侧重于以逻辑推理为中心的左脑教育,而左脑教育若没有形象的伴随,没有右脑的配合,便不能收到理想的效果。在当前大力发展学生的实践能力和创新精神之际,右脑的开发可以激发学生的好奇心和想象力。在体育活动中,绝大多数是左右平衡、上下协调的全身运动,躯干两侧肢体也能得到较平衡的发展。这样,可使左脑和右脑同时得到发展。有些医学专家认为:有意让左眼看东西,用左耳听音乐,用左手摸物体……。如果人们有意识地使用左手运球、左手投篮、左手持拍等,既锻炼了身体,又利于开发右脑。

第二节 体育锻炼对循环系统的作用
(The effect of the physical exercise on cycle system)

提起江河,使人联想到滔滔的长江、咆哮的黄河。然而,在人体内也有一条奔腾的江河,这就是血液循环系统。那犹如河道的血管有主干和分支,还有小溪。它们在人体纵横交错,与心脏组成了一个封闭式的管道系统,里面流动着血液,并以4000千米/秒的速度,昼夜奔流不息。我国最长的河流是长江,长为6300多千米,其次是黄河,长为5500多千米。然而,它们都比不上人体内流动着血液的江河。它的河道——血管的总长竟达10万千米。可这样长的河道,怎样容在5尺之躯的人体内呢?

人体内的血管有三类:第一类是把心脏里的血液送到全身各处的血管,叫做动脉;第二类是把全身各部分的血液送回心脏的血管,叫做静脉;第三类血管是毛细血管。动脉和静脉在人体延伸过程中,有粗大的主干——大动脉、大静脉和各级分枝——动脉、静脉以及最细小的分枝——细小的动脉和静脉。毛细血管是比毛发还细的血管,50根毛细血管合在一起,才有一根毛发粗。这极细的毛细血管,连接在细小的动脉和静脉之间,广泛分布在人体各组织细胞之间。

主动脉和大动脉管壁厚,很坚韧,壁内含有丰富的弹性纤维,因此,富有弹性,称为弹性血管,它能缓冲血压波动,并能在心舒期继续推动血液流向外周。小动脉和细小的动脉管壁富有平滑肌,收缩性好。通过平滑肌的舒缩活动,可以改变血管的口径,从而改变血流的阻力,由于小动脉和细小动脉中血流速度仍很快,而口径又很小,因此,血流阻力很大,称为阻力血管。毛细血管的管径最细,所以,里面的血流速度也最慢,它是人体江河中的小溪。这静悄悄的小溪不仅分布广,而且数量多得惊人。毛细血管里流动的血液总量比动脉血管里流动血液的总量还多。它的管壁薄,只有一层内皮细胞,其外有一薄层基膜,通透性好,是血液与组织液的交换部位,故毛细血管又称为交换血管。静脉血管与相应的动脉血管相比,其口径较粗而管壁薄,因而容量大,易扩张。循环系统大约有 $60\%\sim70\%$ 左右的血液在静脉系统中,因此,静脉又可称为容量血管。静脉血管有一定数量的平滑肌,平滑肌的舒缩活动可改变静脉容量,而静脉容量的改变对循环血量影响很大。血液是沿着两条航线运行:

第一条航线叫体循环,进行体循环时,血液从左心室始航,经过主动脉,流入各个大小分枝的动脉,最后流到遍布人体各组织细胞间的毛细血管中。这时,来自左心室,含氧气多、血色鲜红的动脉血,在毛细血管和组织细胞之间要进行一场大的交易,血液把氧气和养料供给组织细胞,从组织细胞处得到的是二氧化碳和它们产生的废物。经过这一场交易后,含氧气多的动脉血则变成了含二氧化碳多、氧气少的静脉血了。静脉血从毛细血管进入细小静脉,再流入静脉,最后汇入上、下腔静脉流回心脏的右心房。这条航线的起点和终点是心脏。航程中的交易站在毛细血管与组织细胞之间。

第二条航线叫肺循环。进行肺循环时,血液从右心室始航,经过肺动脉,流入大小分枝的肺动脉,最后到达肺的毛细血管。这时来自右心室,含二氧化碳多、氧气少、血色暗红的静脉血,通过毛细血管壁和肺进行一场交易。血液中的二氧化碳进入肺,肺内的氧气通过毛细血管壁进入血液。经过这场交易,静脉血变成动脉血了。动脉血由肺部毛细血管流入小的肺静脉,再由小的肺静脉汇集到肺静脉,流回心脏的左心房。这条航线的起点和终点也是心脏。航行中的交易站在毛细血管与肺部之间。

可见两条航线的起、终点均在心脏。人的心脏位于胸腔之内,夹在两肺之间,稍稍偏左下方。它的大小相当于一个拳头。心脏荣获"生命之泵"称号,泵是吸收和排出流体的一种机械。构成人体的 1800 万亿个细胞,它们吃喝的养料和水分,通过血液的流动运送而来,它们排出的废物也是通过血液的流动运走了。血液流动来去往复的动力来自心脏。心脏通过自身节律性地收缩和舒张,即心脏的跳动,来挤压、推送血液。但是,每人心脏的功能,是不尽相同的。有人心脏功能高,有人心脏功能一般,有人心脏功能低,这个标准就看每分钟内,心脏输出血液的多少,也可称为心输出量——左心室在每分钟泵出的血量。心输出量=每搏输出量×心率。心脏每搏动一次,通常以左心室射入主动脉的血量称为每搏输出量。正常成年人安静时,每搏输出量约为 70 毫升,心率平均约为 75 次/分,则每分钟输出血液约为 5250 毫升左右。缺少锻炼的人,心容量大约在 765~785 毫升之内。经常参加运动的人,心肌比一般人的心肌粗壮,心脏的重量和容量都有增大,心容量可达 1015~1027 毫升。北京运动医学研究所,曾经调查过 300 名我国运动员的心脏面积,发现 108 名运动员心脏面积增大,有 173 名运动员心脏横径增大。这是因为在运动时,人的血液循环旺盛,心跳加快,而且心肌舒张充分,容纳流回心脏的血量也增多,血量一增多心脏便会被拉长,于是心肌收缩力便能增强。与此同时,心脏还会产生大量的新的毛细血管,这又有助于增加心肌血液的供应,此外由于锻炼的结果,心脏营养性神经作用会得到改善,能改进心肌的物质代谢过程,心肌的收缩蛋白质增多,特别是肌红蛋白增多,使心肌纤维增粗、增大,心壁增厚。通常人们把运动引起的心肌增厚叫运动性心肌增厚,也有人叫做运动员的心脏。能使心肌增厚的最明显的运动项目,是长跑、滑雪、划船、骑自行车、登山运动等。经常进行体育活动,可促使人体心血管系统的形态、机能和调节能力产生良好的适应,以使你有可能具有运动员的心脏。当你进行剧烈的运动时,由于心肌的肌红蛋白增多,携带氧气的量大大增加,弥补了氧量的不足。心肌得到充足血液的供应,发挥较高的收缩能力,从而有助你提高学习和工作的能力。

健身圣典:铁不锤炼不成钢,人不运动不健康。

第三节　体育锻炼对呼吸系统的作用
(The effect of the physical exercise on breathing system)

　　呼吸系统包括呼吸道和肺两大部分。在人体呼吸道的起始部分,有一个呼吸器官——鼻子,它具有吸尘器、加湿器和暖气的作用,因在吸气过程中,有的灰尘被鼻毛挡住了,有的灰尘被鼻腔黏膜分泌的黏液粘住了。这种黏液除了能粘住吸入空气里的灰尘和细菌之外,还有使鼻腔保持湿润的作用。在鼻腔黏膜内还藏有丰富的毛细血管,血管里有血液在不停地流动,血液散发的热量,可以温暖吸入的冷空气。据科学家实验证明,$-7℃$的冷空气经过鼻腔后,能被鼻腔加温到 $25℃$。正是由于鼻腔发挥了吸尘器、加湿器、暖气的作用,才使人体吸入的干燥、寒冷的空气,变得温暖、清洁和湿润,从而减少了对呼吸道和肺的刺激。因此,我们要保护好鼻子,并在正常情况下坚持用鼻子呼吸。如在寒冷的冬天,在长跑途中,可采用鼻子吸气、嘴巴呼气的方法。鼻腔以下便是咽,咽好像是个岔路口,食物由口腔经咽进食道,空气则由鼻腔经咽进入喉。喉在人体颈部的前上方,连通着咽与气管,是呼吸道的一个组成部分,也是发声器官。

　　人体的气管是个圆筒形的管道,长约 $11\sim13$ 厘米,上方连着左右两条支气管。肺被我们称为"半圆锥形的换气大厦",它位于胸腔内,分左右两部分。左肺分两叶,右肺分三叶。支气管进入肺的部位叫肺门。从肺门起,左支气管在左肺分成两支,右支气管在右肺分成三支,每一叶肺都有支气管与它相通。支气管进入肺叶还要继续分支,而且越分越多,越分越细,最后形成肺泡管,肺泡管上有许多肺泡,大约有 7亿多。如果把全部的肺泡打开展平,面积可达 $70\sim100$ 平方米,其中 80% 在呼吸过程中发挥作用。肺具有一定的弹性,可以扩张和收缩,但它是靠着胸廓来操纵的,胸廓是由肋骨、肋间肌和下端的膈构成的。膈向下,胸廓容积扩大,肺随之扩张;膈向上,胸廓容积缩小,肺随之回缩,与此同时,肋骨、肋间肌也起着很大的作用。胸廓有规律地扩大和缩小叫做呼吸运动。肺的换气就是通过呼吸运动来实现的。而换气实际上指的是肺泡与毛细血管之间的气体交换。氧气从肺泡扩散到周围紧贴着的毛细血管里,二氧化碳则从肺泡周围紧贴着的毛细血管里,扩散到肺泡里。就肺泡来说,气体交换是氧气不断出去,二氧化碳不断进来。出去的氧气与血液中的红细胞一起流向心脏和全身,进来的二氧化碳通过呼气排出体外。

　　经常参加体育锻炼,可以提高呼吸运动的功能。因为在锻炼过程中,由于肌肉剧烈运动,要消耗大量的氧气和养料,产生大量的二氧化碳,在神经系统的调节下,呼吸系统必须加强工作,长此以往,呼吸系统的结构和功能得到了改善。

　　据统计经常参加体育锻炼的学生,胸围比同龄的学生一般要大 $2\sim3$ 厘米。呼吸差也有差别(深吸气与深呼气之差,叫呼吸差),一般学生为 $5\sim8$ 厘米,经常参加体育锻炼的男生胸围差为 $6\sim9$ 厘米,女生为 $6\sim8$ 厘米,经常参加体育锻炼的学生比一般学生肺活量(尽力吸气后,再尽力呼气,所呼出气体的量)大得多。二者相差约为 $400\sim1000$ 毫升。

　　由于提高了肺的容气量,在定量活动中,经常参加体育锻炼的学生呼吸次数比一般学生少,而呼吸深度却比一般学生的要大,一般学生的呼吸深度 $300\sim400$ 毫升,而参加锻炼的学生可达 $500\sim600$ 毫升。锻炼时进行合理的呼吸,有利于保持体内环境的基本恒定,提高锻炼效果及充分发挥人体的机能能力,由于体育锻炼的种类繁多,呼吸方法不应千篇一律,这里仅提出某些改善呼吸方法的原则。

　　1. 减少呼吸道阻力

　　正常人安静时,经由呼吸道实现通气。可在剧烈运动时,为减少呼吸道阻力,人们常采用以口代鼻,或口鼻并用的呼吸方法。但在严寒季节里进行运动,开口不应过大,尽可能使吸入空气经由口腔加温再通过咽喉而经气管进入肺。

　　2. 节制呼吸频率、加大呼吸深度、提高肺泡通气量

　　从运动时加强呼吸的情况来看,可通过增加呼吸频率和增加呼吸深度两种方法。由于呼吸道是约为 150 毫升的无效腔,运动时,无效腔容量可因呼吸加强而被动扩展为 $400\sim1000$ 毫升。若呼吸频率太快,呼吸深度太浅,吸入气迂回无效腔的量增加而实际进入肺泡腔的量相对减少,妨碍运动时的肺泡通气。为削弱无效腔对通气效果的不良影响,有意识地采取适宜的呼吸频率和较大的呼吸深度是很重要的。

3. 呼吸方法适应于技术动作变换的需要

进行周期性运动,宜采用富有节奏性的、混合性的呼吸,长跑时宜采取 2~4 个单步一吸,2~4 个单步一呼的方法。

4. 合理运用憋气

在深或浅的吸气之后,紧闭声门,尽力作呼气运动,称为憋气。由于憋气动作有利有弊,采取以下的方法进行憋气较为有利:憋气前的吸气不要太深;深吸气后的憋气可微启声门,当呼气肌强劲收缩压迫胸腔时,让呼吸道中少许气体有节制地从声门挤出,即发出"嗨"声呼气;憋气应用于决胜的关键时刻:如跑近终点的最后冲刺、杠铃过顶举平、摔跤制服对手(或被对手钳制)的一刹那。

任何人在剧烈运动时,由于肌肉要消耗大量的氧气,所以,会出现暂时供氧不足,或缺氧现象,我们把这现象叫运动时欠下的"氧债"。而经常参加体育锻炼的人,由于他的呼吸功能和血液循环系统功能的提高,运动时欠下的"氧债"少,运动过程能持续较长时间,运动结束后恢复得也快。

第四节　体育锻炼对运动系统的作用
（The effect of the physical exercise on motion system）

运动系统由骨骼和肌肉所组成。在大自然里,花岗岩很坚硬,桧木很结实,可经过科学家的测试发现,骨头每平方厘米的面积上,可承受 2100 千克的压力,而花岗岩每平方厘米也只承受 1350 千克的压力,桧木每平方厘米只能承受 454 千克的压力,骨头比花岗岩还坚硬的奥妙在于骨的结构。可骨头的又一个特性,是富有弹性。当一个人的头如遭到暴力打击的时候,受击的部位,骨的形态暂时发生了改变。打击过后不久,又恢复了原样。骨的弹性犹如射箭的弓,其奥妙藏在骨的成分里。骨的化学成分包括有机物和无机物,其比例是有变化的。青少年时期,在骨的成分中有机物含量多(超过了 1/3),故弹性足,不易发生骨折,若坐姿、读写姿势、站姿不标准,极易造成脊柱的侧弯、驼背,影响胸廓的发育。而老年人骨内无机物多,骨质硬而脆,这是老年人易发生骨折的原因。

健身圣典:年轻勤锻炼,老来身体健。

由上而知,人体内的骨骼坚硬如钢、弹性如弓,因此它的支撑、保护、运动等功能,是任何结构所不能媲美的。其实,它的神奇功能,是在亲密的伙伴合作下完成的。骨骼的亲密伙伴是人体内的三种肌肉之一——骨骼肌。

人体的肌肉有三种:平滑肌、心肌和骨骼肌。平滑肌分布在血管、消化道和膀胱等器官;心肌是心脏特有的肌肉;骨骼肌附在骨骼上,故得名为骨骼肌。人体内的骨骼肌,大大小小共有 600 多块,约占人体重量的 43%。构成骨骼肌的细胞,又细又长,在显微镜下如同纤维,便取名为肌纤维。许多肌纤维集合在一起,外面由结缔组织膜包裹,成为肌束。很多肌束又被结缔组织膜包在一起,就成为一块肌肉了。每块骨骼肌的中间部分,柔软又富有弹性,叫肌腹。肌腹里有许多血管和神经。肌腹的两端是白色强韧性的肌腱,分别牢牢地固定在相邻的两块骨上。

骨骼肌在神经的调控下可以收缩,并牵动相邻的骨产生动作。人体所有的动作,如举手、抬腿、踢脚、转头、弯腰等,都是由骨骼肌收缩,牵动与它相连的骨而产生的。要知道,人的任何一个动作,都不是一块骨骼肌来完成的,而是由多块骨骼肌组成的肌群,在神经的支配下,互相配合共同完成的。如我们日常生活中的曲肘和伸肘动作就是这样的。当肱二头肌等曲肌群收缩时,肱三头肌等肌群舒张。共同完成曲肘动作,伸肘动作的完成正与曲肘动作相反。骨骼在骨骼肌的扶持下,才形成神奇的支架。一般说来,女子青春期骨骼成长比男孩早 1~2 岁,停止生长也早 1~2 岁。一个人的个子长得高矮,要看骨骼的长势,长势好,骨的生长快,脊椎骨长得慢而晚,通常到 20~22 岁才停下来,而下肢骨生长速度比脊椎骨快,所以,身高的增长主要决定于下肢骨。你想长得高一些吗?请积极参加体育活动吧!这样能促进血液加快循环,供给骨更多的营养,从而促使骨骼更好地生长发育。同时,会使锻炼者肌肉发达。我们可能发现:体操运动员的上肢和胸背肌肉、跑跳运动员的腿部肌肉都很结实粗壮,无需用力收缩就能看到明显的轮廓。

人们在安静时,参与周身循环的血液占全身血量55%～75%。其余的在人体血库——肝、脾里,肌肉里的毛细血管(每平方毫米有好几千根)大部分都关闭着。在体育运动时,由于肌肉活动的加强,需要消耗许多能量,为了适应肌肉活动的需要,这时在人体司令部——大脑的指挥下,血库里的血液进入血管,增加全身的循环血量:心脏跳动加快,收缩力加强,肌肉里的毛细血管大量开放(比安静时多20～50倍),使全身的血液循环加速,流过肌肉组织的血量增加。这样,肌肉新陈代谢过程加强,得到更丰富的营养物质。并且经常参加体育锻炼的人,肌肉内蛋白质含量就会增加,肌纤维增粗,肌肉间的结缔组织增厚,肌肉里的毛细血管的数量增多,结果使整个肌肉的体积增大,重量增加。一般人肌肉只占体重40%左右,而经过系统的体育锻炼的运动员可达到体重的45%～52%。

当然,体育锻炼使肌纤维变粗仅是肌肉发达的一个方面,由于肌肉的收缩性蛋白质增多,能量物质的增加,肌肉收缩时进行的化学过程更灵活,因而通过锻炼,在机能上,肌肉收缩也更快速、有力和耐久。但对于一个不太参加运动的人,一旦参加剧烈的运动,由于运动量大,局部肌肉会产生酸痛的现象,这是乳酸(代谢物)堆积的结果,经过几天就会消失。如果酸痛太厉害,可以用热水洗个澡,在痛处进行按摩,或用松节油揉擦,这样能促进血液的循环,酸痛就可以减轻或较快地消失。肌肉酸痛能否避免或减轻呢?当你刚开始锻炼时,运动量要小些,以后逐渐增加,同时运动前要作好准备活动,运动结束后要做放松肌肉的活动或按摩,这样有助于避免或减轻肌肉酸痛的发生。你还要注意持之以恒。

综上所述,人的任何运动要依赖神经系统的支配传导、呼吸系统的吐故纳新、运动系统(骨骼和肌肉)的协同作战,循环系统的往返运输,并在其他系统的配合下,进行一切体育活动,其结果,将导致人的各器官系统的机能得到提高。

资讯窗:为达到健身、健体、健心的目的,体育锻炼的内容要生动、活泼,形式多样化,要注意安排短暂休息,使锻炼者情绪饱满,精力旺盛,不易疲劳。

实践与探索(practicing and exploring)

通过体育锻炼对人体器官系统作用的知识学习,你是否能根据自己的实际情况选择有关的体育活动,持续练习一段时间。请在练习之前测试自己的某些身体机能,作为以后比较的依据。

小结与思考(brief summary and thinking)

本章通过对人体的神经系统、循环系统、呼吸系统、运动系统等知识介绍,阐述了科学锻炼对其的作用,为进一步培养学生的自我学习、自我锻炼提供了理论上的参考依据。

思考题

1. 体育锻炼的目的是什么?
2. 请你检视自己平时的体育锻炼是否科学? 在哪些方面需要完善?

参考文献

[1] 姚诗煌.万物之灵的奥秘:人体趣谈[M].上海:知识出版社,1991.
[2] 自然之谜[M].南京:江苏科学技术出版社,1980.

(杨学军)

第三章　体育锻炼与体能
(Physical Exercise and Physical Power)

- 体育锻炼应遵循什么样的原则？
- 体能的内涵及锻炼方法是什么？

本章学习目标
- 体育锻炼的重要性
- 体育锻炼的原则
- 提高体能的方法与要求

体育锻炼是增进健康、增强体质最积极、最有效的方法。经常参加科学的体育锻炼，能全面增进人体健康，预防心血管疾病和肥胖；提高消化系统的功能；改善神经系统、呼吸系统的功能，使人精力充沛地完成各项工作和任务，最终达到人类延年益寿的目的。

体育锻炼不仅能使人感觉更加健康，还能减少精神上和情绪上的压力，提高睡眠质量，并能促进青少年形成正确的姿态，塑造体型，矫正身体的畸形发展，达到健美作用。体育锻炼是人们达到"健身、健心、健美"效果的最佳途径。

体育锻炼又是揭批歪理邪说的有力武器。体育学科同其他学科一样同样具有科学性，其锻炼的方法、手段及应遵循的原理、原则等都有其规律性。体育锻炼不存在个人崇拜，更不存在迷信思想。

体能是指人类进行各种体育活动而必须具有相应的走、跑、趴、攀、蹬等基本能力及极限能力。身体素质是体能的重要组成部分，体育锻炼的主要目的是改善与提高人的身体素质。通常情况下，人们又习惯于将身体素质分为力量、速度、耐力、灵敏和柔韧五类素质。

第一节　体育锻炼应遵循的原则
(The principles of physical exercise)

一、正确选择锻炼方法和手段——提高身体素质原则
(the principle of choosing proper method to improve physique)

体育锻炼方法多种多样，目的不同，采用的方法、手段也不尽相同。有氧锻炼主要改善心血管系统、呼吸系统的功能。力量练习主要提高肌肉的工作能力。为了将动作做得更美，我们必须加强对灵敏性、协调性动作的锻炼等。

二、全面发展原则(the principle of overall development)

体育锻炼追求的是使人体的形态、机能、各种身体素质以及心理品质等诸方面得到全面和谐的发展。

人体是一个完整的有机体，各器官系统既相互影响又相互制约。局部机能的提高能促进机体其他部位机能相应得到改善。只有丰富体育锻炼的内容和方法，机体才能获得良好的整体效应。

每个人应以一些功效大且有兴趣的运动项目锻炼为主，辅之其他项目进行全面锻炼，这样才能达到真正的锻炼目的。

第二节 发展速度素质
（Developing speed quality）

一、提高速度素质的要求与方法
（the demand and method of improving speed quality）

速度是指人体进行快速运动的能力，其能力与神经系统的反应速度、灵敏、协调和肌肉系统、肌纤维的类型有关。根据速度的表现形式，可将速度分为三类：位移速度、动作速度、反应速度。

位移速度是指单位时间内人体快速移动的距离；动作速度是指人体快速完成某个动作的能力；反应速度是指人体对各种信号的快速应答能力。

大众体育锻炼主要发展的是位移速度。提高快速奔跑能力是发展位移速度的关键。通常情况下，发展位移速度的方法主要有两类：一类为固定距离的最快速、大强度跑，如 30 米、60 米最快速度跑或行进间跑等；另一类为规定时间的快速跑，如 4～7 秒的快速跑等。

二、发展速度素质的生理基础
（the physiological basis of developing speed quality）

反应速度的生理学基础主要表现为：①感受器的敏感程度，即兴奋阈值的高低；②中枢延搁；③效应器的兴奋性。其中，中枢延搁又是最重要的。反射活动愈复杂，历经的突触愈多，反应也就愈慢。反应速度还与中枢神经系统的灵活性与兴奋状态有密切的关系。此外，反应速度还决定于条件反射的巩固程度。随着动作技能的日益熟练，反应速度变快。

动作速度的生理学基础主要表现为：①肌纤维的百分比组成及其面积；②肌力；③肌纤维兴奋性高时，刺激强度低且作用时间短就能引起兴奋；④条件反射的逐渐巩固。

位移速度的生理学基础主要表现为：①大脑皮层运动中枢兴奋与抑制的转换速度；②肌肉中快肌纤维的百分数及其肥大程度；③提高各中枢间的协调性，能增快有关动作的速度，也能加大肌肉收缩的力量。

三、速度素质的测试方法（the test method of speed quality）

位移速度测量通常采用 30～60 米跑及 4～7 秒钟冲刺跑两种方法测定。

30 米跑测量方法：受试者以站立式姿势起跑，听到起跑信号后即快速跑向终点。不得抢跑，犯规者重测。测验至少由两名测试者实施，一人组织发令，另一人计时和记录，测两次，取最佳成绩。

4 秒钟冲刺跑测量方法：受试者可以用任何起跑方式，听到起跑口令后，迅速沿跑道快跑，当听到停跑哨声时，停止跑动。测验至少由两名测试者实施，一人发令兼计时，另一人则在跑道前方预等，并随受试者的远近而动，听到停跑哨音后，即记下受试者所跑的距离，测两次，以所跑的距离为成绩，取最佳成绩。

除上述介绍的测验外，还可用 30 米途中跑、50 米途中跑和 6 秒钟冲刺跑来测验。

第三节 发展力量素质
（Developing strength quality）

一、提高力量素质的要求与方法
（the demand and method of improving strength quality）

力量是肌肉在工作时克服内外阻力的能力，它是以人体所受的负荷量来衡量的。人体承受的负荷量越大,说明力量越好;反之,则差。体育锻炼可以使肌纤维增粗,并且增加肌肉中蛋白质的含量,改善神经系统的调节能力,从而达到发展力量素质的效果。力量素质又可分为最大力量、爆发力量、力量耐力。

根据肌肉收缩的形式,人们常将发展力量的锻炼方法分为两类:一类为等张性力量;另一类为等长性力量。等张性力量是指当肌肉的一端被固定进行收缩时,其长度缩短,而张力不变,这种收缩称为等张性收缩,以这种形式收缩所产生的力量,就是等张性力量。等长性力量是指当肌肉处于两端被固定的情况下进行收缩时,其长度不变,而张力增大,这种收缩称为等长性收缩,以这种形式收缩所产生的力量,就是等长性力量。

在平时的体育锻炼中,一般来说,我们通常进行的是以等张性力量练习手段来发展力量素质,等长性力量应用较少。

二、发展力量素质的生理基础
(the physiological basis of developing strength quality)

(1)肌肉肥大。肌肉力量增大常伴随肌纤维增粗和肌肉横截面积加大。
(2)神经调节机能。
(3)骨杠杆的机械效率。
(4)肌纤维的组成。肌纤维可分为快肌纤维与慢肌纤维。快肌纤维收缩速度快,产生的张力大,慢肌纤维收缩速度慢,产生的张力小。

三、力量素质的测试方法(the test method of strength quality)

通常我们采用背肌力测试、立定跳远、推实心球三种方法来测试力量素质。

(一)背肌力

图Ⅱ-3-1　推实心球

测量方法:受试者双足站在背力计的底盘上,调节拉杠高度至握杠高度与受试者膝盖上缘平齐。受试者上体前倾,双手正握拉杠,身体用力上抬。要求肘、膝关节保持伸直,不要猛然用力。测两次,记录各次测验的读数,取最佳值,此值即为其背肌力量的测量成绩。

(二)立定跳远

测量方法:划一条标志线,两脚并拢站在标志线后,屈膝摆臂尽力向前跳。丈量标志线至落点后缘的距离,测三次,取最佳值,此值即为其立定跳远的测量成绩。

(三)推实心球

测量方法:要求受试者脊柱贴着椅背端坐在椅子上,两手持球于胸前。令同伴用一绳子绕过受试者胸前,并向后拉紧。受试者双手用力将球推出,丈量球的后缘落点与基准线之距离,测三次,取最佳值,此值即为其推实心球的测量成绩(见图Ⅱ-3-1)。

健康贴片:人体欲得劳动,但不当使及尔。动摇则谷气得消,血脉流通,病不得生,譬犹户枢不朽是也。

第四节　发展耐力素质
（Developing stamina quality）

一、提高耐力素质的要求与方法
（the demand and method of improving stamina quality）

耐力是指人体长时间内进行肌肉活动的能力。提高持续跑能力是发展人体耐力素质的关键。

从运动生理学的角度来划分，耐力又包括一般耐力、速度耐力、力量耐力和静力耐力四类。其中，一般耐力是指人体进行一般工作的抗疲劳能力，如1500米跑；速度耐力是指人体在不太长时间内肌肉的快速运动能力，如400米跑等；力量耐力是指肌肉长时间进行收缩活动的能力，如俯卧撑等；静力性耐力是指肌肉在长时间内进行静力性收缩的能力，如蹲马步等。

根据耐力素质的特点，我们通常采用定量计时、定时计量和极限式三种形式来进行耐力素质的锻炼。定量计时是指受试者完成特定动作的时间作为区分优劣的测验；定时计量是指以受试者在单位时间内完成规定动作的次数来区分优劣的测验；极限式是指以受试者竭力完成规定动作或距离的测验。

二、发展耐力素质的生理基础
（the physiological basis of developing stamina quality）

（1）从呼吸系统来说，利用深呼吸等方法能导致肺通气量增大，提高氧耐力水平。

（2）影响有氧耐力的主要因素之一是血红蛋白的数量多少。

（3）每搏输出量的大小是衡量心脏功能的好坏又一因素，也反映了有氧耐力水平。

（4）肌组织进行的有氧代谢影响肌组织利用氧的能力。

三、耐力素质的测试方法（the test method of stamina quality）

（一）12分钟跑

测量方法：受试者以站立姿势站在起跑线后，听到哨声即起跑，绕跑道跑12分钟。每一名计距员负责给一名受试者报圈数和计算其所跑的距离，当发出"停跑"信号后，即记下受试者所处的地点，然后丈量及记录所跑的距离。

（二）俯卧撑

测量方法：受试者俯身两手撑地，手指向前，两手相距与肩同宽，两腿伸直。前脚掌着地，身体保持平直。屈臂降体至肩与肘平齐，两肘与头部成正三角形。降体时，躯干保持平直，然后用力撑起至双臂伸直。反复做至力竭为止，计其正确完成动作的次数。

（三）坐蹲跳

测量方法受试者端坐于凳上，调节凳的高度至大腿与地面呈水平。两脚前后分开，两手交握于脑后，下蹲至臀部触及凳面时，即向上蹲跳。要求直腿并使其与躯干成一直线。在双脚落地前交换前后腿位置，落地后成分腿坐姿势（图Ⅱ-3-2、图Ⅱ-3-3）。做至力竭为止，计其正确完成动作的次数。

（四）1500米

测量方法：受试者站于起跑线后，听到信号后以站立式起跑，完成1500米跑，记录受试者完成测验的成绩。

图Ⅱ-3-2　坐蹲跳

图Ⅱ-3-3　坐蹲跳

第五节　发展灵敏素质
（Developing agility）

一、发展灵敏素质的要求与方法
（the demand and method of developing agility）

灵敏素质是指人体在各种复杂的条件下快速、准确、协调地改变身体姿势、运动方向和随机应变的能力。它与速度、力量、柔韧、协调等素质有着密切关系，它是有关器官系统、运动素质以及运动技能协同配合的综合体现。

二、灵敏素质的测试方法（the test method of agility）

（一）象限跳

测量方法：受试者站在起点线后，听到信号即以双脚跳入第一象限，然后依次跳入第二、第三、第四象限。反复跳15秒钟，每跳入一个象限计一次。要求跳跃时必须双脚同时起跳，同时着地。踏线或跳错象限不计其次数，测2次，每次15秒钟，记录完成次数，取最佳成绩。

（二）侧跨步

测量方法：受试者双脚骑跨在中线上。听到信号后，右腿跨向标记线和端线，接着收右腿跨步返回中线。然后再以左腿向左跨步，方法同右跨步。往复跨步15秒钟，跨步腿每触及或超过一线计一次，测2次，记录正确完成动作的次数。

第六节　发展柔韧素质
（Developing flexibility）

一、提高柔韧素质的要求与方法
（the demand and method of improving flexibility）

柔韧素质是指人体各关节的活动幅度，即关节的肌肉、肌腱和韧带等软组织的伸展能力。人体各关节活动幅度的大小，不仅与关节本身的结构有关，并且也受到髋关节肌肉、肌腱和韧带等软组织的伸展性和弹性的影响。柔韧性对人体在运动时的速度、力量等其他身体素质的发挥、提高动作质量以及对运动损伤的预防都有着重要影响。

通常情况下，将柔韧性分为相对柔韧性和绝对柔韧性两类。相对柔韧性是指受试者某一部位的柔韧性与另一部位的柔韧性之比的一种相对值，它是排除了身体形态差异的一种测量方法。绝对柔韧性是指反映受试者本身或某部位所具有的柔韧性。

二、柔韧素质的测试方法（the test method of flexibility）

（一）立位体前屈

方法：受试者两脚尖稍分开，并与平台前沿横线起平，脚跟并拢，两腿伸直。身体尽量前屈，两臂及手指伸直，用两手中指尖轻轻推动标尺上的游标下滑，注意不得有突然下震动作，直到不能继续下伸时为止。记录显示的刻度读数。

（二）俯卧抬臂

测量方法：受试者直立，两手下垂于体侧，测量其右臂长。受试者俯卧，下颌着地，两腿伸直，双臂前伸，两手相距与肩同宽，正握木棍，然后两臂尽力上抬。肘伸直，双臂保持在同一水平面上。测试者持尺在受试者前方，置尺的零端于地，当受试者两臂上抬至最高点时，迅速上移引尺直至触及木棍下缘中点为止。要求测验时下颌始终着地。测2次，记录量尺的读数。用右臂长减去最大上抬高度，取其差为成绩(图Ⅱ-3-4)。

（三）转肩

测量方法：受试者直立，两手正握皮尺，要求右手虎口与尺的零端处对齐，两臂同时上抬，逐渐绕至体后。当两臂后绕时，若感觉所握的尺距太窄，左手可向尺的外侧滑动直到刚好能使两臂绕到体后的位置，然后再由体后握着尺绕至体前。要求两臂保持在同一平面上，直臂、身体不得扭动，不得提足跟。测2次，记录左手虎口握尺处的读数。用两手握距的最大值减去肩宽，其差即为该人最终成绩(图Ⅱ-3-5、图Ⅱ-3-6)。

图Ⅱ-3-4 俯卧抬臂

图Ⅱ-3-5 转肩

图Ⅱ-3-6 转肩

（四）坐位体前屈

测量方法：受试者直腿坐于地上，双足跟赤足置于基准线后，两脚相距20厘米。由一同伴在受试者体侧按压双膝，令受试者上体前屈，同时向前伸臂，用两手中指端一起向前推动引尺，直到不能前移为止。测验时，上体不得左右摆动或前后弹振，双手不得离开引尺。测2次，记录量尺的读数(图Ⅱ-3-7)。

自测与自评表如表Ⅱ-3-1所示。

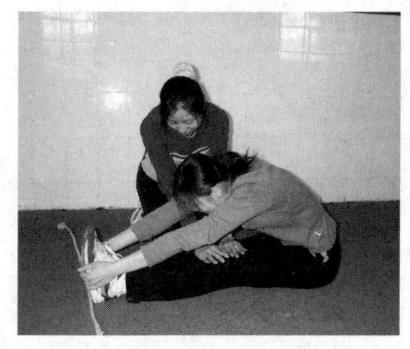

图Ⅱ-3-7 坐位体前屈

表Ⅱ-3-1 　　　　　　　　　　　　　　　　自测与自评

项　　目	月　日	月　日	月　日	月　日	提高值
30米跑					
立定跳远					
俯卧撑					
象限跳					
坐位体前屈					

实践与探索(practicing and exploring)

通过对反应速度、灵敏和柔韧等知识的学习,现在就来测试一下自己的能力吧。如果成绩比同学差,不要气馁,继续努力,肯定会成功的。

小结与思考(brief summary and thinking)

通过本章学习,我们知道体育锻炼应选择正确的锻炼方法以及进行全面的身体锻炼,这是我们必须遵循的基本原则。同时,我们还应该根据不同的目的采用不同的训练手段。同学们能否在遵循科学锻炼的原则下想出更好的方法呢?

思考题

1. 体育锻炼的原则是什么?

2. 发展身体素质的方法与要求有哪些?

参考文献

[1] 全国体育学院教材委员会.运动生理学[M].北京:人民体育出版社,1990.

[2] 全国体育学院教材委员会.体育测量与评价[M].北京:人民体育出版社,1995.

[3] 王兴等.对体育运动体能若干问题的研究[J].上海:上海体育学院学报,1998.

（王 兴）

第四章 体育锻炼与常见病防治
(Physical Exercise and Rehabilitation
of Common Diseases)

- 什么是脂肪肝、糖尿病、哮喘、肥胖症、慢性肝炎、神经症?
- 通过怎样的体育锻炼手段来防治这些疾病?

本章学习目标
- 了解常见病的病因及临床症状。
- 掌握简单的自我诊断与预防。
- 学会体育康复锻炼方法。

第一节 脂肪肝(Fatty liver)

所谓脂肪肝,是指由各种原因引起的脂肪异常大量地在肝脏内蓄积,是一种常见的临床病症。

一、成因与危害(causes and damages)

脂肪肝的发病与多种因素有关,如饮食结构改变,荤食多于蔬食、高热量食品、缺少运动、滥用药物、饮酒过量、疾病,都会引发脂肪肝的发生,脂肪肝的发生可影响人体消化功能和肝脏正常代谢功能,如不加以控制,严重者会导致肝硬化(图Ⅱ-4-1)。

二、临床症状与诊断(clinic symptoms and diagnosis)

常见症状为食欲减退、恶心呕吐、喘气、有疲乏感、腹胀、右上腹或肝区有疼痛感,部分患者血清转氨酶增高(GPT>30u/l)便秘或便稀、肝脾肿大,但也有25%以上患者无任何临床症状。

发现自己有上述临床症状,或有肥胖的趋势,应及时前往医院就诊,并进行肝脏B超检查,血脂及肝功能检验,给予明确诊断,及早发现、早期治疗。

三、专家建议(expert suggestion)

脂肪肝患者应戒除烟酒、控制饮食,应多补充足量的蛋白质、维生素等食品,如豆类、蔬菜、水果、山楂、海带、胡萝卜等食品,少食动物内脏、肥肉、蛋黄等。

(1)脂肪肝患者以肥胖型较多,应适当增加体育活动,如太极拳、慢跑、游泳、自行车、乒乓球、排球、网球等中小强度的运动,以有氧运动为主,一周3~5次,每次20~40分钟,如有肝功能损害者,则要适当限制运动。

(2)在运动前可与医生讨论病情,订出锻炼计划,同时可以适当辅以药物治疗,如宁脂片、血脂康等,定期进行B超及肝功能检查。

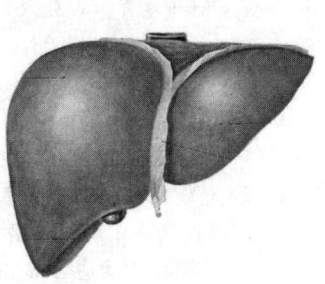

图Ⅱ-4-1 肝脏

第二节 糖尿病(Diabetes)

糖尿病是由于胰岛素相对或绝对不足,引起糖代谢紊乱所致的一种内分泌与代谢疾病。由于葡萄糖是人体主要的能量来源,并且通过胰岛素来调控体内血糖的含量,如果胰岛素供应不足时血糖就会升高,导致糖尿病的发生,持续的高血糖,就会损害全身大小血管,特别引发心脏、肾脏、神经系统的并发症,严重者导致生命危险。

一、糖尿病的分类(types of diabetes)

糖尿病的分类如表Ⅱ-4-1所示。

Ⅱ-4-1　　　　　　糖尿病:胰岛素依赖型(Ⅰ型)和非胰岛素依赖型(Ⅱ型)

Ⅰ型糖尿病	Ⅱ型糖尿病
多发于30岁以下的年轻人	多发于成年人、肥胖者
多食、多饮、多尿、体重下降	可能症状不明显
病情较严重	病情相对较轻缓
需终生补充胰岛素	无需补充胰岛素

二、成因与预防(causes and prevention)

Ⅰ型糖尿病的发病与病毒感染与自身免疫密切相关,Ⅱ型糖尿病的发病主要与遗传及肥胖有关。根据有关资料报道,糖尿病是全世界患病率最高的疾病之一,仅次于肿瘤和心血管病,占第三位。

请关注以下症状,发现有所列症状之一者,请去医院检查,及早发现、早期治疗。

(1)糖尿病家族史,且年龄超过40岁。

(2)体重减轻而找不到原因,原来很胖。

(3)"三多一少"症状明显。

(4)反应性低血糖(餐后3~4小时发生)。

(5)反复出现皮肤疔痈。

(6)男性患者出现阳痿,女性外阴顽固性搔痒。

三、专家建议(expert suggestion)

(1)糖尿病患者的治疗主要有三个途径:控制饮食、加强运动、辅以药物治疗。

(2)应鼓励Ⅰ型糖尿病患者参加适当的运动,以改善其心血管功能水平和改善心理状态,提高生活质量,但须让病人了解运动潜在并发症,加强监控,注意安全,运动最好在餐后1~2小时内进行。

(3)Ⅱ型糖尿病患者参加运动能有效控制血糖水平,如患者无心血管、肾脏、神经系统并发症,可以参加强度较大的有氧运动,建议运动强度最大摄氧量的50%~70%,或同百分比的最大心率。每天运动20~40分钟,每周至少3~4次,运动时,注意进行低强度的热身运动和整理运动。

（4）所有糖尿病患者，要注意医务监督，定期进行血糖测定，调整运动量。

（5）运动前，与医生讨论自己的病情，制定运动方案，并作全身检查，病情不稳定时，应暂停运动。

水果中各种碳水化合物含量如表Ⅱ-4-2所示。

Ⅱ-4-2 水果中各种碳水化合物含量表

水果	葡萄糖	果糖	蔗糖	淀粉	果酸
苹果	1.7%	5.0%	2.1%	0.6%	0.71%～0.84%
橘子	2.5%	1.8%	4.6%	—	—
葡萄	4.8%	4.3%	0.2%	—	0.09%～0.28%

第三节 肥胖与肥胖症（Fatness and obesity）

肥胖症是当今世界的常见病和多发病，近年来，随着人民生活水平的提高，肥胖症的发病率越来越高，肥胖与肥胖症是两个不同的医学概念，两者之间有明显的本质区别。肥胖是一组症状，具体指是体内脂肪过多，体重超过标准20%以上，如超过标准体重50%～75%，称为病态性肥胖。肥胖症是指单纯性肥胖，它无明确病因，仅是因脂肪蓄积过多，超过正常比例，从而造成体重超过标准的一种疾病。

一、肥胖与肥胖症的成因（causes of fatness and obesity）

（1）嗜好肥甜油腻食物，暴饮暴食，有大量摄食高脂肪、高热量的饮食习惯。

（2）遗传因素，父母均为肥胖者的孩子肥胖发生率为父母均是标准体重者的5～6倍。

（3）缺少运动，摄入量大于消耗量。

二、肥胖与肥胖症的危害（damages of fatness and obesity）

（1）肥胖与肥胖症患者引发高血压，它的发病率为非肥胖者的3～4.6倍。

（2）肥胖者Ⅱ型糖尿病的发病率是非肥胖者的4倍。

（3）肥胖者易患脂肪肝、胆结石、冠心病。

三、专家建议（expert suggestion）

（1）减少食物中能量的摄入，食物以清淡为主，少喝可乐等糖性饮料。

（2）在保持正常必需的能量摄入情况下，增加每天的运动量，使能量得以消耗，运动时以耐力练习为主，如慢跑、游泳、功率自行车、健身操、球类运动等有氧运动（见表Ⅱ-4-3）

Ⅱ-4-3 肥胖者运动强度参考标准

年龄	心率	运动时间	运动后心率恢复	
20～30	115～160	30分钟	5分钟恢复为佳	10分钟后恢复则运动量过大
30～40	110～155	30分钟	5分钟恢复为佳	10分钟后恢复则运动量过大
40～50	105～150	30分钟	5分钟恢复为佳	10分钟后恢复则运动量过大

（3）控制饮食和运动相结合，是减肥治疗中最为积极理想的方案，病情严重者可以在医生的指导下，适当辅以药物治疗。

（4）必须养成长期锻炼的习惯，以防体重反弹，锻炼时，要注重对心肺功能的发展。

（5）注重对减肥速度的控制，并非越快越好，快速减肥将对身体产生负面不良影响，专家建议每周减脂在0.5kg以内为最佳。

第四节　神经症(Neuropathy)

神经症是心理性疾病的一种,即有心理因素导致患者精神或躯体的某种痛苦或不适,病人会感到不能控制他自认为没有效、不必要和应该加以控制的心理活动(图Ⅱ-4-2)。

一、神经症的主要症状(clinic symptoms of neuropathy)

(1)精神活动极易兴奋。

(2)睡眠障碍:失眠、多梦、惊醒。

(3)情绪障碍:如激动、易发怒、伤感、委屈、敏感、猜疑等,情绪很不稳定。

(4)恐惧强迫症状(会对人际交往或各种事物产生恐惧,自认为无必要,但无法控制)。

(5)躯体症状:如有疲劳感,或大汗、心前区压迫感、呼吸困难,或喉部有异物感、阻塞感、口干、恶心呕吐等。

二、神经症的成因(causes of neuropathy)

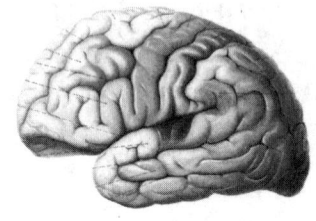

图Ⅱ-4-2　大脑

(1)患者本身具有神经症的人格特点(易感素质)。

(2)有引起症状的诱因:工作、学习、生活事件导致心理压力,心理挫折或心理冲突。

(3)将有意识地将注意力过分集中于本人的自我感觉和症状上,并且担心症状的发展,从而使症状和心理负担加重。

上述三成因相互作用而形成恶性循环便导致了神经症的发生。

三、专家建议(expert suggestion)

(1)患有神经症病人应积极进行心理治疗,在医生的指导下,辅以药物治疗。

(2)患者应积极参加各种体育活动与锻炼,运动时,大脑运动中枢兴奋,使原先的"兴奋点"得到休息与抑制,转移患者的注意力,改善患者的情绪,加强人际交流与社会适应能力。

(3)运动后,患者的机体发生疲劳,有助于改善睡眠状态。

(4)参加体育活动应持之以恒,不能急功近利。

(5)患者因根据个人的体质和病情,自我调整运动强度,以不过度疲劳及运动后情绪进一步低落为原则。

(6)患者可以根据个人爱好与习惯,选择各种运动项目,最好参加集体性锻炼活动,如体育游戏、篮球、排球、足球、游泳、健身操等,以中、小强度为主,每周3~5次,每次30~50分钟。

第五节　慢性肝炎(Chronic hepatitis)

肝炎是由病毒感染而引发的一种肝脏为主的传染性疾病,肝炎有甲、乙、丙、丁、戊五种类型,常见的甲肝如治疗及时,预后良好,但也有一部分乙型肝炎和丙型肝炎极易转变为慢性肝炎,慢性肝炎是指病程超过 6 个月至 1 年以上的慢性弥漫性肝脏炎症,部分患者可发展成肝硬化和肝癌。

> **资讯窗**:据有关资料报告,我国的肝炎发病率为 117/10 万,肝炎主要通过消化道、输血、注射等途径传染。

一、慢性肝炎的症状(clinic symptoms of chronic hepatitis)

(1) 轻度患者:临床症状较轻,有轻度乏力,食欲稍减、腹胀,肝区有轻微刺痛感,肝肿大,肝功能试验有轻度异常,如谷丙转氨酶增高。

(2) 中、重度患者:食欲与体力明显减退,腹胀、肝肿大、肝功能试验明显异常。

二、专家建议(expert suggestion)

(1) 慢性肝炎患者在缓解期,肝功能指标日趋好转后,可以参加体育锻炼,体育锻炼能改善人体的免疫力、振奋精神、提高摄氧量,过分强调卧床休息,不利于病情的恢复。

(2) 适当的体育活动,能活跃肝脏的血液循环,促进肝脏组织的修复,减轻肝脏的瘀血,促进肝功能的恢复。

(3) 运动强度因人而异,以不感觉疲劳为原则,一般从小运动量开始,运动量的增加应小心、缓慢。

(4) 患者可以参加气功、太极拳、步行练习等项目,如步行练习 60~80 步/分,每次时间 10~20 分钟。

(5) 患者注意自我观察,发现乏力、恶心、肝痛,即中止运动,避免剧烈运动,同时要注意营养和休息。

第六节　哮喘(Bronchial asthma)

哮喘是一种机体对抗原性或非抗原性刺激引起的一种气管——支气管反应性过度增高(气管、支气管收缩痉挛)的发作性慢性疾病,患者在发作时感到胸闷、气喘、呼吸困难、咳嗽,其发病率为 1%~4%,其中,50%的患者在 12 岁以前发病。

> **资讯窗**:运动易诱发哮喘的发作,有相当数量的患者,在剧烈运动时发生呼吸困难、气流阻力增高、气管痉挛,我们称为运动性哮喘。在此提醒哮喘患者,注意预防运动性哮喘的发作。

一、哮喘的成因(causes of bronchial asthma)

哮喘发病原因非常复杂,因素较多,归纳起来主要有以下两个方面。

(1) 空气污染:化学物质、尘螨、花粉、冷空气、食物过敏等刺激诱发。

(2) 呼吸系统感染:如感冒、气管炎。

二、哮喘的危害(damages of bronchial asthma)

(1) 哮喘的经常发作,会对患者身体产生全面的不良影响:体质变差、体能减退、免疫力下降。

(2) 长期重症哮喘并伴有感染,会引起心肺功能的障碍,如慢性支气管炎、肺气肿、肺心病,从而严重影响生活、工作质量,甚至危及生命。

三、专家建议(expert suggestion)

(1) 哮喘患者应在医生的指导下,积极治疗,防止哮喘的经常发作。

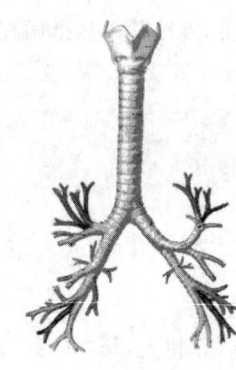

图Ⅱ-4-3 气管、支气管

（2）哮喘患者参加体育锻炼，能增大肺活量，增强体质与体能，提高免疫能力，减少发病。

（3）运动前应先进行准备活动，逐渐加大运动量，剧烈活动3～5分钟后，应休息3～5分钟再进行活动，避免诱发运动性哮喘。

（4）运动强度控制，对无心肺功能障碍的患者，在运动时，儿童心率可达150～170次/分，成年人140～150次/分。

（5）哮喘病患者适合于间隙性运动，如呼吸操、气功、排球、网球、游泳、自行车等，在寒冷气候下，应尽量用鼻吸气，避免冷空气直接进入气管，诱发哮喘。

（6）运动时请随身携带哮喘气雾剂，如喘乐宁等，以防发作。

实践与探索（practicing and exploring）

通过本章的学习，请你对自己体重进行一次测试与评价，如果发现自己有肥胖的趋势，请设计一套减肥综合方案，可以从饮食结构和体育锻炼（包括锻炼项目、运动强度、运动时间）等方面来制定方案。

小结与思考（brief summary and thinking）

通过本章的学习使学生基本了解和掌握一些常见病的临床症状、危害性以及疾病预防和体育康复锻炼方法；帮助学生增强健康意识，提高防病治病的能力。

思考题

1. 肝炎的传染途径有哪些？请想一想在生活中应该如何来预防？

2. 糖尿病有哪些类型？如何通过康复锻炼来控制和恢复健康？

参考文献

[1] 张学庸等.现代家庭医疗保健——名医诊治（上）[M].世界图书出版社，2001.

[2] 张美江等.体育锻炼与常见病防治[M].上海：华东师范大学出版社，2000.

[3] 姚克强.现代常见病防治丛书——脂肪肝[M].上海：上海科普出版社，2000.

（蔡　皓）

第五章 体育锻炼与心理健康
（Physical Exercise and Mental Wellness）

第一节 心理健康概述
（Essentials of mental wellness）

随着现代社会的发展，生活节奏加快，竞争日趋激烈，个体的情绪处于较为紧张的状态，因此，心理健康问题日益成为现代人关注的重要内容之一。在传统社会中，人们认为健康主要是指身体的健康、生理的健康，因而采取各种措施，增强生理机能水平，提高适应自然、抵御疾病的能力。由于生产生活方式的改变，人们越来越意识到精神世界的冲突与纷争。那种"无病即健康"的生物学健康观已经过时，而发展成为生物、心理和社会三维健康观。世界卫生组织（WHO）认为，健康是指在精神、身体和社会上的保持健全的状态，精神健康的标准是：①具备自我控制能力；②能正确对待外界影响；③内心世界处于相对平衡状态。世界卫生组织还指出，健康应包括躯体健康、心理健康、良好的社会适应性和道德健康。

人类对健康内涵的认识不断丰富和深化的同时，个体的心理健康日益得到现代社会的广泛重视。

一、心理健康的定义及标准（the concept and standard about mental wellness）

（一）心理健康的定义

对于心理健康的认识许多学者有不同的观点，如《简明不列颠百科全书》对心理健康的定义是：心理健康是指个体心理在本身及环境条件许可的范围内所能达到的最佳功能状态，而不是指绝对的十全十美的状态。日本的松田岩男指出：心理健康是指人对内部环境具有安全感，对外部环境能以社会上认可的形式来适应，即个体遇到任何障碍和困难问题，心理都不会失调等。第三届国际心理卫生大会认为，心理健康是指在躯体上、智能上、情感上与他人的心理健康不相矛盾的范围内，将个人心境发展成最佳状态。

综合各种认识，可以认为，心理健康是个体的一种持续的积极的内部状态，个体表现出良好的社会适应性，并充分发挥其身心的各种潜能，在应付各种问题和环境时更多表现出积极的倾向。

（二）心理健康的标准

心理健康的标准至今说法不一，综合各种国内外各种观点，心理健康应符合以下条件。

（1）智力正常：智力是个体从事一切社会活动的前提和基础，是其了解、认识外部世界的十分必要的条件。只有智力正常的人才能正确地评价自己，并具有情绪体验能力，从而自我效能感增强，而智力落后者经常遭遇失败，伴随烦恼、痛苦的体验，产生自卑感。

（2）适当的情绪调节能力：由于社会环境的影响，个体在生活中总会遇到挫折和困难，如果不能正确处理，个体就会被消极情绪所困扰，而这些消极情绪得不到有效宣泄的话，就可能使自己产生心理疾病，并可能对生理健康造成损害，患上身心疾病。同时，不良情绪的发泄方式必须考虑道德及社会的评价。

（3）自我评价恰当：心理健康者能充分了解自己，既看到自己的长处，又看到自己的不足，以便扬长避短，在学习、工作上获得成功，在生活中同他人和谐相处。心理不健康者，往往将失败归因于机遇和任务难度，整日怨天尤人，或将自己看得一无是处。

（4）具有良好的人际关系：心理健康者乐于与他人交往，建立了较为和谐的积极的人际关系；反之，就会离群索居，对他人不信任，给自己带来巨大的烦恼和痛苦。

第二节　体育锻炼对个体心理健康的促进
（The effects of mental wellness upon physical exercise）

保持积极的情绪状态，正确对待生活中不可避免的困难和挫折，充分发挥自己的潜能，对个体的一生来说，是十分重要的。但如何保持良好的心理健康状态呢？参加体育活动就是调节个体的情绪状态、促进心理健康水平的重要手段之一。

一、体育锻炼有助于发展智力（physical exercise is useful to intelligence）

智力是个体圆满完成工作、学习任务的基础条件。经常参加体育锻炼可以使个体的注意、记忆、观察、思维和想象等能力得到充分发展，提高活动效率，还可以使其获得良好的情绪体验，乐观自信、精神振奋、精力更加充沛，从而对人的智力功能具有促进作用。

研究表明，一方面，体育锻炼能有效地促进血液循环，增强心肺功能，使大脑获取更多的氧气，给大脑的记忆和思维能力提供必要的物质保障，能够提高脑力劳动的效率；另一方面，体育活动不仅能使神经系统的兴奋和抑制过程更加有效，使其对各种刺激的反应更加迅速、准确，为智力的发展奠定物质基础，而且还可以提高人的视觉、听觉、本体感觉、神经传导速度、神经过程的均衡性和灵活性，促进神经系统功能的增强。

人们在学习的过程中，大脑皮层的相关区域处于高度兴奋状态，并随着学习时间的延长而产生疲劳感，导致学习效率下降。而参与体育活动，有助于大脑皮层的相关区域形成兴奋与抑制合理交替的机制，降低疲劳感，提高文化学习的效率。此外，个体的体质增强，身体机能水平的提高有助于充分地挖掘与开发学习的潜力。

二、体育锻炼有助于获得良好的情绪体验（physical exercise for good feeling）

情绪状态的调控能力是衡量体育锻炼对心理健康影响的最主要的指标。个体在复杂多变的社会环境中，常常会产生紧张、压抑、忧虑等不良情绪反应，体育锻炼可以使个体从烦恼和痛苦中摆脱出来，降低应激水平，使处理应激情境的能力增强。麦克曼（Mclman）等人的研究表明，经常参加身体锻炼者的状态焦虑、抑郁、紧张和心理紊乱等消极的心理变量水平明显低于不参加身体锻炼者，而愉快等积极的心理变量水平则明显要高一些。

体育锻炼之所以能够调节情绪，是因为体育锻炼的参与者能体验到运动带来的愉快感觉。心理学家认为，适度负荷的体育锻炼能够促进人体释放一种多肽物质——内啡肽，它能使人们获得愉快、兴奋的情绪体验。因此参加体育锻炼，尤其是参加那些自己喜爱和擅长的体育锻炼，可以使人从中得到乐趣，振奋精神，从而产生良好的情绪状态。

三、体育锻炼有助于良好的意志品质的形成（physical exercise for good will）

意志品质是指一个人的自觉性、果断性、坚韧性和自制力，以及勇敢顽强和独立主动的精神，是一个人行为特点的稳定因素的总和。意志品质需要在克服困难的实践过程中培养。体育锻炼本身就要不断克服客观困难（气候条件的变化、动作的难度或外部障碍等）和主观困难（如胆怯和畏惧心理、疲劳和运动损伤等），才能取得成功。体育锻炼的参与者努力克服主、客观方面的困难，培养自身良好的意志品质。任务越困难，对个体的意志锻炼的作用越大，而良好的意志品质对于人的活动（尤其是体育锻炼）效果具有重要的意义。

四、体育锻炼使自我概念更为清晰（physical exercise makes me clearer）

自我概念是指个体主观上对自己的身体、思想和情感等的整体评价，它是由许许多多的自我认识所组成的，如我是什么人、我主张什么、我喜欢什么、我不喜欢什么等，包括社会方面的自我概念和身体方面的自我概念等。其中，身体方面的自我概念包括身体表象和身体自尊。身体表象是指头脑中形成的身体图像。身体自尊则主要包括一个人对自己运动能力的评价、对自己身体外貌（吸引力）的评价以及对自己身体的抵抗能力和健康状况的评价。

身体表象和身体自尊障碍在正常人群中是普遍存在的，据报告，54％的大学生对他们的体重不甚满意。与男性相比，女性倾向于高估身高和低估体重，而且，身体肥胖的个体更可能有身体表象和身体自尊方面的障碍。身体表象和身体自尊与整体自我概念有关，无论是男性还是女性，对身体表象的不满意会使其身体自尊变低，并产生不安全感和抑郁症状。

坚持体育锻炼可使体格强壮、精力充沛，因而，体育锻炼对于改善人的身体表象和身体自尊至关重要。研究表明：锻炼者比非锻炼者具有更积极的总体自我概念；体能强的人比体能弱的人倾向于具有更高水平的自我概念和更高的身体概念；肌肉力量与身体自尊、情绪稳定性、外向性格和自信心呈正相关，并且加强力量训练会使个体的自我概念显著增强。因此，更积极的自尊心，更高水平的身体概念和自我概念与高水平的体能状况相关。

五、体育锻炼有助于形成和谐的人际关系（physical exercise for good public relationship）

现代社会生活节奏的加快使人们越来越趋向封闭的状态，从而造成人与人之间感情交流缺乏，人际关系疏远。体育锻炼则打破了这种封闭，让不同职业、年龄、性别、文化素质的人相聚在运动场上，进行平等、友好、和谐的交往，使人们互相之间产生信任感，有效进行情感和信息的交流，互相之间产生一种默契和交融。研究表明，增加与社会的联系会给个体带来心理上的益处。马塞（Massie）等人1971年的调查发现，外向性格者比内向性格者的社会需要更强烈，这种社会需要可以通过跳舞、球类、做操等集体性活动来得到满足。

由此可见，人们可以通过体育锻炼来认识更多的朋友，大家和睦相处、友爱互助，这种良好的人际关系令人心情舒畅、精神振奋。

六、体育锻炼有助于消除心理疾患（physical exercise for decreasing mental disease）

社会竞争的日益激烈和生活压力的加大可能会使许多人产生悲观、失望的情绪，进而导致忧郁、孤独、焦虑等各种心理障碍的产生。人们参加某个项目运动并坚持锻炼，他的运动技能、身体素质将会得到改善，也会相应掌握并提高一些运动的技能和技巧。由此，个体会以自我锻炼反馈的方式传递其成就信息与大脑，从而获得自我成就的认知和情感体验，产生愉快、振奋和幸福感。因此，适宜的体育锻炼能使有心理障碍的个体获得心理满足，产生积极的成就感，从而增强自信心，摆脱压抑、悲观等消极情绪，并消除心理障碍。

许多国家已将体育锻炼作为心理治疗的手段之一。美国的一项调查显示，1750名心理医生中，80％的人认为体育锻炼是治疗抑郁症的有效手段之一，60％的人认为应将体育活动作为一个治疗手段来消除焦虑症。临床研究表明，通过参加一些如慢跑、散步、徒手操等身体练习能有效地减轻焦虑和抑郁症状，增强自信。除此之外,有关体育锻炼的心理治疗效应还反映在对精神分裂症、酒精和药物滥用、体表体型症状的研究等方面。

就目前而言,这些心理疾病的病因以及体育锻炼有助于治疗心理疾病的基本机制尚未完全清楚,但体育锻炼作为一种心理治疗手段在国外已开始流行起来。在学生中,通过体育锻炼可以减缓或消除由于学习和其他方面的挫折而引起的焦虑和抑郁等症状,为不良情绪的宣泄提供一种合理有效的手段,防止心理障碍或疾病的发生。

总之,体育锻炼不仅能有效地促进智力的发展、调节情绪、培养良好的意志品质、增强自我概念、改善人际关系,而且能增进心理健康,使个体发挥最优的心理效能。

第三节　如何发挥体育锻炼的心理效应
(How to promote the psychological effects
upon physical exercise)

一、影响体育锻炼产生良好心理效应的因素
(factors of the psychological effects upon physical exercise)

影响体育锻炼产生良好心理效应的因素很多,主要有以下几种。

(1) 对活动的喜爱以及从活动中获得快乐。如果个体不喜爱所从事的活动就不能获得愉快的情绪体验,就不能在活动后产生满足、快乐。只有在参加体育锻炼过程中产生满足、愉快、舒畅的感觉,才能使个体坚持锻炼,更加积极主动地去接受挑战,克服困难。

(2) 适宜的运动负荷。个体在整个锻炼期间的心率是最大心率的 $60\%\sim90\%$,每次活动 $20\sim30$ 分钟,每周 3 次或 3 次以上,才有利于心理健康,否则由于运动负荷太小,个体的唤醒水平较低,兴奋性较差,而运动负荷过大,也可能使其易产生疲劳,都不利于心理健康。

(3) 练习的总时间以及每周练习的次数应根据个人特点,并事先在计划中确定。研究表明,随着练习时间的增长,体育锻炼所产生的良好心理效应就会增强。

二、发挥体育锻炼心理效应的策略
(the tactics about promoting the psychological effects upon physical exercise)

1. 选择适宜的体育锻炼项目

对于个体来说,参加体育锻炼能否取得良好的心理效应关键在于其是否能从活动中获得乐趣并感到愉悦。运动愉悦感是一种积极的情绪体验,如果活动参与者不能从体育锻炼中体验愉悦,个体就很难持久地坚持下去,体育锻炼就很难产生积极的心理效应。研究表明,体育锻炼中体验到的愉快感具有直接的心理健康效应。对于那些长期参加体育锻炼的锻炼者来说,愉悦感是他们能够坚持下来的主要原因。因此,个体选择那些自己感兴趣的活动项目是十分有利的。此外,有氧练习、封闭式运动、没有人际竞争的体育锻炼有助于锻炼者的心理健康,研究表明,娱乐性游泳、慢跑等项目与降低个体的消极情绪如紧张、焦虑、抑郁、愤怒和慌乱等有关。个体在没有竞争性的情景中练习有助于降低应激水平,能使个体回避因失败而产生的消极心理。

2. 控制运动负荷

控制运动负荷即控制体育锻炼的强度、持续时间和频率。活动强度是个体在单位时间内所做的功,人体的最大吸氧量与心率之间存在着对应关系,体育锻炼的大、中、小强度与耗氧量密切相关,耗氧量又与最大吸氧量存在一定的百分比关系,因此,人们一般用心率指标作为评价运动强度的依据。运动心理学规定:体育活动的大强度相当于最大吸氧量的 $70\%\sim80\%$,即相当于最高心率的 $80\%\sim90\%$;中等强度相当于最大吸氧量的 $50\%\sim60\%$,即相当于最高心率的 $65\%\sim75\%$;小强度相当于最大吸氧量的 40% 左右,即相当于最高心率的 60% 左右。研究表明,中等强度的体育活动能取得较好的心理效应(见表 Ⅱ-5-1)。

最高心率	最大吸氧量
50%	28%
60%	42%
70%	56%
80%	70%
90%	83%
100%	100%

活动持续时间是指:(1)每次参加体育活动的时间长短;(2)参加体育活动方案的时间长短。每次参加体育活动的持续时间和活动的强度有关,两者之间呈反比。体育活动的强度越大,持续时间应相应减少,而强度越小,持续时间则应延长。大多数心理学家的研究表明,每次体育活动的持续时间在 20～30min 之间,对情绪的调节是积极有效的。(见表Ⅱ-5-2)。研究还认为,参加 8～10 周的体育活动是取得心理效果最适宜的持续时间。

活动频率是指每周参加体育活动的次数。体育活动能否调节情绪、增进心理健康与活动频率密切相关。多数实验结果表明,每周活动 2～4 次,对于降低抑郁较为显著。当然,在选择科学的运动负荷时,还应考虑体育活动参与者的个体差异,才能取得良好的心理效应,那就是与个性特点、年龄、性别、生理状况相结合。

3. 设置相应的情境和目标

表Ⅱ-5-2　　　　　　　　　　　体育活动的强度与时间的配合

负荷强度	不同负荷强度和持续时间的最大吸氧量				
	5min	10min	15min	30min	60min
小	70	65	60	50	40
中	80	75	70	60	50
大	90	85	80	70	60

可以在体育活动过程中设置相应的情境,有意识增加任务的难度,让个体在克服困难、战胜挫折的过程中获得成功的体验,对自己的能力更为自信,有效消除自卑挫折感,从而养成敢于正视现实、勇于挑战的良好意志品质,增进个体的心理健康。对于那些自卑性格、比较内倾的人来说,可以适当降低任务难度,创设相对易于完成的情境,使其也能够在活动过程中获得成功的体验和愉悦感。同时在集体练习中增加互动的机会,有效发展个体的协作能力,使其掌握人际沟通的基本技能。

在体育活动中设置合理的目标,确定实现目标所采取的有效的步骤、策略和时间安排,使个体在一步步实现目标过程中保持良好的心态,增强对自我能力的信心。

实践与探索(practicing and exploring)

根据自身状况,选择合适的锻炼项目及适宜的运动强度,制定锻炼计划。

小结与思考(brief summary and thinking)

心理健康是一种持续且积极发展的心理状态,它可以使个体表现出良好的社会适应性,并充分发挥其身心的各种潜能,在应付各种问题和环境时更多表现出积极的倾向。体育活动对于增进个体的心理健康水平,调节情绪状态,消除心理障碍,提高社会适应性具有积极作用。选择合适的锻炼项目及适宜的运动负荷可以有效发挥体育活动的心理效应;要取得良好的心理效应,应考虑体育活动参与者的个体差异。

思考题

1. 心理健康的标准是什么?
2. 体育活动对心理健康的影响主要表现在哪些方面?
3. 怎样使体育活动产生良好的心理效应?

参考文献

[1] 马启伟. 体育心理学[M]. 北京:高等教育出版社,2000.

[2] 祝蓓里,季浏. 体育心理学[M]. 北京:高等教育出版社,2000.

[3] 祝蓓里,季浏. 新编体育心理学[M]. 上海:华东师范大学出版社,1995.

（王自清）

第六章 运动损伤预防与康复
(Prevent Injury in Sports and Healing)

- 运动损伤有哪些分类方法？你知道各类运动损伤各自的特征吗？
- 你掌握哪些预防运动损伤的方法？能否在运动实践中充分运用？
- 为了更快、更好地、健康地投入运动，应该怎样进行康复训练？

本章学习目标
- 正确认识运动损伤，极大地发挥体育的健身效应
- 掌握运动损伤的预防方法，减少体育活动的负面影响
- 了解康复训练的一般原理与方法，使更多的人热爱体育，终身参与，长寿健康

第一节 运动损伤概念
(The concept of sports injury)

体育活动始终都必须遵循科学规律，防止在活动中产生负面影响，若违反了体育活动的规律、规则、失去医务监督，就会产生对机体的伤害。这种发生在体育活动过程中的机体伤害，就是运动损伤。

一、运动损伤的分类(the sort of sports injury)

1. 按损伤程度

(1) 轻伤：伤后影响机体活动在 24～48 小时，作一般治疗即可痊愈。

(2) 中度损伤：伤后影响机体活动在 1～2 周，需作常规治疗及短期康复训练即可恢复正常活动。

(3) 严重损伤：软组织损伤影响活动在 2 周以上，骨折、脑震荡、半月板撕裂，内脏损伤均属重度损伤，需作特殊治疗及较长时间的康复训练才能恢复正常的体育活动。

根据运动损伤的调查材料证实，轻度、中度损伤较多，普通学校体育中重伤少见，运动队中的"劳损"伤，一般不会发生在健康、快乐体育活动中。

2. 因损伤部位力量作用方向致机体解剖学结构改变的运动损伤分

(1) 拉伤：损伤力量使肌肉、韧带、关节向外延伸，致使局部解剖学结构改变的损伤。

(2) 挫伤：损伤力量钝力方向使肌肉、韧带、关节向内延伸(下压)引起机体局部解剖学结构改变的损伤。

(3) 扭伤：损伤力量方向与肌肉、韧带、关节呈角扭转外延引起局部解剖学结构改变的损伤。

(4) 骨折、骨裂：机体骨组织受外力作用(或病理)，造成骨连贯性中断的损伤。骨裂是不完全折断。柳枝骨折是儿童骨折的一种特殊状态。

3. 按损伤部位有无创口与外界相通分

(1) 开放性损伤：有创口与外界相通。皮肤的擦伤、裂伤、刺伤、切割伤、贯通伤等均为开放性损伤。

(2) 闭合性损伤：无创口与外界相通。一般的肌肉、韧带、关节损伤均是闭合性损伤。

4. 按运动损伤发生的过程分

（1）急性损伤：在体育活动过程中一次性产生的机体损伤。

（2）劳损伤：在长期、多次的体育训练中，由于局部组织重复单一的超负荷活动又没有及时的改善局部负担而造成机体局部组织学的细微改变所致的损伤。如髌骨软骨软化症、肩袖劳损、髌骨张肌末端病等。

5. 其他损伤

诸如游泳中的溺水，登山及冰雪运动中的冻伤、灼伤及暑天运动时的中暑。

二、运动损伤的原因（the reasons of sports injury）

产生运动损伤的因素是多方面的，往往由多个因素造成机体损伤的结果。在一次运动损伤结果中，总有一个因素是主要的，其他几个因素则是次要的、诱发性的。因此，对运动损伤发生原因的分析应该是综合性的。

1. 主观因素

参加体育运动的人是体育活动的主体。每一个体育活动的参与者，在参加体育活动时态度上不认真，不遵守活动规则，不讲运动道德，不认真做好准备活动，活动中不按科学方法练习，技术动作不正确，超负荷（动作难度、活动强度、运动量超过身体水平）活动，心理压力大，身体状态欠佳（过度疲劳、病后、睡眠休息差）等情况，均有可能导致运动伤害事故的发生（图Ⅱ-6-1）。在某些活动中，运动者没有掌握好自我保护的方法，往往成为重大伤害的主要原因，如体操练习、跳水中发生的颈部、腰部损伤。预防意识的测试如表Ⅱ-6-1所示。

表Ⅱ-6-1　　　　　　　　　　　　　　　自测与自评

测一测自己的预防意识	
◎ 参加活动是否勉强（　　）	◎ 是否全过程都集中思想（　　）
◎ 活动前是否有思想准备（　　）	◎ 是否在活动前检查场地等（　　）
◎ 活动前是否做准备活动（　　）	◎ 会不会自我保护动作（　　）
◎ 活动中有否超量活动（　　）	◎ 有没有赌气活动（　　）
◎ 是否遵守活动规则（　　）	◎ 做不做放松活动（　　）

2. 客观因素

运动时的客观条件情况不够良好，也会导致运动伤害事故的发生。

（1）运动环境：恶劣的天气情况（雨、风、沙、冷、热、光）、疯狂的观众、场边秩序混乱等。

（2）场地设备：运动场地不平，质地太硬，场边有杂物障碍，器械不合格（次品、失修、不标准），服装不合适，护具不合格（击剑、拳击、散打等运动尤为重要）等。

（3）组织安排不合理：运动量不适宜（过大），活动次序不科学（前后安排不合理），活动时间和饮食时间、休息时间不科学（饥饿时间练长跑、考试时间搞比赛）等。

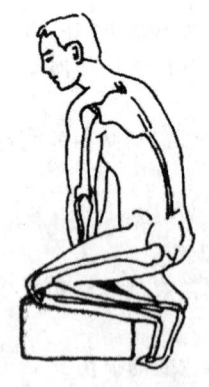 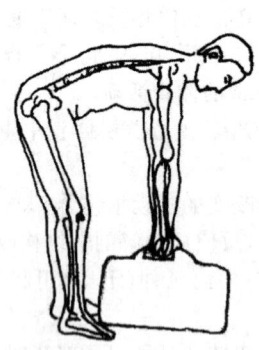

下蹲弯腰（正确的）提物姿势　　直腿弯腰（不正确的）提物姿势
图Ⅰ-6-1　　提物姿势

（4）运动对手：对抗性运动中对手过强，对手故意犯规，对手技术动作不正确等。

（5）执行规则：对抗性活动中，特别是在摔跤、拳击、散打、篮球、足球等项目中，若裁判执行规则不严不公，极易造成对方的伤害，以致造成严重的后果。

（6）医务监督：病后恢复活动、康复训练、运动训练计划的制订，都必须按规定实施严格的医务监督、定期的体格检查、常规的生理和生化测定、伤病情况调查等，有助预防伤病于未然。

第二节　运动损伤预防
（Prevent injury in sports）

一、运动损伤的特点（the characteristics of sports injury）

（1）运动损伤与运动项目有很大关系。田径运动中，下肢损伤较为多见。在跑类项目中，膝关节损伤占 40%，足和踝关节损伤占 10%，足跟部、髋、臀部损伤占 15%，腰背部损伤占 5%；跳类项目中，腰、跟部肌肉伤较易发生；投掷类项目中，肩、肘、躯干、膝部伤病较多。在体操运动中，上肢损伤、躯干部损伤较易发生，特别是肩、腕、腰损伤常见。而"网球肘""摔跤耳"更是网球、古典式摔跤的专项损伤。在进行篮球活动时，常见手指关节挫伤等。膝关节髌骨软骨软化症等运动性劳损，也常在篮球、排球运动员中出现。

（2）运动损伤中闭合性软组织损伤多见，开放性损伤不多。

（3）运动损伤中轻伤常见，中度伤不多，严重伤极少。

（4）运动损伤多发生在青少年人群中多。

二、运动损伤预防的重点（the emphasis of preventing injury in sport ）

（1）根据运动损伤与运动项目有关的特点，做好专项损伤的预防。

（2）根据学校体育特点，做好轻伤，特别是手、足关节损伤的预防。

（3）做好急性损伤的治疗，防止慢性损伤的发生。

（4）科学训练预防劳损的发生。

（5）消除场地设备隐患，防止重大伤害事故发生。

三、运动损伤的预防原则和一般方法
（the principle and general mthods of preventing injury in sports）

1. 预防原则

（1）重视预防运动损伤的宣传教育工作。

（2）加强身体全面训练。

（3）科学地组织教学、训练、比赛。

（4）切实做好体育活动过程中的保护工作。

（5）开展和加强体育运动中的医务监督工作。

2. 预防运动损伤的一般方法

（1）体育活动的参与者都要学习、掌握预防运动损伤的理论和方法。

（2）体育活动的参与者要有合适的服装和必要的护具，活动时不佩戴装饰品。

（3）体育活动的参与者要建立自我保护意识，要有良好的心态，掌握自我保护的方法。

（4）活动前，要认真做好准备活动，活动中要集中思想，活动后要做好放松活动。

（5）按规定标准做好场地设备的建造、维修、检查和保养工作。

（6）对抗性练习或比赛中要有规则，并做到严格执行，不枉不偏。

（7）建立医务监督制度、运动伤病登记制度，做好伤病调研，探索规律，总结经验，逐步完善运动伤病预防措施。

在体育活动后，可采用一些按摩方法来进行放松，介绍一种简单易行的自我按摩方法（见表Ⅱ-6-2）。

表 Ⅱ-6-2	自我按摩方法

部　位	动作说明	动作要领
	预备姿势：两足左右开立，两手半握拳，自然下垂于体侧	
1. 按摩臂部	两手半握拳，交替叩击两臂的上、下、左、右四面	被叩击臂用力作反击动作
2. 按摩肩部	两手半握拳，交替叩击左右肩的上、下、左、右四面	力量稍大，主要叩击三角肌
3. 按摩胸部	两手半握拳，交替叩击胸部各部分	胸肌紧张用力挺出，叩胸大肌
4. 按摩肋部	两手半握拳，交替叩击肋部	肋部肌肉稍紧张，用力不大从上到下
5. 按摩背部	两手半握拳，交替叩击背部	力量要大，左手击右背，主要叩背阔肌
6. 按摩腹部	两手半握拳，交替叩击腹部	力量稍小，主要叩腹直肌
7. 按摩臀部	上体稍微前屈，两手半握拳于体后，交替叩击臀部各处	叩击臀大肌力量稍大些
8. 按摩腿部	上体向前屈曲，两手半握拳，分别交替叩击大小腿	击小腿时下肢前屈成蹲式

说明：1～7 个部位，每做完 2～4 个八拍，中间轻松跳跃 8 次。做完第 8 个部位，做轻松跳跃、挥手 16 次。

叩击按摩示意图如图 Ⅱ-6-2 所示。

按摩后颈部　　叩击臂部　　叩击肩部　　叩击胸部　　叩击肋部

叩击背部　　叩击腹部　　叩击臀部　　叩击大腿　　叩击小腿

图 Ⅱ-6-2　叩击按摩示意图

资讯窗：减少运动损伤的决定因素是，正确的损伤预防理念；安全第一的思想基础；科学锻炼的方法；合理有效的预防措施；严格的医务监督制度。

第三节　常见运动损伤

（Common injury in sports）

一、肌肉拉伤（the sprain of muscle）

肌体的肌肉活动是体育活动中的本体原动力,肌纤维的快速活动(收缩、放松)使身体各部位产生激烈的位移,当肌纤维沿着力的方向远离肌肉的附着点,超过了肌纤维的强度,那么,肌纤维的部分或全部就发生解剖学的结构改变——撕裂或断裂。这就是一般的肌肉拉伤(见图Ⅱ-6-3、图Ⅱ-6-4)。

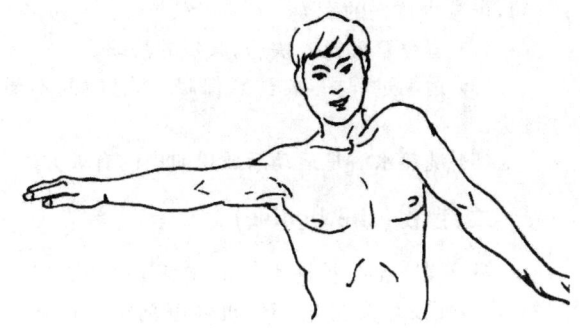

图Ⅱ-6-3　左岗上肌肌腱断裂,肩不能良好外展　　　　图Ⅱ-6-4　右肱二头肌长头断裂

1. 肌肉拉伤的症状

(1) 有明确的受伤史。

(2) 局部疼痛、肿胀、压痛,肌肉活动受限。

(3) 肌纤维断裂时,可有"撕裂"感,随即失去控制相应关节活动的能力。

(4) 由于断裂肌肉的收缩,在断裂处可见(摸)到明显的凹陷。

常见的肌肉拉伤情况如表Ⅱ-6-3所示。

表Ⅱ-6-3　　　　　　　　　　　　常见的肌肉拉伤情况

肌肉名称	损伤部位	损伤项目
大腿前群肌肉	股直肌中上 1/3 处拉伤	田径、足球、篮球的快跑、急跳活动时
大腿后群肌肉	股二头肌上、中 1/3 处拉伤	起跑、途中跑及跳远腾空时
小腿后群肌肉	腓肠肌中、下 1/3 处拉伤	跳远、三级跳远、跨栏、跳高踏跳时
大腿内收肌群	内收肌中 1/3 处拉伤	跳马、足球、体操劈腿等强收缩时
腰腹部肌肉	腹外斜肌、下后锯肌、腰方肌	投掷手榴弹、标枪交叉步、排球扣球时

2. 肌肉拉伤的处理

(1) 手臂、小腿和足部拉伤,用 12～14℃ 的冷水浸泡 15～20 分钟。

(2) 其他部位肌肉拉伤,用冰块在伤处按压 10～15 分钟。

(3) 场地急救应用冷雾剂时,注意用量适中,无痛即止。

(4) 然后,患处外敷中草药(三色膏或郑氏一号新伤药),包扎固定,抬高患肢。

(5) 伤后 48 小时,视病情换药、做按摩、理疗或热敷。

(6) 根据病情,尽早作康复训练。练习时戴好护具。

(7) 肌肉断裂伤,应当加压包扎、固定伤肢,必要时尽早手术治疗。

3. 肌肉拉伤的预防

(1) 肌肉拉伤发生的时间,一般在运动刚进入基本阶段和结束阶段,必须控制好该时段的活动量和集中注意力。

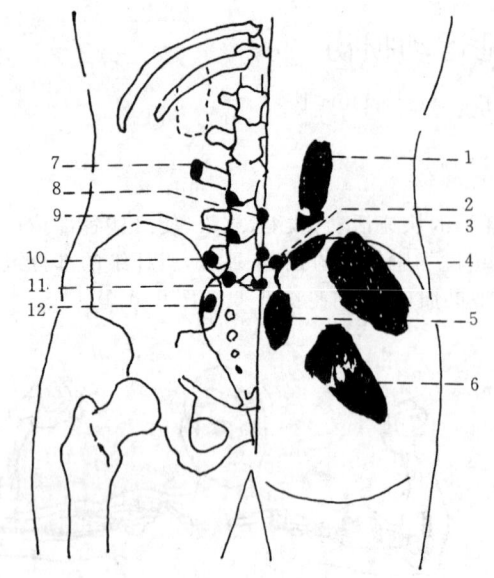

图Ⅱ-6-5 腰部损伤常见的压痛点

1—骶棘肌损伤；2—髂腰韧带伤；3—腰臀筋膜、脂膜结节炎；

4—腰臀筋膜、臀上皮神经炎；5—骶棘肌劳损；

6—梨状肌损伤综合征；7—第三腰椎横突区损伤；

8—棘上、棘间韧带伤；9—腰椎间后关节伤；

10—腰5横突变异、伤损；11—腰骶关节损伤；

12—骶髂关节损伤

和小血管破裂为主要病理变化。

（2）重度挫伤，可伤及肌肉，而使部分肌纤维受损或断裂，组织内出血，血液聚积形成血肿（有波动感）。

（3）胸部和腹部的挫伤可累及内脏器官，而发生呼吸困难、休克等严重病症。

（4）无内脏损伤的挫伤，主要是局部疼痛、肿胀、瘀血、功能障碍。

常见的肌肉及其他挫伤如表Ⅱ-6-4所示。

（2）肌肉拉伤的部位，大部分发生在肌肉的中、上1/3处的肌束，下1/3部分拉伤少见。

（3）充分的准备活动，特别是做好专项活动的各项辅助练习更具重要性。

（4）认真做好活动后的放松练习，可避免肌肉发硬，提高肌肉活动功能。

（5）自我按摩、相互按摩对活动前、活动后都是必需的。

（6）准备活动后，戴好合格的护具（弹性绷带等），可减少拉伤的发生。

（7）避免草率投入快速、激烈的活动。

（8）运动过程中，要注意保暖，休息时间不要过长。

（9）洗热水浴是运动后放松肌肉的有效方法。

二、挫伤（the bruise）

身体某一部位被钝力打击或身体碰撞在坚硬物体上，而发生受打击部位机体解剖学结构破坏的伤害，称为挫伤。橄榄球运动中股直肌中1/3处的顶撞伤、跨栏过栏时，胫骨前肌的撞击伤，是较为常见的挫伤。

1. 挫伤的症状

（1）轻度挫伤，以皮肤、皮下组织受损，淋巴管

表Ⅱ-6-4　　　　　　　　　　常见的肌肉及其他挫伤

肌肉名称	损伤部位	损伤项目
股直肌挫伤	股直肌中1/3处	橄榄球、足球、篮球中被膝顶撞
胫骨前肌挫伤	胫骨前肌上、中1/3处	足球、跨栏中过栏碰撞
头面部挫伤	面部、眉弓处	橄榄球、篮球、足球争球时
胸肋部挫伤	胸骨、左右肋中部	足球、篮球、橄榄球争球时

2. 挫伤的治疗

（1）急救处理：有皮肤外伤首先处理皮肤伤。冷敷方法同肌肉拉伤，但有皮肤伤口者不能水泡。然后，外敷中草药，加压包扎，抬高患肢，卧床休息。

（2）胸、腹部挫伤者、头部挫伤者，立即送医院诊治。

（3）股直肌、胫骨前肌挫伤者24小时后可作热敷处理，48小时后作相应的理疗。停止活动4～5天，第六天开始作康复练习。

（4）按摩时注意，不要在直接打击部位（伤处）做深度按摩，多在肌肉两端作指压式按摩，尽量活动两端关节，促进血液循环，防止骨化肌炎发生。

3. 挫伤的预防

挫伤一般发生在对抗性较强及有障碍的运动项目中,人与人相撞或人与器械碰撞均会造成受力的机体组织受压致伤。因此,预防挫伤就要注意以下几点。

(1) 做好准备活动后,必须戴上相应的合格护具,如足球的护胫、篮球的护膝、护腿等。

(2) 掌握正确的技术动作和避让、缓冲动作。

(3) 加强道德教育,不能故意用肘、膝顶撞对方。

三、关节韧带损伤(the injury of joint ligament)

关节是机体活动的枢纽,其活动幅度均有一定的范围,常被称之为生理范围。韧带是关节的稳固组织,由于其起止点的结构关系,在一定角度的位置上呈现紧张,在另一角度的位置上便放松,自然地抑制着一定的肌肉群,故关节不能过度活动。当外力作用于关节,突然产生超过关节生理范围的活动时,就可能使关节及其周围的韧带、肌肉、关节囊发生损伤。运动损伤中最常见的关节韧带损伤是踝关节和指关节。单纯的韧带、关节损伤少见,多数是关节及其周围软组织的复合损伤。

1. 关节韧带损伤的症状

关节韧带损伤可分为拉伤、挫伤、扭伤及韧带撕裂、关节囊伤。

(1) 损伤部位可发生在韧带的中段,也可发生在其附着于骨处(撕脱性)。

(2) 患处红肿、疼痛、局部压痛、关节活动障碍。

(3) 患处关节偶有被拉开和松动现象,侧向活动时可有松动感。

(4) 韧带断裂时,关节外形有变化,呈内翻或外翻状。

2. 关节韧带损伤的治疗

(1) 急救程序同肌肉损伤。

(2) 韧带撕脱要用手法复位,然后用棉垫绷带压缚(重伤者要用夹板)。

(3) 伤后症状严重肿胀、疼痛剧烈、活动障碍大,宜尽快送医院进行 X 光透视检查。

(4) 韧带、关节损伤治疗期较长,康复练习特别重要。

3. 踝关节损伤

踝关节损伤是运动外伤中较为多见的关节韧带损伤,在田径、球类、重竞技、跳水、体操等各项体育活动或比赛中都会发生这种伤害。踝关节损伤中,外侧付韧带损伤要占该关节损伤总数的 80% 左右。之所以会产生这种情况,是同该关节的结构分不开的(见图Ⅱ-6-6)。外踝比内踝长,距骨体前宽后窄,当足处于跖屈时,踝关节活动度较大,而且足的内翻肌群的力量又大于足的外翻肌群。活动中,人体处于离地状态时,足部自然成跖屈内翻位,因此,落地时,因场地不平、重心不稳,就会造成内翻位韧带损伤。踝关节韧带损伤具体情况如表Ⅱ-6-5 所示。

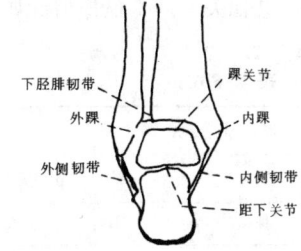

图Ⅱ-6-6 踝关节损伤
有关韧带示意图

表Ⅱ-6-5 踝关节韧带损伤情况

损 伤 韧 带	损伤时踝关节位置	损 伤 特 性
距腓前韧带损伤	足处于内翻位	外踝前方肿胀、压痛、功能障碍
跟腓后韧带损伤	足处于内翻位	与距腓前韧带伤同时发生,压痛点偏后约一横指
三角韧带损伤	足处于外翻位	踝内侧压痛重,外翻时剧痛,肿胀不明显,需用 X 光片检查

踝关节损伤的急诊处理必须及时有效,治疗必须彻底,康复练习中跳绳活动对恢复踝关节的力量和提高踝关节的坚韧性、灵活性有良好的作用。

4. 膝关节半月板损伤

膝关节半月板位于膝关节内胫骨平台与骰骨髁之间,内外各一块,外缘厚内缘薄,上面凹下面平。外侧半月板较小,其活动范围大于内侧半月板(见图Ⅱ-6-7)。半月板外缘损伤有修复能力,其余部位的软

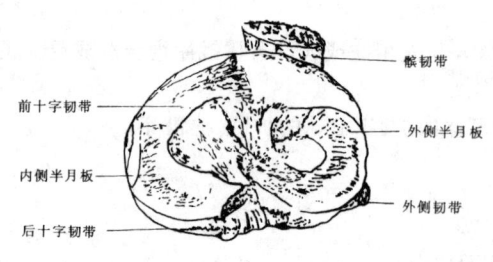

图Ⅱ-6-7　胫骨上面显示半月板
与各主要韧带部位

然外旋伸直时,则易发生外侧半月板破裂。

膝关节半月板损伤常伴有侧融韧带、交叉韧带、关节软骨损伤。膝关节半月板损伤常是多次损伤的结果,一次性损伤往往有膝关节韧带断裂,外力极大而造成(图Ⅱ-6-8)。

膝关节半月板损伤与运动项目有很大关系。据研究,滑冰、滑雪、足球、蛙泳等运动项目中,半月板损伤以内侧居多,而在排球、篮球、体操、田径等项目中,是外侧半月板损伤较多。

膝关节半月板损伤的典型症状是股四头肌萎缩、上下楼梯时膝关节痛、膝关节肿胀,膝关节缝有明显压痛。

膝关节半月板损伤的治疗,可按其损伤部位来决定方法,对边缘损伤可进行保守疗法(按摩、理疗、外敷中药等),中部损伤或关节功能障碍大的损伤,早期采用手术疗法为好。康复训练对膝关节半月板损伤的治疗有重要的意义,特别是膝关节的静力练习对损伤半月板的修复及增强膝关节的稳定性有良好的作用。

其他关节韧带损伤情况如表Ⅱ-6-6 所示。

骨体撕裂不易愈合。

膝关节半月板的主要功能是减少股骨和胫骨关节面的摩擦,增强膝关节的稳定性。

膝关节在屈位,突然遭受旋转、屈伸外力时,半月板活动的顺应性破坏,易被卡入胫股关节之间,使半月板受到扭转、挤压、辗磨合力而发生撕裂伤。

内侧半月板损伤多发生于膝关节半屈、小腿固定位时,突然伸膝扭转,使内侧半月板向膝中央和后侧移位,受到挤压、辗磨而致伤。同理,股骨髁因外力突

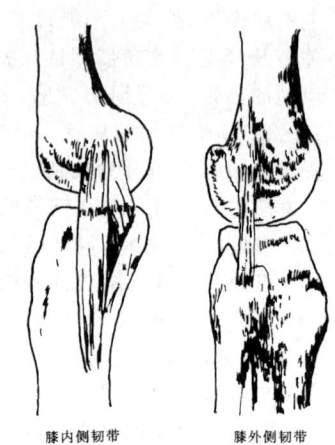

膝内侧韧带　　　　膝外侧韧带

图Ⅱ-6-8　膝关节韧带

表Ⅱ-6-6　　　　　　　　　　　　　　其他关节韧带损伤情况

损 伤 关 节	损 伤 部 位	损 伤 项 目
肩　　　袖	由岗上、岗下、小圆和肩胛下四块肌肉组成	标枪、体操中多见岗上肌肌腱伤
腕　关　节	桡侧、尺侧、腕中部韧带	举重、体操、排球中的伸腕动作
掌指、指间关节	侧副韧带、关节面	篮球、排球、摔跤时易发生
膝关节侧副韧带	内、外侧副韧带,内侧副韧带伤多见	篮球、足球、跳马等项目

5. 关节韧带损伤的预防

(1) 增强关节肌肉的力量练习,特别是加强对弱侧关节的训练。静力练习很有实效。

(2) 提高关节灵活性练习的质量,在坚强灵活上下功夫。跳绳练习是个好方法。

(3) 认真做好准备活动,特别是专项训练的辅助练习,寒冷天气更要做开关节活动。

(4) 注意关键运动技术的合理性、正确性,及时纠正错误动作。

(5) 场地设备必须认真检查、合理布置,消除隐患。

(6) 配备合格护具,易伤的小关节要正确使用胶布包扎。

四、骨折与脱位(the fracture and dislocation)

骨折就是在力的作用下,引起局部软组织损伤,并使骨组织的连续性遭到破坏。由于创伤或病变,使关节正常的骨性关系(位置)全部或部分发生改变,关节功能障碍,称为脱位。骨折和脱位,均是严重的伤害,在剧烈的运动比赛中或特殊的练习中偶有发生,一般体育活动中很少出现。常见的骨折和脱位如表

Ⅱ-6-7 和表Ⅱ-6-8 所示。

表Ⅱ-6-7   **常见的骨折**

名　　称	部　　位	损伤时的状态
锁骨骨折	锁骨中 1/3 段较多	跑、跨栏、篮球等活动中倒地时手掌或肩外侧着地
舟状骨折	近远端骨折、腰部骨折	体操、田径、乒乓球、排球等运动中手伸位过大倒地等
外踝骨折	踝外翻伤撕脱骨折	同踝关节伤

表Ⅱ-6-8   **常见的关节脱位**

名　　称	部　　位	损伤时的状态
肘关节脱位	后脱位较多见	跑、跨栏、篮球、体操等活动中倒地时臂伸位手撑地
肩关节脱位	下脱位多见	跑、跳时倒地手或肘支撑位受伤
指间关节脱位	后脱位多见	篮球、排球接球触指端受伤

1. 骨折与脱位症状

(1) 患处变形,功能障碍,异常活动。

(2) 疼痛剧烈,面色苍白。

(3) 局部有红肿和瘀血斑。

(4) 伤处压痛锐利。

2. 骨折与脱位的急救

(1) 止血与防止休克。

(2) 及时固定患处,防止骨折移位和加重伤情。

(3) 尽快就近送医院诊治。

(4) 严禁按摩。

3. 骨折与脱位的治疗

(1) 拍 X 片检查。

(2) 复位、固定。

(3) 药物与按摩治疗。

(4) 康复练习。

(5) 卧床病人需预防褥疮发生。

4. 骨折与脱位的预防

(1) 掌握正确的自我保护方法,特别是倒地姿势,滚翻与滚动是必须学好的。

(2) 增强关节肌肉、韧带力量练习,提高抗击打能力。

(3) 加强运动道德教育,不做违规动作及伤害性阻击。

(4) 做高难度空中动作,必须有相应的保护措施。

五、胫腓骨疲劳性骨膜炎(the tired periostitis tibia and fibula)

胫腓骨疲劳性骨膜炎又称应力性损伤,为长期、反复、快速、轻微的外伤应力,累积于骨骼的某一部位,逐渐发生的慢性损伤。它好发于运动新手,跳、跑运动员、长途行军的新兵、舞蹈演员等人群中。

1. 胫腓骨疲劳性骨膜炎的病因

多数患病者是由于跑跳动作不正确,训练方法不科学,跑、跳过多或者长期在过硬的场地练习,使小腿肌肉长期处于紧张状态,刺激骨膜血管扩张、充血、水肿或骨膜下出血,久之,骨膜出现血肿机化、增生等骨膜炎性改变。千万不能小看这个骨膜炎性改变,如果继续加大负荷刺激,则可使骨质受损,最终发展成疲劳性骨折。

也有人通过生物力学分析认为,在跑跳时人体重力与地面反作用力的焦点,主要集中于胫骨前面弯曲处,长时期的反复作用,可在弯曲度最大处引起应力性损伤,形成疲劳性骨膜炎,乃至骨折。

2. 胫腓骨疲劳性骨膜炎的症状

(1) 一般无明显外伤史,逐渐出现胫骨前或小腿后外侧痛。

(2) 活动量增大或走路多、上下楼梯时疼痛加重。

(3) 作后蹬腿时感乏力,且疼痛加重。

(4) 严重时,走路也痛。

(5) 胫骨内侧或外踝上方有局限性肿胀,皮肤发红有光、灼热。

(6) 胫骨内侧缘的中、下段有明显压痛,可摸到硬节、高低不平。

3. 胫腓骨疲劳性骨膜炎的治疗

(1) 出现胫腓骨骨膜炎症状时,应立即减少下肢活动量,调整训练内容,患肢小腿用弹性绷带包扎。练习后,必须在局部作热敷或照红外线。

(2) 患处有肿胀发光、红、灼热者,须敷中药治疗。

(3) 患肢有后蹬痛、走路疼痛者要停止下肢练习,加重消肿活血药物外敷,配合按摩、针灸治疗。

(4) 硝酸亚汞铝法:用2%的硝酸亚汞溶液浸于锡纸上,大小同患处,贴于疼痛部位,用胶布把锡纸贴紧皮肤,不可有漏气,避免烧伤皮肤。待1~2小时后取下,每日一次,3~5次为一疗程,有良好疗效。皮肤有伤口不能用。

4. 胫腓骨疲劳性骨膜炎的预防

(1) 对初学田径运动及平时活动少的人,跑跳练习要逐渐加大活动量。

(2) 不要在过硬的场地上作长时间的、单一的跑跳练习。

(3) 不宜穿钉鞋作过多的使小腿肌肉紧张度高的专门练习。

(4) 学会在跑跳练习时能自如地放松小腿肌肉,不要使它始终处于紧张状态。

(5) 每次练习后,都要认真做好小腿部的自我按摩、热敷。

第四节　运动损伤的康复训练
(Rehealthy training of injury in sports)

一、什么是康复训练(what is the rehealthy training)

在治疗的全过程中始终贯彻"动静结合"的思想,是运动损伤治疗过程中的重要问题。康复训练是在运动损伤治疗的后期上升到主导地位,即开展治疗性的、有益的合理训练活动,促进肌肉、关节、韧带的功能恢复和强健,同时提高整个机体的健康水平。

由于运动损伤导致局部机体活动受阻,产生一定的功能障碍,影响活动、训练。一切治疗手段和方法的目的,均围绕消除这些障碍。"流水不腐",只有通过合理的、科学的活动才能"拨正"和消除功能障碍,光治不动或乱动,均不能有效地"排障"。这是积极的疗伤理念。

运动损伤治疗中的康复训练是一个整体观念,而不是局部活动的观念。要有好的、科学的训练活动,才能收到事半功倍的效果。因此,必须在康复训练活动中严格地掌握、运用合乎客观规律的基本原则和手段方法。

健康贴片:运动,不能以损害健康为代价,任何体育运动都必须把安全放在第一位,这是对生命的尊重,也是一种责任。

世界上没有比结实的肌肉和新鲜的皮肤更美丽的衣裳。——马雅可夫斯基

二、康复训练的原则(the principle of rehealthy training)

作为运动损伤治疗阶段中的康复训练手段,其突出的问题是处理好训练活动服务与恢复健康增强机体活力的关系,解决康复训练与功能恢复的矛盾,尽最大可能、尽快地通过活动使肌肉、韧带、关节及整个机体功能达到最佳状态。相反,活动不当,轻则延误治疗时机,重则产生影响机体健康的局部功能障碍。

运动损伤治疗的康复训练,既有其治疗的原则,又有训练的原则,既要遵守运动训练的一般原则(全面、渐进、个体、反复等),又要遵守康复训练的特殊原则。

第一,根据患处的伤势决定局部活动的负荷大小,逐步加大全面活动的原则。第二,控制患处功能活动的质和量,以局部活动后患处不出现局部疼痛和练习后 24 小时不出现肿胀为度的原则。第三,每次康复训练后做好放松练习及热敷或轻度按摩原则。

三、康复训练的手段与方法(means and methods of rehealthy training)

康复训练具有明显的科学性和实践性,必须在教师或者医务人员的指导下科学地进行。同时,康复训练又必须有患者的主观能动性,积极、主动、认真地做好每一项活动。康复训练中盲目、过早地进入大强度的负荷活动,是必须警惕的问题。

1. 主动活动与被动活动

(1)主动活动:患处依靠本身的肌肉力量作负重或不负重的功能活动,逐步恢复、增强、提高肌肉的力量、关节活动度及活动的速率。

(2)被动活动:依靠外力的帮助作患处的功能活动,通过被动活动使患处的功能范围逐步扩大,促进患处瘀血、粘连进一步吸收。

(3)主动活动与被动活动的练习次序:一般情况下,先作被动活动,再做主动活动;亦可在主动活动后再作被动活动。若作被动活动后,负荷量要适当加大,最大不可超过正常的活动范围,否则,会造成患处的再次损伤。

2. 动力练习与静力练习

(1)动力练习:利用本身肌肉力量作肌肉、关节、韧带的负重或不负重的功能练习,如作关节绕环、屈伸、跑步,连续跳跃、投掷、拉力器练习、扩胸器练习等。

(2)静力练习:利用本身肌肉、关节、韧带的力量,使患处保持一定角度的功能位置,控制一定时间的练习。逐步提高强度(角度、时间),促进患处的新陈代谢,增强功能。练习时可控制负荷进行,但最大负荷不要超过本人健康时的强度。特别对关节、韧带部位的损伤,静力练习尤为重要。

(3)动力练习与静力练习的次序:先作静力练习,再作动力练习,也可在动力练习后再作一次静力练习,但时间要比第一次静力练习少1/2。

应当注意,冬天作静力练习,不要在风口、太冷的地方进行,以免发生其他疾病,影响健康。

3. 逆向练习

康复训练中的逆向练习,对大多数运动损伤的治疗大有好处,尤其对消除机体损伤部位的"痕迹",更具其独特的功效。

何为逆向练习? 简单地讲,腹部损伤的康复练习必作背部的练习、上肢部位的损伤必作下肢部位的康复练习、右侧损伤必作左侧的康复练习。另外,屈、伸肌群,外展、内收肌群,旋内、旋外肌群等,按同理应用。当然,这不是讲不要作患处的康复练习,而是强调作相对应部位的练习,增加活动量,产生健侧机体的优势兴奋,从而淡化、抑制患侧机体的兴奋灶,并使之进入良性状态,达到修复损伤痕迹的效果。同时,练习健侧的肌肉群亦有利于放松患侧的肌肉、关节紧张度,促进患侧的血液循环,直接加速了患处损伤组织的修复。如果使用对抗性的康复练习,练习开始前,必须对患处做好保护工作,如贴好应力橡皮膏等,以免造成肌肉、关节的再次损伤。

四、康复训练的评定（the evaluation of rehealthy training）

康复训练的目的，是使机体在最短的时间里通过针对性的练习消除由于损伤造成的功能障碍。因此，评定康复训练效果的主要指标就是康复训练所花的时间和患处功能恢复的程度。所花时间越少，功能恢复越好，则是最佳的效果。

康复训练对患处功能恢复状态的优劣由肌肉、关节、韧带的力量、活动范围、负荷强度以及练习后机体的反应诸方面因素组成。为便于掌握，列简表作参考（见表Ⅱ-6-9）。

表Ⅱ-6-9　　　　　　　　　　康复训练效果评测表

等级 ＼ 项目	力量	活动范围	负荷强度	机体反应	评定等级
A	90%以上	正常	90%	无特殊反应	优
B	70%～80%	接近正常	70%～80%	略有不适	良
C	60%～70%	80%以上	70%左右	勉强	中

注：被测者原基础为100%。

必须明确，康复训练的效果一般不要求达到100%的效果后才能进入正常的体育活动，经过康复训练达到 A 级评定，无特殊问题者即可投入正常的体育活动，结束康复训练阶段。

实践与探索（practicing and exploring）

按本章介绍的自我按摩方法，认真地坚持做一做，体会一下练习后的身心感受，再把你的心得告诉朋友们，让他们也来享受自我按摩的快乐和轻松。

小结与思考（brief summary and thinking）

建立正确的运动损伤理念，在体育运动的实践中运用科学的运动创伤预防方法，减少运动损伤的发生，极大地发挥体育的健身效果；了解康复训练的一般原理与方法，让更多的人热爱体育，享受长寿健康的快乐。

思考题

1. 常见的运动损伤有哪些？

2. 运动损伤的原因及预防措施有哪些？

3. 肌肉酸痛与肌肉拉伤怎么区分？

4. 简述踝关节损伤的症状及处理。

5. 简述康复训练的原则。

参考文献

[1] 段世杰等. 中国体育教练员岗位培训教材（田径）[M].北京：人民体育出版社，1999.

[2] 张世民等. 中国骨伤科学[M].成都：四川科学技术出版社，1991.

[3] 石抑山等.中华名中医治病囊秘（石筱山．石抑山卷）[M].上海：文汇出版社，1998.

（吕益芳）

第七章　体育锻炼与营养
（Physical Exercise and Nutrition）

- 何为营养及营养素?
- 如何做到膳食平衡与合理营养?
- 如何进行运动前后的营养?

本章学习目标
- 营养素的种类和作用
- 能量平衡与每天的膳食安排
- 锻炼后机体的恢复

第一节　营养和营养素
（Nutrition and nutrients）

　　机体从外界环境中摄取、消化食物,并对其中的营养成分进行吸收和利用的过程就是一个营养的过程。食物中所含的营养成分种类很多,营养学家把它们归纳为七类,即蛋白质、脂肪、碳水化合物(糖)、矿物质、维生素、水和纤维素。纤维素不能被人体消化、吸收,将它列为营养素,主要是因为膳食粗纤维具有促进肠蠕动,帮助消化和通便的功能。这七类营养物质都是人体必不可少的,因此,又称为营养素。营养素在体内具有三种主要功能。第一,供给人体所需的能量。营养学上所说的能量系指热能,通常以千卡或焦耳表示(1 千卡＝4.184 千焦耳;1 千焦耳＝0.239 千卡)。按照一般的计算方法,每克蛋白质或碳水化合物在体内可供给 4 千卡热能,每克脂肪供给 9 千卡。人体借助热能以维持体温,进行呼吸、循环、消化、吸收、分泌、排泄,以及表现于体外的劳动和各种活动等。第二,供给身体生长、发育和修补组织所需的原料。第三,调节生理机能。人体是一个极为复杂的有机整体,不同的组织或器官都有它们特定的生理作用。营养素能适时地促进或抑制体内的化学反应,从而维持身体各组织和器官的正常运转。

健康贴片:
科学的基础是健康的身体,我们力求脑力和体力的平衡。

居里夫人(波)

第二节　膳食平衡
（Food composition and energy balance）

一、平衡膳食（energy balance）

随着生活水平的提高,人们的食品结构发生变化,食物中肉类、禽、蛋、鱼类有所增加,五谷杂粮的摄取减少,这个趋势是肯定的。但仍然需要讲究营养平衡。所谓营养平衡,主要是指机体摄取蛋白质、碳水化合物和脂肪三者能量的平衡。人们每天摄入的总热量大约是 2500 千卡,据有关资料分析,摄取三种能量物质较理想的比例为:蛋白质占总热量的12%～15%,脂肪占 20%～25%,碳水化合物占 60%～70%。如果按重量比计算,三种物质的比例大约为 1:0.8:4。在我们日常的食谱中,宜适当降低脂肪的摄入量。

二、合理营养(rational nutrition)

现实生活中食物的种类很多,有的含营养素很多,有的含量很少,有的所含营养素比较全面,有的又不甚完全。我们日常的膳食是由多种食物混合而成的混合型膳食,食物中各种营养成分可以相互补充,取长补短,提高营养价值。理想的膳食必须含有人体所需的全部营养素,其数量能够满足人体需要,并以一定的比例摄入,保证机体正常的生长发育和身体健康。如果摄入的营养素过剩或不足,都会影响机体的生长发育和健康。在正常情况下,成年人的体重应该保持稳定,如果体重增加常提示热量的摄入超过热量的消耗,是营养过剩的表现。在儿童少年阶段,体重随年龄、身高而增加是正常生长发育的指标,但不应该超过正常范围,否则,同样是营养过剩的表现。由于营养增加,运动减少,少年儿童超重和肥胖的发生率有增加的趋势,这对他们的身心发育不利。

> **健身圣典**:上古之人,其知道者,法于阴阳,和于术数,食饮有节,起居有常,不忘作劳,故能形与神俱而尽其天年,度百年乃去。

三、膳食安排(distribution of diet)

一天的膳食安排对人整天的工作、学习和健康会产生影响,俗话说"早吃好、午吃饱、晚吃少"是很有道理的。一般情况下,早餐的热量应占全天食物热量的 25%～35%。不少人早餐都比较随便,甚至不吃早餐,这会影响整个上午的学习和工作效率。适当地选择体积小、合口味而又富含蛋白质的食物作为早餐较为适宜。这种食物可使体内血糖保持较高水平且较为稳定,不会出现高糖饮食后的"思睡"现象,而且蛋白类食物较耐饥,从而使人整个上午精神饱满,精力充沛。午餐应占全天食物热量的 40%,适当增加含蛋白质和脂肪的食物,保证下午工作和学习效率,同时也是机体一天中营养的最主要来源。晚餐不宜超过全天食物总热量的 30%,且以少而精为好。晚餐吃得过多,过于油腻,容易使人兴奋和失眠;同时会使血液的黏滞度增高,流动缓慢,如果此时入睡,对心脑血管不利;也容易使人发胖。对有晚睡习惯的人,晚餐可以适当增加热量,也可在晚餐后加用夜宵,但应注意全天食物的总热量不应超过机体正常的热量需求。

进行体育锻炼要注意饮食规律。进餐时间与体育锻炼的时间应有一定间隔,特别是早、中、晚三个正餐,食物较多且复杂,胃肠道负担较重。因此,一般是运动后半小时以上再进食。餐后应休息一个半小时到两个半小时后才可运动。

第三节　体育锻炼与营养
(Exercise and nutrition)

运动促进新陈代谢,增加能量消耗。因此,参加各种运动,必须增加热量的补充。一般情况下,每天需要增加 300～500 千卡的热量,相当于每天多吃一个鸡蛋、半斤牛奶,外加一两米饭。具体应根据活动量的大小适当增减。

一、适当摄取各种营养素(Taking Various Nutrients Properly)

碳水化合物是提供热量的主要营养素,它比蛋白质和脂肪容易消化吸收,而且在体内分解产热快,耗氧量少,参加体育运动应适当增加摄取量。摄取碳水化合物的种类应以淀粉类为主,它们的分子量相对较大,排空较慢,适应性强,且含有其他营养素。不宜直接服用葡萄糖或白糖,但在运动后,适当喝点富含果糖的蜂蜜,有利于体能的恢复。

蛋白质是构成机体组织的重要成分,也是生物催化剂——酶的主要成分。成年人每天每千克体重约需 $1\sim1.5$ 克蛋白质。经常参加体育运动使机体对蛋白质需要量增加,每千克体重约需 2 克。在摄取蛋白质时,除了粮谷类主食含有蛋白质外,最好要有 50% 的动物蛋白质和大豆蛋白质,如牛奶、瘦肉、鸡蛋、鱼虾、豆腐等。因为它们所含的蛋白质含所有人体必需的氨基酸,营养价值较高。在选用肉类蛋白时,禽肉优于鱼肉,鱼肉优于兽肉。

脂肪含热量很高,但在体内氧化时耗氧量很大,运动时,组织往往处于缺氧状态,由于脂肪在不完全氧化时会产生大量酮体,引起酸中毒,不利于进行各种活动。因此,除参加水中运动项目和冬季运动项目的人适当增加脂肪摄入外,从事其他运动的以少吃为好。另外,脂肪饱腹感强,会降低食欲,影响对蛋白质、碳水化合物的摄取。机体所需的脂肪可由植物性油脂提供,植物性油脂的营养价值较动物性油脂高,含有较丰富的不饱和脂肪酸,既能降低血胆固醇,又有利于脂溶性维生素的吸收,并可提供大量维生素 E。

维生素可以改善机体工作能力,提高运动成绩。维生素分脂溶性的 A、D、E、K 和水溶性的 B_1、B_2、PP、B_6、B_{12}、C 等多种。维生素 A 是维持人体正常视力与上皮组织健康所必要的营养素。射击、射箭、摩托和游泳爱好者,应当多吃一些含维生素 A 或胡萝卜素的食物,如肝、鸡蛋、牛奶、胡萝卜和绿叶菜等。维生素 B_1 可以促进糖原的分解,有利于肌肉活动,并且还能减轻疲劳和提高工作效率。含维生素 B_1 多的食物有粗粮、豆类、瘦肉、绿叶菜等。维生素 C 在体内能加强氧化还原作用,能促使组织代谢加强,提高机体工作能力和耐力。经常参加体育运动最好多吃含维生素丰富的食物,每天最少要吃一斤新鲜蔬菜或水果。

经常参加体育运动要注意矿物质的补充。其中比较重要的矿物质有钾、钠、氯、钙、磷和铁。钙是构成骨骼、牙齿的主要成分,同时是维持神经肌肉正常兴奋和心脏跳动的元素。青少年每日需要 $1\sim1.3$ 克。含钙多的食物有牛奶、虾皮、豆类等。磷与钙一起构成骨的主要成分,也是体内许多酶的重要成分,一切神经、肌肉活动、碳水化合物和脂肪的代谢都需要有磷的参与。同时,磷在维持血液酸碱平衡的缓冲体系中起着重要作用。因此,肌肉活动愈多,磷的消耗愈多。青少年每天约需磷 $2\sim2.5$ 克,运动量较大的,可适当增加摄入量。含磷多的食物有牛奶、鸡蛋、肉类、豆类及绿色蔬菜。铁是构成血红蛋白、肌红蛋白等物质的重要元素,缺铁容易发生贫血,影响体内氧的运送,使运动能力降低。青少年每天约需铁 15 毫克,经常参加体育运动的,每天可增至 $20\sim25$ 毫克。含铁多的食物有肝、蛋黄、豆类、绿色蔬菜等,其中以动物性食物中的铁营养价值较高。钾和钠能维持水的平衡和渗透压及酸碱平衡,它与肌肉活动也有很大关系。血中钾钠的浓度下降时,表现肌肉软弱无力,容易疲劳;急剧减少时,还会发生肌肉痉挛。钠主要由食盐提供,每人每天需要 10 克左右。在气候炎热和剧烈运动大量出汗的情况下,尤其要注意多补些盐。钾主要由蔬菜、水果提供。

水对人体很重要,失水过多会影响循环功能。因此,在运动中可适量补充含盐饮料,运动后,可根据运动前后体重变化情况加以补充。如果体重变化不大,可在餐中多喝点菜汤加以补充;如果出汗很多,尤其在夏天,运动后应注意补水,原则是少量多次,每次约 200 毫升,间隔 $20\sim30$ 分钟一次。切忌一次性大量饮水。

二、运动项目与营养(sorts of exercise and nutrition)

速度性运动如 400 米以内的短跑、跳远、跳高和跨栏等,能量来源主要靠糖的无氧酵解,为了迅速供给体内能源物质减少体内酸性物质的形成,应该多吃一些容易消化吸收的糖类、维生素 B_1、维生素 C、磷以及蛋白质,并应多增加蔬菜和水果。

耐力性运动如中、长跑以及各种球类运动等,总能量消耗大,对各种营养素的需要量较高。因此,需供给较多的蛋白质、铁、维生素 B_2 与维生素 C。食物中可适当提高脂肪供应。

力量性运动如投掷、举重、摔跤和拳击等要求肌肉有较大力量和爆发力,同时,热量消耗较大,体内蛋白质代谢快,以及由于肌肉蛋白增长的需要,对蛋白质要求高,因此,应多吃含蛋白质的食物。

体操动作复杂、紧张,对神经系统、力量的要求很高,应多吃一些含蛋白质、维生素 B_1 和磷的食物。游泳时由于水中散热增加,能量消耗很大,要求多吃些热量较高、脂肪及维生素 A 多的食物。短距离游泳要多吃些含蛋白质的食物,长距离游泳应多吃些碳水化合物。

三、运动前的饮食(preparation for exercise)

运动前适当的饮食可以提高运动的效果和比赛的成绩,尤其是对后者的影响更大。不适当的饮食会引起肠胃不适或较早感到疲劳,无法发挥出应有运动能力。运动前的饮食依据个人的喜好、习惯、适应的程度和参与的运动有所不同,总体上讲,运动前的适当饮食的好处是:① 为机体的肝糖原做最后的补充,保证整个运动的过程有足够的能量。运动中,对糖的利用是渐次的,随着时间的延长,依次动用肌糖原、血糖,最后是肝糖原。如果出现肝糖原存量不足,会使人感觉疲劳,导致运动能力下降。② 提供充足的水分,使机体处于水合状态。

(一) 运动前应该吃些什么

运动前,应以高糖低脂低蛋白食物为主,如面食、米饭和水果等,这些食物容易消化,又能提供糖类。作为运动时的能量来源,如果运动的时间为 60～90 分钟,可以选择升糖指数较低的食物,如面食、运动饮料,这些食物较易消化,能够迅速地提供糖类。含高纤维素的食物比较容易造成腹部不适,应避免在运动前食用。

(二) 什么时候吃最好

进食的时机随着运动的时间和食物的种类而不同,但共同的原则是,在运动过程中可提供充足的营养和能量,而又不至于在运动过程中造成肠胃道不适。一般而言,正常一餐的食物约需 3～4 小时的消化时间,才不至于在运动中感到肠胃不适,分量较少的一餐约需 2～3 小时,少量的点心只需 1 小时,这些情形依照个人在运动时对胃中食物的感觉不同而有差异。通常,运动前进食以七成饱为宜。如果你在运动时对胃中的食物很敏感,少量的食物就会令你感受到饱胀不适,你就需要让食物有更长的时间消化,或进食更少的食物。

身体上下震动比较大的运动员,如篮球、跑步等,对胃内食物通常比较敏感,少量食物可能就会感到不适,这时就需要在比赛更早前进食,或是减少食物的摄取,以减轻这些症状。身体震动相对小的运动,如自行车和游泳运动,受到胃中食物的影响不太明显,对于进食的时间和食物的选择有一定的弹性。

少数人若是在运动前 15～120 分钟吃甜食或是高升糖指数的食物,如运动饮料、面包、蜂蜜等,在运动时会发生低血糖,感到头晕和乏力。因为这些食物可刺激胰岛素的分泌增加,而运动时肌肉耗能也增加,两者都可引起血糖下降,从而影响运动能力。为避免出现血糖过低的症状,最好的方法是,短时间的运动(持续时间在 40 分钟以下)可在运动前5～10分钟进食甜食,胰岛素的分泌无法在这么短的时间内反应,而在运动开始后,胰岛素的分泌的会被抑制,不会对升高的血糖产生反应,也就不会有上述的血糖过低的症状发生。如果运动时间较长,则宜在运动前两小时吃,此时,胰岛素增高的因素已不明显。

没有任何一种食物或是任何的进食时间表可以适合每一个人,每个人都需要在练习时实际体验,找出最适合、最有效的食物和进食时间。

四、运动后的营养与恢复(nutrition for recovery after exercise)

体育锻炼后的恢复是体育锻炼中非常重要的环节,恢复的好坏不仅直接影响到锻炼的效果,而且还关系到第二天的运动能力。越来越多的研究表明,锻炼后简单的休息仅是恢复手段之一,如果能适当地补充营养,将对体能的恢复有很大帮助。

运动后的营养主要作有以下三个方面:① 补充因汗液而损失的水分和电解质;② 补充运动中消耗的糖;③ 修复受伤的组织。

（一）水分的补充

剧烈的运动会导致机体大量水分的丢失,失水会影响运动的能力,即使失水只占体重的1%,也容易引起疲劳和不适;失水占体重3%,不适感加重,运动能力可下降20%～30%。如果在运动中已经补水,但通常都少于丢失量。因此,在运动后机体还是处于不同程度的缺水状态,需要积极的加以补充。

想要知道到底在运动中流失了多少水分,最直接的方法就是计算运动前和运动后的体重变化,每减少1千克体重,就表示至少需要补充1千克水,甚至更多,因为在运动后仍然会持续地流汗和排尿。若是不方便测量体重,也可以根据口渴的感觉喝水。但是人类的口渴感觉并不灵敏,即使身体已经处于缺水状态,仍然不会觉得口渴,即,有意识脱水;或是虽然喝进去的水并不足以完全补充丢失的水分,但是已经足以缓解口渴。所以,即使已经不觉得口渴,至少还需要再喝2～3杯的水,才能补充足够的水分。另一个明显的指标是排尿,如果在运动后1～2小时中,排尿量很少或是完全没有,而尿液的颜色很深,表示身体仍然处于缺水的状态,仍需补水,直到排尿量恢复正常,而且尿液颜色变成很淡或是无色,这才表示身体已经有了足够的水分。

（二）电解质的补充

汗液中主要的电解质是钠和氯离子,还有少量的钾和钙。进行了长时间的运动,如长跑或是在酷热的天气下连续剧烈运动数小时后,可在运动后以淡盐水或运动饮料补充水分和电解质。一般情况下,运动后电解质的丢失在正常的饮食中可得以补充。

（三）糖类的补充

糖原是运动时的主要能量来源之一,存在于肌肉和肝脏中。肌肉中的糖只能供给肌细胞所用,而肝脏中的糖可以以葡萄糖的形式释放到血液中,供给肌肉以及身体其他器官所需。体内糖存量不足以应付运动所需是造成疲劳和运动能力降低的原因之一。运动后体内的糖存量显著地降低,若是没有积极的补充,下次运动时的表现就会受到肝糖原不足的影响而降低。

研究显示,在运动后两小时,身体合成肝糖原的效率最高,两小时后则恢复到平常的水平。因此,在运动后迅速补充糖类,就可以利用这段自然的高效率时段,迅速地补充体内消耗的肝糖原。如果下次训练或比赛是在10～12小时,这段高效率期间特别重要,因为如果错过这个时段,即使在后续的时间吃进了足够的糖类,身体可能没有足够的时间完全补充消耗的肝糖原,使体内的肝糖原存量一次比一次降低,越来越容易感觉疲劳。若下一次运动在24～48小时之后,即使错过这段时间,接下来只要着重于高糖类的食物的摄入,仍然有足够的时间补充所有消耗的肝糖原。

一般的建议是在运动后15～30分钟内吃进50～100克的糖类(大约是每公斤体重1克),每两小时再吃50～100克糖类,直到进餐为止。正餐以及其他运动期间的饮食也应该以富含糖类的食物为主。

（四）肌肉和组织的修复

即使是没有身体接触的运动,也会造成肌纤维和结缔组织的损害,运动后的酸痛部分是来自于受损的肌肉组织。身体接触性的运动,如篮球、足球、橄榄球,会造成更多的肌肉损伤。运动后迅速地补充蛋白质有助于修复受损的肌肉和组织,受损的肌肉合成和储存肝糖原的效率也会降低。因此,参与身体接触性运动,或是比赛后受伤的运动员,需要补充更多的糖类,也需要把握运动后两小时的那段高效率期间,有效地补充体内消耗掉的糖原。

（五）适合食用的食物

以下列出含有50克糖类的食物,各人可以依照不同的习惯或喜好以及需求的量来选择适合的食物,或是加以组合变化。一般而言,运动后比较容易接受各式饮料或是流质的食物以补充糖类和蛋白质,同时不要忘记补充足够的水分。例如:800～1000毫升运动饮料;500毫升纯果汁;3个水果(苹果、香蕉、橘子等);6～10片饼干;两个水果加一杯牛奶;两片面包加少许果酱和一杯牛奶。

（六）应该避免的食物

大运动量运动后,应避免喝酒,酒精有利尿的作用,会降低体内的水分,也会减少肝糖原的合成,还会影响受损组织的复原,对于运动后的恢复有很大的副作用。

运动后也应该避免饮用含有咖啡因的饮料,如咖啡、茶等。因为咖啡因也有利尿的作用,将减缓体内水分的补充。

主要食物中三大营养素的含量如表Ⅱ-7-1所示。

表Ⅱ-7-1　　　　　　　主要食物中三大营养素的含量(可食部分每100克)

名　　称	蛋白质(克)	脂肪(克)	碳水化合物(克)
猪肉(瘦)	16.7	28.8	1.0
鸡(净)	23.3	1.2	0.1
草鱼(净)	17.9	4.3	0
鸡蛋(去壳)	14.7	11.6	1.6
牛　奶	3.3	4.0	5.0
粳米(标)	6.8	1.3	76.8
面粉(标)	7.2	1.3	77.8
大　豆	36.3	18.4	25.3
花生仁	26.2	39.2	22.1
柑　橘	0.9	0.1	12.8
苹　果	0.4	0.5	13.0
香　蕉	1.2	0.6	19.5

五、怎样吃才能促进肌肉发达(nutrition for developing muscle)

以往的研究表明,运动员在训练后25～35分钟这段时间内吃些碳水化合物,能急剧加速肝糖原和肌糖原的恢复。加速的持续时间约1～2小时,然后又转入慢速的恢复过程。一般情况下,糖原的恢复需要18～20小时。实际上,由于营养、遗传等种种因素的妨碍,恢复时间还要长些。只有当肝糖原和肌糖原恢复到原有水平时,才能进行下一次训练,这就是健美爱好者和30岁以下的健美运动员应隔日练一次的原因。

那么,训练后碳水化合物该怎么吃呢? 研究表明,若过量摄取碳水化合物,则只有一小部分能直接转化成糖原,大部分则通过间接途径处于合成过程中。此外,碳水化合物的摄入会引起胰岛素的分泌,胰岛素越多糖原合成也越多。可是,碳水化合物刺激胰岛素的分泌是有限度的,只有按每千克体重摄入0.7～1.4克碳水化合物时作用最明显。

为了揭开训练后摄入碳水化合物和胰岛素变化关系的谜底,美国科学家强德勒进行了一项实验研究。他把健美运动员分成四组:第一组训练后只喝水;第二组食用碳水化合物食品;第三组食用蛋白质食品;第四组吃1∶3的蛋白质和碳水化合物的混合食品。结果,只喝水和只吃蛋白质的胰岛素分泌量最少,食用碳水化合物的胰岛素分泌量相当高,食用蛋白质和碳水化合物混合食品的胰岛素分泌量次之。碳水化合物被利用的速度也很快,一些参加实验的运动员2个小时后即出现低血糖症状。此时,为满足肌肉合成代谢的需要,甚至动用起了血液中的葡萄糖。强德勒终于发现了刺激肌肉生长的最有利的方法,并把它定为健美运动员饮食营养的原则:训练后必须立即摄取易于吸收的碳水化合物(每千克体重0.7～1.4克)和蛋白质(不少于30～50克);2小时后,再次进食同样的蛋白质和碳水化合物的混合物,否则会出现低血糖症状。即使不出现这些症状,机体会出现在找不到充足糖原的情况下停止碳水化合物的交换,开始"吃"肌肉;接下去应每隔2小时,即训练后的4小时和6小时再吃同样的混合食物。

最终结果:激素(包括胰岛素、生长激素和睾丸酮等)的分泌急剧向促进合成代谢的方面倾斜,高峰状态能持续到训练后6小时。由于促进合成代谢的激素水平很高,促进分解代谢的激素的作用就变得微不足道了,于是,肌肉体积增大,体重增加。

表Ⅱ-7-2是自测与自评表。

表Ⅱ-7-2			自测与自评		
项　目	日　期	日　期	日　期	变化值
身高（厘米）				
体重（千克）				
腰围（厘米）				
臀围（厘米）				

实践与探索（pracficing and exploring）

通过体重（千克）/身高（米）可计算体重指数，世界卫生组织的标准应小于 25，我国有学者认为应小于 23，但尚无统一的标准；通过腰围/臀围可得腰臀比，正常应小于 0.9（男）或 0.8（女）。如果两个数值增加，均提示体内脂肪过多，营养过剩。

小结与思考（brief summary and thinking）

体育锻炼促进了机体的新陈代谢，增加了营养物质的消耗。我们在摄取食物时，应该保持能量的平衡，合理地安排一日三餐的膳食。没有任何一种食物可以满足我们机体所需的各种营养素，因此，偏食不利于身体健康。同时，多吃零食是引起热量过剩的重要原因。

思考题

1. 人体所需的营养素有哪些？对人体主要有哪些作用？
2. 如何做到膳食平衡和合理营养？

参考文献

[1] 曲绵域等.实用运动医学[M].北京:科学技术出版社,1996.

[2] 全国体育学院教材委员会.运动医学[M].北京:人民体育出版社,1990.

[3] 赵之心,王严等.想对健身者说[M].北京:化学工业出版社,1996.

[4] 李萍,灵璧.恰到好处的养生与健身[M].天津:天津科技翻译出版公司,1997.

（刘无遗）

第八章 体育锻炼与环境
(Physical Exercise and Environment)

- 四季气候特点和锻炼原则是什么？
- 什么是空气污染指数？
- 空气污染对人体健康有什么影响？

本章学习目标
- 四季锻炼特点及注意事项
- 环境因素对锻炼的影响

第一节 四季锻炼
(Exercise in the different seasons)

自然环境是自然界各种因素的综合，是人类生存和发展的物质条件。人的生命活动与自然之间不断地进行着能量传递和物质转换，人与环境和谐的动态平衡将是人类最佳生活方式。四季的更替是最显著的自然环境变化，中医的天人相应学说认为，四时之气是人赖以生存的基本条件，人顺应自然规律才能健康长寿。因此，根据自然环境四季变化的特点进行科学的体育锻炼，将会加强锻炼的效果，有益身心。

健康贴片：
　　一身动则一身强，一家动则一家强，一国动则一国强，天下动则天下强。

　　　　　　　　　　　　　　　　　　　　　　　　　　　　　　　　　　　　颜习斋

一、春练（exercise in spring）

经历了冬寒的人们纷纷走进大自然，尽情地吸收春的气息。春天生机盎然，脱去冬装，运动健身去！但我们必须清醒地认识到：春季也是一个病菌丛生、花粉飞扬、各种疾病多发的季节。因此，春季锻炼应特别注意卫生保健。

（一）春练总原则

1. 选择适当时间运动

春季，晨间气温低，湿度大，雾气重，因室内外温差悬殊，健身活动的时间尽量选择在下午三点以后，这时的气温是一天中最高的，工作或学习之余进行体育锻炼，可以缓解压力，愉悦心情，增进健康。我国自古就有"春捂秋冻"的谚语，春天锻炼应注意运动前的准备活动和运动后的保暖，运动前，必须先活动活动腰部与四肢的关节，搓搓手、脸、耳等暴露于外的部位，以促进局部血液循环，防止和避免扭伤的发生。活动热身以后，再适量脱去一些衣服，切忌在大汗淋漓后脱下衣服或在风口处休息。剧烈活动后，不应骤停休息。锻炼后，应用干毛巾擦干身上的汗水，并及时穿好御寒衣服。

2. 注意感官的保护

"春天,孩儿的脸",春季气候变化大,雾多、风大,锻炼时肢体裸露部分不宜过大,以防雾湿的侵袭,要学会鼻吸口呼,不要逆风锻炼,练习场所宜选在旷宽的田野或宁静的湖畔,以摄取较多的"空气维生素"——负离子,起到健脑驱劳、振奋精神的作用。

3. 注意运动强度

锻炼的强度一般应以锻炼后一小时恢复正常为合理,反之,即为超量运动,应及时调整运动量。循序渐进,安排合理,主要以自我感觉良好为标准。

(二)春练地点的选择

春练最好要选择室外树木繁茂、花草丛生的地方,这些地方鸟语花香,美丽的自然景色,使人心旷神怡。新鲜空气中含有大量的负离子,负离子对人体具有良好的生理效应及治疗作用,少量负离子可以使大脑皮质抑制加强,睡眠改善,工作效率提高;中等浓度的负离子会兴奋迷走神经,加快神经系统的传导速度,提高气管平滑肌张力,改善肺功能,降低血压,增强抗病能力。

锻炼时,应避免在繁华的街道或距离工矿厂区及建筑工地较近的地方,还应避免在居室内锻炼,由于人们夜间睡眠时闭门关窗,室内空气中二氧化碳含量较高,含氧量较低,空气不新鲜。所以,春练地点以室外为好。

(三)春练贵在坚持

> **健身圣典:**
>
> 流水不腐,户枢不蠹,动也。
>
> 形气亦然,形不动则精不流,精不流则气郁。

贵在坚持,一方面说明了"动则不衰"的道理,另一方面也强调了经常、不间断的重要性。只有持之以恒,坚持不懈,才能收到健身效果。有些人虽然有锻炼健身的欲求,学了很多健身方法,但哪一种方法都未能坚持下来,结果收效甚微。长寿老人们都有各自不同的健身方法,其共同之点就在于"持之以恒"。春练不仅仅是身体的锻炼,也是意志和毅力的锻炼。体育锻炼对人体的健身作用是在人体随运动负荷不断加大的情况下,使身体各组织器官的功能不断提高适应性的过程。而人体机能的提高,必须经过多次反复才能强化、巩固和发展。如果练练停停,必将前功尽弃。有人曾进行过这方面的观察,一组人群在锻炼数月后,心、肺机能明显提高,而停止锻炼数月后,又回到原先状态。所以,锻炼的效果不仅取决于运动量的大小,而且必须持之以恒。运动的次数一般为每日或隔日 1 次,或每周不少于 4 次,间隔时间不宜超过 3 天。

二、夏练(exercise in summer)

由春过渡到夏,人体已经适应了春暖的气候,为适应夏季气候做了准备。在盛夏,气温常在 37~39℃ 之间,甚至高达 40℃,大大超出人体平常耐热的程度。中国自古就有"夏练三伏"的谚语,夏天锻炼有助于强化锻炼效果。

(一)夏练注意事项

1. 忌锻炼后立即洗凉水澡

夏天由于气候炎热,在体育锻炼过程中,往往汗流浃背,有些人为了贪图一时痛快,每当体育锻炼后,立即就去冲凉水澡。其实,这样做对身体健康是有害无益的。因为体育锻炼时,全身的新陈代谢十分旺盛,体内产热量大增,皮肤中的毛细血管也大量扩张,以利于体热的散发。如果体育锻炼后就去洗凉水澡,由于皮肤受到过冷的刺激,而使毛细血管骤然收缩,不利于体热的散发,虽然在洗凉水澡的一刹那会觉得凉爽,但过后又会反而使人感到热不可耐。同时,突然遇到冷的刺激会使汗腺泌汗骤然停止,影响出汗。

2. 忌大量喝水

夏季体育锻炼时由于出汗多,会感到口渴。此时千万不要大量喝水,否则对身体健康有害。因为体育锻炼后机体各个器官、系统进行了紧张的工作,正需要休息,以消除疲劳。如果这时大量喝水会给消化系统、血液循环系统,尤其是给心脏增加沉重的负担。同时,由于天气炎热,锻炼时出汗过多,体内的盐分已随着排汗而大量丧失,如果这时再大量喝水,会使血液中的盐浓度进一步稀释,容易引起肌肉痉挛。

3. 忌大量吃冷饮

体育锻炼时,肌肉的运动会引起体内血液的重新分配,使体内大量的血液流向运动的肌肉和体表,而消化器官则处于相对的贫血状态。冰冻饮料由于温度过低,此时大量摄入,会进一步加重胃肠道缺血,不利于运动后对食物的消化吸收。运动以后,可适当饮用低温饮料,帮助散热,但饮料的温度宜控制在10℃左右,不宜过低。

4. 忌在强烈日照下锻炼

夏天如果常在强烈日照下进行体育锻炼,将会对身体产生不良影响。因为日光中的红外线在夏天格外强烈,人体长时间受到阳光照射,红外线会透过毛发、皮肤、头骨而辐射到脑膜和脑细胞中,易使大脑发生病变,也会导致类似中暑的症状。因此,夏天进行体育锻炼最好在早晨和下午 4 点以后进行。

(二)夏季防晒小常识

夏季日照时间长,阳光强烈,室外锻炼要特别注意保护皮肤,避免被强烈日光灼伤。日光中有大量紫外线,紫外线是电磁波谱中波长为 0.01～0.40 的微米辐射的总称,对人类的生活和生物的生长有很大影响。紫外线按其波长可分为三部分:紫外线 A 波长位于0.32～0.40微米之间,对人体合成维生素 D 有促进作用,但过量的紫外线 A 照射会引起光致凝结,抑制免疫系统功能,太少或缺乏紫外线 A,又易患红斑病和白内障;紫外线 B 波长位于 0.28～0.32 微米之间,能使皮肤变红和短期内降低维生素 D 的生成,长期接受可致皮肤癌、白内障及免疫功能抑制;紫外线 C 波长位于 0.01～0.28 微米之间,几乎全被臭氧层吸收,对我们影响不大。紫外线对人体的影响主要是紫外线 A 和紫外线 B 的综合作用。

为了防止紫外线的过度照射,锻炼时,除了戴遮阳帽、穿长袖衣服外,还可针对不同环境,使用防晒指数值不同的防晒剂。一般的防晒剂只是对中波紫外线有防护作用,但对长波紫外线无能为力,涂了防晒剂也照样会晒黑,并且,两种紫外线都可以引起皮肤红斑、晒黑、光老化及皮肤癌等急慢性光损伤。因此,无论防晒剂的防晒指数值有多高,都不能完全阻隔紫外线,并且,防晒剂对皮肤也有一定的危害。一般的防晒霜都有三种主要成分,即化学性紫外线吸收剂、物理性紫外线屏蔽剂和植物活性成分。防晒指数值越高,防晒剂添加成分就越多,其对皮肤的潜在危害性也随之增加。已有实验证明,防晒指数 15 的防晒剂对中波紫外线的阻隔率已达到 90% 左右,所以,不可盲目"追高"。

防晒指数推荐值:夏季中等强度阳光下室外运动或工作,推荐使用防晒指数 20 左右、PA＋＋ 防晒品;烈日下运动,如海滩游泳,宜选择防晒指数 30 左右、PA＋＋＋ 的防晒品;水中运动应使用耐水性防晒品。使用耐水性防晒品时应注意:这种防晒品比较油腻,最好不要随便使用,使用前先涂在耳后试用,因为其防晒活性剂含量较高,易引起过敏症状。需提醒的是:皮肤白的人更要注意防晒,因其本身色素(色素可吸收、散射紫外线)较少,自我防护机制较差,更易被晒伤。

(三)夏天锻炼要防止中暑

人体是恒温的。尽管外界环境温度变化很大,人的体温总是稳定在 36.5～37.5℃之间,波动大体不超过 1℃。在体温调节中枢的调节下,人体通过改变产热和散热过程来维持体温恒定。在烈日或高温环境下运动时,过量体液丢失,体温调节发生障碍的状态就是"中暑"。

人在进行体育锻炼时,尽管体内产生大量热量,但在体温中枢的调节下,皮肤血管扩张,身体内部的热量可以很快送到身体表面,然后通过辐射、对流、传导等不同方式,将这些多余的热量散发掉。同时,体温调节中枢还使汗腺加速分泌汗液,通过汗液蒸发使体液更快散发,维持体温的相对稳定。夏天进行体育锻炼时,如果气温超过 34℃,湿度又大,天气闷热,散热发生困难,很容易导致中暑。口渴通常是中暑的第一症状,接着是头晕、头痛、心悸、恶心等感觉。严重者,常出现汗液分泌停止、体温急剧升高、昏迷等症状,如不及时抢救,可有生命危险。

预防中暑的主要方法有以下一些。

1. 避开烈日

首先要安排好锻炼时间:除游泳之外,夏季每天的锻炼时间最好不要安排在 11:00—16:00 之间;

还要选好场地和环境,如选择湖边、河边或绿树成荫的地方。

2. 补充水分和盐分

水是防止中暑的最佳饮料,但不要暴饮,应少量多次补充,最好在运动前先补充一点;还可以多吃富含水分和均衡盐类的水果蔬菜;也可以饮用一些运动饮料,如维体、佳得乐,可补充大量流汗时所损失的各种盐分和补充一些能量物质。

3. 避免酒精和咖啡因

喝含酒精和咖啡因的饮料会加速虚脱。酒精和咖啡因有兴奋作用,在增加心率的同时加速了水分流失。

4. 不要吸烟

吸烟会引起血管收缩,并降低适应高温的能力。

5. 泼冷水

天气干燥炎热时,不妨用冷水淋头颈部,水分的蒸发可以帮助消暑,若湿度较高时,此方法作用不大。

6. 戴帽子

最好选用透气且能遮住颈部的帽子,头颈部血管非常靠近皮肤表面,易于迅速吸热和散热。

7. 勿赤膊,穿纯棉衣物

赤膊容易吸收更多的辐射热,纯棉衣物透气吸汗,有利于消暑。

(四)夏季减肥

夏季是减肥的大好季节,以选择中小强度的有氧运动为佳,如长距步行、慢跑、游泳或骑车。这些是简单而且无须任何训练的运动,主要锻炼下肢肌肉和心肺功能。

游泳是一项非常好的减肥运动。因为水的热传导系数比空气大 26 倍,若在相同温度的水里比在空气中散热快 20 多倍,可消耗更多的热量。运动生理学测定表明:在水里游 100 米,可消耗 100 千卡热量,相当于跑步 400 米、骑自行车 1000 米或滑冰 1500 米。游泳时,人体处于水平状态,有利于下肢血液回流;水对胸腔的压力促使呼吸加深,肺活量增大;水对皮肤的冷刺激使血管急剧收缩和扩张,这些对心肺系统的效应远大于陆上运动,将使锻炼者终身受益。

夏季减肥的一些要点如下。

1. 多饮水

平时人体每天需要 7~8 杯水,而在炎热的夏季,还要多喝 2~3 杯。水是最好的饮料,但许多人靠喝加糖的饮料或啤酒来补充消耗的水分,这些饮料中的热量反而容易积存,因此要喝纯水。

2. 饮食清淡

可吃大量的新鲜蔬菜、水果,以减少对其他食物的需要。

3. 少吃多餐

可以每天吃 4~5 次,每次数量要少,特别是晚上要少吃。

4. 保证运动时间

每周至少三次,每次半小时,以后逐渐延长时间,以能保持轻松对话为标准,无须练得气喘吁吁。

健康贴片:人体只有健康,才会有生命力,才使人感觉美。健康是内在的本质的美,是外形美的基础。

三、秋冬锻炼(exercise in autumn and winter)

(一)秋冬锻炼四防

秋冬天气逐渐转冷,早晚温差大,气候干燥,易引起疾病的发生。因此,秋冬的锻炼保健就格外重要,应注意以下四点。

1. 防运动损伤

由于人体肌肉韧带在气温低时会反射性引起血管收缩,肌肉伸展性明显下降,关节活动度减少,神经系统对运动器官调控能力降低,易造成运动损伤。因此,每次运动前,一定要注意做好准备活动。

2. 防感冒

秋冬清晨气温低,锻炼时不宜脱衣太快,应待身体发热后,逐渐脱去外衣;锻炼后切忌穿湿衣服在冷风中逗留,以防身体着凉感冒。

3. 防燥

秋冬干燥,运动者每次锻炼后,应多吃些滋阴润肺、补液生津的食物,如梨、芝麻、蜂蜜、银耳等。

4. 防运动过度

秋冬是锻炼的好时节,但此时人体正处于收敛内养阶段,宜选择活动量不大的项目。

(二)秋冬减肥

对于过度肥胖的人来说,秋冬是减肥的最佳时机。研究发现,在寒冷空气中进行体育运动较在温暖环境中更易减轻体重,即使在冷空气中单单进行呼吸运动也可消耗掉较多的热量。在20℃环境中呼吸1小时可消耗8千卡热量,在−4℃环境中则能消耗16千卡热量。大风降温增加空气清洁和清新度,是进行减肥锻炼的"天赐良机"。

那么,秋冬什么运动有利于减肥呢?通常,中等强度的有氧健身运动消耗脂肪最多。有氧运动是指运动过程中肌肉所需能量由糖原和脂肪有氧分解提供,可维持较长时间运动,如骑车、步行、上楼梯、跑步和游泳等。研究表明,有氧运动超过20分钟,脂肪细胞中的脂肪分解入血,身体就可以利用其作为能量来源。因此,每次进行20分钟以上的有氧运动对减肥最有效,其中,跑步是最简单而有效的方法。

健身圣典:

如果你想强壮,跑步去吧!如果你想健美,跑步去吧!如果你想聪明,跑步去吧!

秋冬也是易发胖的季节。有些人试图通过每天临睡前做几个仰卧起坐来阻止腹部脂肪堆积,但往往事与愿违。研究指出,如果每次仰卧起坐少于150次,就达不到减肥的目的。因为仰卧起坐动作虽然强度较大,但持续时间短,动员肌肉少,消耗的热量少。因此,仰卧起坐只对增强腹部力量有益,却不是理想的减肥运动。

秋冬减肥饮食小技巧:秋冬是水果收获的季节。美国一研究小组在进行有关节食方法的实验后指出,将传统的餐后吃水果的习惯倒转过来,餐前30～40分钟吃一些鲜果或饮用1～2杯果汁,即可顺利又无痛苦地减轻体重。这是因为水果或果汁内含果糖或葡萄糖,均属于"单糖",可在体内迅速吸收利用,以补充血糖,鲜果中的粗纤维素可给胃以"填塞"胀满之感,故可缓和进餐速度,使正餐的摄入量减少。

研究表明,餐前吃些水果或饮用果汁,可显著减少对脂肪性食物的需求,可间接阻止过多脂肪在体内储积——此即为水果减肥的奥妙所在。

四、晨练注意事项与晨练指数

(一)晨练注意事项

医学研究证明,早晨刚起来的时候人体各脏器功能尚处于较低水平,难以适应外界环境的变化,需有一个逐步调整的过程,以利生理功能活跃起来。正确的做法是,起床后稍休息片刻,做些准备活动,然后再晨练。另外,晨练也最好在黎明后。黎明前或天蒙蒙亮时,空气并不新鲜,绝大多数植物放出的二氧化碳浓度还比较高;在园林中、广场上也处于空气污染的高峰期,须待日出后植物的光合作用开始,氧气逐渐释放,空气新鲜度方能逐渐增高,故世界各国的运动医学专家大多主张晨练的最佳时间是日出后。

晨练前,最好先补充一些水分。因为夜晚睡眠时,皮肤及呼吸道每小时要散发20～30克水分,加上尿液的排泄,晨起时,机体相对处于缺水状态,如血液浓缩、血容量减少、血流缓慢、血液黏度增高。若晨练前喝200～300毫升水,或在温开水中加入1汤匙蜂蜜,可改善口味,又增加了血液中糖量,还避免了晨练中发生低血糖症的可能性。

雾天时,最好暂时停止晨练。因为雾天气压较低,风速较小,空气中的废气废物不易消散。当晨练时,呼吸增快,容易吸入较多的废气废物,因而在雾天锻炼可诱发气管炎、咽喉炎、眼结膜炎、鼻炎、鼻窦炎以及变态反应性疾病等。此外,雾天湿度大,气体交换效率降低、汗液不易蒸发,以致人体多有不适感,故应避开雾天晨练。

阴天时,人们应避免在树林中晨练,此时林中的二氧化碳浓度较高,影响机体的气体交换。

(二)晨练指数

气象条件的好坏直接关系到晨练人们的身体健康。为此,气象台为广大晨练爱好者初步建立了晨练外界环境标准,标准根据气象要素分为 5 级,气象要素分别是:天空状况、风、温度、湿度以及污染状况。

1 级:非常适宜晨练,各种气象条件都很好。

2 级:适宜晨练,一种气象条件不太好。

3 级:较适宜晨练,两种气象条件不太好。

4 级:不太适宜晨练,三种气象条件不太好。

5 级:不适宜晨练,所有气象条件都不好。

第二节　我们身边的环境污染
（Environmental pollution around us）

人类活动的增加破坏了自然环境,使环境状况日益恶化,工农业生产使环境污染日趋加重,这些环境的变化反过来又对人类的正常生活及健康发生重要影响。医学研究表明,人类 80%～90% 的癌症直接或间接地与环境有关,全球已有 1/5 的人口受到环境污染之害。

一、空气污染与污染指数（air pollution and air pollution index）

在体育锻炼中,空气污染是影响锻炼效果最主要的环境因素。一般在小强度运动时,机体每分钟肺通气量是安静时的 3～4 倍,剧烈运动时,每分钟肺通气量则是安静时的 8～10 倍。因此,运动时,空气污染对身体的损害可能是安静时的数倍。

空气污染中主要的污染物有二氧化硫、氮氧化物、一氧化碳、臭氧及光化学氧化剂、可吸入悬浮粒子等。污染的程度常用空气污染指数的大小表示,该指数分为 5 个等级(见表Ⅱ-8-1)。空气污染对健康造成的影响,与所接触空气污染物的含量及时间有关。空气污染指数 100 或以下,表示 24 小时内空气污染物水平属可接受程度,对人体健康不会造成急性或即时影响。不过,如空气污染于年内持续在"偏高"水平(空气污染指数 51～100),可能会对健康造成慢性不良影响。空气污染指数超过 100,即表示当日有一种或多种空气污染物含量高至可能影响健康的水平。

表Ⅱ-8-1　　　　　　　　　　　空气污染指数与体力活动

空气污染水平	空气污染指数	"一般空气污染指数"	"路边空气污染指数"
严　重	201～500	宜减少体力消耗及户外活动	宜避免长时间逗留在交通繁忙的地方。如必须逗留在交通繁忙的街道上,宜尽量减少体力消耗
甚　高	101～200	患有心脏病或呼吸系统疾病的人士宜减少体力消耗及户外活动	患有心脏病或呼吸系统疾病的人士,宜避免长时间逗留在交通繁忙的地方。如必须逗留在交通繁忙的街道上,宜尽量减少体力消耗
偏　高	51～100	不需采取即时预防行动。但如长年累月吸入污染程度偏高的空气,长远来说,对健康亦可能引致不良的影响	不需采取即时预防行动。但如长年累月吸入污染程度偏高的空气,长远来说,对健康亦可能引致不良的影响
中　等	26～50	建议可如常活动	建议可如常活动
轻　微	0～25	建议可如常活动	建议可如常活动

空气污染指数根据不同场合,又分为"一般空气污染指数"和"路边空气污染指数",对于大部分人说,"一般空气污染指数"较有意义,因为这些指数代表我们大部分时间所接触的空气污染情况。至于"路边空气污染指数",因为接近汽车废气排放源头,所量度的指数自然会较"一般"指数高,但由于我们通常会较少时间逗留在繁忙的街道上,这类空气污染指数对我们的意义也较小。不过,对习惯在马路上进行锻炼的青少年来说,这一点应特别引起重视。

二、噪声(noise)

据对我国 75 个城市的调查,61%的人口白天生活、工作在高噪声环境中,86%的居民夜间是在超标噪声中休息,长期的噪声生活使人产生心绪不宁、疲倦、失眠,诱发种种神经、精神疾病。什么是噪声?从物理定义而言,振幅和频率上完全无规律的震荡称之为噪声。通俗地说,凡是使人烦躁的、讨厌的、不需要的声音都叫噪声。人们过去只注意噪声对听力的影响,但大量研究表明噪声对心血管系统、神经系统、内分泌系统均有影响,所以,有人称它为"致人死命的慢性毒药"。噪声主要来源于交通工具、工厂机器设备、建筑施工和人们的社会、家庭活动。

噪声对人类的危害是多方面的,其具体可表现为干扰睡眠、损害听力和对人体生理和心理的影响三方面。

(一)干扰休息和睡眠

休息和睡眠是人们消除疲劳、恢复体力和维持健康的必要条件,但噪声使人不得安宁,难以休息和入睡。人在辗转不能入睡时,便会心态紧张,呼吸急促,脉搏跳动加剧,大脑兴奋不止,第二天就会感到疲倦,或四肢无力,从而影响到工作和学习,久而久之,就会得神经衰弱症,表现为失眠、耳鸣、疲劳。

(二)损伤听觉、视觉器官

我们都有这样的经验,从飞机上下来或从轰鸣的车间里出来,耳朵总是嗡嗡作响,甚至听不清说话声音,过一会儿才会恢复,这种现象叫做听觉疲劳。这是人体听觉器官对外输送环境的一种保护性反应。如果长时间遭受强烈噪声作用,听力就会减弱,进而导致听觉器官的器质性损伤,可造成听力下降。

(三)对人体的生理和心理影响

噪声是一种恶性刺激物,长期作用于中枢神经系统,可使大脑皮层的兴奋和抑制失调,条件反射异常,可出现头晕、头痛、耳鸣、多梦、失眠、心慌、记忆力减退、注意力不集中等症状,严重者,可产生精神错乱。噪声可引起植物神经系统功能紊乱,表现为全身血管收缩,供血减少,血压升高或降低,心率改变,心脏病加剧,噪声会使人的唾液、胃液分泌减少,胃酸降低,胃蠕动减弱,食欲不振,可引起胃病和胃溃疡。噪声对人的内分泌机能也会产生影响,如导致女性性机能紊乱、月经失调、流产率增加等。噪声对儿童的智力发育和心脑功能发育也有不利影响。

我们身边的污染主要是由于工业化生产造成的。工业化以及数字化给我们的生活带来了很多方便,但我们也应看到它们的危害。"天乃道,道乃久,殁身不殆",为了我们以及子孙后代的健康,保护好我们的环境,顺天守时,与"天地相参,与日月相应",按"道法自然"之理行事。

空气污染指数对健康的影响如表 II-8-2 所示。

表 II-8-2　　　　　　　　　　　空气污染指数对健康的影响

空气污染指数	空气污染水平	对健康的影响
201～500	严重	患有心脏或呼吸系统疾病者的健康状况可能会明显地受影响,而一般人普遍会有不适的情况(如眼睛不适、气喘、咳嗽、痰多、喉痛等症状)
101～200	甚高	患有心脏或呼吸系统疾病者的健康状况可能轻微转坏,而一般人或会稍感不适
51～100	偏高	预料不会有急性的健康影响,但如果长时间在这种空气污染水平中,可能引致慢性不良影响
26～50	中等	预料对于一般人没有影响
0～25	轻微	预料没有影响

表Ⅱ-8-3 是自测与自评表

表Ⅱ-8-3   自测与自评

项　目	日　期	日　期	日　期	变化值
晨脉（次/分）				
上臂围（厘米）				
大腿围（厘米）				
小腿围（厘米）				

实践与探索（practicing and exploring）

晨脉是指早晨醒来安静时每分钟的脉搏次数，可通过腕部的桡动脉或颈部的颈动脉触知。上臂围可测用力屈臂时的最粗围度，大腿可测大腿根部的围度，小腿测直立时最粗的围度。长期坚持锻炼，晨脉有减慢的趋势，肢体会变得粗壮。但应避免片面地追求形体美而不注意全面的体格锻炼。

小结与思考（brief summary and thinking）

自然环境对人体的影响是多方面的，但在锻炼时与人直接有关的环境因素主要有空气的质量、噪音和冷热等。因此，宜选择比较安静、空气清新的环境，而且要注意保暖防暑。

思考题

1. 四季的气候特点是什么？锻炼时，应注意哪些内容？
2. 什么是空气污染指数？空气污染指数达到多少时不宜进行体育锻炼？

参考文献

[1] 施仁潮.四季气功健身术[M].北京:中国中医药出版社,1991.
[2] 李萍,灵璧.恰到好处的养生与健身[M].天津:天津科技翻译出版公司,1997.
[3] 孙宗鲁等.大学生健康教育教材[M].北京:北京大学出版社,1994.

（刘无逸）

第九章　养生保健（Health Preserving）

- 养生学的理论依据是什么？
- 养生手段主要有哪些？

本章学习目标
- 中国养生特点
- 四季养生的方法
- 太极拳是养生的重要手段

第一节　概论
(Conception)

中国民族传统体育是中国人生活方式、性格特点的生动体现，是祖先世代相传约俗而成的一种东方文化的形象化表述。民族传统体育是指某一民族发明创造的在一定范围内广泛开展的、历史悠久的、具有浓郁民族特色和地方特色的传统体育活动。我国是一个繁衍生息在中华大地上的由 56 个民族组成的民族大家庭，中华民族有着 5000 多年的悠久历史文明。各民族的传统体育活动和中华民族传统体育一样，有着悠久的历史传统和丰富多彩的运动形式，被各民族群众深深喜爱。由汉族和 55 个少数民族在内的民族传统体育，共同形成了中华民族的传统体育。

我国民族传统体育的内容极为丰富，各具独特的风格，种类繁多。如武术、太极拳、太极推手、木兰拳、导引、气功、搏击、舞龙、舞狮、划龙舟、围棋、象棋、各类民间体育游戏活动等，都属于中华民族传统体育的范畴。它们以健身养生为主，以追求健康和长寿为目的，以"身心合一""动静结合"为特点，兼有表演性和技击性，在运动中讲究"内外之合"，主张"形神兼备"，重视表现"精、气、神"，着重在表现姿态的境界中显示人格。经常参加民族传统体育锻炼能收到健身养生、疏通经络、调节气血、祛病延寿、防身自卫、锻炼意志、健全人格等功效。民族传统体育锻炼内容丰富多彩、兴趣性高、易于普及，很多项目，如太极拳、木兰拳、推手等不受场地、器械、天气等条件的限制，易于普及，是坚持终生体育运动的好项目。它具有以下特点。

一、民族性（character of people）

民族传统体育是一种民族性的健身运动形式。中华民族传统体育具有鲜明的民族性和古朴独特的民族风格，兼容着各民族的历史、风俗、习惯、生产、生活、经济、文化等各方面丰富的内涵，是体育与音乐、舞蹈、诗歌的有机结合。它反映了创造这类健身运动形式的民族群体性格，如我国的武术中的太极拳（见图Ⅱ-9-1）、少林拳、木兰拳等，中国象棋、围棋、舞龙、舞狮、划龙舟、搏击、射箭、赛马、抢花炮、秋千、跳竹竿、木球、采珍珠、响射、射弩等。它们经过了千年的传承和演变，始终保留着原创时中华民族的印记，它们流行于各民族之间，受到各民族文化的熏陶，因此又具有了不同的民族风格和流派。宣传和认识中华民族传统体育，对于激发大学生的学习兴趣、体味民族传统体育的内涵和民族气节，弘扬爱国主义精神、集体主义精神、增强民族凝聚力都具有十分积极的意义。

二、传统性（traditon）

民族传统体育无论其竞赛规则、活动方式和活动功效，都是我国人民在长期的体育实践中积累的健身经验的结晶，并经历了千百年的延续、继承和发展，这种传统性决定了它所具有的生命力与实效性。中华民族传统体育在当前高校中和社会上受到了广大群众的热烈欢迎和积极参与。

三、健身性（boby-builder）

图Ⅱ-9-1 太极拳

民族传统体育是以身体运动的形式进行的。在愉悦身心的运动中，承受着一定的生理负担和心理负担，通过人的体力和体内运动能量物质的消耗—恢复—超量恢复这一周而复始的循环，使人的体能得到发展，体质有所增强，而达到祛病强身、延年益寿的目的。例如，武术、太极拳等运动项目，通过经常锻炼，它对人可以起到延年益寿的作用。

四、普及性（popularity）

我国民族传统体育是我国56个民族的长期共同的社会生活和劳动过程中创造和发展的健身运动形式，活动方式简单易行，功效显著。在我国全民健身运动中，80％的锻炼内容都是民族传统体育项目。民族传统体育对场地器材要求远低于竞技运动项目，易于普及发展。

五、教育性（education）

我国民族传统体育从产生到发展，都与教育有着密切的联系。人类早期的教育，主要是通过舞蹈和体育的形式实施的。在没有文字和书本的情况下，教育的主要手段是口授和身体活动的模仿。人们基于生产和活动的需要，把生存技能传授给下一代，因此，原始社会传授生存和劳动技能的体育是原始教育的主体。现代的民族传统体育可以培养爱国主义和集体主义精神，培养团结拼搏、奋发向上的精神，培养艰苦奋斗、百折不挠、勇敢顽强的意志品质，培养良好的精神文明。

六、继承性（inheritance）

民族传统体育历史悠久、源远流长，是在中国特有的历史传统文化心理的背景下产生的。据中国体育博物馆和中国体育局文史委员会有关专家进行的全国性调查统计显示，在中华大地上流传的民族传统体育项目有670多种，汉族民族传统体育项目达300多种。中华民族传统体育运动形式之丰富，在世界上是绝无仅有的。在这些民族传统体育项目中，绝大多数的是以健身为主要特点的传统体育项目。而且，这些民族传统体育项目随着历史的发展而不断被革新。继承和发展民族传统体育，要适应新形势的需要，在继承中求得发展。

七、终身性（lifelong character）

民族传统体育最主要的功能是健身，具有广泛的群众基础，具有终身体育的作用与价值，随着年龄的增大，太极拳、木兰拳等民族传统体育项目更显出它们的独特魅力。不同年龄、不同性别、不同的职业和层次的人均可以选择民族传统体育中的不同项目，根据自身的条件，因人制宜地进行科学锻炼，达到健身强体、祛病延年的目的。

第二节　中国特色的养生之道
（The traditional Chinese way to preserve health）

中国养生之道以其博大精深的理论和丰富多彩的方法而闻名世界，由于它的兴起和发展与光辉灿烂的中国古代科学文化密切相关,因而具有独特的东方色彩和民族风格。国内外许多研究者都致力于中国养生理论和方法的探究,学者傅好娟对此进行了较为全面的阐述。

一、完整的理论体系(integrated theoretical system)

实践是理论的源泉,思维是认识的基础。了解中国养生的特点,必须抓住最基本的东西,即中华民族特有的历史过程和思维方式。而这一思维方式,不仅体现在养生学术之中,同时是整个中国古代哲学和科学思想的灵魂。哲学与科学思想,是时代精神的升华。一个民族的哲学和科学思想的发展,是这个民族自我觉醒的过程。中国人长于辩证思维,把自然和生命既看作是一个有机联系的整体,又看作是各种不同方式相互作用的过程,因而以发展变化的观点,从多方面的相关关系中去把握事物的特殊本质。正如英国学者李约瑟所指出的:"中国人则一直倾向于发展辩证逻辑。"自古以来,以预防疾病、保健延寿为宗旨的中国各家养生理论,无不用天人相与、形神一体、全息运动、过程调控的观点来认识人体生命活动及其与自然、社会的关系;并用阴阳形气学说、经络脏腑论来阐述人体生老病死的规律。从而把精、气、神作为人身之三宝,确立了顺应自然、调和阴阳、益气养形、积精全神的养生原则。这一理想与西方立足实体病因、病理的防治理论完全不同。

二、悠久的学术源流(long origin and development of academic sphere)

"往古之人居禽兽间,动作以避寒,阴居以避暑"(《素问 移精变气论》),可以看作是我国最早的保健活动。相传燧人氏"钻燧取火,以化腥臊"(《韩非子 五蠹》);神农氏"尝百草之滋味,水泉之甘苦"(《淮南子 修务训》);其后彭祖寿考之土好"吹嘘呼吸,吐故纳新,熊经鸟伸"(《淮南子 刻意》)。可见在周代之前,已有食养、药补、行气、导引之术风行。春秋战国之际,学术界出现了万壑竞流、百家争鸣的局面。《周易》阴阳,老子道论,《管子》的精气学说,孔子的自我调摄,荀子的"治气养心"理论,子华子强调运动的主张,《吕氏春秋》会聚诸家,《黄帝内经》总其大成,均为中国养生之道的学术渊源。汉晋以后,医、道双水分流,稀、儒自成体系,极大地繁荣了中国养生的学术园林。道家宗老庄、自嵇康、张湛、葛洪、陶弘景以来,均注重养神炼气,并配合导引、服饵。医家遵岐黄,自越人、张机、华佗、孙思邈以降,皆提倡调摄饮食、起居、精神、情志,并配合行气、引导、按摩、药补。释家养生术于汉明帝时随着佛教的传人始有流行。安世高译上座部禅法,宣扬调息、止观的坐禅方法。支谶译《道行般若经》介绍心色皆空的理论。其后有达摩《楞加经》、慧能《六祖坛经》等,均主张清净养性。儒家宗孔孟,强调日常生活的调理,并与道德修养和社会思想联系在一起,形成自己的特点。各家之中,尚有众多流派,皆殊途同归。

三、全面的饮食护养(overall dietary maintenance)

当代流行的饮食观多注重成分的分析而略于综合的调理,于是亦有人为"营养"的积累和讨厌的肥胖而忧心忡忡。食有寒热温凉四气、酸苦甘辛咸五味,分别作用于人体,会产生不同的效应。不从微观的、个别的、静止的成分出发,而从宏观的、整体的、动态的形、色、气、味等性能概念出发,利用这种不同方式的特性来调和阴阳血气等不同方式的生命过程,从而达到保健和医疗的目的,这是中国养生学术在饮食理论方面的重要特点,也是与现代西医营养学理论的根本区别。早在《周礼》中记载有"食医",负责调理饮食,"主护养之道"。《内经》中就有"五谷为养,五谷为助,五畜为益,五菜为充"的理论和五味入五脏、饮食宜节制的观点。中国历代养生家都主张饮食的选择要全面配合、因人制宜、无味调和、寒热相宜。并要根据四时气候的变化和地理环境的不同而进行调节。食物的烹调宜熟、软、素、淡。进食须按时有序、注意节制、情绪安宁、专心致志。并宜温暖、忌生冷;宜细缓,忌粗速。食后须摩腹、散步,并忌过劳和恼怒。如《勿药元诠》中说:"怒后勿食,食后勿怒。"病人的饮食须按病情的寒热虚实来辩证选择。把饮食用于治疗疾病也称作"饮食疗法"。此外,还需注意饮食卫生和饮食禁忌。从上述众多方面来进行全面的饮食养护,是中国饮食养生的又一特点。

四、整体的自我调摄(overall self-nourishment)

德国19世纪著名的哲学家康德,从小身体衰弱,年轻时经常患病,后来竟活到80岁,他的长寿秘诀是有规律的生活、严格的作息制度。佐生科的评述是"他的全部生活都按照最精确的天文钟作了估量、计算和比拟"。中国养生之道也非常强调"起居有常",但又同时主张"法于阴阳、和于四时",即遵循自然变化的规律和生命过程的节奏,随着空间、时间的移易,四时气候的改变而进行调整,并根据年龄、体质、地域、环境、习惯、条件的不同而因时、因地、因人制宜。此外,还从起居、衣着、居处、劳作、睡眠、房事、旅行、精神、心理、情志,甚至沐浴等各个方面提出了很多具体的养生方法,如巳时调摄法、每日调摄法、起居调摄法、睡眠养生法、情志调摄法、自我心理疗法等,其内容之丰富、形式之多样、均非其他国家所能比拟。此外,值得指出的是,流行的西方观点认为,畅怀纵欲可以免除精神的压抑,因此有利于健康。这种观点也许适应其民族特点和体质条件。而中国的各家养生理论却无不强调节制房事、爱精护神,并主张"形要小劳,无至大疲"。形气精神的保养关键在于"无损"。《洞神经》说:"养生以不损为延年之术,不损以为有补卫生之经。"《神仙传》说:"养寿之道,莫伤之而已。"不损、不伤的关键在于遵循自然及生命过程的变化规律,这就构成了整体的自我调摄的理论基础。

五、辩证的药物利用(differentiation of symptoms and signs for drug use)

当今世界,在现代医学领域里,正忧虑药物疗法的不景气现象,面对许多药源性疾病或自身免疫性疾病束手无策,许多化学性药物不仅效果不显著,反而对人体有害,如"反应停事件"曾在世界引起轩然大波,20世纪70年代日本发生的SMON事件也曾轰动全球。中药属于天然性物质,有许多本身就是食物,药食同源、药食同用、药食同理,它们在中医辨证论治理的指导下,发挥着神奇的功效。目前欧美饮食界提倡吃花粉、蚯蚓、蚂蚁、红茶菌等,日本医学界在东京开设中国药膳饭店等,无一不是当代掀起"医学走向自然界"和"中医热潮"的一个侧面,早在《内经》中记载有延年益寿的药方,《神农本草经》把保健抗衰的药物列为上品。《神仙传》和《古今医统》中记载孔安国在海滨遇上一位渔夫,见其与众不同,进而相处,才知道他是原来越国的宰相范蠡。后来范蠡授他"秘方服饵之法",得传者"寿皆百岁,面如童颜"。中国历代文献所载保健延寿药方药膳方不下万种,这一巨大宝藏有待我们去发掘、整理。中国养生之道对于人类的保健益寿无疑具有重要的现实意义。

第三节　四季养生之道
(The way to preserve health all the year round)

四季养生之道,在学术界和民间有着丰富的理论和实践,北京羽维通科技发展有限公司科研人员对此进行了有机的结合,提出了切实可行的方法。

一、四季养生的原则(the principles of preserving health all the year round)

春季是阳气上升、发育万物的季节,春季的养生,在于吸收春阳和暖之气,以助生理机能的生发,以顺应春之阳气,活动肌肤,舒展筋骨,协调五脏六腑,春季保健要注重协调阳气抑制肝阳上升。

夏季是万物茂盛的季节。夏季的养生,在于吸收夏长华实之气,应增强脏腑活动,促进气血流通。炎夏要强化心脉的功能,以促进血脉循环,血脉贯通。秋季是萧瑟的季节。秋季寒气逐渐上升,阳光下降。因而,肃秋宜收敛神气,特别应润养肺气,霜降之后,更要注重协调气息,可缓解秋凉对人的不良影响。

冬季是万物收藏的季节。此时人们应防避寒气,多沐浴阳光。摩擦肌肤,活动躯体肢节,在冬季人们要特别注重肾脏、筋骨、肢体的保养。

二、春季全养(nourishing yin-yang in spring)

春回大地,冰化雪消,枝头叶青,大自然呈现一派欣欣向荣的景象。但春季多风,乍暖还寒,昼夜温差大,人们易患感冒和其他疾病,旧病也容易复发。春季的养生须从衣食住行等方面全面考虑。衣:冬去春来,人们往往急于脱去臃肿的冬装,但应防止春寒致病。对中老年慢性病人、体质虚弱者来说,春季更宜注重防风保暖;食:应注意摄入含蛋白质、糖和各种维生素丰富的食物,避免过早食用冷冻食品;住:要注意室内外的卫生清洁,空气要流通,并注重居住环境的绿化;行:春暖花开正是旅行和舒活筋骨的大好时机,此时,应加强适当的锻炼。

> **健身圣典:**早卧早起,广步于庭。
>
> 　　　　　夜卧早起,无厌于日。
>
> 　　　　　早起早卧,与鸡俱兴。

三、夏季养阳(nourishing yang in summer)

夏季炎热,人体阳气活动旺盛,排汗较多,人们为了适应这种气候变化,通常采用避暑纳凉,多食冷饮,而忽视了阳气的保养。因此,夏季养生着重养阳,应该注意以下六个方面:

(1)调精神:重在精神调摄,遇事应泰然处之,切忌大喜大悲。

(2)慎起居:起居应做适当调节,清晨应早起。

(3)节饮食:注重饮食调节不能饿极而食,饮水也不宜过多。

(4)巧运动:通过各种有益的运动来活动筋骨。

(5)重食疗:常食公鸡、大枣、胡桃等食物能收到益气强壮的功能。

(6)借药治:可适当服用益气补阳药物来养阳度夏。

四、秋季防燥(preventing dryness in autumn)

秋高气爽的秋天带给人们适宜的气候之外还带来一生"燥"情,秋天人们鼻干、咽干、皮肤干裂现象增多,为防"燥气"伤人,首先,要加强锻炼,不同年龄,不同体质的人可选择不同的锻炼项目。其次,要注意工作与休息科学安排,活动量不宜过大;还要注意饮食调摄,可多喝水、淡茶、豆浆、牛奶等饮料,多吃萝卜、番茄、梨等润肺生津的食物。

五、冬令进补(nourishing tonic in winter)

自古以来,我国民间就有冬季进补的习惯。祖国医学认为,冬令进补,扶正固本,能使体质强壮。现代医学也认为,进补能增强人体免疫功能,提高代谢率,但现代医学一直强调"虚则补之",只有身体虚弱才需要进补,身体健康的正常人反而会因为进补不当而带来负面效应。近年来,美国曾报道一种"人参滥用综合征",病人兴奋、失眠、神经过敏等,突然停服人参后,引起低血压、两手震颤。可见,进补不是人人都需要的。

> **健身圣典:**三九补一冬,来年无病痛

第四节　太极拳养生保健功效
(The effect of Taijiquan exercise on health preserving)

太极拳是中华民族古代养生保健宝贵经验的结晶,是极其难得的一份文化遗产。随着古代科学研究的深入,太极拳的作用越来越受到人们的认可和重视,太极拳的养生保健作用主要有以下几个方面。

一、疏通经络(dredging the channel)

经络是人体内具有独特结构和功能的重要系统,是中医辨证论治、按摩、针灸、气功的基础,也是太极拳养生保健的依据。古典经络学说认为,经络以纵贯全身的"十二经脉"为主体,结合与十二经脉发生纵横联系的"奇经八脉"。这些细小的"脉络",构成一个统一循环无端网络体系。在人体正常情况下,它有

营养全身、协调阴阳作用，在病邪入侵情况下（见图Ⅱ-9-2），有抵御病邪、反映症候的作用。

太极拳强调放松，在缓慢行拳运动中，能充分疏通人体经脉和气血，使经脉气血遍布全身上下、内外的经络系统，对人体健康产生明显作用。事实证明，坚持太极拳锻炼可以使经络渠道避免发生故障，保持通畅透达，防止或减少疾病。

图Ⅱ-9-2 太极拳

二、增强免疫（improving immunity）

人体中脾脏、胸腺、淋巴结等免疫器官的淋巴细胞产生的大量抗体（免疫球蛋白）会经常受到大量病毒、细菌的侵害。如果一个体质差的人，一旦让这些病毒侵入机体，使人体免疫系统失去抵抗能力，容易发生各种大小疾病。因此，加强人体免疫系统，激发和提高免疫系统的功能，对于养生保健具有重要意义。实验证明，太极拳可以起到药物不易达到效果。国外学者实验表明，坚持练习15分钟太极拳者，比一般健康人的免疫细胞有明显提高。国内学者试验也证明，打一套5分钟以上太极拳，可使唾液中的分泌型免疫球蛋白增加0.116mg。

太极拳能提高人体免疫功能，主要原因是太极拳运动量是符合人体正常所需要的活动。人到中年各种内脏器官功能逐步退化。如果继续进行大运动量锻炼，显然会加速人体各器官老化。太极拳运动轻松自如，缓慢柔和，它适合人体自身生理变化状况，缓慢的动作对人体内脏器官工作起到减少磨损的作用，不会对身体各器官产生任何副作用和危险性。更主要的是它有消除紧张、保持情绪稳定、促进心理健康的作用。

三、调节心理（regulating psychology）

现代医学已经证明，人体健康是在生理和心理状况二者互促的良性循环中得以保持和增进的。太极拳不但继承了古代通过"静"来"养性"的养生保健传统，又有所创新，将"静"融汇在通过太极拳躯体运动来养生的武学中去，使心理健康所需要的"静"与生理健康所需要的"动"，和谐地统一起来。通过动静结合，使"动"更加符合人体生命活动的要求，成为适当的一种运动；通过动中求静，使"静"更易"入静"，效果更好，成为功效良好的心理营养剂。

太极拳的呼吸运动，深长而有节奏地与缓慢动作紧密配合，有效地促进血液循环，加速气体交换，使大脑由于供血增加，得到充足的氧气养料，从而促进大脑中能量供应的再合成过程。可见，太极拳的入静状态结合它特有的呼吸运动，对神经系统和大脑的思维功能改善，延缓大脑思维迟钝有特殊的功效。

四、延长生命（prolonging Life and promoting longevity）

太极拳运动以静为主，静动相兼，呼吸深长，杂念难以产生。在心情平和和空气清新的地方经常练习太极拳，把自己身心放置于大自然之中，使之生产一种"忘我"的境界，如果能把这种心情心态自觉运用到生活和工作中去，那么就一定能减少许多不良情绪对心理的压力。众所周知，长寿之道的法则总和就是使人体一切自然化，运动和休息、饮食和睡眠、心理和体表都趋向自身生物钟运行点上。把太极拳作为一项生存之需的特殊"饮食"来对待，每天练习，天长日久地坚持下去，细水长流，并根据年龄情况不断修正其运动量，在休息之际运用书画艺术来充实自己，养成这种有动有静的生活方式，必然可使人健康长寿。

> **资讯窗**：除太极拳外，传统的养生锻炼手段还有气功、五禽戏、易筋经、八段锦等，此外还有木兰拳、健身操、无极健身球等。

实践与探索（practice and exploration）

通过练习简化太极拳，提高免疫、平衡能力，增加关节运动的幅度，在平时的日常生活中，要有规律，使养生生活化。

小结与思考(brief sunmary and thinking)

提供保健指导,通过医疗、医师信息介绍中老年养生保健方法,指导人们营造天、地、人和谐人居环境。

思考题

1. 中国养生有哪些特点?

2. 四季养生有哪些注意点?

参考文献

[1] 体育保健学编写组. 体育保健学[M].北京:高等教育出版社,1994.

[2] 顾留馨. 太极拳术[M].上海:上海教育出版社,1986.

(董纪文)

第十章　现代奥林匹克运动暨国际重大体育赛事
（Modern Olympic Movement and International Athletic Competition）

- 奥林匹克运动对现代社会有何影响力？
- 我国奥林匹克运动的发展状况如何？

本章学习目标
- 了解开展奥林匹克运动的意义
- 中国足球与世界杯足球赛的历史情结

第一节　国际奥委会和奥运会
（International Olympic Committee and the Olympic Game）

奥林匹克运动是人类文明的产物,是推动现代社会发展的重要动力之一,是通过没有任何歧视、具有奥林匹克精神的体育活动来教育青年,从而为建立一个和平的更美好的世界作出贡献。它倡导身、心和精神方面的各种品质均衡地结合起来,并使之得到提高的一种人生哲学,将体育运动与文化和教育融为一体。奥林匹克主义所要建立的生活方式,是以奋斗中所体验到的乐趣、优秀榜样的教育价值和对伦理基本原则的推崇为基础的。奥林匹克格言:更快、更高、更强。奥林匹克精神就是弘扬互相了解、友谊、团结和公平竞争的精神。

一、国际奥林匹克委员会（International Olympic Committee）

国际奥林匹克委员会,1894 年 6 月 23 日在巴黎成立。总部设在瑞士洛桑,是世界上具有最高权威、影响最大的国际综合体育组织。它对奥林匹克运动会拥有一切权力,有权决定举办奥运会的城市,决定比赛项目、选举委员等。国际奥委会与国际单项体育组织、国家奥委会构成三大支柱,有力推动了现代奥林匹克运动在世界范围内的广泛开展,只有得到国际奥委会认可的单项体育组织,其管辖的运动项目才能列入奥运会进行比赛。迄今为止,被国际奥委会承认的单项体育组织有 33 个,其中被列为奥运会比赛项目的有 29 个。它与各国家奥委会之间也是承认与被承认的关系,只有获得国际奥委会承认的国家奥委会,才有权派队参加奥运会的比赛。目前,有 202 个国家和地区的奥委会得到国际奥委会的承认,中国奥委会是其中之一。

奥林匹克运动的宗旨是:在奥林匹克理想指导下,鼓励组织和发展体育运动、体育竞赛;促进和加强各国运动员之间的友谊,保证按期举办奥运会。国际奥委会成立 100 多年来,共举办了 31 届夏季奥运会和 22 届冬季奥运会。2008 年,我国北京成功举办第 29 届夏季奥运会,奥林匹克运动在世界上人口最多的国度得到更广泛的交流、开展。

二、奥林匹克运动会(the Olympic Game)

现代奥运会是国际上规模最大、影响深远的综合性运动会。世界上各国和各地区都以参加奥运会为最大目标,据此选拔、培养运动员与制定训练和安排竞赛计划,为在奥运会上获取金牌而奋斗。

现代奥运会起源于古希腊奥林匹克运动会,自1896年在雅典举办以来,已历经100多年的发展历程,成为世界上水平最高、影响最为深远的综合性体育盛会。现代奥运会有夏季奥运会和冬季奥运会之分。

1. 夏季奥运会

夏季奥运会每四年举办一次,自1896年第一届以来,至2016年里约热内卢奥运会,共举办了31届,目前共有28个大项,306个小项。28个大项分别是田径、游泳、举重、自行车、射箭、射击、篮球、排球、足球、手球、乒乓球、网球、曲棍球、体操、击剑、摔跤、柔道、拳击、赛艇、皮划艇、帆船、马术、现代五项等。高尔夫重返奥运会,七人制橄榄球加入奥运会。

2. 冬季奥运会

冬季奥运会与夏季奥运会一样,也是每四年举办一次,自1924年在法国夏蒙尼第一届,至2014年冬奥会,已举办了22届。目前,比赛项目有15个大项,98个小项,包括滑雪、滑冰、冰球、雪橇、现代冬季两项和冰上舞蹈等。第24届冬奥会将于2022年在中国北京和张家口举行。

1980年在美国普莱西德湖举行的第13届冬奥会,中国首次组队参加。1994年挪威冬奥会,中国代表团首获奖牌。2002年在美国盐湖城举行的第19届冬奥会上,中国女子速滑名将杨扬一举夺得两枚金牌,实现中国运动员在冬季项目上"零"的突破。

三、奥林匹克运动与现代社会(Olympic movement and modern society)

1. 奥林匹克运动与经济

20世纪80年代初期,国际奥委会将商业机制引入奥运会,极大改善了奥运会的财政状况,为奥林匹克运动奠定了坚实的经济基础,同时也为经济发展创造了各种机会,充分说明了奥运会巨大的商业价值。跨国公司竞相成为奥运会的赞助伙伴,推销自己的产品,奥运会成为体育用品的"万国博览会"。奥运会的举办城市要投入巨资建造体育设施,以及对相关的设施如交通运输、通讯、饮食住宿、商业网点等进行改造,从而带动了包括旅游、信息、交通、商业、体育等产业的发展,并给所在国的居民创造了大量的就业机会,有效改善了国际形象,成为拉动经济增长的引擎。

2. 奥林匹克运动与文化

奥林匹克运动也是一种文化现象,是人类智慧之光的折射。奥林匹克运动的一系列标志物如奥林匹克标志、格言、奥运会会旗、会歌、会标、奖牌、吉祥物等都有丰富的文化内涵。此外,在奥运会开幕前,奥运会举办城市在开幕式上将从古代奥运会遗址上采集的火种,点燃奥运圣火,直到奥运会闭幕,熊熊燃烧的圣火才缓缓熄灭,奥林匹克圣火象征着和平、正义、友谊、团结,也象征着青春的活力。奥林匹克运动在世界范围内的推广与发展,也促进了各种不同文化的交流、融合、沟通与了解。

3. 奥林匹克运动与科学技术

20 世纪以来,科学技术取得了全面高速的发展,极大地改变了社会生活。同时也对奥林匹克产生了越来越深刻的影响。现代科技的运用,使奥林匹克的精神和理念得到了更好的贯彻实施,提高了竞技体育水平,也使庞大的组织管理工作更富有成效。奥林匹克运动的强大需求对现代科技的发展也具有促进作用,如推动了运动器械、材料科学、电子信息技术、生物科学等学科的发展,现代奥运会已成为展示现代科学技术的一个"橱窗"。

四、奥林匹克运动与中国(Olympic movement and China)

中华人民共和国成立后,党和政府十分重视体育运动的发展,积极支持和参与奥林匹克运动。新中国与国际奥委会的关系历过曲折发展的阶段,1952 年,中国报名参加第 15 届赫尔辛基奥运会,由于国际奥委会的刻意阻挠,拒绝邀请中国运动员参加。1954 年 5 月,在雅典举行的国际奥委会第四十九次会议通过决议,承认中华全国体育总会为中国国家奥委会。但当时的国际奥委会主席布伦戴奇在国际奥委会中制造两个中国,企图将中国台湾体育组织以"中华民国"的名义作为国家奥委会。为了维护中国领土和主权的统一和完整,1958 年中国政府宣布断绝与国际奥委会的关系。

图Ⅱ-10-1 在莫斯科的中国申奥代表团为成功欢呼。

直到 1979 年 11 月,国际奥委会全体委员以通讯方式投票表决,结果规定中华人民共和国奥委会的名称为"中国奥林匹克委员会",会址北京。设在台北的奥委会的名称是"中国台北奥林匹克委员会",其新的会旗、会歌、会徽均须经国际奥委会执委会批准。世界上人口最多的中国终于重返国际奥林匹克大家庭。

1984 年在美国洛杉矶举行的第二十三届奥运会上中国实现了奥运会金牌零的突破,开创了中国奥林匹克运动的崭新时代。至今我国已经连续参加九届夏季奥运会和八届冬季奥运会,取得了举世瞩目的成就,为奥林匹克运动在中国的广泛而深入开展作出了重要贡献。

图Ⅱ-10-2 祝贺北京申奥成功

2001 年 7 月 13 日,国际奥委会第 112 次全体会议作出了改变历史的重要决定,北京赢得了 2008 年第 29 届夏季奥运会举办权(见图Ⅱ-10-1、图Ⅱ-10-2),奥林匹克运动在世界上人口最多的国家得到更为深入的开展。古老的中华文明与奥林匹克文化广泛地融合、交流,将有力推动中国对外开放的进程,为社会主义建设增添新的生机与活力。

第二节 国际足球联合会与世界杯足球赛
(International Football Committee
and the World Cup of Football Game)

一、国际足球联合会(International Football Committee)

国际足联是世界上影响极为广泛、规模最大的单项体育组织之一,1904 年成立于法国巴黎,总部设在瑞士苏黎世。其宗旨是致力于足球运动在世界范围内的推广与普及,主要活动包括组织奥运会足球比赛、世界杯足球赛、世界青年足球锦标赛及遴选世界杯足球赛举办城市,为足球运动制定规则等,其管辖的世界杯足球赛已成为世界上水平最高、最为精彩的单项体育盛事。现任主席为瑞士人詹尼·因凡蒂诺言。

二、世界杯足球赛（the world cup of football game）

世界杯足球赛每四年举办一次，自1930年在乌拉圭举办第一届以来，至今已举办了16届，2002年在韩国和日本举办第17届世界杯，是在亚洲首次举办此项重大赛事。世界杯足球赛的冠军将获得雷米特奖杯，又称大力神杯，至今已有7个国家获得过此项殊荣，其中，巴西五次获得世界杯冠军。

世界杯比赛分为预赛和决赛两个阶段，预赛阶段分别在各大洲进行，按照国际足联分配的名额产生参加决赛阶段的队伍，决赛阶段在举办国举行，最初为16支队伍，1982年增加到24支，1998年扩大到32支。上届杯赛的冠军和东道主代表队自动进入决赛。从2006年世界杯足球赛起，上届冠军也必须参加预选阶段的比赛。

大力神杯——世界足坛强队的企盼与梦想：世界杯，始称雷米特杯，是世界足球锦标赛冠军的奖杯，以国际足联的第三任主席法国人朱·雷米特的名字来命名的。雷米特为世界杯赛提供了一个奖杯，该奖杯用1800克纯金制造，连大理石底座全重4千克。雷米特杯是一座流动奖杯，但如一国能三次获得冠军，则该杯就归其永存。1970年巴西第三次夺冠，故该杯属巴西所有。此后，国际足联在1971年用18K金铸造新杯，高36厘米，重5千克，定名为国际足联世界杯，由2个大力士双手高举一个地球组成，又称"大力神杯"，为永久流动杯，1974年开始采用。

三、中国足球走向世界（football in China moves towards the world）

从1981年起，中国国家足球队就为打进第12届世界杯决赛而奋斗，连续五届均功亏一篑而未果，成为广大中国球迷极大的遗憾。2001年，新一届中国足球队在南斯拉夫籍主教练米卢的带领下，所向披靡，以小组第一名的优异成绩昂首跨入2002年第十七届世界杯决赛的行列，实现了冲出亚洲、走向世界的夙愿，圆了中国球迷期盼40年的梦想，这也是中华民族以坚韧不拔的意志、超强的自信融入国际社会的生动写照，是改革开放深入发展的必然结果。

第三节　世界大学生运动会与中国
（The World University Student Game and China）

一、世界大学生运动会（the world university student game）

世界大学生运动会是由国际大学生体育联合会主办的综合性运动会，又被称为"小奥运会"，竞技水平仅次于奥运会，其目标是：促进大学生体育整体水平的发展，促进大学生的道德及体育教育；促进世界各国大学生之间的紧密联系及合作，加强国际大学生体育运动团结一致。世界大学生运动会分世界夏季大学生运动会和冬季大学生运动会，都安排在奥运会之外的奇数年举行，每两年一次。夏季运动会为期10天，安排在暑假期间的8月份举行，但还要根据举办国的具体情况来定，有时也放在7月或9月进行。冬季运动会时间一般为7天，在1~3月份举行。

夏季运动会比赛的项目有田径、体操、游泳、跳水、水球、网球、篮球、排球、击剑等10种，根据举办国的要求还可增选1项（大项）。例如，1979年在墨西哥举行时增加了足球，1983年在加拿大举行时增加了自行车比赛项目。冬季运动会必须要有综合的滑雪项目和高山滑雪项目、花样滑冰和冰球3个大项。大会还可增加冬奥会的一些项目，如速度滑冰等。

世界首届夏季大学生运动会1959年在意大利都灵举行，首届世界大学生冬季运动会1960年在法国夏蒙尼举行，每两年一次，1972年以后曾一度停止，到1981年再次恢复，举办年和夏季大学生运动会相同。

二、世界大学生运动会与中国(the world university student game and China)

中国从首届大学生运动会开始就组团参加,以后几乎每届都派选手参加,在田径、游泳、体操等项目上屡获金牌,在金牌排行榜上多次进入前 6 位,充分展示了我国大学生的风采。

第 21 届世界大学生夏季运动会于 2001 年 8 月 22 日至 9 月 1 日在中国北京举行,这也是我国首次承办的世界性综合运动会,在北京组委会的精心组织下,比赛取得了圆满成功,作为东道主,我国派出了阵容强大的代表团,参加了全部项目的比赛,共夺得金牌 54 枚,银牌 25 枚,铜牌 24 枚,在金牌榜、奖牌榜上名列首位,这是我国在此项赛事上的最好成绩,也为成功举办第 29 届夏季奥运会取得了丰富的组织经验。

实践与探索(practice and research)

请结合北京申办 2008 年第 29 届奥运会的成功,收集相关的资料,研究北京奥运会对中国的经济、科技、文化及对外开放的影响。

小结与思考(brief summary and thinking)

奥林匹克运动是推动现代社会发展的积极因素,也是现代体育发展的动力。在经历了百年发展之后,现已成为人类社会规模最大、影响最深的国际文化现象。奥林匹克运动会是迄今世界上历史最为悠久、规模最大的综合性运动会,它不仅是奥林匹克精神的具体体现,也是人类文明的重要标志。

足球是世界第一运动,具有无与伦比的魅力和商业价值,能够踏入世界杯足球赛的神圣殿堂,是众多足坛劲旅的光荣与梦想。

思考题

1. 奥林匹克运动的思想内容是什么?
2. 中国为世界体坛作出了什么样的贡献?

(王自清)

第三篇　休闲健身篇

第一章　网球(Tennis)

本章提要:本章主要介绍网球的基础知识、基本技术和竞赛规则,提高大学生对网球比赛的欣赏水平。网球运动是两名或两对球员隔网相对,用球拍击球过网,以造成对方失误得分的竞技项目。网球运动不仅有很强的观赏性,而且还有很好的锻炼价值。经常从事网球运动,能促进机体的新陈代谢,提高心血管和呼吸系统功能,增加肌肉力量,有利于提高身体的灵活性和协调性及神经系统的调节功能,对全面地发展学生的身体素质和运动技能有很好的作用。

网球运动也是一项文明、健康、高雅、技艺优美、比赛精彩、扣人心弦的体育运动,这项运动不受年龄和性别限制,适合男女老少生理和心理特点。通过学习,增强学生勇敢、顽强、灵活、果断、组织纪律、团结互助的精神和吃苦耐劳、克服困难、勇于拼搏等优良品质。

随着网球运动的发展,狠、快、准、灵的全面技术风格,连续攻击、作风顽强、灵活多变的战术意识,快速的大力发球、优美的高空扣杀等球艺将成为网球发展的必然。随着世界经济不断发展,网球发展呈现如下特点:一是普及,被世界各阶层的广大人民群众所接受;二是高水平,争夺激烈;三是随着器材的改革,尤其是球拍的研制,网球将向着力量、速度型方面发展;四是网球赛事规模的不断提高,网球的职业化、商业化程度会越来越高。

第一节　网球技术与练习方法
(Tennis technique and method of physical exercise)

网球基本技术包括:①握拍法:有东方式、大陆式和西方式三种。②发球:有平击、切削和旋转三种。③接发球:有抽球、削球、挑高球和放短球等。④击球:有正手、反手、双手反手、截击球、挑高球、放短球、高压球和反弹球等。

一、球拍(racket)

(1)网球拍结构:分为拍头、拍颈、拍柄。

（2）球拍柄：分为上平面、下平面、前平面和后平面等。

二、握拍法（gripping method）

（一）东方式握拍法

（1）东方式正手握拍法：握拍时，用右手掌根与拍柄右上斜面紧贴，拇指垫握住拍柄的左垂直面，五指紧握拍柄，食指下关节压住拍柄垂直面（图Ⅲ-1-1）。

图Ⅲ-1-1　　　　图Ⅲ-1-2　　　·　图Ⅲ-1-3
东方式正手握拍法　大陆式握拍法　西方式握拍法

Ⅲ-1-4 大陆式握拍法

（2）东方式反手握拍法：从东方式正手握拍把右手向左转动1/4，手掌根贴在拍柄左上斜面，拇指贴在拍柄左垂直面上，食指关节压住拍柄右上斜面。

（二）大陆式握拍法

握拍时，使大拇指与食指形成的虎口放在拍柄的上平面，与左上斜面交界线上，使大拇指底部贴在拍柄上面，大拇指包卷拍柄，食指第一指节贴在拍柄的右斜面上（图Ⅲ-1-2 和图Ⅲ-1-4）。

（三）西方式握拍法

握拍时，大拇指直伸压住拍上平面，食指下关节握住右上平面，与拍底平面对齐，大拇指与食指几乎成直角（图Ⅲ-1-3）。

> **网球设备的改进**：网球拍由木质网拍改为铝合金网拍，拍面大小改进中型拍面和大型拍面；网球鞋有两类专用鞋，一类专门用于训练，另一类专门用于比赛；网球运动服，采用新型的斯潘德克斯弹性纤维制成，宽松的上衣和短裤（裙）。

三、发球（service）

（一）站位

站在端线后，身体自然放松，两脚开立与肩同宽，前脚与端线成45°角，左肩侧对发球方向。拿起球和球拍，放在与胸同高的位置上，眼睛看对方是否作好接发球准备（图Ⅲ-1-4）。

（二）抛球与引臂

手沿垂直于地面的直线上举抛球，同时，持拍臂大弧度地环绕向后引拍，抬肘外展，双膝微屈，腰呈弓形，重心移到右脚，两臂动作协调而有节奏（图Ⅲ-1-5）。

（三）挥拍击球

挥拍时，使球拍向后引足，当球拍在背后肘关节收缩发球时，屈膝屈体，转动球拍，加速挥拍。击球点在最高点刚开始下落瞬间，握拍臂充分伸直击球（图Ⅲ-1-6）。

（四）随球跟进

击球后，球拍继续做弧形运动，交叉经过身体的左侧，并且脚步随惯性自然跟进，来完成发球的随挥动作。

图Ⅲ-1-4 站位

图Ⅲ-1-5 抛球与引臂

图Ⅲ-1-6 挥拍击球

四、击球(stroke ball)

(一)正手接落地球

身体前倾,双膝微屈,呈"半蹲"状,两脚分开与肩同宽,两眼注视来球,当判断球朝正手方向来时,左手离开球拍,肩向后转,身体侧向球网,两脚前后开立,重心落在右脚上,随着转体应快速平稳地向后摆动球拍。球拍与身体平行,高度齐膝,挥拍击球时,让球反弹齐腰高度。完成击球动作时,球拍略高于肩部,手腕要绷紧,球拍应随惯性做随球的动作(图Ⅲ-1-7)。

(二)反手接落地球

图Ⅲ-1-7 正手接落地球

侧身站立,双脚开立,全身放松,两眼注视来球。当对方发来球处在你反手方向时,向左转肩,采用反手握拍法,向后摆动球拍要平稳。挥拍前,右脚向球网方向跨出一步。击球时,身体前倾,将转体力量连同挥拍力量作用于拍弦击球上,这样打出的球稳定有力。进行随球动作时,转体约45°,随球动作结束于侧前方高处,这时重心在前脚上,后脚跟踮起(图Ⅲ-1-8)。

(三)截击空中球

截击空中球是在网前进行的击球方法,当球在落地之前,便将球击回对方场区,截击空中球分为正手截击空中球和反手截击空中球两种。动作要领是小幅度后摆,球拍头和两眼同来球保持在同一水平上,在体前击球。

(四)高压球

高压球同截击球一样,属于上网击球技术,是在头部上空用迅猛的扣球动作扣击来球(图Ⅲ-1-9)。

图Ⅲ-1-8 反手接落地球

(五)挑高球

挑高球可用于进攻和防守。防守性挑高球的弧线很高,常从这边端线放到另一边端线附近。进攻性挑高球采用突然袭击方式,将球挑到对方空档,使对方难以到位救球,从而达到得分的手段(图Ⅲ-1-10)。

(六)放短球

放短球时,要求多用手腕动作,带有削击,把球刚好"吊"过网,迫使对手从底线上网,又够不到球,而疲于奔波。

图Ⅲ-1-9 高压球

图Ⅲ-1-10 挑高球

（七）落地反弹球

打反弹球时,后摆稍短,身体重心要低一些,把注意力更多地集中在击球时机上,把刚落地弹起的球击回去。

五、练习方法（method of physical exercise）

> **学练提示:**接发球战术应注意几点:
> (1)对手是发凶狠性的球,还是发稳定性的球。
> (2)对手发球后,是上网,还是留在底线。
> (3)接发球是准备马上得分,还是仅仅想把球打回去。

（一）发球

(1)挥拍练习:模仿发球动作,做挥拍练习。

(2)对发练习:两人一组,隔网相站做发球练习。

(3)准确性练习:在对方后场划一圆圈,对准目标发球练习。

（二）击球

(1)挥拍练习:模仿击球动作反复练习。

(2)对击练习:两人一组,隔网相站做击球练习。

(3)多球练习:准备一筐球,一人发球,一人击球,两人交替练习。

（三）挑高球

(1)多球练习:教师喂球,学生将球挑过网,熟练后,可一正一反练习。

(2)两人对练:同对球网站立,一人挑高球,另一人平击球,交换练习。

（四）高压球

(1)挥拍练习:模仿高压球动作反复练习。

(2)多球练习:准备一筐球,一人连续发高球,一人高压球练习。

(3)两人一组对练:同时注重对挑高球、放短球等技术的练习。

> **试一试:**放短球的时机选择
> ①不要在自己的底线后回放短球;②在高压球和用其他方法可以很容易地打死对方时,不要放短球;③除非形势极佳,不要在关键比分时放短球;④如果你不知道怎样处理球会更好些,就不要放短球。请你带上球和球拍,来到球场一显身手,比一比,谁更强?

第二节　网球比赛与欣赏
（Appreciation of tennis competition）

一、网球比赛（Tennis competition）

网球比赛有单打和双打两种形式。比赛项目有男、女团体;男、女单打;男、女双打及混合双打七项。比赛时,双方各站网的一方,发球方先从右区端线后将球抛起,球落地前将球击入对方右发球区为发球有效。双方可在球反弹一次后击球,也可直接将球击回(接发球除外),并根据规则进行比赛的一种运动项目。网球计分的最小单位是分,然后是局,最后是盘。

（一）胜一局

运动员每胜一球得一分,胜第一分记分 15,胜第二分记分 30,胜第三分记分 40,先得四分者胜一局,如遇双方各得三分时,则为平分。平分后,一方先得一分时,为该运动员占先。占先后再得一分,才算胜一分;如一方占先后,对方又得一分,则仍然为平分,依此类推,直至一方在平分后净胜两分结束该局。

（二）胜一盘

一方先胜六局为胜一盘。如遇双方各得五局时,一方必须净胜两局才算胜一盘。为了控制比赛时间,近 10 年普遍采用平局决胜制,即当局数 6∶6 时,则再打一局来决胜负,先赢得七局者为胜该盘。

（三）胜一场

男子比赛一般采用五盘三胜制,即先胜三者为胜该场比赛。女子采用三盘两胜制,即先胜两盘者为胜该场比赛。

二、基本规则（basic rules）

（1）发球前:发球员在发球前应站在端线后中点和边线的假定延长线之间的区域里。每局开始先从右边发球区发球,比分之和为单数时,在左边发球;为双数时,在右边发球。

（2）发球时:队员不得通过行走或跑动改变原站的位置,必须用手将球向上抛起,在球落地前挥拍击出,发出球须从网上越过,落在对角的对方发球区或周围的线上。

（3）发球失误:发球员发球时,违反上述发球站位的规定;未击中球;发出的球落地前触及固定物(球网、中心带、网边白布除外),均判为发球失误。

（4）发球无效:发球触网后仍落在对方发球区内;接发球队员未做好接发球准备,均应重新发球。

（5）发球次序:第一局比赛结束,接球员成为发球员,发球员成为接球员。以后每局终了,均依次交换,直至比赛结束。

（6）交换场地:双方应在每盘第一、第三、第五等单数局结束后,以及每盘结束双方局数之和为单数时交换场地。

（7）失分:在球第二次着地前未能还击过网;还击的球触及对方场区界线外的地面、固定物或其他物件;还击空中球失败;在比赛进行中,运动员故意用球拍拖带或接住球,或故意用球拍触球超过一次;"活球"期间,队员的身体、球拍或穿戴的其他物件触及球网、网柱等或对方场区以内地面;过网击球;抛拍击球;比赛中,队员故意改变其球拍形状,均判为失分。

（8）压线球:比赛中,落在线上的球都算界内球。

（9）双打发球次序:每盘第一局开始时,由发球方决定由何人先发球,对方则同样在第二局开始决定何人先发球。第三、第四局和第一、第二局未发球的队员发球,该盘比赛以下各局均按此次序发球。

（10）双打接球次序及还击:双方在第一、第二局中,分别决定由何人接发球,第三、第四局由前两局中未接发球的队员接发球,该盘比赛以下各局均按此次序接发球。接发球后,双方应轮流由其中任何一名队员还击。

请你判断:

1. 运动员在击球前或击球后超过了球网的假定延长线该如何判断?

2. 发球员要求接球员必须站在场内接球是否必要?

3. 发球员错区发球,裁判员提出站位错误应判发球失误,该如何处理?

4. 运动员可否在"活球"期间跳过球网到对方场区,而不被判罚?

三、比赛欣赏（appreciation of competition）

网球比赛发球和接发球是运动员必须掌握的技术之一，网球比赛中，在两名或两对队员实力相差不大的情况下，发球和接发球质量则是决定比赛胜负的关键，优秀运动员必须掌握全面技术技能，如一般发球、大力击球、旋转发球（发上旋、下旋、侧上和侧下旋）、正手击球、反手击球、挑高球、正反及中路截击和网前高压、后场高压、跳起高压，还掌握必须放短球、随球、反弹起球和接发球技术。比赛是运动员体力、斗志、心理、智慧和基本功的较量。每当你坐在球场或电视机前，欣赏着激动人心的世界网球大赛，看到球星高超球艺表演时，你工作一天的疲劳就会消逝，你紧张一天的精神就会放松，你遇到的一切烦恼就会忘却，尤其是运动员那时而长抽、时而短吊、时而大角拉锯、时而上网突击、时而翻身鱼跃抢救险球、时而纵身腾空、高压扣杀、龙腾虎跃的多彩雄姿、机智灵活的战略技术，会令你全神贯注，神采飞扬，尽情地领略网球艺术给您带来的沁人心脾的温馨和愉悦。

研究与实践 你对网球的研究与实践有兴趣时，请快快行动，选择课题，开动脑筋，通过你的努力和实践研究，你对网球运动的认识，一定受益匪浅：

1.研究小组人员组成与分工：选题是每项科研工作的第一环节。它是研究工作的起点，一旦课题确定，根据课题的内容，成立研究小组，由3～4名成员组成，确定科研组长，由组长分别对每位成员进行分工，提出要求，明确任务。

2.研究计划与进度：课题确定后，要组织研究小组成员了解和学习网球赛制和规则等，并制定课题计划和工作制度。

3.研究方法：可采用现场观摩法及统计法。它直接能考察感知事物发展的情况，是搜集第一手详细材料的一种方法。对搜集的资料进行整理和研究。当然，研究的方法还有实验法、访问调查法、问卷调查法等。

4.总结报告：这是实践研究的最后一部分，是把研究的结果，通过讨论分析后得到的新认识、新创造、新成就，较全面表述出来，并在表述中要写明研究结果说明什么；解决了什么理论和实际问题；还存在什么问题；应在今后研究方向中提出建议。

5.通过对本课题的实践研究，你有收获吗？感想如何？

参考文献

[1] 王希平,刘占捷.网球[M].北京:人民体育出版社,1997.
[2] 王家正.网球[M].北京:人民体育出版社,1999.

（郭龙峰）

第二章 羽毛球（Badminton）

本章提要:羽毛球运动是体育球类运动之一,现代羽毛球运动出现于19世纪的英国,是由两名或两队选手用穿弦的球拍回击用羽毛、软木做的球,在规定的场地中间隔网交替击球的一项竞赛运动。

羽毛球运动具有灵活性和协调性,能增强练习者肌肉力量与短时间高功率的爆发力以及速度耐力,培养练习者勇敢、顽强、沉着、灵活、果断,以及在双打中两人密切配合,精诚合作的精神,使练习者身心得到较全面的发展。

中国羽毛球队在国际羽坛上享有很高的地位,激发了广大群众对羽毛球的热爱,促使群众性羽毛球水平不断提高。

第一节 羽毛球技术与练习方法
（Badminton basic strokes）

羽毛球技术主要包括握拍、发球、换发球、击球、步法,每一个技术之间有着紧密的联系,缺一不可。

学练提示:掌握正确的握拍很关键,正确的握拍能使初学者在打球中得心应手。反之,错误的握拍会导致击球费力,球击不远,击球范围也小,影响击球的质量。

一、握拍法（grip）

（一）正手握拍法

技术要点:用左手拿住拍面与地面垂直的拍杆,张开右手成握手状,把拍柄握住,虎口对着拍柄窄面内侧的小棱边,使手掌小鱼际部分靠在球拍握柄底,掌心不要紧贴拍柄,有利于手腕和手指力量的发力及灵活运用(见图Ⅲ-2-1)。

（二）反手握拍

技术要点:在正手的基础上,将球拍外转,拇指直贴在拍柄宽面上,其余四指并拢,手心留有空隙(见图Ⅲ-2-2)。

图Ⅲ-2-1 正手握拍法

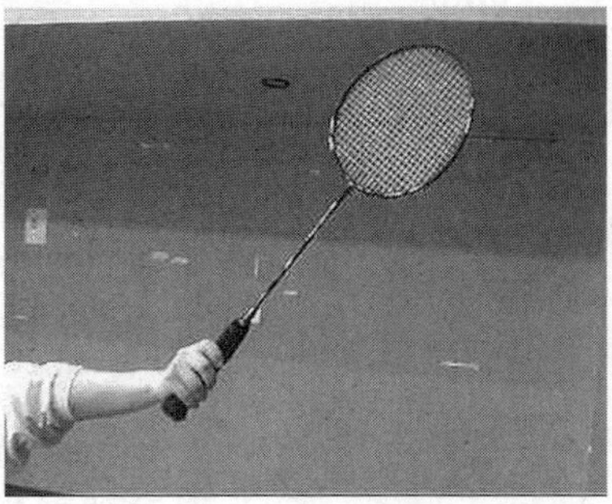

图Ⅲ-2-2 反手握拍法

二、发球（service）

发球是比赛前三拍技术之一，发球的好坏直接影响比赛的质量。羽毛球发球种类按球在空中飞行弧线分为发高远球、发平高球、发平快球、发网前球。下面着重介绍正手发高远球与发网前球。

（一）发高远球

技术要点：（以右手发球为例）身体左肩侧对球网，左脚在前，右脚在后，站在离前发球线约1.2～1.5m靠近中线处。右手持拍向右后侧举起，肘部微曲，左手拇指、食指、中指夹紧球托与羽毛连接处位于身体右侧。发球时，左手将球自然放下，同时，右手持拍由上臂带动前臂，从后沿身体向前挥动，并用手腕爆发力向上方将球击出，随后，球拍顺势向左上方缓冲（见图Ⅲ-2-3）。

（二）发网前球

图Ⅲ-2-3 发高远球

技术要点：发网前球的准备动作同发高远球。击球时，握拍要放松，上臂动作要小，主要靠前臂带动手腕向前"切送"。用力要轻，拍面角度要控制好，以使发出的球尽量贴网而过并落在前发球线附近。正手发网前球（见图Ⅲ-2-4）。反手发网前球（见图Ⅲ-2-5）。

图Ⅲ-2-4 正手发网前球

图Ⅲ-2-5 反手发网前球

三、接发球（return of service）

接发球是羽毛球运动一项重要的基本技术，接发球质量往往直接影响到一个回合开始的主动与被动，应充分重视接发球技术的练习。

技术要点：左脚在前，右脚在后，侧身上网，重心放在前脚，膝关节微曲后脚跟稍提起，收腹含胸，注视对方发球的动作。双打站在靠前发球线，比单打更有讲究。有一般站位法、抢击站位法、稳妥站位法、特殊站位法。单打站位离前发球线约1.5米处，在右区站在靠近中线位置，在左区则站在中线与边线的中间位置上（见图Ⅲ-2-6）。

图Ⅲ-2-6 接发球

四、后场高空击球(backcourt high stroke)

后场高空击球也称后场上手击球,即在尽可能高的击球点上,还击对方向底线击来的高球。它具有主动性强、击球力量大等特点,可以牵制对方,以便寻找最佳时机,进行攻击。当一方处于被动时,利用后场高空击球可以迅速调整自己的位置,由被动转为主动。

高远球击球法,可分为上手正手击高远球(见图Ⅲ-2-7)、上手反手击高远球(见图Ⅲ-2-8)、上手头顶击高远球(见图Ⅲ-2-9),下手正底线击被动高远球,下手正手、反手网前挑高远球、中场正、反手挑高远球。

图Ⅲ-2-7 上手正手击高远球

图Ⅲ-2-8 上手反手击高远球

图Ⅲ-2-9 上手头顶击高远球

(一)高远球

技术要点:判断来球方向和落点后,侧身后退至球下,左肩对网,左脚在前,右脚在后,重心在右脚上。右手持拍手臂自然弯曲举至右肩上方。击球时,上臂后引,随之肘关节上提明显高于肩部,持球拍引至头后,自然伸腕,然后以后脚蹬地、转体和腰腹协调用力下、以肩为轴、上臂带动前臂快速向前上方甩腕,在手臂伸直的最高点击球。随后球拍顺惯性往前下方挥动并收拍与体前。与此同时,左脚后撤,右脚向前迈出。

(二)吊球

吊球可用正手、反手、头顶击球技术来完成。初学者首先要学好正手上手吊球,然后再学反手及头顶吊球技术。正手吊球见图Ⅲ-2-7;反手吊球见图Ⅲ-2-8;头顶击球见图Ⅲ-2-9。

技术要点:击球前其动作同正手击高远球一样。吊球时,拍面正面向内倾斜,手腕做快速切削下压动作,用力要轻。若吊斜线球,则球拍切削球托的右侧。若吊直线球,拍面正对前方,向前下方做切削球。

(三)杀球

杀球是进攻的主要技术,它可用正手、反手、头顶技术来完成。杀球击球法是把对方击来的后场高球,用较大的力量和速度,以向下的弧度将球回击到对方的中后场区。

技术要点:准备姿势和击球动作与正手击高远球一样,不同的是最后用力的方向朝下,而且充分利用蹬地、转体、收腹以及手臂和手腕的爆发力全力将球向下击出。击球的一刹那要紧握球拍。

五、前场网前击球(forecourt net stroke)

网前球是调动对方、寻找战机的重要手段。因它的技术动作轻松而细巧,运用力量要控制适度。

技术要点:网前球分正手搓球与反手搓球两种,球的路线有直线和对角线。正手搓球其动作要领如下:右脚在前,左脚在后,两脚的距离比肩略宽,右手握拍,自然将球拍前举在胸前,身体向前微微倾斜、收腹。搓球时,击球瞬间,前臂外旋,手腕由后伸至稍前,使球挂在手腕和手指的用力下,搓切来球的右下底部,将球旋转翻滚过网。正手搓球见图Ⅲ-2-10,反手搓球见图Ⅲ-2-11。

图Ⅲ-2-10 正手搓球　　　　　　　　　　　　　图Ⅲ-2-11 反手搓球

六、羽毛球练习方法（badminton practice）

（一）发球

1. 发高远球

练习方法。

（1）挥拍练习：模仿发球动作，做挥拍练习。

（2）对发练习：两人一组，隔网相站做对发高远球练习。

（3）准确性练习：在对方后场画出圆圈，将球发至圈内，并可逐步缩小圆圈与变换位置。

2. 发网前球

练习方法基本同发高远球。另可结合排球进行练习，以提高发网前球的实战效果。

（二）后场高空击球

1. 高远球

练习方法。

（1）挥拍练习：按动作要领反复做挥拍练习，有条件的，可用网球拍来做挥拍练习。

（2）空中悬球练习：用一细绳将球拍在适当位置，反复做击球练习。

（3）多球练习：准备一筐球，一人发球，一人练习拉高球，两人交替练习。

（4）原地对打练习：两人站在各自场地区域底线附近，开始先练习直线对打，然后再练对角线对打。

（5）一人固定，一人前后移动练习：一人在底线固定位置击出高球，另一人则回击高球后从底线回到中心位置，再退到底线还击对方打来的高球。

2. 吊球

练习方法。

（1）多球练习：准备一筐球，一人发高远球，一人站在后场练习吊球，重复多练。

（2）定点吊斜线球：练习者固定站在后场底线，用正手吊球技术将球吊至对方网前，对方将球挑回练习者的后场，如此反复练习。

（3）练习者在后场底线吊球后，移动到中心位置，反复多次练习。挑球者挑球后退回中心位置，然后再上网挑球。

3. 杀球

多球练习：一人将球连续发至对方后场，练习者站在后场进行杀球练习，可有效提高练习密度和强度。

（三）前场网前击球（搓球）

练习方法。

（1）用多球进行正、反两个部位的搓、勾、扑球练习。

（2）一对一站在网前，进行对搓、勾球练习。

（3）结合上网步法，进行网前球练习。

（四）步法

1. 上网步法

上网步法的概念：上网步法是完成上网搓球、推球、勾球、扑球及挑球的步法。

练习方法：

（1）先做分解步法练习，再过渡到完整上网步法练习。

（2）在场外教师手势的指挥下，做上网步法练习。

（3）结合多球击网前球技术，从中心位置向左右两边网前做上网步法练习。

2. 后退步法

后退步法的概念：后退步法是完成后退回击高球、吊球、杀球、后场抽球的步法。

练习方法。

（1）先做分解步法练习，再过渡到完整后退步法练习。

（2）在场外教师手势的指挥下，做后退步法练习。

（3）从中心位置向右后、左后退步练习。

> **资讯窗**：羽毛球步法是一项很重要的基本技术，它和手法相辅相成，取长补短，不可分割。没有正确、快速和到位的步法，手法就会失去其尖锐性与威胁性。提高步法的熟练、快速与准确是提高运动水平的重要环节。

第二节 羽毛球比赛欣赏
（Appreciation of badminton game）

> **羽毛球发展的趋势**：当前羽毛球运动的发展趋势是坚持"以快为主，以攻为主"的风格，全面、进攻、快速、多拍，以攻为主，配合积极防守反击，快速与变速结合以及节奏的变化；增强多次来回击球中控制与反控制的能力，减少失误，培养良好的心理素质。

一、赛事简介（game introduction）

目前，国际羽联管辖下的世界羽毛球大赛有：汤姆斯杯（即男子团体），每两年一届；尤伯杯（即女子团体），每两年一届；世界锦标赛（即五个单项比赛），世界杯赛（即五个单项比赛），每年举办一届；苏迪曼混合团体赛，1989 年开始，每两年举办一届。1998 年摩托罗拉承办的羽毛球"天王"挑战赛在全国各大、中城市相继开展。从 1992 年第 25 届奥运会开始，羽毛球被列入正式比赛项目。

二、简要规则（main rules）

国际羽联在马来西亚首都吉隆坡正式宣布新规则将从 2006 年 2 月 1 日起正式实施。

新的裁判规则最大变化是取消了发球得分制，实行每球得分制，五个单项的每局获胜统一定为 21 分。新的裁判规则具体规定如下。

（一）单打比赛

由掷挑边器开始，赢的一方选择发球或场地。比赛 0∶0 开始先在右发球区发球。

（1）每场比赛采取三局两胜制。

（2）率先得到 21 分的一方赢得当局比赛。

（3）双方比分打成 20 比 20，获胜一方需超过对手 2 分才算取胜。

（4）双方比分打成 29 比 29，则率先得到第 30 分的一方取胜。

（5）首局获胜一方在接下来的一局比赛中率先发球。

（6）当一方在比赛中得到 11 分后，双方队员将休息 1 分钟。

（7）两局比赛之间的休息时间为 2 分钟。

（8）不容许比赛中间擦汗、喝水（特殊情况需征求主裁判的允许）。

（二）双打

由掷挑边器开始，赢的一方选择发球或场地。比赛 0：0 开始先在右发球区发球。

（1）一方只有一次发球权。

（2）发球方站位双数在右发球区发球，单数在左发球区发球。

（3）发球员的顺序与单打中的顺序一样，即以分数的单数或双数来决定。

（4）只有发球方在得分时才交换发球区。除此以外，运动员继续站在上一回合的各自发球区不变，以此保证发球员的交替。

> **请作判断（过手、过腰）：** 某队员在发球时，整个拍头没有明显低于发球员的整个握拍手部，裁判员会判发球员过手犯规吗？在发球员的球拍击中球的瞬间，整个球高于发球员的腰部，裁判员会判发球员过腰犯规吗？

三、欣赏运动服装（appreciation of sport clothing）

运动员的服装要求：重大国际比赛中，运动员的服装以白为主，同一国家同样服装。国内比赛可穿带有颜色的服装，上身着扣子 T 恤，下身穿白色、深色平脚短裤或短裙。运动鞋应较轻，有一定弹性，底是带人字型橡胶底，可起到防滑的作用。

四、欣赏技战术（appreciating technology tactics）

羽毛球战术是运动员在比赛中用高超的竞技水平战胜对手而采取的计谋和行动。先进的战术可以积极地促进技术、身体素质、心理素质的提高和发展。在选择战术时，要根据自己的技术水平、实际情况、打法、战术特点、身体条件、身体素质、心理素质等情况以及对方的情况，在回球一瞬间，选择对自己有利的回击球路。

（1）发球抢攻战术是发球时根据对手的站位、回击球的习惯球路、反击能力、打法特点，以及精神和心理状态的情况，运用不同的发球方法，以取得前几拍的主动权，打乱对方的整个战略部署，让对手措手不及。

（2）根据对方身材、体态、身体素质以及心理上的优缺点来制定战术。

（3）在比赛中运动员换球也是一种小战术，在对方占上风而自己处于落后时，可及时提出换球以稍加调节体力、心理状态，更好地打好接下来的比赛。

五、欣赏双打比赛（appreciating double game）

双打比赛是快速的较量，球速很快，球的来回次数很多，让人看得眼花缭乱。双打发球的战术意识很强，它和单打的发球抢攻战术有同等重要的意义。发球质量好坏直接影响到主动或被动，是得分与失误的重要环节，双打比赛时，发球队员站在发球线附近发球，准备接半场球或网前球，同伴队员站在发球队员身后中线中间准备接后场球。当对方在后场进攻时，发球方两队员应退至后场各管半场区域的球。双打队员中力量大的队员着重负责后场球，另一队员负责网前球。

> **试一试：** 在双打比赛中，运动员之间密切配合是取胜的关键，可以避免两人抢打球和顾此失彼的状况。如同伴后场扣杀球时，另一队员就应该在网前积极封网；当同伴在后场打高远球至对方后场时，另一队员就应迅速退至场中心回击对方来球。

图Ⅲ-2-12 双打（混双）比赛

混合双打是由男女队员组成的配对，必然存在一强一弱的情况，在战术上要强调从攻击女队员出发来制定战术。混双男女队员密切配合是相当重要的，比赛中，相对来说女队员较弱，进攻一方总是打对方女队员，这也是战术之一。双打、混双比赛是羽毛球比赛中最精彩的比赛（见图Ⅲ-2-12）。

研究与实践

课题名称：中外女子双打技术分析

1. 参考文献：参考羽毛球的专业书籍、体育报刊等。

2. 研究方法：采用文献资料法；现场调研法；数据统计法；比较研究法。

3. 课题研究收获与感想：中国女双以葛菲、顾俊为代表的女双称霸羽坛多年，囊括多项世界冠军、奥运冠军，她们擅长运用后攻前封结合再转换进攻的进攻型打法，提高发球质量和第3拍的跟进封网，使对手处于被动状态，抑制对手的强攻，发挥自己的特长，以后场两点进攻配合网前两点封网。

外国选手由于她们身材高、力量大，所以，上网步幅大、向前移动快，但是她们左右转体移动速度慢，她们采用突出单点进攻配合单线上网，进攻较为凶狠有力，落点较好，故外国球员大多采用放前半场的技术结合推压底线技术。

中国羽毛球队女双在坚持"以快为主、以攻为主"风格的同时，真正能做到攻防兼备、刚柔相济、特长突出、战术灵活，将女双的技战术向着快速进攻、全面、多变的方面推进，为世界羽坛作出更大的贡献。

（刘孝兰）

第三章 棒、垒球(Baseball and Softball)

摘自[tattoo 棒球乐园]

本章提要:棒、垒球是一项高智商的体育运动。是集智慧、灵敏、力量、协作于一体的竞技项目。它的场地特别——呈直角扇形状;竞赛形式独到——攻防人数不均;技术要求全面——棒、球、手套兼用;服装别具一格——青春活泼亮丽。它被美国法定为"国球",并双双进入奥运领域。当你进入这片天地之后,你会发现,这正是你寻求的舞台。在那里,既锻炼了你的团队精神,又能充分表现自我,既能培养你指挥才能,还需要你奉献与服从,使你在其中历练人生各种角色,受益匪浅。

棒球运动是一项集体竞赛项目,它是在一块直角扇形的场地上进行比赛的(图Ⅲ-3-1)。

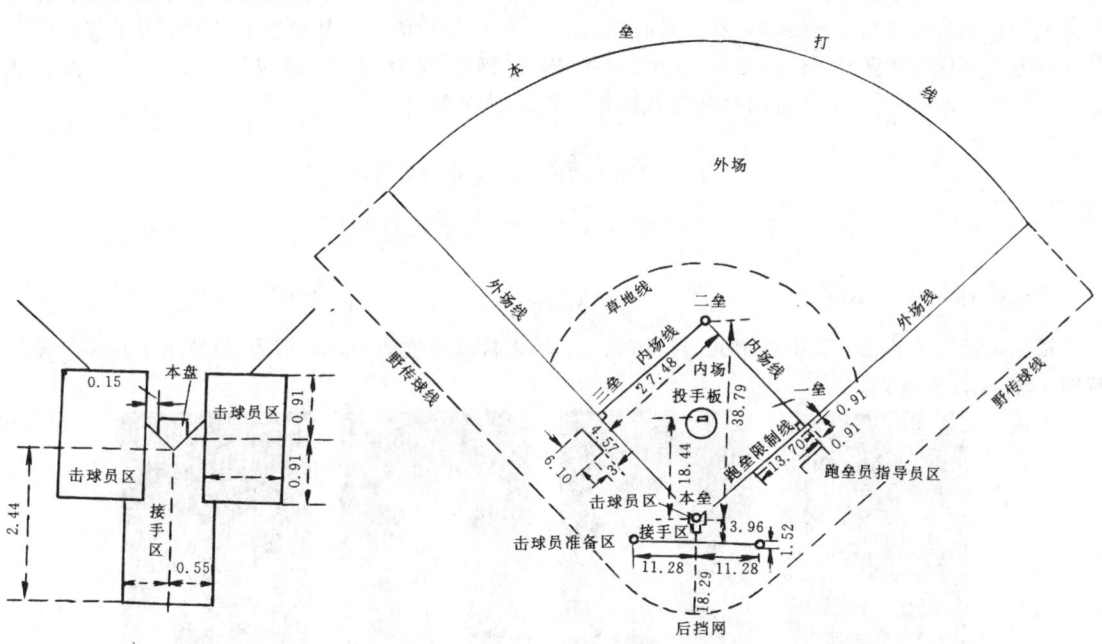

图Ⅲ-3-1 棒球场地

比赛按局进行,双方攻、守各一次为一局,正式比赛要打满九局。当进攻方有三人出局时,与防守方交换攻守。

双方在比赛中,各出场9名队员,(可增加一名指定击球员——DH,DH只能进攻,不能参加防守活动)。攻方要排出1~9名队员的击球顺序,依次进攻。防守一方要在场地上选择好防守位置。当司球裁判宣布比赛开始后，由投手向击球员投球，击球员准备击球，双方开始交战。

攻方队员如能安全通过一、二、三垒并最后安全返回本垒，即得一分。比赛结束以后，以得分多者获胜。

从事棒球运动，不仅能在奔跑、投掷、跳跃等方面，增强人们的体质，而更重要的是可以培养人们机智、灵活、勇猛、顽强、团结、协作、沉着、果断等意志品质和集体荣誉感，所以，棒、垒球运动一经开展，立即受到广大青少年的喜爱。

一、简要规则（main rules）

棒球运动区别于其他球类运动的最大特点是，对抗中上场的攻守队员人数不相等，防守方是 9 名队员都必须站在场内各自的防守位置上参与防守，攻方队员必须按预先排定的顺序依次进场击球。击球员手持球棒进入击球员区，准备迎击投手投来的球。

投手投球时，对一名击球员累计 4 个坏球，就保送该击球员上一垒；击球员对投手投来的好球 3 次未击中将被判出局。好球范围是：投手投来的球在落地前通过本垒板上空、击球员自然站立的击球姿势腋以下、膝盖以上这个空间。

当击球员用棒将球击入场内之后，就向一垒疾跑称跑垒，如获安全，则成为跑垒员。接着利用其后击球员的击球或掩护，择机进入前面的二垒、三垒直至本垒得分。

进攻队员如遇下列情况均被判出局：① 击球员获三个好球但均未击中，球被接手接住；② 击出的球在落地前被防守队员直接接住；③ 击出的地滚球被防守队员接住先于传到一垒（击球员晚于球到达一垒）；④ 在离垒跑动中被守队队员持球触及身体等。

二、战术思想（tactics）

守队的主要任务，是使对方进攻队员出局。进攻队员则争取安全上垒或得分。棒球运动在时间上与距离上进行激烈的角逐。它要求运动员具有高度的灵活性、快速的反应和对场上各种情况的应变能力。

双方在进攻和防守时可使用触击、偷垒、牵制、掩护、牺牲、抢分、双杀、策应等多样战术，造成赛场上千变万化的局面，使参与竞技者以及观赏者饶有兴趣，引人入胜。

第一节　棒球基本技术
（Basic skills of baseball）

一、接球（catching）

接球是最基本的也是最不易掌握的技术之一。因为接球是被动的防守行为，是要用手套接获各个方位的来球（见图Ⅲ-3-2）。

接手接球　　　　　接传球／平直球　　　　　接高飞球　　　　　接地滚球

图Ⅲ-3-2　接球

首先要选用合适的手套：用右手传球者选用左手手套，左手传球者反之。

手套的正确使用：

（1）接球部位应在虎口和掌心之间，是手套的最深处。

（2）手套掌心和手臂基本成直线，手套的正面和来球应垂直。

（3）无论来球方向如何，均用手套的掌心对球。

（4）手套颜色不宜过深或太浅，过深则不灵活，太浅则易被球打掉。

（一）接平直球

手法：传出的球与击出的平直球接法相同。一般用双手接球。球进手套的一瞬间，要有向后缓冲动作。接腰以上的平直球时，手套五指朝上或稍偏右，两拇指相靠；接腰以下的平直球，手套五指朝下，两掌根相靠，右手注意护球；若来球刚好在腰部，则可降低重心，用手套五指朝上的方法接球。

（二）接高飞球

手法：手套五指朝上，双手拇指相靠，右手注意护球。接球前瞬间两手要主动前伸迎球。接球的同时，右手要翻腕护球并缓冲和取球，左手要接稳球。

（三）接地滚球

手法：手套五指朝前，指背触地，两掌根相靠，右手张开注意护球。接球前的瞬间，两手要主动前伸接球（有利缓冲），接球同时，右手要盖球、缓冲、取球。同时，两肘内收，不能外展。

> **资讯窗**：接球技术涵盖了自我保护的环节。要想不挨球打，就要练好接球技术。接好球的关键是：① 手型：手套的最深处与来球成直角；② 接球时机：出手套不能太早或太迟，对待不同球速的来球要有不同的提前量去迎球，接球后要有缓冲动作。

二、传球（pass）

传球是人体对球体作功，使球体产生飞行的动力（见图Ⅲ-3-3）。

启动伸踏　　　　　（侧面）　发力传球　　（正面）　　　　后继动作

图Ⅲ-3-3　传球

（一）准备姿势

正面对着传球方向站立，两脚分展如肩宽，双膝微屈，目视接球队员，两手持球于身前。

（二）启动与伸踏

启动传球时，以轴心脚（右传者右脚）做轴，身体向传球臂方向转动约90°，传球臂摆向身后，前导脚向传球方向迈出作伸踏。这时以轴心脚或双脚支撑身体，保持稳定，两臂前后伸展，从侧面看，整个身体形成"大"字型姿势。

需要注意的是：双眼要始终盯着传球目标，即接球者的胸前；前导臂的肩部要对准接球者；整个动作要协调，轻松自然。

（三）发力与传球

随前导脚向传球方向伸踏落地，身体左转，前导臂屈肘向左肩后收，带动传球臂从体后向身体右上方前送。待通过体侧线时用力挥臂扣腕，将球在身体前上方传出。

需要注意的是：肘平肩屈成90°左右；小臂基本垂直于地面。前导脚伸踏时的落点要在轴心脚和传球目标的连线上，否则，球易传偏；不要过早打开左髋，以致影响发力；挥臂时，前导臂要有后收动作，以维持身体的平衡。

（四）传球的后继动作

转髋挥臂将球传出后，传球臂要继续向身体右下方摆动，上身自然下压，避免身体重心过于前移。轴心脚同时贴地带到前方，与伸踏脚分展并立稍弯，手套放在胸前，眼视传球目标。

> **试一试**：你掷过石块吗？传球动作与此相同。但要将球掷得既远又准，就必须按规范的动作要领练习。相信你的努力一定会给你带来成功的喜悦。

三、投球（pitching）

投手是一个队的灵魂。培养出好的投手群，就等于队伍成功了一半，当两队综合水平接近时，投手可以起到60%～70%的作用（见图Ⅲ-3-4）。

    启动投球   转体提腿   伸臂伸踏   挥臂投球   后继动作

图Ⅲ-3-4 投球

（一）投球姿势

《棒球规则》第八章第一条规定："合法投球有正面投球和侧身投球两种姿势，投手可随时选择其中一种姿势投球。"

正面投球：投手应正面向着击球员站立投球；侧身投球：投手应侧身向着击球员站立投球。两者差别在于前者便于投球（但不允许向垒上投牵制球），后者便于传牵制球。在垒上有跑垒员时，投手一般采取侧身投球姿势。但三垒有跑垒员时例外，多数投手采取正面投球姿势。

（二）正面投球动作

投手采用正面投球姿势时：持球正面向着击球员站立；轴心脚（右投投手为右脚）踏在投手板上或踏触投手板的前沿；另一脚（摆动脚）可自由站立，但不能踏触板侧。

整个投球过程可分为四步。

1. 转体与提腿

转体就是身体向投球臂一侧转向约90°，转体同时自由脚提腿（可高于髋）。轴心脚外侧触投手板前沿，前肩正对击球员，目视击球员，形成金鸡独立似的架势。

2. 伸臂与伸踏

转体提腿后，接着要分手。投球臂向下摆并向后自然平伸，手背在上，球在掌下，前导臂前伸，自由脚向投球方向伸踏，形成箭在弦上，一触即发的"大"字形姿势。

3. 挥臂投球

投球臂迅速向前摆动，在摆至小臂高于肩部时转髋发力，将投球臂全力挥向前方，并利用轴心脚的蹬板作用增加力量，将球在身体右侧前上方45°的地方投出。

4. 后继动作（随投动作）

挥臂投球后,要顺势将投球臂由右上侧继续随挥到伸踏脚的膝盖附近。以前导脚支撑身体的全部压力,并顺势将轴心脚贴地向前拖动,两腿约肩宽,做好防守准备。

试一试:你能根据上述投手的技术要领,模仿出投球姿势吗? 如果模仿得不够理想,告诉你,请上网求教吧。那里有高手噢。

四、击球（batting）

进攻中的击球技术是棒球运动中难度系数最大的一项技术,是用直径只有 7cm 的球棒击打直径相仿的球体(见图Ⅲ-3-5)。

后引与伸踏　　　　　　　　　　　发力与击球

图Ⅲ-3-5　击球

准备姿势:击球员进入击球区后,面对本垒板站立,两脚如肩宽,两膝微曲,双手握棒:右打者右手在上左手在下,把棒握在掌指关节位置,两手并拢,不留空隙。如持伞那样将棒立于后肩前,前导臂离胸部约一拳头,头部转向投手,注视投手投球动作。

击球可分五个环节。

（一）身体后引,同时前导脚伸踏

投手开始投球前,前导脚的膝部和左髋稍内扣或向后收一小步,身体随后引。投手投球时,迅速伸踏前导脚,双眼盯球准备起棒,在球到达半程前,作出"好球"或"坏球"的判断,以决定是否击球。

（二）发力与击球

挥棒时,身体重心随伸踏前移,但不前倾,前脚基本蹬直,后脚掌作轴内转,膝弯。双臂在由屈到伸的发力挥棒中,在体前中球时成 V 字型。棒要挥平,要有加速度。

（三）中球与中球点

中球的最佳部位在离棒顶端 5～15 厘米棒承受力最大的地方。中球的关键是:① 眼不离球,盯球到底。在下棒前,面颊是贴在前肩下锁骨上面,随着发力下棒,前肩打开,后肩前移,面颊在棒中球时必须贴在后肩下锁骨上面。这样才做到保持头部稳定。② 握棒力度适中,腕部灵巧控棒击球。中球点的关键是:① 内角球下棒快些,中球点前一些。② 外角球下棒慢一些,中球点在本垒板上。③ 中路球下棒适中,中球点在本垒板正前方 10 厘米左右。

学练提示:击球能力第一步主要看实效——是否中球。关键是眼睛与手的配合,是否在一点上。请注意(三)中球与中球点中的描述。

（四）棒轨与水平挥法

棒轨是指从下棒点到中球点所运行的路线叫棒轨。棒轨有下砍法与水平挥法。对初学者来说,水平挥法要好些,因为棒轨与来球路线在同一平面上相遇,因而中球概率要高些。

（五）随挥动作

棒中球后,棒的后继运行叫随挥:一是中球后继续用力把棒挥向前方,保持挥棒力量完全作用于球上;二是翻腕收棒动作,右腕在左腕上翻过去,保持棒轨的水平位置。

试一试:看完这一段后,和你的同学作一尝试:带上球、手套、球棒,来到球场一显身手。每人试打 10 个球,看谁中球率高!

五、跑垒（base running）

棒球运动是速度与距离的竞赛。进攻时,既要具备良好击球能力,也要具备良好的跑垒技术与意识。下面介绍基本的跑垒知识。

（一）向一垒跑进

击球员击出界内球后必须全速向一垒跑进,并可越过一垒,然后安全返垒。规则规定:击球员到达一垒后,只要没有跑向二垒的企图和动作,触垒后可以越过一垒向前跑进,然后折回一垒。它不像越过二垒或三垒后有被触杀出局的危险。

（二）跑垒员的离垒和回垒

棒球规则规定:跑垒员可以随时离垒。离垒的目的有二:

（1）在避免被投手牵制球传杀的条件下尽量多离开垒位,以便早一两步到达下一垒位。

（2）通过多离开垒位来吸引投手的注意力,以加重投手投球时的负担,迫使投手多投坏球或多传牵制球以消耗投手的体力。

跑垒员在离垒时,一旦投手起动传牵制球（投手的前导臂和伸踏脚指向一垒）,就要迅速回垒。投手与跑垒员这一进一退的较量,跑垒员不要小视,要不厌其烦地做到寸步必争,成为有进攻性的优秀跑垒员。

资讯窗:跑垒起动反应的快慢、跑垒成功率的高低,取决于个体的经验、判断、身体的灵敏性与速度能力。不同层次的练习有不同层次的要求。但各种跑垒练习均可促进和增强人体大脑皮质神经系统对运动系统的指挥、协调能力,有效地提高人体的综合素质与综合能力。

（三）偷进二垒

投手投球后,跑垒员迅速地跑向下一垒位称偷垒。跑垒员偷垒能否成功,关键在于会不会偷投手的动作。一旦起动偷垒,就不要东张西望,而要两眼盯住二垒全速跑进,并从守场员的接球位置和动作判断:是滑垒,还是碎步占垒或连续跑向三垒。

（四）二垒跑进本垒得分

二垒是得分垒,跑垒能力与能否得分息息相关。二垒跑垒员跑垒时,要借助三垒跑垒指导员的指示。在起动跑垒前,要看准守场员的传接,一经起动,就按跑垒指导员的指示:或以碎步进三垒,或滑进三垒,或者继续向本垒跑进。绝不可东张西望,影响跑速。

根据美国棒球统计专家的统计,二垒跑垒员在无人出局情况下,有 75.65% 的得分可能,在一人出局情况下,也有 56.45% 的得分机会。因此,跑垒员必须十分珍惜这个机会。

六、棒球的练习方法（practicing method）

（一）传接球的练习方法

（1）学习手套的使用（参见第一节（一）接球部分）

（2）自抛自接球练习。向上抛球：① 接球时，人移动到球的下方，在额前半尺左右接球（如排球的双手传球位置）；② 接球时，球在体前下落，双手在腰或胸的高度，手心向上接球。目的是熟悉与掌握接球的部位。

（3）两人相距 20～30 米，做传接球练习。掌握接球时机：太早出手套会挡住自己的视线；太晚出手套会被球击中身体。在有基础的情况下可逐渐拉长距离练习。

（4）三人接力传球练习。A、B、C 三人站成一直线各相距 20 米左右，A 传给 B（中间接应者），B 转身 180°传球给 C，C 再回传给 B，B 传 A。此练习是模拟外场手传球给内场手，内传手再传接手的练习。

（5）三人以上围圈传球练习。注意接球后伸踏脚要指向接球者传球。

（二）接地滚球练习

（1）徒手下蹲作双手正面接地滚球的练习。

（2）两人配合作以下练习：① 缓慢的抛地滚球给自己的同伴，同伴在接球后回传给抛球者；② 抛出较快的地滚球给自己的同伴，同伴在接球后回传给抛球者。

（3）由教师击打地滚球，学生接球后回传给接手。击打的地滚球速度可由慢至快、由中路球至左右偏离 3 米的范围，逐渐提高接球水平。

（三）击球练习

（1）挥棒练习，领会挥棒各个环节的动作要领。

（2）在⊥型击球架上作挥击练习。在架上放一个固定球，挥棒击打此球。要求击中球的中心为好。

（3）垂直抛球击球练习。体会如何击中运动中的球。

（4）投手投球时的击球练习。投手在挡网后投球（如没有挡网要注意安全），击球员掌握正面来球的击球时机。

（四）投手练习

（1）与两人传接球练习相同。相距 18 米左右（投手距离）但传球目标更明确：以腰部为投球中心，逐步提高投手投好球的概率。

（2）正面投球练习。注意抬腿的高度与转体、伸踏时重心的稳定。

（3）侧身投球练习。注意两肩不要随意转动，只有在向垒上传球时才可转肩。

（五）跑垒练习

（1）跑一垒的练习。挥棒后向一垒疾跑，踏垒后可越过一垒。

（2）垒间折返跑练习。听哨音或看手势离垒、返垒，或向下一个垒位跑进。

（3）连续进垒的练习。挥棒后，弧线迅速跑过一垒，停止在二垒上。

（4）本垒跑练习。挥棒后，以弧线迅速通过一、二、三垒回到本垒。此练习可作追逐跑游戏或计时跑练习。

（六）组合练习

5 人左右为一组，分别担任投手、接手、击球员，以及防守队员。投手投球，接手接球，击球员击球，防守队员在投手身后 5～10 米，左右 5 米各站一人。练习时，每个击球员打若干棒以后，投手、接手、击球员、防守员互换位置继续作练习。此练习可提高每个人的综合技术能力，培养团队配合意识。

（七）内、外场防守练习

（1）内场练习。安排一、二、三垒、游击手、投、接手各自的防守位置，教师打教练棒，学生接球后听指挥传向本垒、一垒、二垒、三垒。练习中要求学生不仅要接好球，传好球，还要互相之间补位。例如：打出一、二垒之间的球时，游击手要进二垒；打出三垒、游击手之间的球，二垒手进二垒。

（2）外场练习。教师打出外场的地滚球、高飞球，外场手奋力接球后传回本垒，或传向就近的垒位，再传回本垒。

（八）教学比赛

（1）9 人一队分为两队进行教学比赛，可以 9 人全部进攻完毕为交换攻守的条件，比两支队伍在一局中谁出局数多。

（2）学生多的班级同上人数分为三队进行比赛。以打擂台的形式进行,可以败者淘汰或胜者休息的方式进行交换。

（3）模拟正式比赛的方式进行教学比赛。同时可培养学生担任裁判工作。

第二节　棒球比赛欣赏
（Enjoyment of baseball games）

棒球比赛除了自身的竞技性以外,它有很强的趣味性与游戏性、休闲性与娱乐性。欣赏棒球比赛,可以愉悦身心,陶冶情操。它的场面非常壮观(见图Ⅲ-3-6)。

图Ⅲ-3-6　日本"巨蛋棒球场"

棒、垒球发展趋势:竞技体育的发展,离不开观众球迷的支持。2002年垒球规则改动:投手距离从12.19米增加到13.11米;本垒打距离从60米增加至67米。从提高进攻能力、提高观赏性角度来讲,新规则改动有其实际意义,引导着棒、垒球运动的发展趋势。在美国、日本可容纳几万人的棒球场在比赛时常座无虚席,说明了棒球运动除了竞技性以外,它的娱乐性、休闲性、观赏性越来越受到人们的关注。

一、欣赏投手技术(enjoyment of pitching)

棒球运动是以投手投球开始的。投手是属于防守方,但有很强的攻击性。投手在整场比赛中都起到了非常重要的作用。优秀投手一般都掌握了2～3种投球技能,如上升球、下旋球、内曲线、外曲线、快球、慢球、飘球等。美国职业棒球投手的快球球速可达140～160公里/小时,即在0.4～0.5秒左右的时间里,球已从投手手里到达本垒板上空。在棒球投手技术职业化进程中,由于球的弧线运动,球到达本垒板之前改变了球的运行路线;又由于球速的变化,快、慢球之间的时间差,有时可达0.2秒左右。这都会使击球员在对球的判断上和挥击击球时产生错觉,造成好球未击或击而未中,被判出局。投手的这种杀伤能力称投杀率,是评价一名投手投球水平的重要参数。在每一支优秀棒球队里,都有一组投手群,能分别投出各种不同的变化球来与击球员较量。所以,在欣赏棒球比赛前,对投手技术特点的了解是非常必要的(图Ⅲ-3-7)。

图Ⅲ-3-7　投手投球动作

图Ⅲ-3-8　击球动作

二、欣赏跑垒技术(enjoyment of running)

进攻中的跑垒、偷垒和滑垒也是运动员展现自身进攻能力的最佳良机。棒球项目与垒球不同的是,棒球比赛中跑垒员可以在投手投球前离垒进攻,而垒球规则则不允许。因此,棒球比赛就多了一道亮丽的风景线。运动员上垒后,在与防守队员、投手的对峙中,牵制与反牵制、进垒与回垒,都是智力的较量和技术的较量。运动员在进垒或回垒时所采用的蹲坐式滑垒、前扑式滑垒、钩垒式滑垒、翻身式滑垒,充分展现出千姿百态、勇猛顽强的技术风格。

三、欣赏击球技术(enjoyment of batting)

击球员的击球在棒球比赛中是进攻能力的精彩体现(图Ⅲ-3-8),是与投手直接对抗的进攻行为。击球员面对不同风格投手投来的球,要在很短的时间内判断出好球坏球,然后决定是否击打,确实是件不容易的事。对优秀击球员来说,击球是展现自我能力的最佳时机:每一次安打与上垒,都是成功的进攻行为表现;当垒上有跑垒员时,打出一个外场的安打球或牺牲打球,使跑垒员回本垒得分,是观赏性很强的一幕(这种得分打的击球能力,是评选最有价值运动员的依据之一);本垒打是棒球比赛中最为疯狂的一刻。垒球的本垒打距离为 67 米,棒球的本垒打距离,中外场为 121 米,左右外场为 91～97 米。要击出本垒打,运动员不仅要有强而有力的体魄,还要有细腻的技术能力,更要有良好的心理素质,去面对投手投来变幻莫测的球,冷静地作出判断和行动。当击球员奋力击出一个本垒打时,看台上的观众都会为之欢呼雀跃,并争抢被打到观众席上的小白球,以留做纪念。在美国职棒联赛中,有一名优秀运动员在一个赛季里,本垒打记录已达 60 多个,可见其超凡的击球能力。

四、欣赏防守技术(enjoyment of defense skills)

相对于进攻技术而言的防守技术,也有其独到的一面。对内场防守员来说,在约 1～2 秒左右的时间内把击在身边 5 米范围内的球接住,再准确地传杀到位,如没有准确的判断、快速的反应、灵巧的动作和良好的臂力,是万万做不到的。而外场手,除了以上几项素质,还必须具备快速奔跑的能力。击出的高飞球一般需要 3 秒左右的时间到达外场,但外场的场地广阔,外场手左右两侧各有 20～30 米的防守范围,所以也只有快速的反应、准确的判断和灵巧的起动,才能把球追接。比赛中,观众时有看到外场手跳上本垒打围墙上接球,内、外场手的鱼跃接球,防守员漂亮的双杀、封杀、夹杀和触杀,将比赛一次次推向了高潮。

五、观赏比赛的基本常识(basic knowledge of enjoying matches)

(一)封杀局面与触杀局面

(1)规则规定,两名进攻队员不能同时占有一个垒位。当跑垒员因击球员击出球后被迫放弃原占的垒位,向下一个垒位跑进时,被称作封杀局面。此时,防守队员将球先于跑垒员传到垒位,跑垒员将被判出局。

(2) 对任何垒位上的跑垒员来说,在攻守行为发生时可向下一个垒位跑进,也可返回原占垒位的局面,称触杀局面。这时防守队员必须用球碰触离开垒位的跑垒员,才能使其出局。

(二) 进垒与返垒

(1) 击出的球,防守队员通过一般努力不能接获的球称为安打球。安打上一垒的为一垒安打;安打上二垒的为二垒安打;安打上三垒的为三垒安打;安打回本垒得分的为本垒打。

(2) 击球员累计获得四个坏球,或投球中身可安全送上一垒,同时垒上跑垒员为被迫进垒的都送一个垒位。

(3) 在传杀中,防守员将球传入比赛无效区时,垒上跑垒员由裁判按规则规定送至前方的垒位。

(4) 击出界外球时,击出高飞球被防守员接获时以及死球局面时,跑垒员必须返回原占的垒位。

(三) 得分无效

第三人出局时遇下列情况时得分无效:

(1) 跑垒员未安全到达一垒被判出局。

(2) 任何跑垒员被封杀出局。

(3) 跑垒员在投手投球前因离垒过早被判出局。

(4) 前位跑垒员为第三人出局,后位跑垒员得分无效。

请你判断:规则规定:两位运动员不能同时占有一个垒位。如果你是一垒跑垒员,你的同伴打出一个游击方向的地滚球,并向一垒跑进,你将采取何种进攻行为? 如果一垒没有跑垒员,你是二垒跑垒员,遇上述情况,你又将选择何种进攻行为?

第三节　垒球(Softball)

垒球运动脱胎于棒球运动,在很多方面与棒球运动相一致(可参照棒球章节)。下面介绍垒球运动与棒球运动的不同之处。

一、器材(apparatus)

垒球的球体比棒球大,圆周为 30.2～30.8 厘米。球棒轻而稍细:长度不超过 86.4 厘米,重量不超过 1077 克。

二、跑垒(base running)

垒球比赛时,跑垒员必须在投手投球出手后方可离垒向下一个垒位跑进;反之,被判"离垒过早"出局。

三、场地(field)

垒球场地比棒球场地小,垒间距离为 18.29 米,投手距离为 13.11 米,本垒打距离为 67 米——以本垒板顶角为圆心划弧而成(见图Ⅲ-3-9)。

四、投手(pitching)

规则规定,垒球投手投球时只能采用低手投球,球出手时,小臂和手与地面垂直,在大腿旁出手。以下介绍后摆式垒球投手投球技术(见图Ⅲ-3-10)。

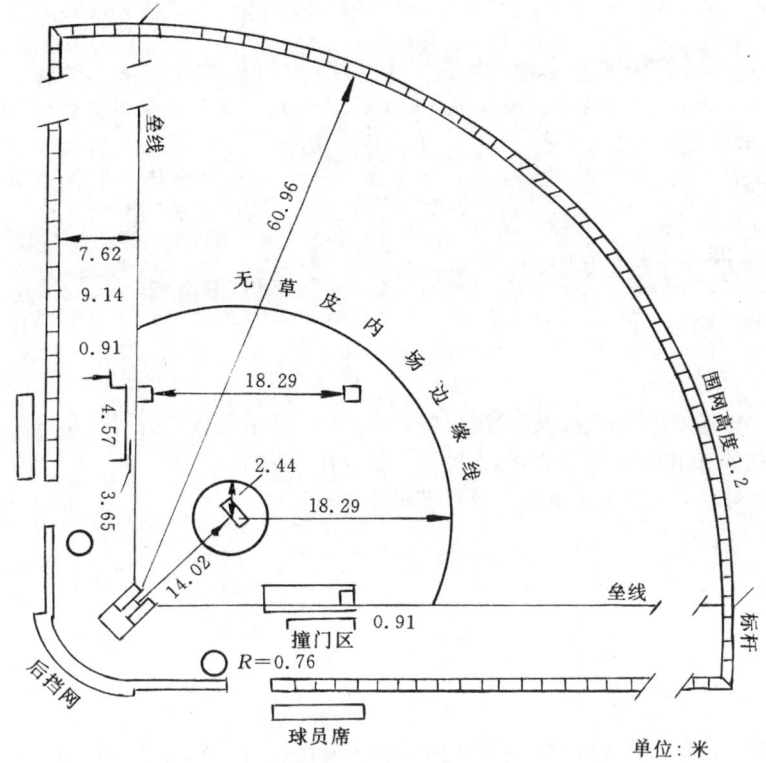

图Ⅲ-3-9 垒球场地

| 启动 | 后摆 | 环绕360° | 出手 |

图Ⅲ-3-10 垒球投手

研究与实践

课题名称：1. 中国职业棒球的未来。

2. 走进上海高校棒球联赛。

研究方法参考：

① 选择课题；② 研究小组人员组成与分工；③ 研究计划与进度；④ 选择研究方法；⑤ 结题报告；⑥ 课题研究收获与感想。

制定计划：

（1）上网查询美、日职业棒球的各类信息并作综合处理。

（2）对上海高校棒球联赛承办单位（上外体教部）进行调查与咨询。

（3）走访上海高校开展棒球运动项目学校。

（4）用信息采集、对比分析等方法分析中国职业棒球的起步与未来的发展；对上海高校棒球运动的发展提出建设性的建议。

（5）从你对棒、垒球运动获得的知识信息中，谈谈对棒、垒球运动的感受（对项目特点理解、兴趣发展、能力提升、社交会友、愉悦身心）。

（6）对棒、垒球现行规则的探讨。

参考文献

[1] 张彩珍.中国垒球运动史[M].武汉:武汉出版社,1990.

[2] 梁友德.少年棒球三年教程[M].北京:人民体育出版社,2003.

[3] 王祥茂.现代棒球[M].广州:广东高等教育出版社,1995.

（庄 致）

第四章　高尔夫(Golf)

> **本章提要:**高尔夫球是一项具有特殊魅力的运动。它是人们在优雅自然的绿色环境中,锻炼身体、陶冶情操、提高技巧的活动。在这个拥有蓝天、绿地、鸟语花香、果岭、树木、小河流水的独特运动环境中体会运动的乐趣,挑战自己的思维力量! 在高尔夫这项挑战自我、拥有个性的运动中,你不但可以学习如何打球,锻炼身体和思维能力,同时还能培养良好的气质、完善的心理素质,学到更多的高尔夫礼仪规则与做人的道理,可为你今后更好地适应社会奠定良好的基础。

关于高尔夫运动的起源有种种不同的说法,流传最广的一种是古时的一位苏格兰牧人在放牧时,偶然用一根棍子将一颗圆石击入野兔子洞中,从中得到启发,发明了后来被称为高尔夫球的运动。"高尔夫"这个词最早出现在14世纪苏格兰议会的文件中。率先涉及打高尔夫球的是苏格兰北海岸的士兵,后来逐渐引起宫廷贵族和民间青年的浓厚兴趣,最终成为苏格兰的一项传统项目。而后传入英格兰。19世纪末传到美洲、澳洲及南非,20世纪传到亚洲。由于打高尔夫球最早在宫廷贵族中盛行,加之高尔夫球场地设备昂贵,故有"贵族运动"之称。作为一种时尚或某种身份的隐约暗示,高尔夫球已逐渐渗透到我们的都市生活之中,并令不少人神往。"高尔夫",本是英语 golf 的译音。在英语中,golf 一词是由绿(green)、氧气(oxygen)、阳光(light)和友谊(friendship)这四个单词的打头字母所组成的。G 代表绿色,绿色是大自然的主色,在绿意浓浓的大自然环境中打高尔夫球是回归自然,享受自然。O 代表氧气,氧气是人类生命中不可缺少的三元素之一。有绿色植物的地方就有氧气生命也会因此而充满生机,朝气蓬勃。L 代表阳光,阳光是一切生命的开始,沐浴阳光就是享受生命。F 代表友谊,也是高尔夫球运动的魅力所在。一项运动,能兼有上述四项诱人的内容,在崇尚休闲的现代社会中,难怪它能成为人们的宠儿了。

第一节　高尔夫基本技术
(Golf basic skills)

一、握杆(grip)

(一) 握杆的三个原则

(1) 要掌握适当的力度,不可握得太紧,握杆太紧导致小臂肌肉紧张,击球时无法发挥力量;如果太松,球杆会失去控制。理想的握杆力量就像握一只小鸟,既不能使小鸟飞走也不能把小鸟捏死,想想我们平时用锤子打钉子的感觉就对了(图Ⅲ-4-1、图Ⅲ-4-2)。

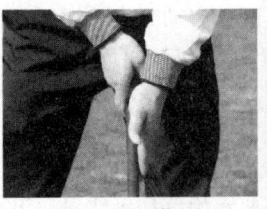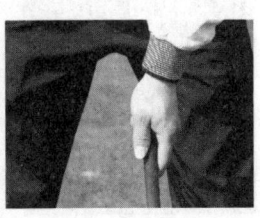

图Ⅲ-4-1 握杆　　　　图Ⅲ-4-2 握杆

（2）球杆握好后双手要有一体感。

（3）握杆强弱要适度。太强势握杆会导致击球时杆面向左关，把球扣向左边；太弱势握杆击球时杆面会打开，击出的球向右飞。所以，应根据挥杆特点选择握杆的强弱。

（二）握杆的方法

1. 重叠式

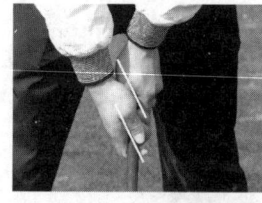

图Ⅲ-4-3 重叠式握法

先用左手握住球杆，使球杆末端紧贴在左手掌中的小鱼际部，球杆与掌面呈对角线状，斜交于手掌，左手食指至小指自然触到掌心，然后，左手持杆向右翻转至左手拇指与食指之间形成的"V"字尖角指向右肩，右手以握手姿势自下而上握住球杆，右手各手指的第一指关节着力附在杆上，使小指嵌入左手食指与中指之间，双手部分重叠，右手大拇指紧紧扣压住杆把完成握杆动作（图Ⅲ-4-3）。

2. 连锁式

连锁式握杆方法与重叠式方法基本相同，只是右手小指与左手食指的动作是相互牢牢钩住的。

3. 十指式

十指式握杆方法较为简单，双手十指紧握球杆即可。

4. 倒逆连锁式

倒逆连锁式是使用拨推杆时的专用握杆方法，先用右手五指握杆，然后再把左手食指重叠在上面。

5. V 字形握法

V 字形握法可以解决握杆时忽略球杆击球面的偏离问题。在练习时，把左手拇指弯曲拉回，并用拇指腹压在握把的正上方，拇指根则稍向内面弯曲，因此，食指与拇指呈 V 字形且偏向右方。右手掌与左手掌相对而握，角度相同。这样，保持了双手的同等角度，挥杆时就能自如流畅了（图Ⅲ-4-4）。

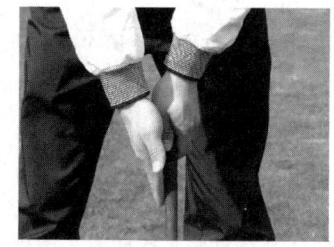

图Ⅲ-4-4 V 字形握法

6. 手指握法

右手的握法是中指、食指与拇指形成一个直角，用指关节来握住球杆，而不是用手掌握住球杆。不妨试一下，如果单用右手掌握住球杆，用力挥杆，球杆会在手中移动，那么挥杆的轨迹会脱离目标线，击球就会失误，因此，以指握杆，以腕挥杆，才能柔软使用球杆，球杆在手中也不会移动。

二、挥杆技术动作（swing exercise）

挥杆动作的全部内容包括杆后摆或后摆杆（take back）、上挥杆（back swing）、挥杆顶点（top of swing，top swing）、下挥杆（down swing）、冲击球（impact）、顺势动作（follow through）、结束动作（finish）几大组成部分。

正确练习挥杆方法：在最初后摆杆时杆面正对目标，随着球杆被逐渐上挥，杆面逐渐打开，朝向身体正前方，至挥杆顶点时，朝向身体前上方，后倾大约 45°，在下挥杆过程中又逐渐还原，冲击球时正对目标方向。

（一）后摆杆（图Ⅲ-4-5）

图Ⅲ-4-5 后摆杆

后摆杆是指将杆头从击球准备时的状态开始向球的后上方摆动的动作，从开始启动到进入屈腕动作（cock）为止。后摆杆是上挥杆的起始部分。

使左臂与球杆成为一个整体，不要屈腕屈肘，保持两臂与杆构成的三角形，左肩、左臂和左手与球杆形成一体，以左肩依次带动臂、手、球杆，将球杆杆头慢慢向球的飞行方向正后方引摆 30cm 左右。在此过程中一定要保持杆面始终正对球的飞行方向，也就是说，从杆头启动到杆头向球的后方摆动至右足尖前方，两臂与球杆仍然保持击球准备时的关系状态，杆头的底面几乎贴着地面水平地向后运动。后摆杆的关键是慢而直。所谓慢就是指杆头的向后运动要缓慢,这样有利于整个上挥杆的节奏;所谓直是指球杆的杆头要直线向后摆动,而且杆面保持正对球。在两手到达右膝的前上方处之前,因为球杆和两臂、身体一起同步运动,所以球杆的握柄尾端要始终指向脐部,这也是检查后摆杆动作是否正确的简便方法之一。

(二)上挥杆(图Ⅲ-4-6)

图Ⅲ-4-6 上挥杆

从挥杆动作的整体来看,后摆杆和上挥杆之间并没有区间界限,也没有任何停顿,后摆杆是上挥杆的起始,上挥杆是后摆杆的延续,甚至可以说后摆杆就是上挥杆的一部分。

继后摆杆之后,继续保持肩与两臂构成的三角形,以杆头带动两臂及左肩向右转动,在两手到达右腰部高度时,左臂如同向右上方伸出一样继续上举。左腋夹住,右臂的上臂基本保持固定,右腋夹住,肘部随左臂的上举徐徐弯曲。左肩继续在臂的带动下向右转动,同时带动左腰和左髋也向右扭转。在上体和髋的转动作用下,左腿向内旋扭,左膝内扣,大腿内侧肌肉被拉紧。右腿在扭转力的作用下,仍然保持内扣,维持两膝间的距离,以阻抗右腿也被迫向右扭转的趋势,所以右腿如同弹簧般被充分扭转压紧。右足内侧承担大部分体重,其余部分由右足前脚掌内侧承担。

在上挥杆过程中,头颈部与脊柱保持一体,可以假定身体扭转运动的中心轴即是从头顶部穿过颈、背、腰,最后到达骶尾部的。两眼注视球,头颈部固定,保持正直,不要有任何左右摇摆或扭转,左肩最终回旋至下颏的下方。

后摆杆以后,两臂仍然与球杆保持同步运动,左臂伸直,尽量保持较大的上挥杆幅度。左手手背在手臂的运动过程中,逐渐由朝向球的飞行方向转为朝向身体前方,球杆面也逐渐打开,在两手到达腰部时,左手手背基本正对前方,此时杆头继续领先。左臂带动左肩充分转动,左手拇指指腹支住球杆握柄,左手向拇指方向屈曲,完成屈腕动作。保持手腕的正直,左手手背与左前臂位于同一平面上。右肩也有意识地参与上体回旋运动,以使身体转动得更加充分,肩部转动90°左右,腰部转动45°左右,两臂充分上举,两手到达右耳的位置,左踵稍提起,左膝在扭转作用下靠向右膝,左肩指向球的右侧,进入挥杆顶点。

在上挥杆过程中,左臂要一直保持击球准备时的状态,肘部不要弯曲,手腕要伸直。如果肘部屈曲,就会使挥杆的幅度变小,而且这样很可能导致左肩转动不足,使击球的冲击力减小;手腕若不伸直,会影响挥杆的轨迹,从而造成各种各样的失误球。屈肘屈腕是一般初学者最容易出现的错误,需要特别注意。

另外,保持身体左侧的主导作用也很重要,如果右臂和右手过于积极,就会造成球杆杆面过早打开、左肩转动不足并下沉、右腋张开、左腕弯曲等一系列错误,而这些都是导致球向左旋的原因。所以初学者一定在开始学习时就要注意这些问题。

三、球杆与球(club/ball)

(一)球杆

球杆是被设计用来打球的工具,根据形状和使用意图一般分成三种:木杆、铁杆和推杆。推杆使球杆杆面倾角不超过10°,是主要设计用于球洞区上的球杆。

球杆必须包括杆身和杆头。球杆的所有部分必须为固定的,因此它是一个整体,除规则允许的情况,球杆不得有外在的附加物(图Ⅲ-4-7)。

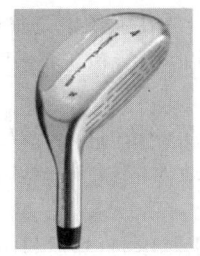

图Ⅲ-4-7 球杆与球

1. 可调节性

除重量以外,木杆和铁杆不得被设计为可调节的。推杆可以被设计为重量可调节的,也允许一些其他调节形式。所有被规则允许的调节方法要求是:

(1) 调节不能是可以很容易进行的。

(2) 所有可调节部分是牢固固定的,且没有可能在一轮过程中松动。

(3) 所有调节结构符合规则。

对在规定一轮过程中故意改变球杆打球特性的取消资格的处罚(规则4—2a)适用于包括推杆在内的所有球杆。

2. 长度

球杆的总长度必须不少于18英寸(457.2毫米),除推杆外,必须不超过48英寸(1219.2毫米)。木杆和铁杆长度的测量如图Ⅲ-4-7所示,是将球杆平放在水平面上,由杆面下缘与水平面夹角顶点至握柄顶端测得杆长。推杆长度的测量为由握柄顶端沿杆身纵轴或其向球杆底面的直线延长部分至杆头底面量得的。

(二)球

(1) 重量:球的重量不得超过1.620盎司常衡(45.93克)。

(2) 尺寸:球的直径不得小于1.680英寸(42.67毫米)。任意取出100个球,在温度为23±1℃的条件下进行测试,若以自重通过直径为1.680英寸(42.67毫米)环形量规的球在25个以下时,即为符合该规格标准。

(3) 球体的对称性:球不得被设计、制造或有意更改为具有不同于球体对称性的球的特性。

四、推杆技术动作(part/putter)

推杆动作要视当时的打球情况而定,一般大致可分为下列几种推杆法:

(1) 闭眼推杆。学习平顺击球,首先确定瞄球动作正确无误,然后闭上眼睛,集中注意力,以平顺的动作加速下杆扎实击球。这个练习可使推杆更为柔和平顺,不再过分专注于刻板的推杆基本动作,能凭感觉击球,不会急于抬头看击球结果(图Ⅲ-4-8)。

图Ⅲ-4-8 闭眼推杆

(2) 风中推杆。风对推杆有很大的影响,尤其是强风。身体在强风中又很难保持平衡,因此"加大站势"可使下盘更加平衡、稳固,以确保双臂、肩膀和头部在击球时保持稳定;还可降低身体位置,减少风力影响。

(3) 双手换位握杆。这种推杆法力求挥杆缓慢、平顺,需要一段时间去适应,待适应后会有很大的好处。可使肩膀在瞄球和击球时保持水平;杆头在收杆时贴近地面,不会在击球后遽然提起;防止左手、左腕在击球时摆动或弯曲;使左手充分控制击球动作。

(4) 眼睛注视球洞,作出正确的瞄球姿势。杆面一定要正对球洞,然后目不转睛地注视着球洞,想象要以多大的力道击球,好让球滚动正确距离。击球后留意球的行进状况,据以调整瞄球和击球动作,以增加准确度。此种推杆时眼睛注视球洞的方法,可消除紧张使推杆动作更加平顺、流畅。

（5）瞄准球上的商标对准推杆路线。做好瞄准动作,然后顺着商标所指示的路线推杆,并且要注意球滚动的情况。如果球在滚动时,商标并未倾斜,就表示击球正确;如果商标偏斜,表示球带了侧旋;一般会造成此种情况是因为击球时自目标线外向内击球所致。多练习这个方法有助于正确瞄准。

（6）增加控杆能力的两种方法:① 单用左手推杆:单用左手推几次两英尺推杆,逐渐增加至十英尺;持续练习到能从更远的距离推杆进洞为止。注意下杆击球时左手背一定要正对目标。此种方法可增加左手和左臂的控杆能力,训练左手背导引推杆朝向目标挥动;等一段时间过后,在用双手推杆时,左手腕在击球时自然就不再会弯曲了。② 缩小上杆幅度:上杆幅度太大有两种缺点:可能会加速下杆,导致击球距离失控;击球时杆面可能会扭转,而失去准头。因此击球时必须特别注意上杆的幅度。

（7）只听不看,等听到球进洞的声音后才可抬头。这样能有效防止推杆时太早抬头看球。想以此种方式推球进洞,瞄准感和距离感必须很正确才行。此种方法对短推杆特别有用。

第二节　比赛欣赏
（Appreciation of golf match）

> **高尔夫球运动的精神**:与许多其他运动项目不同,高尔夫球运动大多是在没有裁判员监督的情形下进行的。这项运动主要依靠每个参与者主动为其他球员着想和自觉遵守规则的诚实和信用。不论对抗有多么激烈,所有球员都应当自觉约束自己的行为,在任何时候都表现出礼貌、谦让和良好的运动精神。这是高尔夫球运动的精髓所在。

一、赛事简介（competition information）

美国公开赛(US OPEN)

美国公开赛的全称是美国公开锦标赛,由美国高尔夫协会(USGA)主办.美国公开赛是四大赛事之一,每年 6 月在美国的不同球场举行,比赛分四天,每天 18 洞,共 72 洞。

1895 年 10 月 4 日,在罗得岛 Newport 高尔夫乡村俱乐部的 9 洞球场举办第一届美国公开赛。在美国公开赛前 10 年内,它的参赛对象大多为业余选手,也有来自英国移民的多位职业选手。当美国选手开始称霸比赛之后,美国公开赛慢慢演变为一项世界级的高尔夫比赛。

英国公开赛(BRITISH OPEN)

英国公开赛的全称是英国公开锦标赛,由皇家古代高尔夫俱乐部主办。英国公开赛是世界高尔夫史上最古老也是最具声望的大赛,首届比赛于 1860 年 10 月 17 日在 Prestwick 的 12 洞球场举行,共比了 3 回合,当时只有 8 人参加。但如今从规模上来看,它是四大赛中参赛人数最多的一个,1993 年参赛人数达 1827 人。比赛分为 4 天进行的比杆赛,共打 72 洞。Harr-Vardon 是该项比赛获胜最多的球员,共 6 次。

美国 PGA 锦标赛(PGA CHAMPIONSHIP)

美国 PGA 锦标赛创立于 1916 年,在四大赛中奖金总金额居第二位,冠军奖金额仅次于美国名人赛,列第二位,每年 8 月举行,是四大赛的最后一项。当美国职业高尔夫协会(USPGA)在 1916 年成立时,他们所做的第一件事就是创办了此项赛事,选拔在巡回赛中的优秀球手参加,并且由纽约商人 Rodman Wanamaker 捐赠了巨大的奖杯。自创办之年起,PGA 锦标赛即以比洞赛(Match Play)的形式进行,至 1923 年,就已成为当时最重要的比洞赛。至 20 世纪 50 年代后期电视在美国普及时,因比洞赛的比赛时间过长,因此未能在电视转播中获得优势,遂在 1958 年由组织者将比洞赛形式改为四轮 72 洞比杆赛,并一直沿用至今。

虽然此赛是每年最后一个大赛,在声势上较其他大赛弱,但许多冠军皆成为高尔夫球坛的杰出人物。

美国名人赛(US-MASTERS)

美国名人赛可谓是世界高尔夫球比赛的第一。它具有特殊的参赛规定,其总奖金和冠军奖金是四大赛中最高的。它是四大赛中唯一场地固定的比赛,每年 4 月均在佐治亚州奥古斯塔国家高尔夫俱乐部(Augusta National Golf Club,Augusta,GA)举行,并由其主办。名人赛是四大赛中最年轻,同时也是最牵动人心的比赛。自名人赛 1934 年在奥古斯塔举办第一届以来,它都努力保持其尊贵的形象。名人赛的这种传统沿袭自巴比·琼斯当初建立奥古斯塔国家高尔夫球场的初衷:和三五个知己静静享受高尔夫球的乐趣,不被外界烦扰。

球赛的一个传统是比赛结束后在 18 洞果岭旁给获胜者颁发俱乐部的绿夹克。冠军可将绿夹克穿回家并可出席较隆重的场合,但不能使之带有商业用途。

二、简要规则(**golf rules**)

(一)打洞赛

(1)比洞赛是在规定一轮(委员会另有规定时除外)中一方对抗另一方的比赛。比洞赛是以每洞决定胜负的。

除规则另有规定外,以较少的击球次数击球入洞的一方为该洞的胜者。在有差点的比赛中,净杆数较少的一方为该洞的胜者。

表达比赛的状态时采用以下术语:几洞"领先"(holes up),"积分相等"(all square)或几洞"待打"(to play)。

当一方领先的洞数与待打的洞数相等时,该一方被称为"等洞方"(dormie)。

(2)平分之洞。双方都以相同的击球次数打完一洞,则该洞平分。

当一名球员已击球入洞而他的对手尚差一次击球即可平分时,如果该球员随后发生了犯规需受处罚,则该洞平分。

(3)比赛的胜者。比洞赛(除委员会另有规定,在规定一轮)中,当一方领先的洞数多于待打洞数时,则该方获胜。

如果出现平局,委员会可以将规定一轮延长数洞直至决出胜负为止。

(4)免除下一次击球,一洞或整个比赛认输。当对手的球处于静止状态时,球员可以在任何时候免除对手的下一次击球,则对手被认为已以下一次击球入洞,球可以由任何一方移开。

在一洞的打球开始之前或结束之前的任何时间,球员可以在该洞认输。

在比赛开始之前或结束之前的任何时间,球员可以在该比赛认输。

免除下一次击球、在一洞或整个比赛中认输的决定不能被拒绝或撤销。

(二)比杆赛

1. 胜者

以最少的击球次数打完规定一轮或数轮的比赛者为胜者。

在有差点的比赛中,以最少的净杆数打完规定一轮或数轮的比赛者为胜者。

2. 不履行击球入洞

如果比赛者在任何一洞不履行击球入洞,并且在下一洞发球区进行击球之前,若是在该轮的最后一洞则在他离开球洞区前,没有纠正错误,他将被取消资格。

3. 对处置程序的疑义。

(1) 处置程序。在比杆赛中,如果比赛者在一洞的打球过程中对自己的权利或处置程序有疑问时,他可以两个球打完该洞而不受罚。

在发生有疑问的状况后,在采取进一步行动之前比赛者必须向他的记分员或同伴比赛者宣布他将打两个球,以及规则允许时他将采用哪个球的分数。如果他没有这样做,则规则 3-3b(ii) 的条款适用。

比赛者必须在提交自己的记分卡之前向委员会报告该事实;如果未履行这一手续,则他将被取消资格。

(2) 关于洞的分数的决定。① 如果比赛者事先选择要采用其分数的球是按照规则打的,则该球的分数为比赛者在该洞的分数。否则,如果规则允许另一个球采用的处置程序,则采用另一球的分数。② 如果比赛者没有事先宣布他将以两个球打完该洞的决定或他将选择哪个球的分数,在按照规则打了初始球的情况下,初始球的分数被采用。如果初始球不是打的两个球中的一个,若第一个球是按照规则打的,则第一个成为使用中球的分数被采用。否则,如果规则允许另一个球采用的处置程序,则采用另一球的分数。

研究与实践

高尔夫球场对环境的影响

如何掌握各种正确且实用的击球技术

熟悉、了解高尔夫球规则

打高尔夫球,请先学礼仪

参考文献

[1] 陈晓,李兴林,杨仁伟.高尔夫球运动教程[M].上海:同济大学出版社,2006.

（王　骏）

第五章　击剑(Fencing)

> **本章提要**：本章以通俗的语言、简短的篇幅，并以图文结合的形式，介绍了击剑的基本技术、掌握的方法及比赛规则的知识，目的是为了让喜爱击剑运动的大学生及爱好者对此项目能有更清楚的了解，能更科学地锻炼身体。

击剑运动是欧洲传统的体育项目。由于击剑运动源远流长，既神秘典雅，又惊险刺激，且健身价值很大，因而受到各国大学生及体育爱好者的青睐。击剑是一项斗智斗勇的运动，它要求参加者具有充沛的体力、顽强的斗志、灵敏的反应、聪慧的大脑和稳定的心理素质。击剑运动发展趋势：紧逼观察、以攻为主、突出特长、积极阻截、随机应变、攻守平衡、能攻能守、先发制人。

第一节　击剑技术
(Fence skill)

在国际比赛中，击剑项目分为花剑(foil)、佩剑(sabre)、重剑(epee)三种。各种剑都是用特殊钢材制成，包括剑柄、护手盘、剑身(分为后部、中部、剑头)三部分(图Ⅲ-5-1)。

一、花剑(foil)

花剑总重量低于500克，剑的最大长度为110厘米，剑身不超过90厘米，横断面为长方形。花剑只能刺，不能劈打，刺中身体躯干部分有效部位(图Ⅲ-5-2)。由于刺中面积小，剑又轻便，花剑比赛多突出技术和战术的技巧性。受击剑技术传统影响，剑柄的构造有三种形式(图Ⅲ-5-3)：①直柄式(法国式)；②横梁式(意大利式)；③手枪式(比利时式)。

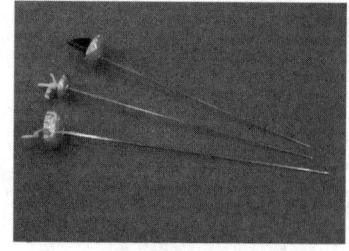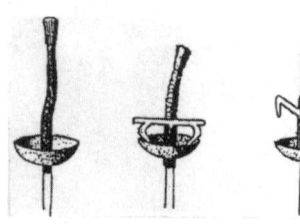

图Ⅲ-5-1 剑的构造　　　　　图Ⅲ-5-2 花剑动作　　　　　图Ⅲ-5-3 花剑的形式

花剑技术有手上动作和脚步动作。一切动作都是从最基本的实战开始的。实战姿势是两脚分开同肩宽,两膝微曲,身体成侧面向。持剑手臂弯曲,剑头指向前方,两眼平视,一只手在头侧后上方自然放松举起。手上动作以剑的动作为主,分为进攻和防守动作。进攻动作,即用剑头向对方身体有效部位刺出,方法有直刺、转移刺、交叉刺等。防守动作是防止自己被刺中,而用剑根部格挡对方所作的各种进攻动作。根据花剑传统习惯,将身体刺中面积划分为四个部位,每个部位有两个姿势作为保护本部位的防守动作,这些姿势分为八种防守姿势,如图Ⅲ-5-4、图Ⅲ-5-5、图Ⅲ-5-6、图Ⅲ-5-7、图Ⅲ-5-8、图Ⅲ-5-9、图Ⅲ-5-10和图Ⅲ-5-11所示。脚步动作主要是两脚的移动,方法有向前一步、向后一步、跃步、弓箭步和冲刺步。利用手上刺的动作与步法配合是花剑比赛中进攻的主要形式,弓箭步进攻是先伸手臂进攻对方有效部位,前脚跨出落地成弯曲,后腿则成伸直姿势(图Ⅲ-5-12)。

花剑防守动作
图Ⅲ-5-4

花剑防守动作
图Ⅲ-5-5

花剑防守动作
图Ⅲ-5-6

花剑防守动作
图Ⅲ-5-7

花剑防守动作
图Ⅲ-5-8

花剑防守动作
图Ⅲ-5-9

花剑防守动作
图Ⅲ-5-10

花剑防守动作
图Ⅲ-5-11

图Ⅲ-5-12 弓箭步进攻

资讯窗:决定进攻转防守刺的因素:进攻受阻转为防守,或进攻遭到对手防守还击而转为反防守,提高这种转变能力的基础都是准确熟练地掌握各种攻防动作。攻防动作掌握的好坏,主要取决于各动作的衔接及与距离、节奏的密切配合。

试一试:花剑训练中的后退点刺接跟进甩剑刺背。

二、佩剑(Sabre)

佩剑重量不超过 500 克,剑长 105 厘米,剑身不超过 88 厘米,横断面为梯形,护手盘的一侧成月牙形,用以保护手指。用剑刃和剑身前 1/3 部分剑背作劈的动作,也可用剑头刺。劈刺有效部位是腰部以上手、臂、头、颈和躯干(图Ⅲ-5-13)。佩剑技术中的实战姿势与花剑类似,只是持剑手稍低。手上的进攻动作有劈头、劈左侧(正手劈)、劈右侧(反手劈)、劈手臂和直刺。劈的动作是向前伸出手臂后,手指用力压剑柄,使剑刃打中目标,直刺手心向下。防守动作分为六个姿势(图Ⅲ-5-14),防守之后立刻作劈的动作,即是防守还击。手上劈刺动作与弓箭步进攻刺步法配合,佩剑动作速度和幅度比花剑快而大。

图Ⅲ-5-13 劈刺

图Ⅲ-5-14(1) 佩剑防守动作

图Ⅲ-5-14(2) 佩剑防守动作

图Ⅲ-5-14(3) 佩剑防守动作

图Ⅲ-5-14(4) 佩剑防守动作

图Ⅲ-5-14(5) 佩剑防守动作

图Ⅲ-5-14(6) 佩剑防守动作

三、重剑(Epee)

重剑重量不超过 770 克,剑长 110 厘米,剑身横断面为三棱形。护手盘比花剑大,其他与花剑相同。刺中部位为全身、手臂、腿、脚是刺的主要目标(图Ⅲ-5-15)。实战姿势比花剑稍高,持剑手臂稍前伸,剑头直对前方。进攻动作多用手腕动作,使剑头从上、下、左、右带有角度点刺手臂。用剑防守时,注意用护手盘保护手臂采用适当对抗防守还击。

图Ⅲ-5-15

第二节　击剑比赛与规则
（Fence competition and rule）

击剑比赛包括男子花剑、佩剑、重剑及女子花剑、重剑、佩剑的个人赛和团体赛共 12 项。

一、个人循环赛和直接淘汰赛
（individual round robin competition and direct elimination system）

个人赛采用分组循环赛，每场比赛在 3 分钟内先击中对方得 5 剑为胜。直接淘汰赛每一场比赛采用击中 15 剑制，比赛时间为 9 分钟，分为 3 局，每局 3 分钟，局之间休息 1 分钟。规定时间全部用完（9 分钟），击中剑数多的运动员获胜。

二、团体赛（team competition）

规定每队各出 3 人，不足 3 人不能参加比赛。各队的比赛顺序由赛前抽签决定，运动员的出场次序由各队队长决定。两队比赛中，击中 5 剑为一轮（5—10—15—20 等），每轮比赛时间 3 分钟。在规定 3 分钟内击中 5 剑后比赛结束，两队第二名运动员比赛至一方在 3 分钟的时间内击中累加到第 10 剑，依次类推，每轮递加 5 剑，获胜队为首先获得最高分（45 剑）。如果最后一轮规定时间结束时，剑数相等，由最后一轮的两名运动员进行一分钟的加时赛，首先击中一剑的一方即获胜。加时赛前，裁判将主持进行抽签，若一分钟加时赛结束时得分仍相同，则抽中优胜权的一方获胜。

三、场地（space）

场地长 14 米，宽 1.50～2.00 米（见图Ⅲ-5-16）。

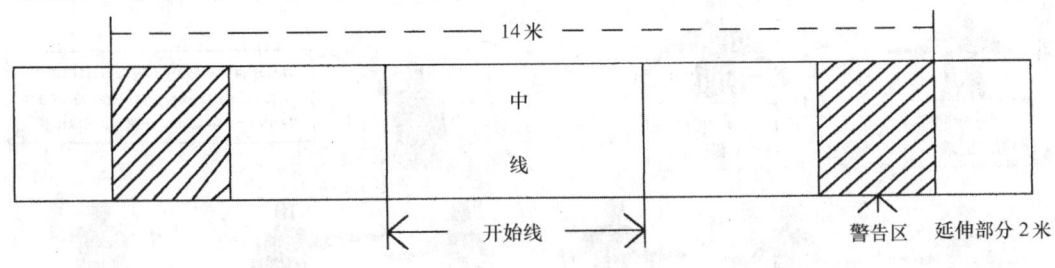

图Ⅲ-5-16 击剑比赛场地

四、规则（rule）

击剑比赛只允许用合法动作刺、劈对方有效部位，如果用粗暴的劈打、身体的猛力冲撞、不持剑手臂作防守或遮蔽有效部位防止对方刺中，都判为犯规，根据情节给予警告或处罚被击中 1 剑，严重者取消比赛资格。

五、欣赏（enjoyment）

比赛用的电动花剑和重剑在剑头部分有类似电路开关的装置。花剑头受到 500 克压力，重剑头受到 750 克以上压力，才能使裁判器产生信号。比赛时运动员必须头戴护面，身穿白色衣裤及长统袜。花剑比赛、佩剑比赛，运动员要穿金属线制成的金属衣，覆盖运动员身体的有效部位，以便在刺中有效部位时能使电动裁判器亮红灯或绿灯。

主裁判遇到下列情况时，应立即发出"停"的口令。

（1）角裁判或电动裁判器发出信号。

（2）双方身体接触，相持不下或运动员犯规。

（3）运动员一脚或两脚越出边线。

（4）一方运动员超越对方身体。

（5）运动员要求暂停。

（6）电动裁判器发生故障。

（7）运动员面罩、剑脱手或折损，运动员跌倒或受伤，运动员身上的电线插头脱落或金属衣影响比赛继续进行。

（8）发生意外情况或容易发生危险。

六、裁判员使用以下手势和口令

图Ⅲ-5-17 裁判员手势和口令

研究与实践

课题名称

1. 击剑比赛中集中注意力的问题探究

击剑比赛集中注意力的问题,在平常比赛中经常遇到,运动员如何适应环境、场地、气候、人诸因素的变化,以达到技、战术水平的发挥。

2. 浅谈花剑技、战术发展趋势

目前,我国花剑技、战术水平与世界水平较接近,如何运用我国运动员本身的特点打法,结合目前世界技、战术水平的发展趋势,为我国击剑运动员创造一种更为合理的技、战术。

参考文献

[1] 林永升,李兴林等. 高等学校击剑教学法[M]. 北京:人民体育出版社,1996.

[2] 林永升,李兴林等. 花剑防守还击制胜法[M]. 香港:亚太国际出版有限公司,1999.

[3] 中国击剑协会. 中国击剑运动史[M]. 武汉:武汉出版社,1992

(李兴林 谭 丽)

第六章　定向运动（Orienteering）

> **本章提要：** 定向运动是一项健康的智慧型体育项目，是智力与体力并重的运动。它不仅能强健体魄，而且能培养人独立思考、独立解决困难的能力及体力和智力受到压力下作出迅速反应、果断决定的能力。定向运动技巧容易掌握，无论男、女、老幼，只要喜欢越野活动，都可以参与，尤其适合大学生参与。通过本章学习，了解定向运动的基本常识、练习方法。在学习、工作之余，亲身体验定向运动的无限乐趣。

定向运动就是利用一张详细的地图和一个指北针，按顺序到访地图上所指示的各个标点，以最短的时间到达所有的标点者为胜。定向运动通常设在森林、郊外和城市公园进行，也可在大学校园里进行。

定向运动起源于瑞典，最初只是一项军事体育活动。"定向"这两个字在 1886 年首次使用，意思是：在地图和指南针的帮助下，越过不被人所知的地带。真正的定向比赛于 1895 年在瑞典的斯德哥尔摩和挪威的奥斯陆的军营区举行，标志着定向运动作为一种体育比赛项目的诞生，距今已有 100 多年的历史。

定向运动本身作为一种体育项目开展是从 20 世纪初在北欧开始的。到 20 世纪 30 年代已在芬兰、挪威、瑞典、丹麦立足。1932 年举行了第一次世界定向运动比赛。1961 年国际定向联合会（IOF）在丹麦哥本哈根成立，现有成员方 50 个。国际定联是世界定向运动的行政实体，是国际体育联合会总会之一。定向运动也是奥林匹克体育项目之一。

世界公园定向运动组织（以下简称 PWT）是于 1995 年在国际定向联合会（IOF）注册的一个国际组织。每年在世界各地公园举行职业定向精英巡回赛，并设总奖金及排名。它的主要宗旨及目的就是创造一种全新的定向运动概念，即：定向运动不仅可以在传统的森林里进行，而且还可以在城市的公园及大学校园里进行，从而将世界上最富有挑战的体育运动带到观众与摄像机的面前，使观众不仅现场感受到定向的动感及激烈战况，还可以使电视机旁的观众一起分享这份刺激与乐趣，真正使定向运动成为一种任何人在任何地方都可以从事的群众性体育运动。定向运动已从森林走向城市。为推动定向运动的发展，增进人们对定向运动的兴趣及了解，发展新的群体，扩大其在新闻媒介中的影响，并将定向运动引入新的国家，PWT 将大多数世界循环赛设在城市的郊外及公园里进行。比赛的路程较短，点标设置独具匠心，从瑞典的野生动物园到威尼斯的水上迷宫，从芬兰的赌场到奥地利的音乐大厅，从捷克的城堡到奥斯陆的购物中心楼顶，整个赛事紧张激烈，聚集了全球顶级定向运动的精英，将定向运动推向更高水准。观众不仅可沿途观赏赛事，并可亲身体验其中的无穷乐趣。

定向运动虽起源于瑞典，但目前已风靡全欧洲、澳洲及北美地区，在亚洲的日本、韩国和中国香港、南美的巴西和智利也已初具规模。1998 年 PWT 来到指南针的发明地——中国，来自全世界 25 个最优秀的定向运动员从繁华的国际大都市香港跑到古老的北京城，受到各界的友好欢迎，并在一个 13 亿人口的大国引起了对定向运动空前的热情与兴趣。

第一节　定向运动常识与练习方法
（Basic knowledge and practice of orienteering）

一、常识（basic）

（一）定向运动的分类

定向运动按运动工具的不同可分为两种：

（1）徒步定向：如传统的定向越野跑；公园定向；夜间定向（见图Ⅲ-6-1），还有接力定向（图Ⅲ-6-2）。

（2）工具定向：如滑雪定向；山地自行车定向；摩托车定向。

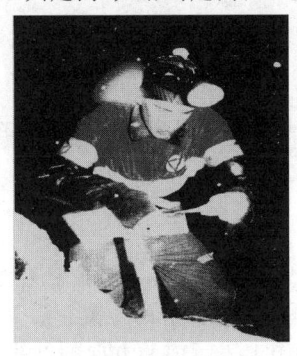

图Ⅲ-6-1　夜间定向　　　　　　　　　　　图Ⅲ-6-2　接力定向

（二）定向运动方法

定向运动通常设在森林、郊外和城市公园里进行，也可以在大学校园里进行。一条标准的定向路线包括一个起点（用三角表示）一个终点（用双圆圈表示）和一系列点标（用单圆表示）。这些点标已在地图上用数字标明，如图Ⅲ-6-3所示（有时起点和终点可以重合）。

— 起点，点标，终点和起/终点（有时起点和终点可以重合）。

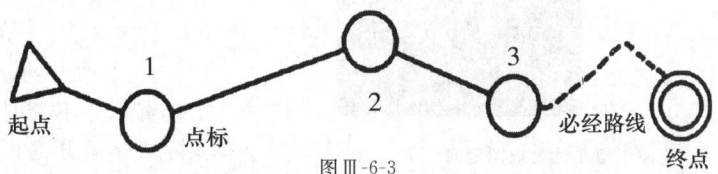

图Ⅲ-6-3

起点　　点标　　　　　　　　　　　必经路线　　终点

在实际地形中，一个桔黄色和白色相间的点标旗标志着运动员应该找到的点位置。

运动员必须在到达的每一个点标处使用打卡器打卡，且不同的打卡器打出不同的针孔。目前电子打卡系统已被广泛使用，它不仅能证实是否按顺序正确到场，还能记录到场时间。

点标与点标之间的路线并不指定或固定。运动员应该自己作出选择，凭路线选择能力以及借助于地图和指北针在森林和公园辨明方向，并以最快速度按顺序到达目的地能力便是定向运动的精髓所在。

（三）地图

定向运动需制作专门的定向图。定向图更加准确详细，使之更容易比较地图上的符号标记与实际地形中的实物。

1. 地图比例尺

比例尺1∶1000 说明地图上的1厘米＝实际地形上的 1000 厘米　（10 米）

　　　　1∶3000　　　　　　　　　　　　　　　　　　　3000 厘米　（30 米）

　　　　1∶4000　　　　　　　　　　　　　　　　　　　4000 厘米　（40 米）

　　　　1∶5000　　　　　　　　　　　　　　　　　　　5000 厘米　（50 米）

1:10000	10000厘米　（100米）

当今大多数森林定向图的比例尺为1:10000,大多数公园定向图为1:5000/4000。

2. 地图上的颜色和符号

黑色——人造景观(建筑物,道路,小径)和岩石(大石头,悬崖峭壁);

棕色——地形:等高线和符号(表示山丘和小坑;沥青砾石路面,包括高速公路,主干道,宽行人道,篮球场等);

蓝色——任何有水的地方(湖泊,溪流,泥沼);

绿色——植被,浓密而难通过的地区(绿色越深,越难通过);

白色——普通林区,易通过;

黄色——空旷地,易奔跑;

黄绿色——禁入私人区、果园及花坛;

紫色——线路。

(四)指北针

指北针是定向运动最重要的仪器,是找到正确方向的最有用的工具。它是定向运动可使用的唯一合法工具,在定向中红色的指针永远指北。

使用指北针给地图定向的方法是:

(1)将地图与指北针放水平状态。

(2)转动地图直到地图上的指北线与指北针红色指针平行,地图即被定向。① 把指北针套在左手大拇指水平放在地图上,将指北针上右侧的蓝色箭头从你所在的位置指向你要行进的位置。② 水平转动指北针和地图(你的身体也随之转动),直至指北针上红色的指针与地图上表示南北方向的红线北平行。③ 这时指北针上蓝色箭头所指的方向就是你要行进的正确方向。如图Ⅲ-6-4所示。

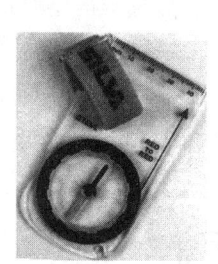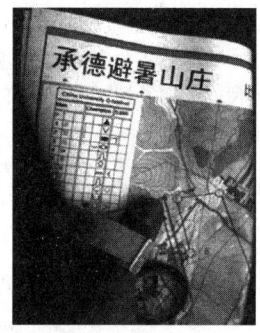

图Ⅲ-6-4 使用指北针给地图定向

(五)路线选择

路线选择就是指从一个地方出发到另一个地方前运动员对行进路线作出的最佳路线选择。要考虑所选路线的难度及安全性,体力消耗及能最快到达又有明确标志参考的路线。

1. 路线

两点之间的最短距离是直线。然后走直线并不总是最佳选择,应根据实际情况避开高山,河流等障碍来选择更切实际的路线。

2. 速度

在选择一条快捷的路线时,并不仅仅是避开爬高山的问题,还必须考虑是否能走公路、小径、草地或其他简单的地形,以提高速度。在不同的地形上,人的行进速度不同。表Ⅲ-6-1粗略地指出了在不同的地形上,行进每公里所需的分钟数。

这就表明,如果走丘陵起伏,树木遍布的林间,可能比公路绕道距离的2倍还多。

3. 线形地貌

当你选择路线时,最简单的莫过于沿线形地貌(或称栏杆地貌)走。它们可能是公路、小径、输电线、田野边界、湖滨、溪流等。

表Ⅲ-6-1　引进每公里所需的分钟数

	公路	草地	森林	丘陵树林地带
行走(分钟)	12	17	22	27
慢跑(分钟)	6	8	10	14
跑步(分钟)	4	6	8	10

但通向目的地的路上并不一定是线形地貌,所以必须利用其他的实物,选择一些必须经过又有明显特征的地形,这时就真正体现了指北针的价值(如图Ⅲ-6-5、Ⅲ-6-6所示)。

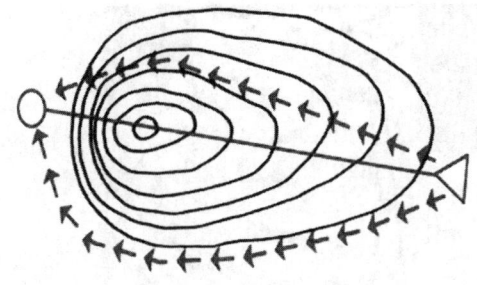

图Ⅲ-6-5 山地地形

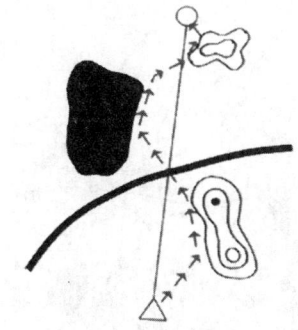

图Ⅲ-6-6 洼地铁道地形

4. 选择哪条路

图Ⅲ-6-7中,标出了三条不同的路线(三角表示起点,圆圈表示终点),你会选择那条路?

关于以上三条路线选择的点评:

A:这条路线,利用公路,会很迅速,但有不确定性。因为很难确切地判断在哪里离开公路,没有明确的安全转折点。

B:这条路线,是一段直线道路,要利用指北针翻越一座陡峭的山,是一种困难的选择。

C:或许这是最好的选择,有很好的安全转折点,即从小路的转弯处开始,只要沿指北针确定的方向跑一小会儿就到了。在你利用不同特征的地形做安全参照物时,要比沿线形地貌跑时更需仔细读地图和用指北针,随着经验的积累,判断不同路线的难度会越来越简单。你很快能学会如何避开陡峭的山坡或无法穿越的沼泽林,你也会发现地图上无法穿过的悬崖、大片水域和可以轻松应对的稀疏的岩石和小径。

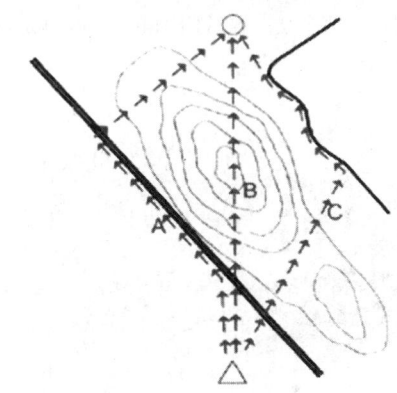

图Ⅲ-6-7 线路图

> **学练提示**:两点之间的最短距离是直线,然而走直线并不总是最佳的选择。合理选择路线是取胜的关键。

二、练习方法(training methods)

(一)实地识图

第一步:跟着老师走,认知地物符号,认知比较地图上的符号在实际地形中是怎样的。看他们在地图上是如何用不同的符号和颜色表示的。

第二步:沿指定路线走,保持地图定向在沿指定路线行进时,时刻保持用指北针给地图定向。同时,进一步认识比较地图上的符号和实际地图,并用圆圈标出沿途所经过的明显的地物(见图Ⅲ-6-8)。

第三步:峰顶俯视,按等高线找出一片高地,到峰顶去四处环视。注意哪些地方陡峭,哪些地方斜坡平缓,再研究一下它们是怎样在地图上用等高线表示的。并识别一下建筑物和其他显著的物体,它们在地图上的哪个位置? 如图Ⅲ-6-9所示。

第四步:用指北针定向找到点标。练习取定指北针的方向,并顺其而行。从地图上的定点开始,在一

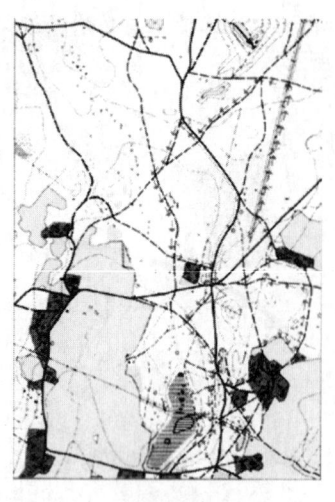

图Ⅲ-6-8 实地识图

图Ⅲ-6-9 实地识图

定距离标出 5 到 6 个点标。这些点标应是明显而不易错过的,如公路的交叉点,或是田野的边缘。取定方向朝一个目标走,然后回到起始点,再定向,到另一个目标,见图Ⅲ-6-10 所示。

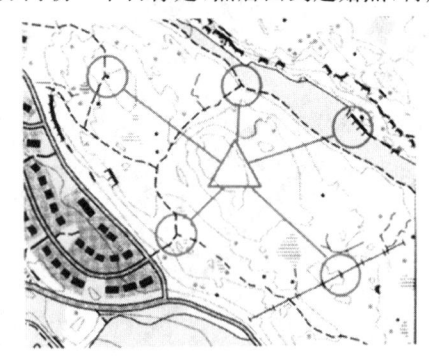

图Ⅲ-6-10 实地识图

图Ⅲ-6-11 实地识图

第五步:路线选择找一个起点和三四个要经过的点标。为每两个点标之间选择两条不同的路线。走一条路线到访每一个目标后,回到起点用另一个路线再找一遍,见图Ⅲ-6-11 所示。

(二)派对练习

这个练习需要二到四人,其中一个人拿着地图,并决定到达点标的路线选择,其他人持图(此图上无练习标记)跟随其后,试图记住一路上明显的地物地貌。当到达目的地后,跟随者必须在地图上标出他们此刻在哪里,以及是怎样到达的,然后,换另外一个人选择一个新的点标,并带路。

第二节 定向运动比赛的方法和国际赛事赏
(Emulative way and international athletic competition of orienteering)

一、路线中的各种标记

(1)在图中用紫色标出比赛路线,这是为了与图上的其他颜色区别开来。

(2)起点在图中用三角形表示,并指向第一个点标。点标用圆圈标出,且点标的具体位置是圆圈的中心。圆圈的直径大约 7 毫米。

(3)不要把点标设在空旷地带的中心,而是放在有明显地物特征的地方。

（4）点标的序号的阿拉伯数字要南北竖直标写（这样不用看地图的顶端也可知道南北方向）。

二、制定路线的一般原则

（1）点标的数量并不一定固定，一般至少 4 至 5 个，点标之间的距离不要太远，如果超过 5 到 6 公里就过长了（这主要是由地域的大小和道路中的障碍物所决定）。

（2）对初学者，路线最好不要交叉，因为这样可能使他们混乱，以错误顺序找点。

（3）点标之间的角度不要小于 90°，以避免哪些正在寻点跑的人看见刚从此点标方向出的人而得到点标。

（4）出发点和终点由组织者决定，应根据比赛的类型选择尽可能方便的地点。大型比赛，起终点要求相对较大的空间（可容纳观众）且交通不太拥挤（人和车），并适合作出一条好路线的地方。

三、不同级别的路线设计原则

（1）初学者/青少年——点标明显易找；路线选择少；路线不太长，点标之间距离较短；路线不交叉，点标与点标之间角度大于 90°。

（2）较高水平者——点标不明显，较难找；路线选择性强；路线距离长；点标之间的距离长短不一。

四、赛事等级分类

（1）初级赛事组织：趣味型/实践型课堂比赛；班级/其他训练型比赛。

（2）中级赛事组织：校级比赛；人人可以参与的个人比赛。

（3）高级赛事组织：市级/县级比赛；省级/国家/国际比赛。

五、主要世界/国际定向运动赛事

（1）O-Ringen 瑞典五日：世界最大规模的定向运动赛事/旅游节，每年 7 月吸引世界各国 20000 名男女定向运动员相聚瑞典。

（2）世界定向越野锦标赛：最权威的传统定向比赛。每年举行一次。

（3）Jukola：世界最大的定向接力赛。每年 6 月 2000 多个队在芬兰白昼地区持续比赛 24 小时。

（4）Tio-mila：世界在刺激的夜间定向接力赛。每年 4 月末在瑞典举行。

（5）定向越野世界杯赛。

（6）世界青年定向越野锦标赛。

（7）世界大师定向越野锦标赛。

（8）世界公园定向循环赛：每年在世界各地公园巡回举行职业精英赛。设总奖金及总排名，只有世界排名在前 25 位男女运动员才有资格参赛。

研究与实践
课题名称：定项运动在我国大学生中开展现状与展望
研究方法：文献资料法；调查研究法；专家访谈法；比较研究法。

（解　进）

第七章　擒敌拳（Martial Arts）

> **本章提要**：擒敌拳是擒敌技术综合练习，擒敌拳是综合运用踢、打、摔、擒动作制服敌手的徒手搏斗术，由16个组合动作组成。正确掌握擒敌拳不仅能防身制敌，还能增强在对抗条件下运用攻防技术的能力。擒敌拳的技术是进攻搏击、防身自卫、克敌制胜的有效方法。因此，必须掌握擒敌拳的基本动作，反复练习，才能达到学好擒敌拳的目的。

高校体育教学中武术内容深受学生欢迎，擒敌拳更适合男生学习，它不仅能防身制敌，提高对抗能力，而且能作为群体组合的表演项目。

第一节　擒敌拳基本姿势（Basic ways）

基本姿势是进攻或防守前的一种最常用的临战身体姿态和架势，包括手型、步型、初级练习姿势和实战姿势。其特点是：暴露面小，支持稳固，起动迅速，移动灵活，攻守兼备。基本步法是实战过程中为使自己处于有利的进攻或防守位置，保持身体重心平稳而采用的脚步变换的方法，是打、踢、摔、拿各种技法赖以实现的基础。其特点是：步随身走，手到脚到，弹性移动，轻灵快捷。

一、手型（hand forms）

（一）拳型

要领：四指并拢卷屈握紧，拇指紧扣在食指和中指第二指节上。拳型见图Ⅲ-7-1。

要求：拳面平，腕关节平直坚挺。击打前拳松握（保持拳型，拳手中空）。击打时，拳紧握，攥实。

拳型变化及用途：①俯拳。拳心向下，用于直拳、摆拳、鞭拳击打，力达拳面或拳轮。②仰拳。拳心向上，用于勾拳击打，力达拳面。③立拳。拳眼向上，用于近身直拳、摆拳击打腰、腹等部位，力达拳面。

（二）掌型

要领：四指并拢伸直，拇指弯屈紧贴虎口处。掌型及各主要部位名称见图Ⅲ-7-2～4。要求：四指并紧挺直，掌心微凹。击打前，掌松持（保持掌型，五指微屈），击打时，掌持紧，拢实。

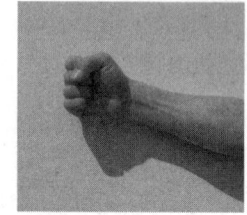 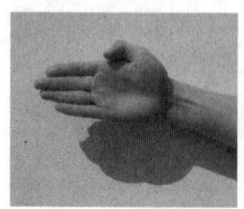 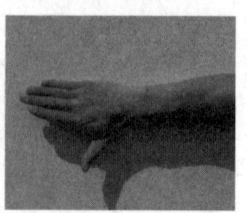 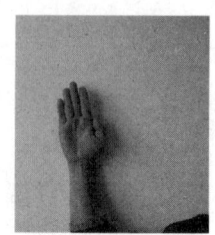

图Ⅲ-7-1　拳　　　　图Ⅲ-7-2　插撑　　　　图Ⅲ-7-3　八字掌　　　　图Ⅲ-7-4　立掌

掌型变化及用途:①立掌。掌心向前,手掌与小臂约成直角,用于推、挡,力达掌根。②直掌。掌心向下或向侧,手腕挺直,手掌与小臂成直线,用于插、戳,力达指端。③横掌。掌心斜向侧下,手腕稍内收,用于劈、砍,力达掌外缘。④八字掌。掌心向下或向侧,拇指向外分开,与四指成"八"字型,用于抓、卡、扼,力达虎口和指端。

二、步型(stances)

(一)弓步

要领:左脚前迈一大步,脚尖向前稍内扣,屈膝弓立,大腿略平,膝盖不超过脚尖。右腿挺膝绷直,脚尖内扣。两脚全脚掌着地,上体对正前方,两手握拳置于腰际,拳心向上,两眼平视。

要求:步型要大,重心要稳,前腿要弓,后腿绷,挺胸、塌腰、沉髋,前、后脚成一线(见图Ⅲ-7-5)。

用途:主要用于配合后手拳重击和抱腿顶摔、绊摔等动作。

图Ⅲ-7-5 弓步

(二)马步

图Ⅲ-7-6 马步

要领:左脚左跨一步,略比肩宽,全脚掌着地,脚尖对正前方,屈膝半蹲,膝盖不超过脚尖,大腿略平,身体重心落于两脚之间。两手握拳置于腰际,拳心向上,两眼向前平视(见图Ⅲ-7-6)。

要求:姿势要低,重心要稳,上体正直,挺胸、塌腰、提肛,两脚跟和膝盖向外撑力。

用途:主要用于配合各种过背摔法和骑压拿法等动作。

(三)仆步

要领:左脚左跨一大步,屈膝深蹲,全脚掌着地,脚和膝外展。右脚向右挺直平仆,脚尖内扣,全脚掌着地。两手握拳置于腰际,拳心向上,两眼向右平视。仆左腿为左仆步,仆右腿为右仆步(见图Ⅲ-7-7)。

要求:步幅要大,重心要低,挺胸、塌腰、沉髋,平仆腿脚掌不得外掀。

用途:主要用于绊腿摔法、骑压拿法以及折腕牵羊等动作。

图Ⅲ-7-7 仆步

(四)虚步

图Ⅲ-7-8 虚步

要领:右脚外展45°,稍屈膝下蹲。左脚向前一步,膝微屈,脚跟离地,脚面绷平,脚尖稍内扣,虚点地面,重心落于右腿。两手握拳置于腰际,拳心向上,两眼向前平视。左脚在前为左虚步,右脚在前为右虚步(见图Ⅲ-7-8)。

要求:挺胸、塌腰,虚实分明,支撑腿稳固。

用途:主要用于提膝进攻、防守前的准备动作和虚假动作。

(五)跪步

要领:右脚左跨一步,屈膝深蹲,全脚掌着地,脚和膝外展。上体左转,右腿屈膝内扣以膝跪地,右脚前掌撑地,脚跟提起。两手握拳置于腰际,拳心向上,两眼向前平视。跪右膝为右跪步,跪左膝为左跪步(见图Ⅲ-7-9)。

要求:下膝要快,跪步要稳,跨步、转体、下跪要协调一致。

用途:主要用于跪腿摔法和跪压拿法等动作。

图Ⅲ-7-9 跪步

资讯窗:想要学好擒敌拳,首先要练好基本功。①手型动作要正确;②步型特点要明确;③动作姿势要到位。

第二节　擒敌拳技术
（Specific techniques）

图Ⅲ-7-10 预备姿势

预备姿势：听到"擒敌拳——预备"的口令后，身体右转成格斗势（见图Ⅲ-7-10）。

动作要领：两脚距离比肩略宽，膝关节微屈，脚后跟稍稍离地，目视前方。

动作要求：格斗攻防意识。

（一）直拳横踢

动作要领：左直拳，接右直拳，接右横踢，右脚落步，出左直拳（不收回），右拳置于下颌，两眼正视前方（见图Ⅲ-7-11）。

动作要求：击打迅猛连贯。

图Ⅲ-7-11 直拳横踢

（二）抱腿顶摔

动作要领：左脚在右脚后垫步，左拳置于下颌，随即起右脚前蹬，右脚向前落步，上体前俯，成右弓步，同时，两手前伸，与膝同高，掌心相对；随即肩向前顶，两手后拉置于腹前，正视前下（见图Ⅲ-7-12）。

图Ⅲ-7-12 抱腿顶摔

动作要求：垫步前蹬快，抱腿顶摔猛。

（三）勾摆连击

动作要领：左脚向前上步，左勾拳，接右勾拳，接左摆拳（不收回），右拳置于下颌，两眼正视前方（见图Ⅲ-7-13）。

图Ⅲ-7-13 勾摆连击

动作要求:上步勾拳连贯迅猛。

（四）抱臂背摔

图Ⅲ-7-14 抱臂背摔

动作要领:上步的同时,左手向外先挡后抓,掌心向外;右脚向左前上步,右手前伸上挑,掌心向上,置于左手前,随即左脚向右脚后背步,两腿弯曲,上体迅速向左后转体弯腰(小于90°),两手猛力下拉,同时两腿蹬直(两脚左右相距约一脚之长),臀部上顶,两手变拳置于身体左侧;身体左转,右脚下端,左拳置于下颌,右拳置于大腿外侧,目视前下方(见图Ⅲ-7-14)。

动作要求:转体、弯腰、下拉、蹬腿快速连贯。

学习提示:注意手型、步型、拳型的正确姿势以及动作方向。

（五）侧踹勾拳

动作要领:右脚在左脚后垫步,左侧踹,左脚落地,左臂左上格挡;接右勾拳(不收回),左拳置于下颌,目视前方(见图Ⅲ-7-15)。

动作要求:侧踹快,勾击狠。

图Ⅲ-7-15 侧踹勾拳

（六）拉肘别臂

动作要领:上步的同时,左手由下向前上方插掌,掌心向右,略低于肩,右拳置于下颌;随即抓握左手腕,左手握拳,身体向右转体成弓步,同时,两手猛力后拉,身体下压,两手置于腹前,目视前下方(见图Ⅲ-7-16)。

动作要求:插掌快,后拉下压猛。

图Ⅲ-7-16 拉肘别臂

（七）掀腿压颈

动作要领：身体向左后转180°，左抄抱，右脚向左前踢腿（与小腿同高），同时身体右转，左手上挑与头同高，掌心向后，右手下压后摆，掌心向后；右脚踢腿后在左脚后落步，并用力下踏，同时左脚向前上步，左手臂左下格挡，右掌置于腰际，随即右掌向前插击，掌心向下与喉部同高（不收回），左手变拳置于下颌，目视前方（见图Ⅲ-7-17）。

动作要求：上挑、下压、踢腿迅猛连贯。

图Ⅲ-7-17 掀腿压颈

（八）侧踹横踢

动作要领：右掌变拳置于下颌，同时右脚向前垫步，起左腿侧踹，接右横踢，右脚落步，出左直拳（不收回），目视前方；左后转身180°成格斗势，目视前方（见图Ⅲ-7-18）。

动作要求：侧踹快，横踢猛。

图Ⅲ-7-18 侧踹横踢

试一试：将八个组合动作用同样节奏完成，熟练后再加强动作的力度。

（九）前蹬弹踢

动作要领：右前蹬，接左腿弹踢，左脚落步，出右直拳（不收回），目视前方（见图Ⅲ-7-19）。

动作要求：前蹬猛，弹踢快，重心稳。

图Ⅲ-7-19 前蹬弹踢

（十）直摆勾击

动作要领：进步左直拳，接右摆拳，接左勾拳（不收回），目视前方（见图Ⅲ-7-20）。

动作要求：击打迅猛连贯。

图Ⅲ-7-20 直摆勾击

（十一）接腿涮摔

动作要领：身体左转，右抱抄，左手抓右手腕；右脚向右后撤一大步，成右弓步的同时，两手经膝前向右上划弧，与肩同高，目视左下方（见图Ⅲ-7-21）。

动作要求：撤步、划弧快捷迅猛。

图Ⅲ-7-21 接腿涮摔

（十二）摆拳侧踹

动作要领：右摆拳，接左直拳，接左侧踹，左脚落步，出右直拳（不收回），目视前方（见图Ⅲ-7-22）。

动作要求：击打迅猛，重心稳。

图Ⅲ-7-22 摆拳侧踹

（十三）抱腿撞裆

动作要领：快速进步的同时，身体下潜，两腿弯曲，两手变掌下插，左手在上（与膝同高），右手在下（与小腿同高），掌心相对；身体向右后转体270°同时右脚上步，两掌变拳上提后拉于胸前，上体前俯，随即左膝下跪，左拳下击，与左膝同高，右拳置于下颌，目视下方（见图Ⅲ-7-23）。

图Ⅲ-7-23 抱腿撞裆

动作要求：上步抱腿快，转摔猛。

（十四）绊腿跪裆

动作要领：起身左抄抱的同时，右脚进步，脚尖内勾（左脚跟上）；左脚向右脚后背步，右脚向后绊的同时身体向左下旋压，左手成拳，拳心向内，置于下颌，右手成八字掌，掌心向下，置于左胸前（见图Ⅲ-7-24）。

动作要求：背步、绊腿、旋压迅猛连贯。

图Ⅲ-7-24 绊腿跪裆

（十五）格挡弹踢

动作要领：身体向右后转体的同时，右上格挡；左腿弹踢，左脚落步，出右直拳（不收回），目视前方（见图Ⅲ-7-25）。

动作要求：格挡到位，弹踢快。

图Ⅲ-7-25 格挡弹踢

（十六）肘膝连击

动作要领：左横击肘，接右横击肘，随即两拳变八字掌前插，与肩同高，两手下拉，同时右顶膝；右脚落步，左后转体180°，成格斗势（见图Ⅲ-7-26）。

动作要求：肘击、顶膝迅猛连贯。

图Ⅲ-7-26 肘膝连击

结束势：身体向右转的同时，右脚靠拢左脚，恢复立正姿势（见图Ⅲ-7-27）。

图Ⅲ-7-27 结束势

动作要领：右脚蹬地快速向左脚靠拢，两手快速有力下放至大腿两侧。

动作要求：动作迅速连贯。

第三节　女生擒敌术三招
（Three self-defense techniques）

现代女大学生不应成为手无缚鸡之力的弱者，对万一出现不测事件，应强化心理意识，掌握应有的一般防卫知识。从某些地区社会治安不良的情况来看，女生学习几招简易女生防身术，增强抗暴自卫意识很有必要。

（一）防身术练习方法

1. 遇歹徒抓头发时怎么办？可采用"撅指下压"之招（见图Ⅲ-7-28）

动作过程：若对方正面抓发时，立即用双手压握对方抓发的手腕，同时后退一步。然后身体猛向前屈，用额头顶压对方手指。

动作要领：抓压对方手腕动作要快，前屈后退步，撅指要快捷有力。

2. 遇歹徒正面抓住衣领或胸时怎么办？可采用"撞肘之招"（见图Ⅲ-7-29）

动作过程：应立即用右手抓住对方手掌，左脚向左前方半步，同时身体向右转，以肩抵撞对方右肘后部，紧跟着左肘由上而下按压对方右肘。

动作要领：以肩撞肘时注意上体右转时必须有90°。

3. 遇歹徒正面搂抱怎么办？可采用"顶裆之招"（见图Ⅲ-7-30）

图Ⅲ-7-28 撅指下压　　　　　　　图Ⅲ-7-29 撞肘之招　　　　　　　图Ⅲ-7-30 顶裆之招

动作过程：迅速猛抬右膝，用力顶击对方裆部，然后用左手将对方腰搂住，同时右手猛推其下颚，当对方后倾到一定角度时，突然松开左手使其向后摔倒。

动作要领：顶裆后立即用右手推歹徒的下颚。

（二）学习防身术注意事项

（1）建立抗暴自卫意识：在突遇歹徒时，首先心理上要镇静，克服惧怕心理，要利用周围一切可借用的物品当作临时自卫武器，并且要大声呼叫，惊动旁人。如在野外必须向屋外高处奔逃，吸引周围人注意，并且要在奔跑中观察周围环境争取求救。千万不能自暴自弃，不要放弃一切可能的自救机会，与歹徒抗争到底，以正气压邪气，争取最后胜利。

（2）使用女生防身术，对象是歹徒，切切注意平时不能开玩笑随便使用，以免对方受伤。但是在对付歹徒时不能心慈手软，否则难保自身的安全。

第四节　学习擒敌技术注意事项
（Items of caution）

为保证擒敌拳训练顺利进行,有效地预防训练事故的发生,必须严格执行以下规定:

（1）练习者要明确学习擒敌拳的目的,增强训练安全意识,预防训练事故发生。

（2）必须以高度的责任心严密组织训练。练习者要听从指挥,遵守纪律,互相爱护,讲究武德;要集中精力,认真操作,把握要领,要掌握训练损伤预防和急救的知识和方法。

研究与实践

课题名称:1. 中华武术在高校体育教学中的地位。

2. 学习擒敌拳技术对提高身心健康的意义。

3. 如何提高武术运动的实用性与娱乐性。

参考文献

［1］赵军. 警察体育技能训练［M］. 杭州:杭州出版社,2000.

［2］公安部教育局. 警察体育教程［M］. 北京:群众出版社,2000.

（孟　涛）

第八章 柔道(Judo)

本章提要：柔道是两个身着棉布制的柔道运动服,赤脚在柔道垫子上进行徒手格斗,决出胜负,以锻炼身心的一种体育运动项目。

本章以简练的语言、图文结合的形式介绍了柔道的起源、柔道技术和练习方法,以使大学生喜爱柔道,并对柔道有深入一步的理解,积极参与柔道的科学锻炼,推动柔道运动在大学生中进一步普及和提高。

柔道可以最有效地利用对手的力量,摔倒对手或在对手倒地后加以制服。柔道在精神上讲究"道",柔道运动就是锻炼柔道身心,陶冶情操,培养坚强的意志品质和高尚的道德情操。

中国和日本是一衣带水的近邻,两国从古至今的友好交往有着悠久的历史。柔道与中国的拳术有着密切的关系,明末中国学者、武术家陈元赟旅居日本时,将拳术传至日本,后发展成柔术,并产生多种流派。19 世纪末日本人嘉纳治五郎吸收各柔术流派的长处,经过加工整理和发展而成为柔道。现已传播至全世界各地。柔道在我国也发展很快。

1951 年由日本、英国、法国等 12 个国家发起,建立国际柔道联盟。1956 年在东京举行第一届世界男子柔道比赛,1964 年第十八届奥运会男子柔道被列为正式比赛项目。1980 年举行了第一届世界女子柔道比赛,1992 年第二十五届奥运会女子柔道被列为正式比赛项目。

第一节 柔道概要
(Outline of Judo)

一、柔道的起源(Origin of Judo)

柔道源于日本古代柔术,它的始创人是嘉纳治五郎师祖(1860—1938 年)。柔道的前身原是一种徒手格斗的武术。据日本历史记载,1532 年,已有竹内久盛创始的竹内派柔术,到了德川时代,当时分有 51 种流派:有名堂的当推竹内流、起倒流、关口流、天神真杨流、涩心流、板心流等,各流派办起了各自的道馆。嘉纳治五郎自幼体弱多病,经常受人欺负,所以心想以柔术来增强身体健康,故于明治 10 年(1877 年)首先向田八之福与矶正智师傅研习了天神真杨流,接着又向饭久保恒年修习了起倒流的奥妙,其后更习得各流派之技术,取诸流之长处,并加上本身的独到创意,免其过分残暴处,改良为以胜负、体育、修心为适合青少年锻炼身体的技术体系,进而将原有术改为道,给予命名为"柔道"。

近代柔道与柔术之区别在于:柔术重技击,易于伤人,柔道除重技击之外,主要以锻炼身体、修身养性、教育培养人为宗旨。这使柔道从一种单纯的技击方法转变为有教育培养人意义的体育运动。一时从学者甚多,从而建成日本规模最大的讲道馆以从事柔道运动练习。

二、柔道的含义(Connotation of Judo)

我国古代"柔道"一词,词意是统治阶级的一种"武征文治"的手段。《后汉书·光武十七年》中曰"吾理天下,以柔道行之"。今日之柔道,乃是锻炼身体、修身养性、增强意志品质的一项体育运动。柔道运动宗旨:锻炼身体、强健体魄,修心养性,陶冶情操,培养坚强的意志品质、高尚的运动道德和互助友爱之精神。

现代柔道技术原理"以柔克刚,刚中有柔,柔刚相济"为基本原理。以柔克刚,即顺应对手之力另加以"以柔制胜",但柔不一定能制刚,刚也不一定能制柔。刚柔相争,双方斗争的胜负寄托于推移变化运用之技巧。

第二节　柔道技术
(Technique of Judo)

一、基本站立姿势(basic standing posture)

柔道练习时所采取的站立姿势,基本上分为自然体和自护体两种姿势。

(一)自然体

自然体是一种高站立姿势,这种姿势,动作自然,便于进攻与防守。

右自然体站立:右足出一步站立(图Ⅲ-8-1(1))。正自然体站立:两足平行站立(图Ⅲ-8-1(2))。左自然体站立:左足出一步站立(图Ⅲ-8-1(3))。

图Ⅲ-8-1　自然体　　　　　　　　　　　图Ⅲ-8-2　自护体

(二)自护体

自护体站立是一种低站立姿势,这种低站立姿势既能防对手猛攻,又能反攻对手。自护体站立法,上体保持正直,两腿略屈,身体重心在两足间,整个身体用力平衡(图Ⅲ-8-2)。

二、柔道衣把位图及礼节(Judo clothing diagram and courtesy)

(一)把位图(图Ⅲ-8-3)

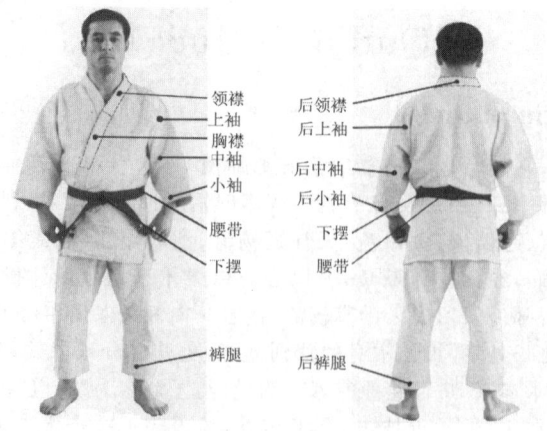

图Ⅲ-8-3　把位图

（二）腰带的系法

找到腰带中心位置，绕腰系两圈，腰带系在肚脐眼位置，然后打结扣（如图Ⅲ-8-4）。

图Ⅲ-8-4　腰带的系法

（三）柔道的礼节

礼节是柔道练习中的一个必不可少的环节，体现出双方互相尊重和敬意的高尚运动品德（图Ⅲ-8-5）。

两人正面相对，距离约在3.64米，施礼时，上体前屈约30°，两手放在体前大腿上方。

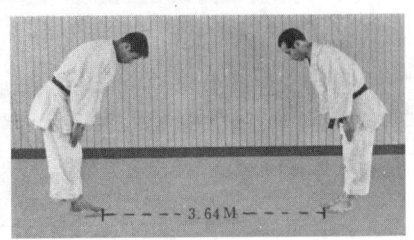

图Ⅲ-8-5　柔道的礼节

三、受身法（Self-protection Method）

受身法是一种倒地自我保护的方法，同时训练身体结实和内脏器官经得起振动。初学练柔道新手首先要学会受身法，才能学习和提高投技的各种摔法。学会和掌握受身之后，若被对手摔倒，也不会摔痛和摔伤身体。每次投入练习之前，不论是新手还是老手，都先要练向前、向后、向侧倒地的各种受身方法，一可暖身，二可使身体经得起摔扑，三在心理上敢于大胆施技摔对手。

（一）后受身练习法

（1）坐在垫上两手两腿并拢伸直，然后举腿，同时上体向后倒下，两手臂伸直开掌拍击垫子，后脑勺尽可能不碰撞垫子，目视腰带（图Ⅲ-8-6）。

图Ⅲ-8-6　后受身练习法（1）

（2）蹲在垫上，两脚跟踮起，两臂伸直，两手开掌，然后，向后坐倒下，臀部、腰、背依次着垫，两臂伸直，两手开掌拍击垫子，后脑勺尽可能不碰撞垫子，目视腰带（图Ⅲ-8-7）。

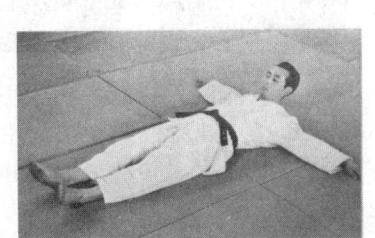

图Ⅲ-8-7　后受身练习法（2）

（3）立正，两手臂前平举，然后，屈腿向后坐倒下时，臀、腰、背依次着垫，两臂伸直，开掌拍击垫子，后脑勺尽可能不碰撞垫子，目视腰带（图Ⅲ-8-8）。

图Ⅲ-8-8　后受身练习法（3）

（二）前受身练习法

前受身为缓冲身体向前倒下重力和免使身体正面撞击垫子，其练法如下：跪立垫子，上体向前扑倒下时，两手开掌，手指略向内，两手掌着垫的同时屈肘，抬头勿使头面着垫（图Ⅲ-8-9）。

图Ⅲ-8-9　前受身练习法

试一试：请同学和你一起试做柔道的礼节和前、后受身练习。

（三）侧受身练习法

在柔道练习中，身体侧面倒地机会是较多的，为缓冲身体侧面倒下重力，免受身体摔痛或摔伤，柔道运动员必须学会和掌握侧受身方法。其练习方法如下：

（1）蹲低侧受身，右足出立半步，右足向右上一步，身体同时向右侧倒下，倒下时用右手掌拍击垫子，目视腰带。然后，站起来向左边做同样的动作（图Ⅲ-8-10）。

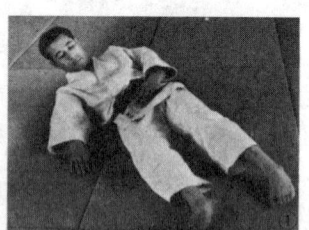

图Ⅲ-8-10　侧受身练习法（1）

（2）直立侧受身，左足出立一步，右足向左上方踢去，屈左腿，身体同时向右侧倒下，并手掌和手臂拍击垫子（图Ⅲ-8-11）。

（四）侧翻受身练习法

侧翻受身先要学会团身前滚翻动作。侧翻受身实际上是前滚翻加侧身手足拍击垫子，使其身体着地

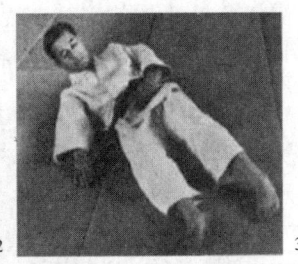

图Ⅲ-8-11 侧受身练习法（2）

重力分散在身体各个部分，而不是集中在身体某个部分上。其练习方法如下：

（1）足在前，屈膝蹲下，左手在前右手在后，两手掌撑地，两手指略向内，伸直左腿的同时，从右肩背向左侧滚翻过渡到左体侧着地，左手掌和左足背拍击垫子，右足掌着地，右肘臂护体侧腰部，目视腰带（图Ⅲ-8-12）。

图Ⅲ-8-12 侧翻受身练习法（1）

（2）屈膝蹲下侧翻受身熟练后，就可进一步练助跑侧翻受身（图Ⅲ-8-13）。

图Ⅲ-8-13 侧翻受身练习法（2）

（3）越过障碍物侧翻受身，助跑侧翻受身熟练后，就可练越过障碍物侧受身，可请同伴跪扑在垫上当作障碍物，开始一人，随着熟练程度，可以逐个增加两三人（图Ⅲ-8-14）。

图Ⅲ-8-14　侧翻受身练习法（3）

学练提示：在你进行侧翻受身练习时，必须熟练掌握前滚翻及侧滚翻技术。

四、对人技能（wrestling technique）

投入练习法：任何一种技术方法，不可能单纯地依靠身体某部分动作力量，就能摔倒和制服对手，而是要依靠身体各部分动作力量互相配合协调一致，并且要用力得当，才能取胜对手。如果身体各部分动作不协调，发力不及时，就不易取胜对手。因此，学习任何一种技术方法之前，先要弄清楚该技术的动作结构，以求用最巧妙、最省力的方法去摔倒和制服对手。

在技术分类中所述的技术是规范化的技术，但在实际实战过程中，由于各人的体形不同、力量大小不同，当时身体所处位置不同，所使用的同一种技术也是有差异的。但不论使用何种技术方法，都要控制住对手身体重心，使其身体重心失去平衡，这是摔倒对手的技术关键，也是学习柔道技术和掌握柔道技术的重要之处。

资讯窗：学习任何一种方法之前，先要弄清楚该技术的动作结构，以求用最巧妙的、最省力的方法克敌取胜。

关键之处是要控制住对手身体重心，使其重心失衡，这是摔倒对手的技术关键，也是学习和掌握柔道技术的重要之处。

（一）背负投

背负投是用腰、背、臂等动作力量将对手背负在肩背上向前摔下去的一种技术。背负投有许多种摔法，在这里介绍几种主要摔法。

动作过程：

双方均以自然体站立，组合抓把（图Ⅲ-8-15（1））；左背步转体180°（图Ⅲ-8-15（2））；身体重心沉低，腰背贴紧住对手的小腹处，屈右臂顶住对手右腋下并向上托起（图Ⅲ-8-15（3））；左手抓右中袖把往下拉的同时，向前低头伸腿将对手从肩背上摔下（图Ⅲ-8-15（4）、（5））。

（二）大腰

大腰是一手抓对手的中袖把，一手抱腰并抓起后腰带而将对手从腰带摔下去的一种技术。

动作过程：

左手抓对手的右中袖把，右手抱其腰并抓住后腰带（图Ⅲ-8-16（1）），右足上步（图Ⅲ-8-16（2）），左背步并屈膝沉低身体中心（图Ⅲ-8-16（3）），向前抱腰伸腿（图Ⅲ-8-16（4）），将对手从腰背上摔下去（图Ⅲ-8-16（5）、（6））。

图Ⅲ-8-15　背负投

图Ⅲ-8-16　大腰

（三）大外刈

大外刈是用一腿切进到对手侧后面,上身前压用腿拦切摔倒对手的一种技术。

动作过程:

左手抓对手的右中袖把,右手抓其左胸襟把,对手右足后撤一步时,左足随着对手右足后撤上一步,右足向对手右足切进并拉紧左手把,上身前倾压,右足向后切拦对手右腿,迫使对手向后倒下(图Ⅲ-8-17)。

图Ⅲ-8-17　大外刈

（四）体落

动作过程:

抓右中袖把的左手水平拉的同时,抓左胸把的右手向上提,使对手身体重心提高并倾向前,用背步或盖步成左弓步堵住对手双腿,向左体侧转时头向左变脸,拉右中袖把动作要及时(图Ⅲ-8-18)。

图Ⅲ-8-18　体落

（五）出足扫

出足扫是用左足向右侧扫对手的右足,抓对手右中袖把的手向左后侧拉而摔倒对手的一种技术。

动作过程:

两人自然体站立,右手抓对手的上领襟把,左手抓其右中袖把（图Ⅲ-8-19(1)）;左手把向左后侧拉使对手的右足向右前迈出一步（图Ⅲ-8-19(2)）;当对手刚迈出右足时,用左足去扫其右足（图Ⅲ-8-19(3)）,左足扫对手右足的同时左手把向左后侧拉（图Ⅲ-8-19(4)）,迫使对手摔倒垫上（图Ⅲ-8-19(5)）。

图Ⅲ-8-19　出足扫

（六）把投

把投是两手抓住对手用足掌抵住其小腹,利用身体后倒重力将对手向后摔出去的一种技术。

动作过程:

左手抓对手的右上袖把,右手抓其左胸襟把（图Ⅲ-8-20(1)）;两手向前拉,右足同时后退一步（图Ⅲ-8-20(2)）;当对手右足迈出一步时,用右足掌抵住其小腹处（图Ⅲ-8-20(3)）;身体后倒将对手向头顶方向蹬出去（图Ⅲ-8-20(4)）,将对手摔成背着垫（图Ⅲ-8-20(5),(6)）。

图Ⅲ-8-20 把投

研究与实践

　　课题名称:柔道在我国大学生中开展的现状与展望。

　　研究方法:文献资料法;调查研究法;专家访谈法;比较研究法。

　　研究步骤:①成立研究小组:确定研究小组4～6人,由研究小组成员选定组长。②制定研究计划。③走访上海高校,了解开展柔道运动状况。④制订调查表格,并寄至全国各高校。⑤对收集的信息进行归纳分析,提出发展我国大学生柔道运动的建议和展望。⑥结题报告:专论论文与专家评估。

参考文献

[1] 陈安槐等.体育大辞典[M].上海:上海辞书出版社,2000.

（刘国荣）

第九章 攀岩（Rockclimbing）

本章提要：攀岩是一项不用攀登工具，仅依靠手脚和身体的平衡攀登陡峭岩壁或人造岩墙的竞技性运动项目。攀岩是从登山运动中派生出来的新项目，也是登山运动中一项竞技体育项目。它集健身、娱乐、竞赛于一体，既要求运动员具有勇敢顽强、坚韧不拔、拼搏进取的精神，又需要具有良好的握力、腿部力量、柔韧性、协调性、节奏感及攀岩技巧。这样才能在陡峭的岩壁上安全、准确地完成身体的腾挪、转体、跳跃、引体等惊险动作，给人以优美、流畅、刺激、力量的感受。

作为登山运动基本技术之一的攀岩技术的出现距今已有 100 多年的历史。早在 1865 年，英国登山家埃德瓦特首次使用钢锥、铁链和登山绳索等简易装备成功地攀上险峰，从而成为攀岩运动的创始人。20 世纪 60 年代初，前苏联最早倡导这项运动，当时的评判标准是在同样的条件下，攀登峭壁的速度最快者为优胜。1974 年攀岩被正式列为国际竞技体育运动项目。同年举办国际攀岩锦标赛，经国际登山联合会决定，每两年举办一次。

我国于 1987 年在北京怀柔县首次举办了全国攀岩邀请赛，以后每年举办一次。

"会当凌绝顶，一览众山小"。攀岩运动以其特有的登临高处的征服感吸引了无数的爱好者参与此项运动。尤其是室内攀岩运动既有攀登"悬崖峭壁"的惊险感觉，又无实地攀岩的危险，吸引了众多攀登爱好者，使其成为风靡世界的体育项目。

第一节 攀岩技术
(Technology)

一、攀岩基本要领（basic knack）

（1）抓：用手抓住岩石的凸起部分（见图Ⅲ-9-1）。

（2）抠：用手抠住岩石的棱角、缝隙和边缘（见图Ⅲ-9-2）。

（3）拉：在抓住前上方牢固支点的前提下，小臂贴于岩壁，抠住石缝，用力下拉引体向上（见图Ⅲ-9-3）。

（4）撑：利用台阶、缝隙或其他地形，以手臂和小臂使身体向上或向左右移动（见图Ⅲ-9-4）。

（5）推：利用侧面，下面的岩体或物体，以手臂的力量使身体移动（见图Ⅲ-9-5）。

（6）张：将手伸进缝隙里，用手掌或手指曲屈张开，以此抓住岩石的缝隙作为支点，移动身体（见图Ⅲ-9-6）。

（7）蹬：用前脚掌内侧或脚趾的蹬力把身体支撑起来，减轻上肢的负担（见图Ⅲ-9-7）。

图Ⅲ-9-1 抓

图Ⅲ-9-2 抠

图Ⅲ-9-3 拉

图Ⅲ-9-4 撑

图Ⅲ-9-5 推

图Ⅲ-9-6 张

图Ⅲ-9-7 蹬

图Ⅲ-9-8 跨

（8）跨：利用自身的柔韧性，避开难点，以寻求有利的支撑点（见图Ⅲ-9-8）。

（9）挂：用脚尖或脚跟挂住岩石，维持身体平衡使身体移动（见图Ⅲ-9-9）。

（10）踏：利用脚前部踏在较大的支点上，减轻上肢的负担，移动身体（见图Ⅲ-9-10）。

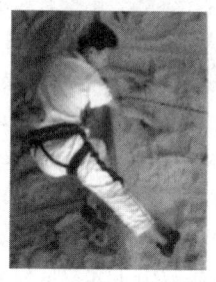
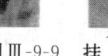
图Ⅲ-9-9 挂

图Ⅲ-9-10 踏

二、攀登悬崖峭壁的方法（method）

徒手攀岩技术的难度主要体现在第一人的攀登过程中，第一人攀登峭壁的基本方法是利用自然支点和人为支点（打入岩石钢锥）进行的攀登。基本要领是"三点固定"即在双手握或双脚蹬牢三个支点的条件下才能移动第四点。攀登者要设专门的保护装置，携带足够的钢锥，沿路打入岩壁，作为人为支点，各个支点间的距离不宜过密，以 0.5 米为宜。这种人为支点的作用，不仅在于防止攀登者滑脱，而且通过保护装置可使胸部或腹部多一个支点，借此可腾出双手安全地进行打锥等操作。为了省时省力，减轻劳动强度可携带一些小挂梯（脚蹬）交替挂于相应的人为支点上，从而可减少人为支点的数量。第一人登上峭壁顶部后，根据要求从上方固定好绳索，采取上方保护的方法使后继者能比较安全地迅速上攀。第一人攀登时可设下方保护，分段设置保护点，一旦失手，也不会脱落滑下。

三点固定法是攀岩的基本方法，要领如下：

（1）身体姿势：攀登岩石峭壁时身体要自然放松，以三个支点稳定身体重心，而重心要随攀登运动的转换移动，这是攀岩能否稳定、平衡、省力的关键。在攀登时，上、下肢要协调配合，攀登要有节奏感，上拉、下蹬要同时用力，身体重心一定要落在脚上，保持面向岩壁，三点固定支撑，直立于岩壁上的攀登姿势。

（2）手臂动作：手在攀登中是抓住支点、维持身体平衡的关键，手臂力量的大小直接影响攀登的质量和效果。因此一个优秀的攀岩运动员必须要有足够的指力、握力和臂力。在攀登人工岩壁时，第一指关节要用力抠紧支点的同时，手腕要紧张，手掌要贴在岩壁上，小臂也要随手掌紧贴岩壁而下垂，在引体时，手指（握点）有下压抬臂动作。攀登自然岩壁时其动作变化就很大，要根据支点不同采用各种用力方法，如抓、握、挂、抠、扒、捏、拉、推压、撑等。

（3）脚部动作：两腿外旋，大脚趾内侧贴近岩面，两腿微屈，以脚踩支点维持重心。膝部不要接触岩石面，以免影响脚的支撑和身体平衡，甚至会造成滑脱和使膝部受伤。在脚踩支点时，切忌用力过猛，要掌握用力的方向。

（4）手脚配合：攀登时，首先是上肢引体，下肢蹬压抬腿移动身体，使身体重心随着用力方向的不同而协调地移动。

第二节　攀岩比赛与注意事项
（Match and attention of rock climbing）

一、攀岩比赛（match）

攀岩比赛有如下四个项目。

1. 单人攀岩

单人攀岩分男子单人和女子单人攀登比赛。这种比赛不仅比攀登技巧（包括技术水平、技术装备的应用），还比通过全部路线的时间（从出发地点到岩壁顶部，或又从顶部返回出发地点所用的时间）。比赛是在同一地形上进行，由运动员一个一个地进行攀登。

2. 双人结组攀岩

每组 2 人结组进行攀登，路线是由裁判员选好的指定路线。与单人不同的是，两人必须结组进行攀登。除比赛攀登技术和速度外（具体要求同上），还比赛互相保护的技术。

3. 自选路线攀岩

运动员自己选择登上岩壁顶部和下降的路线。在攀登岩石坡面 500～800 米以外的地方，运动员用裁判员提供的望远镜和绘图工具选择路线。实地攀登时，不能离开自己选定路线 20 米以上。这种比赛不仅比攀登技术和速度，同时还比路线选择的好坏。

4. 集体（小队）攀岩

这种比赛与正规登山活动一样，参加者事先编好小队（4～6 人），背负全套登山装备（睡袋、帐篷、炊具、保护器材、绳索、冰镐等），通过事先指定的路线，按指定地点搭设和拆除帐篷，途中交替保护。其比赛内容包括攀登技术、小队技术、保护技术、通过全部路线的时间等这个项目也可按小队自选路线进行攀登。

二、攀岩注意事项（attention）

（1）攀登岩壁前要做好充分的准备工作，检查必需的装备是否带齐，保护装置是否正确。正式攀岩前，要做好充分的准备活动。

（2）要观察清楚正确的攀岩路线，注意可能遇到的难点，做好克服难点的准备。

（3）攀登动作一定要做好"三点固定"，谨防蹿跳式攀登。

（4）攀登途中遇到浮石或松动的石块，不要乱扔，要放置在安全处或通知下面的同伴注意后再作处理。

（5）要重视安全保护工作，攀岩者和保护者要密切配合，没有充分安全的保护措施要拒绝攀岩。

（6）在攀登中，切忌抓草或小树枝等作为支点。有积雪或过于潮湿地不宜进行攀登。

（7）攀登者不能戴手套攀登，但要戴好安全帽进行攀登。

（8）在攀登过程中，要保持镇静，切忌惊慌失措。

研究与实践

课题名称：1. 中国攀岩运动与未来

2. 攀岩走进上海高校

3. 攀岩运动对大学生身心健康的意义。

计划制定：① 开题；② 制定研究计划进度表；③ 查阅收集资料；④ 研究方法；⑤ 结题报告；⑥ 课题研究与实践。

（谢　敏）

第十章 轮滑（Skating）

本章提要：轮滑运动是一项将人体协调、灵敏与力量融为一体的趣味性极高的高尚时髦的体育运动，是体育与艺术有机的结合。通过本章学习，了解并掌握轮滑的基本技术和练习方法。轮滑运动能使你身心得到锻炼，充分享受娱乐和休闲，体验生活的乐趣，同时培养你勇敢顽强、勇于奋进的优良品质。照本章介绍的练习方法循序渐进地进行练习，必将受益匪浅，进步明显。

轮滑运动（俗称旱冰运动），又称四轮溜冰运动，它是以有四个轮子的轮滑鞋为主要运动器具，以在平整地面上滑行为基础的运动，称为轮滑运动。它包括速度轮滑、花样轮滑、轮滑球三大主要项目。

轮滑运动是一项历史悠久并具有国际性的体育运动。它起源于1815年，当时法国人加尔森为了能在夏天进行溜冰练习，从而创造了轮滑溜冰鞋。1992年举行的第25届奥运会上，轮滑首次被列为表演项目。轮滑运动于20世纪30年代初期传入我国，1980年9月，我国正式加入国际轮滑联合会。1982年举行了第一次全国轮滑比赛。由于轮滑运动是脚下支点移动的运动项目，因此，对人体的平衡能力要求较高。进行轮滑运动时，人体要保持各种特殊的平衡姿势，以作出各种高速度、高强度、高难度的技术动作。这就要求练习者有良好的肌肉力量和身体的协调性、灵活性。所以，轮滑运动能全面发展人体的各项素质，改善人体的心肺功能，增强各关节的灵活性，同时对培养勇敢、顽强的意志品质，果断的判断力等也会产生良好的影响。它既能丰富人们的业余生活，又能陶冶人们的高尚情操。

第一节 轮滑技术与练习方法
（Technology and practice methods of skating）

一、轮滑技术（technology of skating）

轮滑是一项在运动中灵活变换重心、维持动态平衡的运动。在练习时，应大胆、灵活，及时移动重心，掌握技术，并通过多种练习手段提高移动重心的灵活性和掌握平衡的能力。

由于在滑行过程中，装着轮子前后转动的轮滑鞋无法在身体后面找到有效的支撑点，而只能通过在体侧找到合理稳固的支点，也只有通过向侧蹬，才能产生前进的动力。所以，学习轮滑必须克服在陆地上走或跑时后蹬用力的习惯，建立向侧用力的概念，掌握正确的用力方法。学习轮滑要从站立维持身体的平衡开始。

轮滑者一般采用蹲或半蹲的姿势滑行，通过腿的屈伸动作就能产生蹬地的力量，因此要求初学者要时刻想着腿的正确蹲姿,培养良好的习惯。如果习惯于直腿滑行,不仅滑不快,而且还不利于摔倒时进行自我保护。

二、轮滑锻炼方法(practice methods of skating)

(一)练习前的准备

轮滑练习的运动量大,在没有穿上轮滑鞋之前,应先进行一些像慢跑、各种伸展性和柔韧性练习的准备活动,然后,再做以下准备:

(1)选择好适宜的轮滑鞋,穿上的轮滑鞋松紧适合即可,然后带上必要的防护用具。

(2)穿上一只轮滑鞋后,可在地上试一试滑度如何,也可慢慢地用一只脚蹬地,而后用穿轮滑鞋的另一只脚滑行一段距离。

(3)穿另一只轮滑鞋后,初学者,尤其是第一次穿轮滑鞋的人一定要注意:此时最容易摔倒,所以先要蹲稳,然后将身体重心移到两脚之间再慢慢站起来,必要时,也可以扶拦杆或在其他人协助下站立。

(二)基本的站立及姿势

1. 基本站立

正确的站立是滑行的基础。一般初学者初次穿上轮滑鞋站起来,会因轮子意外的滑动而难以保持身体平衡,他们首先必须掌握基本的站立方法。

(1)丁字站立法:该方法是前脚丁字步站立,前脚跟卡住后脚的脚弓处,两膝微屈前顷。由于前脚跟卡在后脚两轮之间,轮滑鞋不能滑动,人体站立比较稳定。

(2)八字站立法:两脚尖自然分开,形成自然开角,两脚跟自然靠近。上体稍前倾,两膝自然下垂。重心落在两脚之间可以避免身体前后滑动。

(3)平行站立法:两脚分开,比肩稍窄,两脚尖稍内扣,保持两脚并行。膝部微屈,上体稍前倾。重心落在两脚之间,平稳站立。

以上三种基本的站立,是初学者必须掌握的。在练习中要注意:两大腿要稍微绷紧点,控制腿的稳定性,不让任何一脚随便滑动。站立时,上体和两臂要保持相对稳定,不能在腰、腿、脚没有准备的情况下乱动。

2. 基本姿势

基本姿势同基本站立一样也是滑行的基础。基本姿势的掌握有利于提高重心的稳定性,可以帮助练习者掌握正确的动作,在滑行中少摔跤,少走练习的弯路。

(1)一般初学者滑行时的站立姿势:上体稍前倾,大腿蹲屈成 140°左右,小腿微前弓成 80°左右。全身自然放松,两脚间距 20 厘米左右,重心落于脚心和脚掌之间,两脚平均用力,要站平衡。

(2)速度轮滑的基本姿势:上体前倾,背部肌肉放松,背部稍高于臀部,眼看前方 5～6 米处,屈膝,两脚并行,两脚并拢或分开在 10 厘米以内,两臂自然下垂或背于腰后,手互握,重心在脚掌中部。

(三)移动重心练习

1. 原地移动重心练习

原地移动重心是在不向前滑动的前提下所做的动作,旨在练习控制重心移动时的稳定性和掌握平衡的能力。

（1）原地左右移动重心：在两脚平行站立的基础上，上体向一侧移动，并逐步将身体重心完全移到这一支撑腿上。待平稳后，上体再向另一侧腿上移动，并将身体重心完全移到该腿上，左右移动重心的练习要反复进行。

（2）原地踏步练习：在八字站立的基础上，重心移到左脚上，另一腿微屈上抬，使脚离地约5～10厘米，再落下。重心移到右脚上，左脚再抬起，交替练习。

（3）原地蹲起练习：两脚平行站立或八字站立，做向下蹲再起来的动作。开始时可半蹲，逐渐加大蹲的程度，最后做深蹲。开始时可慢慢做，然后再逐渐加快速度。练习时，应保持上体直立，不可向前屈体再直立，而是只做腿的蹲屈动作。在屈伸踝、膝、髋3个关节时，应注意动作的协调性，保持重心的垂直升降。

（4）原地单腿支撑练习：在双脚平行站立的基础上，将身体重心完全移到一条腿上，然后慢慢将另一条腿抬起，脚稍离地，并停留片刻。支撑腿微屈，重心要平稳地落在支撑腿上。平稳地停留一定时间后，抬起的脚落地，再换另一腿反复练习。

（5）两脚原地前后滑动：在两脚平行站立的基础上，做一脚向前、另一脚向后地来回滑动动作。两臂前后摆动，像走路一样，同两脚配合。两脚滑动时，应始终保持平行，重心要始终抬起保持在两脚中间，两腿伸直，由大腿发力做前后滑动动作。这是提高对重心的控制能力和对滑动的适应能力的练习。

（6）原地高抬腿练习：在原地踏步的基础上，每次抬腿逐渐加高，直抬至大腿与地面平行。抬腿时，应注意身体协调配合，保持重心稳定，防止重心后移，身体后仰。这一练习，应在具有初步滑行技术，又有一定控制重心的能力时再做。

2. 迈步移动重心练习

初学者在较好地掌握了原地移动重心的基础上就应进行向前、向左右移动重心的练习。学会正确移动身体重心和迈步是掌握正确滑行的基础。

（1）向前八字走：在丁字步站立或八字步站立的基础上，一脚抬起向前迈出一小步，脚尖稍偏外，呈八字形落地，同时身体重心迅速跟上，待重心完全落于前脚时，后脚抬起再向前迈出，移动身体重心。

（2）横向迈步移动：在平行站立的基础上，一侧脚向同侧迈出一步，身体重心随之迅速跟上，另一侧腿收回，在内侧靠拢着地，并承接体重，然后换腿练习。这是在滑行中横向移动重心的重要基础。

（3）横向交叉步移动：其动作与横向移动基本相同。它们的区别是，这种移动练习的一侧腿的回收是从支撑腿的前上方超过，成交叉步向侧移动重心。

初学者在学习迈步移动重心时，身体不要直立。因为直立姿势重心高，容易摔倒。正确的姿势应该是力求降低身体重心，上体前倾一些，腿部还要适当蹲屈，这样既可提高身体的平衡性，又有利于掌握动作。

3. 初步滑行练习

初学者在掌握了走步移动身体重心后，就可以开始学习向前的滑行动作。

（1）走步双滑练习：在学会向前八字走的基础上，每次连续走几步可产生一定的惯性，然后两脚迅速并拢，并由八字变为两脚平行，借助惯性向前滑行，体会身体向前滑的感觉。然后走几步再并拢双脚滑行，力争连续做几次。平行滑行的关键是保持重心在两脚中间。

（2）高姿势交替蹬地、交替滑行：双脚呈八字步站立，膝、踝微屈，上体直立。开始时，双脚同时向两侧蹬地，使双脚同时开始前滑，重心随之稍向左腿。左腿成支撑腿，右脚再稍多做一点蹬地动作后迅速收回，向左腿靠拢，脚尖稍偏外侧，落地自然形成八字步，同时，重心向右腿上移，左脚开始侧蹬地，蹬地后也迅速收回，脚尖外分落地，再承接重心由右腿蹬地。两脚交替蹬地，即可连续滑行。

（3）低姿势交替蹬地、交替滑行：此练习是在上一练习的基础上，用速度轮滑的深蹲基本姿势做。由于该练习的腿弯曲较大，在动作幅度上比以上的练习大，用力时间也较长、较大，所以滑起来较快，可体会速滑的感觉。做此动作时，右脚侧蹬地，重心随之移向左脚，成左腿支撑滑行，右脚蹬地结束后放松收腿，当右脚靠近左脚时，重心开始回移，左腿开始蹬地，右脚落地后成右腿支撑滑行，然后收回左腿。两脚交替蹬地、交替支撑滑行。

（4）交替蹬地接双脚滑行：当初步做到两脚交替蹬地、交替滑行后，可把其与双脚惯性滑行结合起来练习。其方法是交替蹬地3～4步或5～6步，取得一定的前进惯性后，双脚并拢平行，借助惯性向前滑一定距离，然后再交替蹬几步，再惯性滑行，反复练习。

4. 弯道的初步滑行练习

初学者在进行简单的直线滑行时，也应进行一些简单的转弯练习。如果直线动作和弯道动作结合练习，相互提高，进步会更快，效果会更好。

（1）走步转弯：在向前做八字走或者半走半滑时，若想向左转弯，迈步脚落地时，脚尖都要向左转动一点，身体也随之向左转动一点，逐渐呈弧形的走滑路线。向右转弯时动作相同，但方向相反。

（2）惯性转弯：当向前滑行有了一定速度后，两脚平行稍靠近，如果向左转弯时则左脚略靠前，右脚靠后，重心落在两脚之间前1/3处。最好是前腿略弓，后腿直。身体重量压在左脚和右脚的左侧轮，利用惯性向左滑一较大弧线。右转时，动作相反。

（3）短步转弯：此练习是在学会慢慢转弯动作的基础上，身体姿势较低，重心完全落在左腿上，甚至超出左腿支点（向左转时），右脚向右侧蹬地后迅速收回，靠近左脚落地做非常短暂的支撑，此时，左脚迅速向左稍转脚尖，右脚再迅速向侧蹬出。连续做此动作即可加速连续转弯。右转时，动作相反。

研究与实践 从力学原理比较走、跑和轮滑运动，在身体移动中的不同之处（后蹬用力和侧蹬用力）

参考文献

［1］张宏成等.怎样溜旱冰［M］.苏州：苏州大学出版社，2000.

（李朝辉）

第十一章 台球(Billiards)

本章提要:台球是 14~15 世纪由欧洲人发明的一项室内体育活动。因其占地面积小,不受天气和时间等其他因素的影响,具有集竞技、娱乐、锻炼和趣味于一体的特点,而深受人们的喜爱。特别是近几年,随着我国经济的发展,人们生活水平得到了不断提高,以丁俊晖、潘晓婷为代表的一批台球运动员在国际大赛上屡获佳绩,这项运动正以惊人的发展受到人们的关注。本章以通俗的语言简要地介绍台球运动的起源、发展、基本技术及比赛规则,试图让更多喜爱这项运动的大学生们对此有更清楚的了解,让我们一起去参与这项运动吧。

台球运动至今已有五六百年历史,台球究竟起源于哪国?众说纷纭,但是,台球起源于西欧是无可争辩的事实。在公元 14 世纪,在英国维多利亚女王时代,台球活动非常受人们的重视,在一些富豪家庭里,不仅有豪华讲究的台球间,而且在进行打球活动时,还有严格的活动礼节,有的规定至今仍在沿用。1510年台球出现在法国,由于法王路易十四的御医建议国王餐后做台球活动,有利于健身,因此得到法王的喜爱和关心,所以在 17 世纪,台球在法国逐渐风行起来,这可能就是台球起源于法国的根据。

第一节 台球分类与术语
(Categories of billiards and billiards idioms)

一、台球分类(categories of billiards)

台球是一种用球杆在台上击球、依靠计算得分确定比赛胜负的室内娱乐体育项目。台球也叫桌球。台球流行于世界各国,从不同的角度有不同的分类方法,可以从国度、台球的数量以及台球的击球技巧进行分类。

(1)按国度分类:法式台球、英式台球、美式台球。

(2)按数量分类:3 球台球、4 球台球、9 球台球、16 彩球台球、22 彩球台球。

(3)按击球技巧分类:斯诺克台球、8 号台球、轮换台球。

二、台球术语(billiards idioms)

(1)主球:运动员从始至终用球杆直接击打的球,并利用该球运动的力量撞击其他球而得分,这个球就叫"主球",或叫"母球"。

(2)目标球:运动员用主球可以首先直接撞击的球都是目标球。

(3)盘:从开球开始,直至击落所有的球或打满规定的分数,或打到规定的时限,称为"盘"。

(4)局:由比赛开始组织者规定或比赛双方商定,若干盘为一局,每局可以只打一盘,也可以三盘两胜或五盘三胜。

（5）场：由比赛开始组织者规定或比赛双方商定，若干局为一场，如一场可规定为五局三胜或九局五胜。

（6）开球：首杆运动员第一击将主球击出就是开球，也就是本局比赛的开始。

（7）犯规或违例：凡是违反比赛规则的行为，都视之为犯规或违例，但是，必须由裁判员裁定才能有效。

（8）空杆：击球运动员将主球击出后，未撞击到任何目标球时，称之为"空杆"，属于犯规行为。

（9）推杆：当击球运动员击打主球，使主球前进并撞及目标球时，杆头尚未与主球脱离接触，等于将两个球一同推出，称之为"推杆"。换句话说，不是用球杆将主球击出，而是用球杆将主球推出，拖泥带水，与排球持球相似。推杆属于犯规行为。如果主球与目标球几乎相贴，击球时，要使主球薄薄擦过目标或用扎杆和点杆技巧击球，均视为正常击球。

（10）连击：在一次击球过程中，球杆杆头两次以上击打主球称之为"连击"，属于犯规行为。

（11）出界：任何球被击到地面上或停止在台沿上，都称为"出界"，属于犯规行为。

（12）误击：击球运动员误将其他球当作自己的主球击打，称之为"误击"，属于犯规行为。

（13）偏杆：用球杆击打主球的两侧叫"偏杆"，击打主球的右侧叫"右偏杆"，击打主球的左侧叫"左偏杆"。偏杆可使主球产生侧向旋转。

（14）拉杆：主球撞击目标球后，向左或向右横向运动，称之为"拉杆"。

（15）缩杆：主球撞击目标球后，目标球向前运动，而主球向后倒退，称之为"缩杆"。

（16）跟球：主球撞击目标球后，目标球向前运动，主球随后跟进，称之为"跟球"。

（17）扎杆：击球时，将球杆几乎与台面垂直，由上而下击打主球，使主球产生强烈的旋转，称之为"扎杆"。

（18）点杆：当主球与目标球之间的间隔小于一个球的直径，为了避免推杆，击打主球的中央，当球杆杆头接触主球的瞬间，迅速将球杆抽回，目标球被撞击后向前运动，主球定于原位，这种击球方法称之为"点杆"。

（19）走位：击球运动员用主球撞击目标球后，使主球或目标球按自己意志运动到所需位置上，叫做"走位"。

（20）贴球：主球与一个或两个球没有间隙地紧贴在一起，称做"贴球"。发生贴球情况时，必须经裁判员裁定方才有效，各种台球规则对贴球各有不同的处理方法。

（21）置球点：开球、球落袋、出界时，需要摆球的点位叫做"置球点"。

（22）占位：规定的置球点被其他球所占据，称"占位"。这时便可按规定处理。

第二节　台球技术与练习方法
（Skills of billiards and training methods）

一、台球技术（skills of billiards）

（一）准备姿势

1. 握杆手势

无论是右手握杆或左手握杆，握杆的位置很重要，握得合适，能轻松自如平稳击球。这是打台球开始的第一个重要因素，不可轻视。

先要找到球杆的重心，方法是用手的拇指和食指捏在一起，做成一个圆圈或一个钩，把球杆套在圈里面，然后左右推动球杆调整直至平衡为止，套在球杆上的手指位置就是这支球杆的重心。再从这个重心向杆尾移动 20～30 厘米，这个部位便是一般握杆的合适位置，遇有特殊打法需要，还可以前后移动调整握杆位置。

握杆时，不能握得太紧，不然手和手腕肌肉紧张，手臂僵硬，不能平顺滑动出杆击球，右手握杆时，拇指和食指在虎口处轻轻夹住球杆，好像一个吊环，权际握住球杆的是手的前部，即：拇指和前两个手指，另外两个手指虚握,小指包绕在球杆底部,主要配合控制球杆的平衡稳定,使球杆保持直线运动。

2. 杆架手势

用手做成的各种支架称手杆架。在台球运动中往往被人忽视了它的重要作用,要保证击球的准确性,必须有自然而稳定的杆架来支撑,它可以准确地引导球杆进行击球动作。

(1)平背式杆架手势:先把左手掌伸直,手心向下按在球台台面上,五指尽量岔开、指开紧抓台布,形成一个宽而有力的稳定杆架基部,然后掌心稍微拱起,拇指紧贴食指翘起,食指与拇指之间便出现一个凹槽,球杆便可以放在凹槽上活动自如。如需要调整高低时,可以使手指伸平手掌降低、拱起而升高适应击球需要。这种杆架高度低,适用于球径较小的落袋式台球(图Ⅲ-11-1)。

(2)凤眼式杆架手势:为了容易理解,方便练习,现把这种手势分解成单项动作说明如下(图Ⅲ-11-2):

1)将左手平放在球台台面上,手心向下,由手腕到指尖,向内侧稍微转个小弯。

2)小指、无名指和中指,一齐向内侧转动拱起,手掌左边压在台面上,三个手指形成支撑的手势。

3)当左手与球杆方向接近直角时,左手拇指和食指尖向一起捏。

4)拇指和食指形成一个圆圈后,便可以把球杆插入圈内来支撑球杆击球。如果需要调整高低时,只伸展或拱起中指来调整。因这种杆架高,多用于球径大的开伦台球。

(3)V形杆架手势,如果遇到在主球后面有一个球造成击球障碍,为了不碰这个阻挡球必须将球杆抬高,把四个手指头竖起来,支在阻挡球后面,尽量把大拇指翘起,把球杆架在拇指和食指间形成的V形槽里,击球时,球杆顺着槽滑动,如果击球需要时,球杆把还可以抬高。这是不太舒服的一种杆架,但又非常重要,不会是不行的,应该经常练习支撑的手指,直到能稳当而有力地支起球杆为止(图Ⅲ-11-3)。

图Ⅲ-11-1　平背式杆架　　　　　图Ⅲ-11-3　V形杆架　　　　　图Ⅲ-11-2　凤眼式杆架

(4)台边杆架手势。

由于球的位置变化多端,以及打法不同,仅靠几种常用的标准杆架手势,不可能是万能的,所以杆架手势也不可能千篇一律,而是多种多样的,有五花八门的名称。

3. 身体姿势

能否瞄得准打得进,击球姿势起着重要的作用,有的初学者并不注意,只是随随便便地站在球台前挥杆就打,这是种极为有害的开始。常见一些球手,打了多年台球,球技却并不见提高,当发现击球姿势不正确,有心纠正时,却已形成习惯,很难改正。因此必须强调,初学者,必须懂得并严格要求自己,一定要下决心使自己的击球姿势是正确的。

(1)身体站立位置,首先要确定身体站立的合适位置,这要根据球和球杆的方向距离来决定。先用右手按照要求握好球杆,而向球台上要打的主球方向站好,平握球杆,杆头指向主球,与主球相距6～10厘米左右。握杆的右手拇指要和裤子侧缝对齐。球杆的指向必须与主球行进方向成一条直线。

(2)脚的位置:身体站立的位置确定后,握杆的右手原位不动,在两脚立正站立的姿势下,左脚向左稍前侧方迈出一小步,宽度与肩宽略等(可根据身材高低调整),右脚尖向右外侧自然转动45°左右。两脚平放在地面上,不要虚提或离开地面,右脚绷,构成一个稳固、坚定的击球姿势(图Ⅲ-11-4)。

(3)上身姿势:

第一,落袋式台球。如斯诺克和美式花球球小台面大,准确度要求高,所以一般多采取俯身视瞄准击球,用平背式手杆架,上身向前平伸,与台面很近,头略抬起,下颌与球杆相贴,两眼向前平视,顺着球杆方向瞄视(图Ⅲ-11-5)。

第二,无袋撞击式台球,球径大,主球只要能碰撞上两个目标球便可得分,多采用重叠式(厚薄度)瞄

图Ⅲ-11-4　击球姿势　　　　　　　　　　　　图Ⅲ-11-5　落袋式台球上身姿势

准法,准确度要求不高。手杆架采用比较高一点的风眼式杆架。瞄准时,双眼在斜上方扫视球台上的三个目标球,因此,只要上身稍微向前倾斜一点,便可以纵览全局。

(4)面部位置:正确击球姿势的形成,不能忽视面部位置的关键性作用。面部不正就瞄不准,也就不可能击球入袋。要想做到打得准,弹不虚发,使球按照预想的路线行进,就必须特别注意,使面部的垂直中心线与球杆的中轴线,保持在同一个垂直中心平面上。怎样才能把面部摆正呢? 具体做法是在瞄准时,将下颌对准球杆中轴线上,并与球杆相贴,两眼保持水平,向前平视。这样面部中心,包括鼻子,嘴和下颌,便都能与球杆和右后臂,进入同一个垂直平面里。

(二)击球的基本技术

1. 击球的撞点

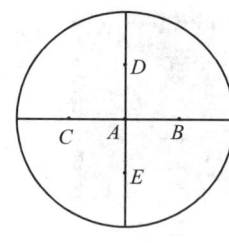

图Ⅲ-11-6　撞点

所谓撞点,就是球棒击球时打击白球的位置。球是圆的,但在书本上我们只有将球压平来解释。为了容易了解,我们把白球的撞点简化为五点,就是中央、上、下、左、右。如果画一个十字把白球分为四份,五个撞点均在十字的线和交点上(图Ⅲ-11-6)。

撞点不同,白球的走势和反弹的方向亦不同,要控制白球的走位,便要运用不同的撞点。

2. 各撞点的作用

(1)中央撞点:即 A 点,是最标准的撞点,击出的球不会旋转,称为平球。

(2)右撞点:即 B 点,球棒击中白球这一点,白球变会向右侧旋转。

(3)左撞点:即 C 点,是左侧旋的撞点。

(4)上撞点:即 D 点,是前旋的撞点。如果击球的力量相同,前旋的白球会比平球滚得更远。

(5)下撞点:即 E 点,是后旋的撞点,白球前冲与其他球接触时,会产生后旋力,前后冲力抵消,白球便会急停或向后滚动。

二、台球技术的练习方法(training methods of billiards)

首先要经常进行推白球练习,这一点无论是台球高手还是新手都应该做的,注意观察白球的走位和力量的运用。其次要练习进球的准确性以及进球后白球的停位。

1. 推白球练习

把白球放在棕球点上用高杆推白球,要求白球走位必须在中线上,白球尽可能靠在库边(再用中杆,底杆按同一要求练习)用左旋、右旋的中高底杆按不同的力度练习推白球。注意出杆保持顺畅。

2. 准确进球练习

几种练习台球技术的方法,要求用高中底杆反复练习 5 个红球进底袋,注意白球的走位。(白球要求在黄、棕、绿球点上反复练习,这一练习将是走向成功的基础。)

3. 走位练习

要求白球只能吃一库,蓝球必须进中袋,最终将台面上的 8 个红球全部打完,注意白球的走位,并且熟悉和掌握各种杆法和力度的运用。

4. 回旋球练习

要求红球进指定袋内,按一左一右的顺序将 6 个红球一杆内击进袋内,注意击白球时的力度和出杆时间快慢的掌握。从这一练习要观察白球在回旋吃一库后的走位变化。

5. 贴库边球练习

要求按顺序将 3 个红球击入顶袋,用不同的杆法、不同的力度反复练习,注意控制力度,使击球的力度刚好能够将红球轻轻地送入袋中。

试一试:你是否经常在母球击打目标球后发现母球有莫名其妙的旋转或者母球在碰库边后产生了意外的塞,那么以下练习可以帮助你改善:

(1)把母球摆在棕球点上,击打母球的正中点,注意出杆后静止不要收杆,使其通过蓝球、粉球和黑球点然后返回。如果母球回来能碰到你的杆头,说明你的母球击点很准。同样你可以用高杆和低杆做这种练习,这可以提高你击打母球的准确性以及训练你的力度感。

(2)你也可以把目标球放到蓝球点上,母球放在蓝球和中袋的直线上,用高杆打进目标球后把母球也跟进如同一袋口,用低杆打进目标球后母球退回相反的中袋,然后用中杆打进目标球把母球定在蓝球点。观察母球有无任何旋转。通过这些练习,你可以提高击打母球的准确度,从而提高你的进球率。建议在每次练习前都抽出一点时间来做这个击打母球的练习。

第三节　斯诺克球比赛欣赏
(Enjoyment of snooker games)

(一)斯诺克球台标志(图Ⅲ-11-7)

1. 开球线和开球区

平行于底岸,距底岸内沿 70 厘米,相交于两边岸的一条平行直线为开球线。并以开球线中心点为国心,以 29.2 厘米为半径,向底岸方向画出的与开球线组成半圆型区域,为开球区。

2. 置球点

台面上共有 6 个置球点。黄球点(两分点),位于开球区与开球线的右交点上。绿球点(三分点),位于开球区与开球线的左交点上。棕球点(四分点),位于开球区半圆的圆心点。蓝球点(五分点),位于球台两条对角线的交点。粉球点(六分点),位于两腰袋和两顶袋组成的对角线的交点。黑球点(七分点),位于台面的纵向中轴线上距顶岸的垂直距离为 31.8 厘米处的点。

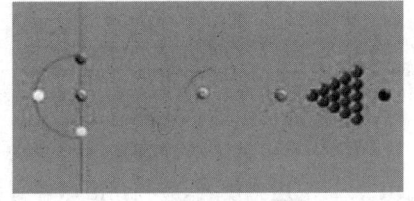

图Ⅲ-11-7 斯诺克球台标志

3. 红球区

位于粉球点和黑球点之间,顶角和粉球接近而不相贴的一个正三角区域。

(二)斯诺克台球的分值(见表Ⅲ-11-1)

表Ⅲ-11-1　　斯诺克台球的分值

白球	母球(主球)
红球	1 分(15 个)
黄球	2 分(1 个)
绿球	3 分(1 个)
棕色球	4 分(1 个)
蓝球	5 分(1 个)
粉球	6 分(1 个)
黑球	7 分(1 个)

(三)开球

开球必须使主球击中红球。开球如发生违例、犯规,按规则罚分,由对方获得击球权。

(四)计分方法和最高分

选手按规则击进球的分值,即为所得的分数。选手因犯规被罚的分数,应加在对方选手的成绩上。选手中局认输,对方球是已有的分数应再加上台面上所剩球的分值(每个红球按 8 分计算)。斯诺克一杆最高得分为 147 分。15×8+2+3+4+5+6+7=147(分)。

（五）比赛方法

开球前，双方可以通过抛硬币来决定谁先开球。其后，白球停在什么位置，就必须接着由什么位置打起。每一方必须先打入一个红球，然后任选一个有利的彩球打。打入彩球后，需将彩球取出重新摆回其自己的原位点上（即开球前，其所在的位置上）。接着，再打红球，打彩球，如此反复，直到所有红球入袋。之后，就必须按照一定顺序击打彩球。就是说，先打黄球，再打绿球、棕色球、蓝球、粉球和黑球。此时，进一个彩球，台面上就少一个彩球（不再需要将入袋彩球取出摆回自己的原位点上），直到所有彩球入袋，台面上只剩下白球，就宣告结束。每局的胜负是由双方积分多寡决定，得分多者为胜方。

（六）手中球

主球被击出界或自落，应判手中球，由对方获击球权。手中球只能摆放在开球区内的任一点上，并击任何方向的活球。

（七）跳球

将主球击成跳球时，应判犯规。当主球有跳动而没有越过任何球体，先击目标球后，再跳过其他球体时，不算犯规。

（八）自由球

一方犯规后主球变成"死角球"或造成障碍球时，应判为"自由球"。非犯规球员上场击球时，可以指定任何一个球作为目标球，击落自由球，按活球分值计算，并将自由球取出放回置球点。非犯规方也可让犯规方继续击球。

（九）犯规及如何处罚

1. 击球者发生下情况之一者均被判为犯规，应罚活球的分值，小于 4 分的按 4 分罚，大于 4 分的按分值罚。

（1）球未停稳即开杆击球。

（2）击球时杆头触击主球两次以上。

（3）击球时双脚离地。

（4）击球时推杆。

（5）击成空杆或主球自落。

（6）用自由球作成障碍球。

（7）手中球未放在开球区内开球。

2. 下述犯规者，应判罚活球和有关球中的最高分值（小于 4 分罚 4 分，大于 4 分罚自身分值）。

（1）使非活球被击中或落袋。

（2）选手在击球时服饰、身体、球杆等触动球。

（3）击成跳球或击球出台。

（4）主球同时撞击两个球（同时击两个红色球或一个自由球和一个活球除外）。

3. 下列犯规行为，一律罚 7 分。

（1）台红球入袋后，尚未指定彩球就犯规了。

（2）使用台内的球的达到一定目的。

（3）连续两次都击打红球。

（4）用非主球作主球。

第四节　斯诺克台球的赢球策略
（Win strategies of snooker）

一、选择目标球和创造连续进球机会（target ball choosing and making chances of consecutive scoring）

作为一个斯诺克老手，在打每一个球之前，必定要考虑好下一个球该怎么打，该如何留位。即是说，一要选择好目标球,不是说哪个最容易进就进哪个;二要让白球在进了目标球后,能够回到预先计划的位置上,为连续进球创造机会。一杆连续进球得分记录可以说是斯诺克比赛中的比赛。一个斯诺克老手,不仅会以赢下全局而开心,也会以不断刷新自己一杆得分最高记录而兴奋。当然,要做到这些,首先要看自己击球技巧和控制白球的能力如何。所以说,要想赢斯诺克,不仅是手上功夫问题,还要看自己是否拥有一个斯诺克头脑。台面上球的布局千变万化,该打哪个球,该如何留位,全靠自己凭经验和头脑去当机立断。以下是一些基本的原则。

（一）围着分最高的黑球打

要想赢斯诺克比赛,或刷新一杆得分最高记录,进黑球的次数是关键。围着黑球打的时候,要留意两点:一要清理黑球进入两个顶袋的通道;二是让白球始终同黑球保持一定的角度。

（二）利用有价值的蓝球做桥梁

很多时候黑球和粉球都被红球所困,在进了红球之后,最佳留位是让白球停在蓝球偏底线一点。这样,白球在进了蓝球后,又可以方便地接着进红球。在击打红球来走蓝球的时候,经常都会需要打稍微右侧的回旋球,以扩大反弹角度,取得好的留位。如果只是打简单回旋球,白球可能回不到蓝球处,或者回过头,甚至正好靠住蓝球,后果很危险。

（三）用回旋球打底线上的彩球

运用回旋球,有时再加以左旋球或右旋球,使白球在击进了底线上的彩球后,能够得以回向红球和高分的黑球。

（四）保持彩球进袋的通道畅通

彩球进袋的通道被红球所阻,有再多可进的红球都无法连续进球。所以在选择进红球时,一定要优先考虑清理挡彩球进袋的红球。

（五）创造更多进球机会

在考虑回位的时候,一定要选择可以创造更多进球机会的打法。尽量使得白球停留的位置上多过一个红球可击打,这样就可以减少失误并创造高分。

（六）留下台面中间的红球

如果能够试图做到有很多分散的红球在台面的中间,那么连续进球就会非常顺利。一杆连续进球得高分的秘诀之一,就是让自己有一些可以进多个袋口选择的红球。假如有两个红球可以击打,如果有个红球可进的袋口只有一个,那尽量选择先击打该红球。

（七）保险球

大多时候,一个高分的一杆连续进球肯定含有一些运气好的成分在里面。不过,人人都会有运气不佳的时候。所以,要想一杆连续进球顺利进行,就得给自己留一两个保险球以应付困难局面发生。我们知道,绒毛效应会将一个以中速或慢速横穿台面的球拉向顶端。这就意味着一个靠近顶端边垫的红球是几乎肯定可以进的。这种球最好不要轻易浪费,应该保留下来以应急,这种球可以称之为保险球。

（八）轰开红球堆

在打球的过程中,经常需要将一堆红球顺手轰开,给自己接下去连续进球创造机会。然而,把握轰开球堆的时机很重要,高手也很少会过早轰开红球堆。一定是先清理散开的红球,直到台面只剩下一个或两个散开的红球时,才会考虑轰开红球堆。

（九）打最后一个红球时考虑黄球

一般来说,打完最后一个红球后,关键就是能否留下一个好位打黄球。

二、安全球和斯诺克（safe ball and snooker）

要想赢斯诺克比赛,不仅要靠扎实的基本功,娴熟的击球技巧,争取多进球得分;同时,必须会运用打安全球,使接下去打的对手无法进球;甚至会运用做斯诺克,通过让对手失误罚分而得分。所以说,斯诺克比赛,不仅比试技巧,同时还要斗智。

（一）安全开局

一局的第一个球至关重要。如果轮到自己开球，一定要把球开好。好的开局可以让自己处于主动地位。最佳的开球方法是用右旋球击打最外面的那个红球，让白球经过 3 次反弹，停在绿球后面，离底边 2.5cm 左右的地方。除非非常不小心，这种球不会变形太坏。它会让对方一上台就感到无法下手。

（二）伺机而动

在绝大多数情况下，开盘后的前面几杆里，双方一定是你来我往地打安全球，尽可能将白球回到底边，直到一方犯下错误，或者试图冒险长距离进红球未得逞而丢下了缺口，或者偶然红球堆被打开，使得对方无法再将白球回到底边。

（三）不轻易给对手机会

没有 70％以上把握的话，尽量选择可以"打带跑"的球。

（四）做斯诺克

通常，只将做斯诺克用做一种布局策略而不是得分手段。除非在局尾，台面上所有球的分数加起来都不够赢。然而，有时在让对方失误罚分可以获利更大的情况下，不妨做斯诺克。

（五）反败为胜

当红球已被打完，该打黄球时，看一下计分牌，发现落后对手 32 分，而台面剩下的球，一杆打完也只有 27 分。这时，必须成功做两个斯诺克才可以赢下这局。如果打进黄球、绿球同棕球后，变成落后对手 23 分，而台面上只剩下 18 分。此时，失误一次罚 5 分，只需要成功做一个斯诺克便可以赢球。这时，不妨玩个花招，将白球藏在黑球后面做斯诺克。这样，对手反而开始紧张了，打蓝球不容有误。当然很多时候必须观察球形，如果蓝球和粉球是靠近的话，这是应该尽量把黄球、绿球和棕球打进，并在打棕球的时候走个理想的位置便于做下一杆斯诺克。

（六）越近越妙

做斯诺克的原则，就是将白球停在障碍球后面，而且是越近越好。

（七）化解斯诺克

化解斯诺克的一般方法是将白球慢慢推向没有进球机会的目标球，尽量让白球紧贴上目标球，看看能否做个安全球。如果红球处在敞开位，就千万不可将白球慢慢推向红球。因为，如果白球触到了红球，会给对手留下可进的红球。此时，最好打一个弹两库的擦边球，打中了，两个球的距离会拉开；如果打不中，白球也都会跑得很远，给对方造成一定难度。

（八）自由万岁

遇到对方未能成功击中目标球，并且又做成一个新的斯诺克时，一个常见的错误就是不假思索地让对方接着打，记得多考虑自由球。

（九）顾全大局

在化解斯诺克时，还得记住宁可打不中红球，也不给对方制造可进红球的机会。因为打不中，只损失 4 分。如果给对方制造可进红球的机会，可能就会输掉全局。

研究与实践

1. 台球比赛中注意力的问题探究
2. 台球比赛中运动员如何进行自我心理调节
3. 台球比赛中技战术的运用

参考文献

[1] 孙旭军.自学桌球[M].成都：四川人民出版社，1989.

[2] 林志超，季克异.余暇体育[M].成都：成都科技大学出版社，1994.

[3] 周伯璟.斯诺克台球技法[M].海南：海天出版社 1997.

（黄建飞）

第十二章 舞龙和舞狮
（Dragon Dance and Lion Dance）

> **本章提要：**本章主要介绍舞龙和舞狮的基本知识、技术动作特点和竞赛规则，以期提高大学生对龙狮运动的欣赏水平。
>
> 舞龙和舞狮是我国独具特色的民族传统体育运动；是借助"龙""狮"道具，利用人体多种姿态将力度、幅度、速度、耐力、灵敏揉于技巧之中，并依靠团队协作精神完成各种高难度动作的竞技项目。龙狮运动不仅具有很强的观赏性和健身价值，同时还能弘扬中华民族文化，培养爱国主义和集体主义精神。

第一节 舞龙
（Dragon dance）

龙是中华民族神圣、祥瑞的象征。自古以来，华夏民族对龙的朝拜，旨在求得风调雨顺、丰衣足食、平安吉祥。

舞龙俗称舞龙灯，是我国独具特色的民间舞蹈和娱乐活动。舞龙之俗由来已久，据记载距今已有二千多年历史。有史料考证：舞龙祈雨早在先秦时期开始流行，到了汉代已具有相当规模，且各地风格各异、独具特色，形式也十分讲究。

在近代，随着华人的迁移，舞龙之俗又传播到世界各地。而今凡有华人聚居的地方，每到庆典和佳节均有舞龙助兴。舞龙作为中华民族的文化，也逐渐为世界各国所接受，进而演变为颇具特色的舞龙运动。由于舞龙运动不仅场面壮观，具有很强观赏性，而且对锻炼身体的协调性、灵活性、力量、耐力等素质有很大益处。所以，近几十年来，东南亚许多国家和地区将舞龙发展成为一项竞赛活动。国际性的舞龙比赛也日益增多。

在我国，自 1995 年起，每年都组织全国比赛，随着中国龙狮协会的成立，把舞龙发展为竞技舞龙。2001 年国际龙狮总会制定并推出了国际舞龙竞赛规则和裁判法，推动了世界各国舞龙运动的蓬勃发展，并使舞龙运动在保持传统风格的基础上，走上了规范化、科学化和国际化的轨道。

一、舞龙的基本知识（basic knowledge of dragon dance）

舞龙的主要道具是"龙"。龙是用草、竹、木、纸、布等扎制而成。龙的节数以单数为吉利，多见有九节龙、十一节龙、十三节龙，多者可达二十九节。十五节以上的龙体大而重，不宜舞动，主要是用来观赏。这种龙特别讲究装潢，具有很高的工艺价值。

舞龙是由龙珠、龙头、龙身、龙尾 10 个人在音乐伴奏下以大幅度的舞动来表现龙的各种腾跃加滚翻，珠引龙走，龙跟珠行，节节相随，快慢有序，组成各种巨龙腾跃的优美形态。

> **资讯窗**：龙又有"龙灯"和"布龙"之分。每节内能燃烛的称"龙灯"，不燃烛的称"布龙"。龙又有"文""武"之别。文龙主要表现龙的气质和神态，动作矫健端庄。而武龙却注重技巧，着重表现龙的雄伟气魄，动作矫健灵活，变化多姿，展现武龙腾跃、滚翻的优美。

二、舞龙动作的分类（classification of dragon dance movement）

1. 8 字舞龙动作类

运动员将龙体在人体左右两侧交替作 8 字形环绕的舞龙动作，可快可慢，可原地、可行走，也可利用人体组成多种姿态、多种方法作 8 字形状舞动。

2. 游龙动作类

运动员较大幅度奔跑游走，通过龙体快慢有致、高低、左右的起伏进行，展现婉转回旋，左右盘翻，屈伸绵延龙的动态特征。

3. 穿腾动作类

龙体运动路线呈纵横交叉形式，龙珠、龙头、龙节依次在龙身下穿过，称"穿越"。龙珠、龙头、龙节依次在龙身上越过称"腾越"。

4. 翻滚动作类

龙体呈立圆或斜圆状运动，展现龙的腾跃、缠绞的动势。龙体作立圆或斜圆状连续运动，当龙身运动到舞龙者脚下时，舞龙者迅速向上腾起依次跳过龙身，称"跳龙动作"。龙体同时或依次作 360°翻转，运动员利用滚翻、手翻等方法越过龙身，称"翻滚动作"。

5. 组图造型动作类

龙体在运动中组成活动的图案和相对静止的龙体造型。

三、舞龙比赛欣赏（appreciation of dragon dance competition）

（一）比赛规则

1. 比赛

舞龙比赛按竞赛类型可分为单项赛、全能赛；按性别可分为男子组、女子组；按年龄可分为成年组（18周岁以上，含 18 周岁）、少年组（12 周岁至 17 周岁，含 12 周岁）、儿童组（不满 12 周岁）；按竞赛项目可分为：规定套路（单龙，9 把 1 珠）、自选套路（单龙，9 把 1 珠、传统套路，形式不限）、技能舞龙（单龙，9 把 1珠），舞龙比赛套路的时间为 8～9 分钟。

2. 服饰与布置

比赛时，运动员应穿具有民族特色的表演服装。执龙珠队员的服饰与其他队员应有明显区别。运动员上场比赛须佩戴号码。比赛时，允许运动队在鼓乐区装饰布置，以增强现场气氛。

3. 音乐与场地

舞龙比赛可用音乐伴奏，也可选用鼓乐，吹打乐等多种形式。竞赛场由宽度为 0.05m、长度为 20m的边线围成的正方形平整场地。边线周围至少有 1 米宽无障碍区。

4. 器材

（1）龙珠：球体直径不少于 0.35m，杆高（含珠）不低于 1.7m。

（2）龙头：龙头重量不得少于 3kg。杆高（含龙头）不低于 1.8m。

（3）龙身：以九节布龙参赛，龙身为封闭式圆筒形，直径不少于 0.35m，全长不少于 18m，龙身杆高（含龙身直径）不低于 1.6m，两杆之间距离大致相等。

（4）龙体、龙尾、龙珠的重量不限。

（5）评分标准与方法。

自选套路和规定套路满分为 10 分。5 名裁判评分时，取中间 3 个有效分的平均值，7 名或 9 名裁判评分时，取中间 5 个有效分的平均值，为运动队的应得分。

（二）舞龙运动的欣赏

舞龙运动大部分是大行进动态中完成"龙"的游弋、起伏、翻滚、腾越、缠绞、穿插等动作。利用人体多种姿态将力度、幅度、速度、耐力揉于舞龙技巧之中，或动或静，组成优美形象的龙的雕塑，展现龙的精气神韵。

在观赏舞龙时可着重从以下几个方面着手：

（1）套路编排：套路编排要内容丰富、构思巧妙、结构新颖、风格别致。

（2）动作规格：龙体运动轨迹要圆顺流畅；龙体运动与人体动作要连贯；穿越和腾越时要龙形饱满、速度均匀、动作轻松利索；组图造型要动作到位、构图清晰、形象逼真、以形传神、以形传意。

（3）难度与创新：舞龙技巧难度可分为 A 级、B 级和 C 级。其中，C 级难度为最高，主要体现为具备有一定的专项素质和专项技能才能完成舞龙动作。而创新动作要符合龙的盘、游、翻、滚、穿、腾、戏等形态。

（4）动作与伴奏：舞龙动作与伴奏要和谐配合、协调一致、风格独特，能很好地烘托舞龙气氛。

第二节　舞狮
（Lion dance）

舞狮是我国一种历史悠久、具有独特民族风格的民族传统娱乐活动。舞狮起源于三国时代，盛行于南北朝。其先在军队中流行，然后传于民间。每逢庆丰收、达大年，人们就会舞起吉祥的狮子。舞狮是喜气洋洋的流露、年景幸福生活的诠释。

舞狮是由两个表演者合作扮演狮子，外形全身由狮被遮盖，舞狮者只需露出双脚，下身穿着和狮被同样颜色的裤子和花靴，双脚着地，举着狮头起舞，盖着狮尾的另一同伴，随着狮头摆舞。另一个扮演武士，手持彩球作为引导，引诱狮子起舞。

舞狮运动是利用人体多种姿态和狮头、狮尾双人配合，在行进动态和静态造型变化中，将力度、幅度、速度等揉于舞狮技巧中，完成各种高难度动作。狮子或动或静，组成优美形象的狮雕塑，表现狮子的勇猛飙悍、顽皮活泼等习性。

舞狮运动是双人运动项目，需要相互协作和默契配合。舞狮时，运动量大，对发展力量、耐力、灵活性、协调性有着很大作用。同时，能够培养团结互助、勇敢机智、刻苦耐劳、拼搏进取精神。

随着我国舞狮运动的蓬勃开展和在世界各地的广泛传播，各种舞狮比赛也应运而生。除了我国各地每年狮王争霸赛外，目前规模最大的比赛有，至今已举办了三届全国南北狮王争霸赛和五届国际舞狮邀请赛。2001 年 5 月，第五届中国国际舞狮邀请赛中，就有包括马来西亚、比利时、意大利、印度尼西亚、菲律宾舞狮队前来参加比赛。

一、舞狮动作特点（characteristics of Lion Dance movement）

舞狮运动项目可分为南狮和北狮，它们风格不同，各具特色。

（一）北狮

北狮相传是在 1500 年前北魏时代由胡人从西域传到中原。北狮的狮身为全身覆盖型，扮狮的队员衣裤应为狮子的肢体（即狮子的前后腿），服饰要与狮子的颜色、狮毛一致，鞋为狮爪型面覆盖。舞狮时，由两人合作扮狮，一般为四人扮两头狮，另一人手持彩球，并在配以京鼓、京钹、京锣等乐声和配合后引狮子起舞。

北狮的舞狮动作主要包括上肩、上腿、飞跃、回转、翻滚、倒立、接抛球，双狮配合造型，引狮员的翻、腾、滚、跃等动作。其中以梅花桩上站肩，狮头、狮尾双单足；飞跃 3.5m 以上接上腿；狮上坛子、引狮员上狮身旋转 360°；高台、梅花桩上倒立；高台、梅花桩接抛球为难度最大。

（二）南狮

南狮又名醒狮，以广东狮最有代表性。表演时，为两人扮一狮，前面一人两脚着地，双手举着狮头，不时地作出摇摆颤抖的姿态；后面一人弯着腰曲着背藏于由一块红布、蓝布或黑布制成的六七尺长的狮被内，随着狮头摆舞。

南狮表演较注重形象，舞狮时的动作主要有：上腿、站肩、坐头、上桩，桩上飞跃、连续飞跃，环回快走，壁虎功，翻滚，钢索，过桥等。其中：凌空横推进过三桩上单（双）腿；凌空推进接新转体 180°坐头；挂单桩悬挂接横跃钳双桩；钢索上 180°连续回头跳为难度较大的动作。

> **资讯窗**：南狮的种类繁多，可分为鹤山狮和佛山狮，而佛山狮又可分为七彩狮（俗称文狮）和黑白狮（俗称武狮）。佛山艺人还创造出一种"软彩狮"，明牙活眼，前额饰有二龙戏球，金光耀眼，舞时更为引人注目。

二、舞狮比赛欣赏（appreciation of Lion Dance competition）

（一）竞赛规则

1. 比赛

舞狮比赛按竞赛类型可分为单项赛、全能赛；按性别可分为男子组、女子组；按竞赛项目可分为：南狮［单狮（2 人），桩阵上比赛有采青］和北狮［单狮（4 人）加引狮员（1 人），地面、高台或桩上比赛］的规定套路、自选套路、传统套路、技能套路。比赛套路时间为 10～15 分钟。

2. 鼓乐与场地

舞狮鼓乐以打击和演奏为主，并可采用吹打等。比赛在地毯上进行，竞赛场地为边长 20m 的正方形平整场地，场地边线宽为 0.05m，边线周围至少有 1 米宽的无障碍区。

3. 器材

要求：狮头、狮身尺度大小匀称、协调。

（1）南狮：有狮头和桩阵。

（2）北狮：有引球，狮身、高台、梅花桩。

4. 服饰

运动员应穿具有民族特色的比赛服装。

5. 评分标准与方法

套路评分满分为 10 分。5 名裁判评分,取中间三个数值平均值;7 或 9 名裁判评分时,取中间 5 个分值的平均值为运动员的应得分。

(二)比赛欣赏

舞狮运动以丰富的想象、巧妙的构思、新颖的结构、别致的风格、高难度的技巧和借助所设计的创新动作演绎和表达山、岭、岩、谷、溪、涧、水、桥、洞等意思,展现狮子喜、思、动、静、惊、疑、怕、望、戏的神态和翻、滚、闪、腾、扑、跃、戏、跳等传统舞狮的形态,动作与音乐伴奏和谐一致,以展现舞狮的形美和神美,深刻体验舞狮文化的神韵和象征中华民族腾飞的精神面貌。

在观赏比赛时,可从四个方面着手:

(1)套路编排:套路编排要结构合理,主题情节突出,狮饰、服饰得体,精神饱满,礼貌大方,能充分利用器材表现狮的各种动作,并具有独创性。

(2)形神表现:形态动作要完美无缺,神态演示要丰富、逼真,要展现气宇轩昂,威武雄壮的气势。

(3)动作难度:舞狮动作难度分为 A 级、B 级和 C 级。其中,C 级难度为最高,表现为具有较高的专项身体素质和专项技能才能完成的舞狮技巧动作和组合动作,具有较高的锻炼和审美价值。

(4)狮乐配合:舞狮动作与音乐伴奏要紧密配合、自然合拍,声调要突出轻、重、缓、急,和谐一致,风格独特,能较好地烘托舞狮气氛。

研究与实践

(一)课题选择

表演舞狮与竞技舞狮的特点比较分析

(二)确立研究目的

(1)从进一步加深对舞狮运动的理解和认识的角度进行研究,以提高观赏水平。

(2)从舞狮运动的学术角度进行研究,以弘扬中国传统体育文化。

(三)确定研究方法

(1)访谈法:对业余舞狮表演队和专业舞狮竞技队进行实地访问。

(2)文献资料法:通过各种途径查阅与本课题相关的资料。

(四)明确研究思路

以本课题"特点比较分析"的角度着手,可着重对道具特点、动作特点、身体素质特点等方面进行比较分析。

(五)制订研究计划

1. 收集信息阶段

(1)可利用假期旅游,有针对性地走访一些有着开展舞狮运动传统或水平较高专业队伍的地方,现场访谈。

(2)可利用课余时间在图书馆和网上查阅资料。

2. 信息汇总阶段

将收集的信息,根据研究思路进行归类比较分析。

3. 撰写分析报告阶段

将归类比较各种的信息资料进行整合,写出分析报告或研究报告。

(六)制定研究进度

根据研究计划的不同阶段性特点,确定完成日程。

(七)研究计划的实施

(1)组成课题组,对研究的目的、方法、思路、计划和进度进行讨论,达成共识。

(2)针对研究计划,明确任务,分工实施。

(赵长海)

第十三章　野外生存（Wilderness Survival）

本章提要：野外生存,是一项集运动、休闲和探险为一体的现代体育活动。现代人追求身心健康、人格完美,野外生存训练可以增强人的体质、激发人的潜能、磨炼人的意志,增强人对自然环境的适应能力和环境保护意识。

野外生存,概括起来大体上是围绕着行、吃、住、自救四个方面展开的。具体包括野外定向和求助,野外宿营,寻找水源与取火,复杂地形行进,猎捕动物,采食野生植物,野外常见伤病的防治和救助等内容。

本章可帮助你学习野外生存知识,了解野外生存技能,这对当代大学生乃至现代社会的人们来说都是很有意义的。

野外生存是指人们在非人居的自然环境中,为了维持自己的生命而进行的各种行为组合或活动的总称。随着社会的进步、人民生活水平的不断提高和人们健身观念的转变,野外生存这种集体育、休闲、探险为一体的运动,正在成为全球越来越多的中青年人的运动方式。这一运动近年来也开始在我国蓬勃开展起来。据统计,目前我国与户外运动和野外生存有关的俱乐部几乎每个省(市、自治区)都有,在一些经济发达的城市,更是发展迅速。每年全国参加野外生存活动的人数已达几十万。

野外生存训练在对人的身体素质、意志品质的提高和发展,对促进人们身心健康中的独特作用,正日益为大家认识和关注。教育部在部分高校成功开展了野外生存课程的教学试点之后,许多学校纷纷开设了野外生存训练的体育课程。喜爱这项运动的大学生越来越多,学习野外生存知识,掌握野外生存技能,正在成为当今大学生的一种愿望和需求。

一、野外定向（finding direction in the wilderness survival）

在野外生存活动时,正确的定向,使野外活动省时、省力和高效,是顺利完成野外生存活动的必要条件。反之则不仅带来体力、给养和时间的无谓消耗,更可怕的是有时甚至要付出沉重的代价。

野外定向一般有两种方法,一是利用地形图和指北针等器材;二是利用自然界的一些特征来制定,如太阳、星座的位置,建筑物的朝向规律,植物生长的向阳性规律等。

在野外迷失方向时,切勿惊慌失措,而是要立即停下来,冷静地回忆一下所走过的道路,想办法按一切可能利用的标志重新判定方向,然后再寻找道路,最可靠的方法是"迷途知返",退回到原出发地。

二、野外行进（walking in the wilderness survival）

野外行进要注意以下基本原则和事项:

搞清楚所去地区的环境,选择综合行进条件较好的行进路线和路面。认真研究拟去地区的自然和人文地理环境情况,对各种行进路线方案作综合评价,选择其中好的路线。

使用正确的步姿,协调行进节奏和速度,行进和休歇相结合。正确的步姿可使脚不易疲劳和磨伤,具体是:用脚尖踢去,然后以脚跟着地,两臂以适当的幅度自然前后摆动。选择最适合自己的步幅,以同节奏、匀速地行走。行走一段时间后应适当休息,恢复体力。通常平地走 50 分钟或山坡走 30 分钟后休息 10 分钟,不要筋疲力尽时再休息。

此外,行进时要精力集中,保持良好心态,尽可能结伴同行,不到万不得已不要走夜路。

三、野外生存的基本需要及其获取(attaining the basic needs in the wilderness survival)

生存的基本需要是水、火、食物和庇护所。它们各自的重要程度取决于你所处的环境。在求生的一切努力中,第一个行动就是要确定自己当前首先需要的是什么,然后,按照轻重缓急,逐一设法解决。

1. 水

水是人体最基本的需求,离开它人就无法生存。因此,保持体液和补充水分,是野外生存必须优先考虑的因素。

寻找水源。重点盯住低洼地。水往低处流,这是自然规律,因此,寻水首选之地是山谷底部地区。注意分析绿色植物的分布情况,一般而论,哪里有绿色植被,哪里就有水,尤其是在绿色植物分布均匀的地区,突然出现一小块长得特别茂密的植被,从那个地方往下挖,最容易找到水源。利用动物作为寻找水源的向导。无论是哺乳动物、草食动物,还是鸟类和两栖类动物,它们都要定期补水,因此,密切留意它们的动向,就能帮助找到水源。留心特殊的含水地质结构。在干涸的河床或沟渠下面很可能会发现泉眼;在岩石的断层间可能会发现湿地,悬崖底部一般都会渗出水流;在海岸边,应在最高水线以上挖坑;在悬崖入海处应注意生长茂密的植物,在那里很可能找到水。

取水的方法。取水的方法很多,常见的有:采集露水,收集雨水,冰雪化水,采集凝结水,蒸馏取水,植物中取水。从植物中取水,首先要判断该植物的液汁是否有毒以及性味如何。对泉水和江河、湖泊以及水坑、水洼、水塘中的水要注意污染,饮用前一定要加以净化。

在野外,可以通过过滤、沉淀、消毒等方法净化饮用水。制作过滤器的基本材料,可以用裤子、沙子和木炭。将裤腿底部扎住,把裤子浸湿,吊在三角架上,里面装上沙子和木炭,就可以注水过滤了。过滤出来的水要经过一定时间的沉淀,然后倒出上层的清水,就可以烧开饮用了。

2. 食物

食物是为人体提供热能和营养,以维持生命的基本物质。因此,受困荒野,要战胜危机、生存下去,重要的是要想办法获取食物。

植物类食物。可食野生植物,包括野菜、野果、蘑菇、藻类等。在各种野生植物里,有毒的种类不多,大多均可食用。如遇到自己所不认识,未曾尝试过的植物,在食用之前必须加以鉴别。最简单的鉴别方法是将植物割开一个口子,放进一小撮盐,观察这个口子是否改变原来的颜色,变色的则不能食用。另外还有一些简便的方法:如取植物嫩幼部分少许,在嘴中用前齿嚼碎后以舌尖品尝是否有苦涩、辛辣及其他异味,如果怪味很浓则可能有毒,应立即吐掉再漱口。涩味表示有单宁,苦味则可能含有毒生物碱、配糖体等有害物质。用手仔细摸,无毒的植物通常不会使手上皮肤产生发痒、发红、起风疹块等刺激症状。在缺乏通常的鉴别工具和手段时,也可少量试尝某种植物,若 8~12 小时内身体无头晕、恶心、头痛、腹痛、腹泻等中毒症状时,再大量食用。

动物类食物。捕捉一切能够食用的小动物,是野外求生时解决食物来源的有效方法。比较容易捕捉的小动物主要有蛇、蛙、龟、蜥蜴、鱼、虾等。另外,昆虫也是野外求生者能获取的动物性食物资源。最有利用价值的是白蚁、蚱蜢、蝗虫、蟋蟀、蜜蜂等。特别是蜜蜂,不但蛹、幼虫和成年蜂都可以吃,而且在蜂房里还可以找到蜂蜜。昆虫最好经过烹烧之后食用,这样既美味又安全。食用前,对蝗虫、蚱蜢、蟋蟀之类的大型昆虫,要先扔掉小腿及翅膀,因为它们会刺激消化道。

3. 火

火对野外求生者有着极端重要的作用。野外生存活动中,火在烤煮食物、取暖、发求救信号和防御野兽侵袭等方面都有着不可替代的作用。从某种程度上讲,一个人在野外生存能力强弱决定于其野外取火的能力。

选择生火点和构筑火炉。根据所处环境的地形特点,确定生火地点。最好选择在靠近宿营处,既能保证用火安全,又便于火焰燃烧和散烟。选好点后,再根据用途、地形特点和可能获取的材料,采用垒、挖、架等办法,构造合适的火炉。

搜集燃料。选择燃烧持续时间长、热效能好、不发烟或发烟少的燃烧物,如枯木、干燥的动物粪便等。选择枯草、枯树枝叶、纸张、布条等作引火物。

点火。点火的方法很多,如火柴点火、凸镜点火、火刀击打火石、钻木取火、电池生火等。

用火。应合理安排、节省燃料、保留备用火种、注意安全。

4. 露营地与庇护所

正确选择露营地、搭建庇护所是野外求生的必备技巧。露营选址应注意以下几点:背风、近水、远崖、防雷、避兽。不宜宿营的地方:山顶风口、深谷河滩、孤树高地、兽道水源、陡崖深洞、蜂蚁窝边。

野外最好不要露宿,因为当人睡着之后,血液循环变慢,皮肤松弛,对外界的抵抗力降低,皮肤上的露水蒸发时又带走了热量,会使人着凉受寒,关节酸痛。可以利用山崖、岩洞、丛林庇护,也可利用石块、树枝树干搭建庇护所。

四、野外常见伤病的防治(injuries and prevention in the wilderness survival)

(1) 昆虫叮咬的防治。为防止昆虫叮咬,应穿长袖衣裤,扎紧袖口、领口,皮肤暴露部位涂擦防蚊药。不要在潮湿的树阴和草地上坐卧。宿营时,烧点艾叶、青蒿、柏树叶、野菊花等驱赶昆虫。被昆虫叮咬后,可用氨水、肥皂水、盐水、小苏打水、氧化锌软膏涂抹患处除痒消毒。

(2) 蚂蟥叮咬的防治。遇蚂蟥叮咬时,不要硬拔,可用手拍或用肥皂液、盐水、烟油、酒精滴在其前吸盘处,或用燃烧的香烟烫,让其自行脱落,然后压迫伤口止血,并用碘酒涂擦伤口以防感染。行进中应经常查看有无蚂蟥爬到脚上,另外,在鞋面涂些肥皂、防蚊油可防止蚂蟥往上爬。

(3) 昏厥的防治。昏厥多由摔伤、疲劳过度、饥饿过度等造成。其表现为脸色突然苍白、脉搏微弱缓慢、失去知觉。遇到这种情况,不必惊慌,一般过一会便会苏醒。醒来后,应喝些热水,并注意休息。

(4) 中毒的防治。中毒的症状是恶心、呕吐、腹泻、胃疼、心脏衰弱等。遇到这种情况,首先要洗胃,快速喝大量的水,用指触咽部引起呕吐,然后吃蓖麻油等泻药清肠,再吃活性炭等解毒药及其他镇静药,多喝水,以加速排泄。

(5) 中暑的防治。中暑的症状是突然头晕、恶心、昏迷、无汗或湿冷、瞳孔放大、发高烧。发病前,常感口渴头晕、浑身无力,眼前阵阵发黑。此时,应立即在阴凉通风处平躺,解开衣裤带,使全身放松,再服十滴水、仁丹等药。发烧时,可用凉水浇头,或冷敷散热。如昏迷不醒,可掐人中穴、合容穴使其苏醒。

(6) 擦伤出血的防治。用肥皂水和清水将伤口上的泥土清洗干净。如出血较多,可用棉棒、纱布、干净手帕或卫生纸压在伤口处数分钟。待不出血时将红药水涂于伤口处即可。一般不是过深的伤口不要包扎、覆盖。

(7) 抽筋的防治。拉引患处肌肉,使患处打直,轻轻按摩患处肌肉。补充水分和盐分,休息直到患处感觉舒适为止。

(8) 冻伤的防治。如发现皮肤有发红、发白、发凉、发硬等现象,应用手或干燥的绒布摩擦伤处,促进血液循环。轻度冻伤用辣椒泡酒涂擦便可见效。如发生身体冻僵的情况,不要立即将伤者抬进温暖的室内,应先按摩肢体,做人工呼吸,待恢复知觉后,再到较温暖的地方抢救。

(9) 蜇伤的防治。被蝎子、蜈蚣、黄蜂等蜇伤,要先挤出毒液,然后用肥皂水、氨水、烟油、醋等涂擦伤口,或用马齿苋捣碎,汁冲服,渣外敷。也可用蜗牛洗净后捣碎涂在伤口上。此外蒜汁对蜈蚣咬伤有疗效。

五、野外急救(emergency treatment in the wilderness survival)

野外急救的原则是:遇到事故时,应大胆沉着,细心负责,分清轻重缓急,果断实施急救;先处理危重病人,再处理病情较轻的病人,在同一患者中,先救活生命,再处理局部;观察现场环境,确保自己及伤者的安全;充分运用现场可供支配的人力、物力来协助急救。

现场急救,一般应注意按以下步骤迅速进行:

让患者仰卧在坚硬的平面上,这样有利于施行胸外心脏挤压等急救方法。

打开气道。将患者的衣领扣、领带、围巾等解开,同时迅速将患者口鼻内的污泥、土块、痰、呕吐物等清除,以利呼吸道畅通。

看、听、感觉呼吸。侧头用耳贴近患者的口鼻,看患者胸部或上腹部有无起伏;听患者口鼻有无呼吸的气流声;感觉有无气流吹拂面颊感。

人工呼吸。若患者无自主呼吸,应对患者实施人工呼吸,口对口或鼻吹气,每次吹气时间为 1~1.5s,吹气量为 800ml。

检查脉搏、判断心跳。轻柔触摸患者颈动脉或肱动脉,观察、判断。若没有脉搏搏动,可实施胸外心脏挤压,挤压速度为 60~80 次/min。挤压气与吹气之比为 15:2 反复进行。连续 1min 后,再判断脉搏、呼吸恢复的情况和瞳孔有无变化。

紧急止血。对严重外伤者,应检查有无严重出血的伤口,如有,要采取紧急止血措施。

保护脊柱,避免脊髓受伤或受伤脊柱进一步加重,造成截瘫甚至死亡。

在紧急处理完将患者交给医师之前,需对患者进行保暖,避免消耗体力,使症状恶化。

六、野外求救(signaling for help in the wilderness survival)

1. 利用声音求救

陷入低洼的地方、密林中、塌陷物内,或遇大雾、暗夜等情况时,间断性地呼救是十分必要的。不少类似遇险者,意志坚强,不断地呼救,最后终于获救。呼救时可就地取材,利用哨声、击打声发出求救信号。

2. 利用烟火、光求救

在大漠、荒岛、丛林等处遇险时,可点燃树枝、树皮、树叶、干草等,白天加湿,用烟作求救信号;夜间用火,向可能获救的方向点三堆火;白天还可用镜子、眼镜、玻璃片等借阳光反射,向空中救援飞机发出求救信号。

3. 利用求救信号求救

各种现代化的工具如手机、电脑、卫星电话等都可以十分方便快捷地发出求救信号。另外"SOS"是最广为人知的国际求救信号,在荒野、草地、丛林的空地上以各种形式展示"SOS"大字求救,往往能取得很好的效果。

研究与实践

组织及参与户外自助旅游

户外自助游可包括特殊兴趣(登山、摄影、滑雪)型、极限探险(探洞、漂流、穿越)型、修学求知(观鸟、采集标本、田野调查)型等,它的最大特点就是以山野户外为目的地,以背包为食宿保障物,以徒步为交通方式,在山地、丛林、冰雪、极限等环境与大自然为伴,切身地体验野外生存的知识,运用野外生存的技巧,积累野外生存的经验。

参考文献

[1] 王健.野外生存技巧[M].北京:科学出版社,2007.

[2] 陈时见等.大学军事教程[M].重庆:西南师范大学出版社,2006.

(陈芝冬)

第十四章 散打（Catch and Wrestle）

本章提要:本章主要介绍散打中踢、打、摔、拿的基本攻防技术、简单常用练习方法和欣赏散打比赛的基本知识。练习散打术,不但能培养机智、顽强、勇敢、果断的意志品质,而且还能健体、防身。学习时要循序渐进,逐步加强对抗力度、难度,使用时要掌握分寸,以免造成过失。

散打又称技击术或擒拿格斗术,是中华武术的精髓。它主要包含了踢、打、摔、拿与格、架、截、闪等攻防技巧(高级技巧还有抓筋、点穴法),对敌中远距离,可用拳打脚踢;对敌近距离,可用头、肘、膝、肩、胯、背等躯体各部进行贴靠撞打与摔拿。它需要练习者练就灵活的步法、娴熟的手法、敏锐的眼法、协调的身法。在刚柔相济的同时,配以过硬的身体各部功力,不动则已,动则即出杀招制服敌人。学习散打术,是培养人顽强毅力、优秀心理素质和克敌制胜本领的最佳途径。

对于武术爱好者或希望学几招作为自己防身的人来讲,使用时,一定要根据对象、场合等具体情况,掌握分寸,要把握好正当防卫的尺度,以免防卫过当,造成不必要的过失。

第一节 散打技术
(The skills of wrestle)

散打术招法简捷,没有套路,注重实用。基本技术主要包括拳法、肘法、腿法、膝法、摔法和拿法。

一、基本拳法、掌法(basic boxing skill and palm skill)

1. 直拳

动作说明:(以右直拳为例)左脚向前上一步,同时右拳以蹬腿、扭腰、送胯之合力从胸前猛力向前旋转冲出,重创对手的面部,同时左手防护头部(图Ⅲ-14-1)。直拳在距离对方较远时使用。

2. 摆拳

动作说明:(以右摆拳为例)左脚向前上一步,同时右拳以蹬腿、扭腰、送胯之合力,借腰部转动发力,由后猛力向前横勾,同时左手防护头部,重创对手的太阳穴或脸部(图Ⅲ-14-2)。它是侧面进攻的拳法。

3. 勾拳

动作说明:(以右上勾拳为例)左脚向前上一步,同时结合蹬腿、扭腰、送胯合力,将右拳由后向前上方屈臂猛力勾击,重

图Ⅲ-14-1 直拳   图Ⅲ-14-2 摆拳

创对手的腹部、下巴或心窝（图Ⅲ-14-3）。勾拳在短距离实战中威力大，实战时根据需要也可以使用左、右平勾拳打击对手。

4. 扣拳

动作说明：（以左扣拳为例）左腿在前，左臂以肘为轴，拳由下经胸向前上方，用拳背摔出。扣拳是近距离中攻击对方的拳法，可用拳背抽击对方面部（图Ⅲ-14-4）。在实战中配合肘法、手法攻击对方，能发挥较大的威力。

5. 撩拳

动作说明：（以左撩拳为例）左腿在前，上体快速向右拧转180°，同时左拳经胸腹，向身体后下方撩击，同时右拳放于下颌左侧防卫（图Ⅲ-14-5）。撩拳是近距离击打对方的拳法。它能在败退中突然反击对方，可有力地撩中对方腹、裆部位，它是一种隐蔽的拳法。

6. 劈掌

动作说明：（以左劈掌为例）左腿在前，左掌先向前上方撩击对方，再以肩关节为轴向下后方斜劈，手指向下，同时右掌上挑，护脸侧面（图Ⅲ-14-6）。劈打时，攻击对方肩、颈等部位。动作大，用力凶猛，是杀伤对方的一种主要方法。

7. 挑掌

动作说明：（以右挑掌为例）左腿进步，同时左掌由下向前上方挑击，手臂伸直，虎口向前，右掌护脸左侧，保护头与肋（图Ⅲ-14-7）。挑掌是由下向上攻击对方裆、腹部位的掌法，是一种隐蔽手法。

8. 穿掌

动作说明：（以右穿掌为例）甲两手变掌，左腿向前上步，同时右掌从右胸向前穿击。穿掌时向前探肩，另一手护脸侧，保护头与肋（图Ⅲ-14-8）。穿掌是用指尖穿击对方眼睛、面部的掌法，它能主动攻击对方。在实战中快速连续的穿掌能扰乱对方攻、防思路。

二、基本肘法（basic elbow skill）

1. 盘肘

动作说明：乙用右勾拳击甲方的左脑门。甲用左臂向上外格挡乙右腕部（图Ⅲ-14-10），同时右臂屈肘，上身左转，横击乙的左脑部（图Ⅲ-14-11）。

2. 崩肘

动作说明：乙用两手抓住甲的双肩撕打，甲立即用右手抓乙的左腕部。同时上身右转，上左步，用脚尖钩住乙右脚跟；左手屈肘内旋，用肘后侧向下击乙的右臂（图Ⅲ-14-12）。乙松右手后缩，甲顺势用左肘尖向左崩击对方的心窝，重创乙胸部（图Ⅲ-14-13）。

3. 砸肘

动作说明：乙用两手抱住甲的左腿膝部，想摔倒甲（图Ⅲ-14-14）。甲即以左前臂向下紧压乙后脑，同时右臂屈肘上举，用肘尖向下打击乙的背部（图Ⅲ-14-15）。乙被击伤倒地。

图Ⅲ-14-3　勾拳　　图Ⅲ-14-4　扣拳

图Ⅲ-14-5　撩拳　　图Ⅲ-14-6　劈掌

图Ⅲ-14-7　挑拳　　图Ⅲ-14-8　穿掌

图Ⅲ-14-10　盘肘(1)　　图Ⅲ-14-11　盘肘(2)

图Ⅲ-14-12　崩肘(1)　　图Ⅲ-14-13　崩肘(2)

图Ⅲ-14-14　砸肘(1)　　图Ⅲ-14-15　砸肘(2)

4. 挑肘

动作说明:乙右拳向前勾击甲腹部(图Ⅲ-14-16)。甲立即以左臂由内向外按拨乙的右拳,同时右臂屈肘,肘尖向前上挑击乙的下巴(图Ⅲ-14-17)。

5. 顶肘

动作说明:乙上步,左拳击甲胸部(图Ⅲ-14-18),甲以右腿上步,从外侧扣住乙方的左腿,同时右臂屈肘格挡乙左拳,左手抓乙左腕后拉,右肘尖向前顶击乙方的左肋部(图Ⅲ-14-19、图Ⅲ-14-20)。乙被击伤。

图Ⅲ-14-16 挑肘(1)　　图Ⅲ-14-17 挑肘(2)　　图Ⅲ-14-18 顶肘(1)　　图Ⅲ-14-19 顶肘(2)　　图Ⅲ-14-20 顶肘(3)

三、基本腿法与膝法(Basic leg skill and knee skill)

在格斗术中下肢攻防主要是腿与膝的动作。中国拳谚有"手是两扇门,全凭腿打人"之说,因为腿比手长,肌肉发达,力量强,在技击中,腿攻击范围广,破坏力亦比手大,膝部攻击通常在贴身近战时采用。以下介绍几种较常用的腿法与膝法。

(一)腿法

1. 前蹬腿

动作说明:甲左脚上前一步,右腿屈膝抬起(图Ⅲ-14-21),腿由屈到伸,用脚跟向前猛力蹬出,可重创敌心脏、小腹、裆部(图Ⅲ-14-22)。格斗中有时也用后蹬腿,是比较隐蔽的技法

2. 弹踢腿

动作说明:甲左脚上前一步,右腿屈膝提起,脚面绷直(图Ⅲ-14-23),大腿带动小腿,用脚面猛力前弹踢出,可伤及敌心窝、腹部、裆部及下颌(图Ⅲ-14-24)。

图Ⅲ-14-21 前蹬腿(1)　　图Ⅲ-14-22 前蹬腿(2)　　　　图Ⅲ-14-23 弹踢腿(1)　　图Ⅲ-14-24 弹踢腿(2)

3. 横踹腿

动作说明:甲左脚向前上一步,身体在向左拧腰转胯同时,右腿迅速在体侧提膝(图Ⅲ-14-25),右小腿屈伸横扫,用脚面或脚尖,可伤及敌肋胸部、裆部或头部(图Ⅲ-14-26)。

4. 侧踹腿

动作说明:甲左脚上半步,脚尖外撇(图Ⅲ-14-27),同时左转身,右腿屈膝上抬,小腿由屈到伸,用脚掌外缘向前踹出(图Ⅲ-14-28)。可伤及敌胸腹部或膝部。

图Ⅲ-14-25 横踹腿　　图Ⅲ-14-26 横踹腿(2)　　　　图Ⅲ-14-27 侧踹腿(1)　　图Ⅲ-14-28 侧踹腿(2)

5. 转身后旋腿

动作说明：甲进攻时上右脚，同时身体左转（图Ⅲ-14-29、图Ⅲ-14-30），保持左转势能，再以右脚掌为轴，身体速向左后转180°（图Ⅲ-14-31），带动左腿用脚跟扫击向对方中盘或头部（图Ⅲ-14-32）。可伤及敌头部、胸腹部或肋部。

图Ⅲ-14-29 转身后旋腿(1)　图Ⅲ-14-30 转身后旋腿(2)　　图Ⅲ-14-31 转身后旋腿(3)　图Ⅲ-14-32 转身后旋腿(4)

（二）膝法

1. 正顶膝

动作说明：甲用双手紧抱对方颈部并用力下按，同时速提右膝，由下向前上用膝盖猛力顶撞（图Ⅲ-14-33）。可伤及敌面部、裆部。

图Ⅲ-14-33 正顶膝　　　图Ⅲ-14-34 跪膝

图Ⅲ-14-35 抱单腿摔(1)　图Ⅲ-14-36 抱单腿摔(2)

2. 侧撞膝

动作说明：甲左脚上前一步，用双手紧抱对方颈部并用力下按，同时速提右腿，用膝盖由右向左猛力顶撞对方大腿外侧、肋部或太阳穴。可伤及敌腿部、肋部或头部。

3. 跪膝

动作说明：当甲把对手击倒或摔倒在地时，可速屈膝抬腿，用膝盖向下跪击（图Ⅲ-14-34）。可伤及敌面部或胸部。

四、基本摔法（Basic wrestling skill）

在散打中，敌近身时，可用各种摔法将敌摔倒，再使用肘、膝、腿、拳法，使敌失去战斗力。以下介绍几种主要摔法。

1. 抱单腿摔

动作说明：乙拳击甲面部，甲侧身躲过后迅速进步、右脚落在乙方右腿外侧，屈体，左臂插入乙方裆中，右手从外边抱乙左大腿，头部右侧贴紧乙方身体左侧，抱乙腿于自己腹前（图Ⅲ-14-35），然后挺腹、仰头、迅速站起，两手向上端把对方扛起，向后或者向前摔（图Ⅲ-14-36）。

> **学练提示**：抱单腿时，如甲抱住乙腿后，乙如后坐，甲可顺势使身体前倾，并向左转，同时用右肩顶乙方腹部或者大腿上方部位。把乙方摔倒在甲的前方。

2. 握颈抱腿摔

动作说明：乙左摆拳击甲头部，甲低身避过，头部从乙左腋下穿过，同时左腿上步插入乙裆中，右手由外向里搂住乙大腿中部，（图Ⅲ-14-37）把乙腿抱起，左手向右下方拉乙右肩，右手向上方拉乙左大腿，同时上体猛向左转使乙摔倒（图Ⅲ-14-38）。

3. 掏裆摔

动作说明：乙右拳击甲头部，甲头低伏，同时用左手抓住乙右腕，带向右后方，身体前倾，头从对方右腋下穿过，右脚上步落在乙方两脚之间，用右肩贴紧乙腹部，右手掏入乙裆中抱住乙右大腿，（图Ⅲ-14-39），挺胸站起，将乙方摔向体后（图Ⅲ-14-40）。

图Ⅲ-14-37 握颈抱腿摔(1)　图Ⅲ-14-38 握颈抱腿摔(2)　　图Ⅲ-14-39 掏裆摔(1)　图Ⅲ-14-40 掏裆摔(2)

4. 切肩别腿摔

动作说明:乙右拳击甲面部,甲左手向左格打乙拳(图Ⅲ-14-41),同时身体迅速左转,上体稍前俯,右腿进步到乙右腿外侧别乙右腿同时,左手刁带乙右臂向身体左后,右小臂向前切压乙左肩胸,左胸紧靠乙的右胸、上体猛向前俯压,将乙摔倒(图Ⅲ-14-42)。

5. 夹颈后挑摔

动作说明:乙右摆拳打甲面部,甲左臂格挡(图Ⅲ-14-43),顺势下滑夹住乙颈部,右手抓住乙的左臂,向右转体,并用左大腿向后上挑起乙右大腿,体前倾。两手夹拉乙上体向右前下方,同时向右转腰,使对方向前翻滚倒下(图Ⅲ-14-44)。

图Ⅲ-14-41 切肩别腿摔(1)　图Ⅲ-14-42 切肩别腿摔(2)　　图Ⅲ-14-43 夹颈后挑摔(1)　图Ⅲ-14-44 夹颈后挑摔(2)

6. 夹颈缠腿翻

动作说明:乙直拳击打甲头部,甲用右臂格挡后(图Ⅲ-14-45),顺势下滑夹住乙颈部,右腿插入对方裆部缠住乙左腿,右脚尖向上勾起,左腿蹬直、向右转体,同时两手向后方推拉(图Ⅲ-14-46)。

五、基本拿法(Basic catching skill)

拿法即擒拿,它是格斗技术的一部分。在对敌格斗中用擒拿反敌关节,使对手关节、韧带失去正常活动,达到拿其一点控制全身,将敌制服。以下介绍几种常用拿法。

1. 小缠丝

动作说明:甲以右拳击乙胸部。乙进右脚,用右手刁甲右腕(图Ⅲ-14-47)。甲用左手按乙右手背,同时进左脚至乙右脚外侧。以右手变掌,作上下缠绕顺时针方向运动,力切乙右腕,使乙形成反关节背势,使乙扑跌(图Ⅲ-14-48)。

图Ⅲ-14-45 夹颈缠腿翻(1)　图Ⅲ-14-46 夹颈缠腿翻(2)　　图Ⅲ-14-47 小缠丝(1)　图Ⅲ-14-48 小缠丝(2)

2. 大缠丝

动作说明:乙进右脚,用右手刁握甲右前臂(图Ⅲ-14-49)。甲进左脚至乙右脚外侧,用左手抓握乙手背,使乙不得逃脱。同时甲右手扣牢乙右肘关节里侧,以左肘压乙右肘上侧。并顺时针方向缠绕,加强肘的向下压力,使乙仰跌(图Ⅲ-14-50)。

3. 颈拿法

动作说明:乙进右脚。用右手搂甲左颈外侧(图Ⅲ-14-51)。甲左手置乙右小臂外侧,同时上身作顺时针旋转下沉,左手上托。颈部下压,与左手形成合力(图Ⅲ-14-52),使乙失去反抗能力。

图Ⅲ-14-49 大缠丝(1)　图Ⅲ-14-50 大缠丝(2)　　　图Ⅲ-14-51 颈拿法(1)　图Ⅲ-14-52 颈拿法(2)

4. 反扭臂拿法

动作说明:乙进右脚,用右手背击甲。甲进左脚,用左手拦截乙右手腕部(图Ⅲ-14-53)。用右手迅速抓拿乙右手四指,并用右臂顺时针缠转,向下向里带并上托,使乙右臂反关节,失去反抗能力(图Ⅲ-14-54)。

5. 下巴推拿法

动作说明:乙双手搂抱甲腰部(图Ⅲ-14-55),甲双掌挤推,双手前崩,腰背后撑,挤击乙下颌气管处,破坏乙双手的锁抱力,使乙必须松双手(图Ⅲ-14-56)。

 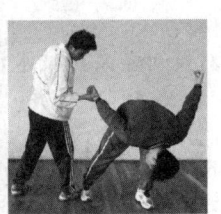  

图Ⅲ-14-53 反扭臂拿法(1)　图Ⅲ-14-54 反扭臂拿法(2)　　图Ⅲ-14-55 下巴推拿法(1)　图Ⅲ-14-56 下巴推拿法(2)

6. 反臂解脱反拿法

动作说明:甲右拳击乙面部,乙进右脚,右手刁甲右腕(图Ⅲ-14-57)。甲即进右脚至乙裆部,同时右臂乘势逆时针滚动接曲肘,置乙右肘关节里侧。甲用左手,反拿乙右手关节,同时下蹲,右肘向下压乙右肘内侧,使乙仰扑(图Ⅲ-14-58)。

7. 刁腕反拿肩击法

动作说明:乙用右拳击甲胸部。甲进右脚,同时用右手反拿乙右腕,使乙成背势(图Ⅲ-14-59)。同时向右转身,上左脚至乙右脚里侧,左肘紧贴乙右臂外侧。拿直乙右臂,同时继续向右转身,以左肩撞击乙右臂外侧,使乙前倾(图Ⅲ-14-60)。

图Ⅲ-14-57 反臂解脱反拿法(1)　图Ⅲ-14-58 反臂解脱反拿法(2)　　图Ⅲ-14-59 刁腕反拿肩击法(1)　图Ⅲ-14-60 刁腕反拿肩击法(2)

图Ⅲ-14-61 破前抓发压腕拿法(1)　图Ⅲ-14-62 破前抓发压腕拿法(2)

8. 破前抓发压腕拿法

动作说明：甲被乙用右手迎面将头发抓住，甲速用双手将其右手扣紧(图Ⅲ-14-61)，用力后拉、身体与头部后仰，拉直乙胳膊，再猛向前一伏，形成再向下合切，乙腕必断(图Ⅲ-14-62)。

试一试：对方如果在中、近距离用右或左直拳攻击你脸部，请你设计一套快速、有效的防守反击手法来。

六、散打练习方法（the practice means of catch and wrestle）

散打技术的四种练习方法：

(1) "喂招"法：为了使新手较快地掌握动作，在老师的指导下，由陪练者配合，反复给练习者体会动作过程和要领的方法。

(2) "体会"法：即动作学会后，通过较长时间由慢到快；由生到熟反复体会攻、防双方身体接触的部位与用力感觉，直至熟能生巧的方法。

(3) "变换"法：即变换攻、防动作；变换攻击部位；变换对抗对象来练技术，以提高实战应变能力的方法。

(4) "实战"法：通过相互实战的对抗练习与竞赛，来提高实战经验的方法。

增强个人各部功力的练习手段，可根据需要选择练习：

(1) 拧绳砖：用绳一头绑一根短棍一头吊砖，双手拧棍吊砖练习。主要练腕力与指力。

(2) 打千层纸：用废纸一头装订后，吊着当靶打击。主要练拳力、掌力与指力。

(3) 掌拍击沙包：需要做一个沙包，里面可装木屑、黄沙或铁沙。主要练掌力与拳力。

(4) 手指、拳面俯卧撑：主要练指力、拳力和臂力。

(5) 马步推砖：人站马步桩，双手握砖于腰间，两臂交替向前推砖。主要练腿力与臂力。

(6) 树桩(树木)排体功：用树桩或木桩作为器材，身体各部都可以进行靠、击练习。

(7) 沙袋功：制作一个沙袋吊起，作锻炼器材。身体各部都可以进行靠、击练习。

第二节　散打的欣赏
·（Enjoyment of catch and wrestle）

散打比赛，是一项对抗性很强的运动，欣赏性强。1979 年我国就恢复了散打运动，制定了比赛规则，运动员要穿护具，带护头、拳击手套，脚穿体操鞋，在直径 9 米的圆形场地内比赛，地面要铺地毯，边线外向外延伸 2 米，并设有保护垫。

比赛性质，原为男子表演项目，但 1986 年 11 月在湖南举行的全国钢龙杯散打比赛中，设有女子 56 公斤级的比赛，这是我国散打运动的一次突破。2000 年以来为了使武术尽快地走向世界，我国举行了多次国内的拳王争霸赛、擂台赛和国际的散打对抗赛，并制定了相应的规则。

散打发展的趋势：散打术是一项直接身体对抗的技术，实用性强、应用广。普通人掌握了散打技术，在危急情况下，能正当防卫；在经济领域里，也能为企事业的保安工作发挥作用。军事上，特警、特种兵作战中掌握这门功夫，对内在完成擒罪犯、反恐怖、反暴乱、反劫机，对外在搞侦察、敌后渗透、纵深打击敌方军事重地、绝密设施系统中能发挥重要作用。

一、比赛按体重分级（rank of the game）

(1) 48 公斤级（48 公斤以下）。

(2) 52 公斤级（48 公斤～52 公斤以下）。

(3) 56 公斤级（52 公斤～56 公斤以下）。

(4) 60 公斤级（56 公斤～60 公斤以下）。

(5) 65 公斤级（60 公斤～65 公斤以下）。

(6) 70 公斤级（65 公斤～70 公斤以下）。

(7) 75 公斤级（70 公斤～75 公斤以下）。

(8) 81 公斤级（75 公斤～81 公斤以下）。

(9) 81 公斤级以上。

二、比赛要求（rule of the game）

(1) 严禁攻击部位：后脑、颈部、咽喉、裆部和用掌指插击眼睛。

(2) 得分部位：头部、躯干、大腿和小腿。

(3) 攻击方法：可用任何流派的技术动作进攻对方，但不许使用头、肘、膝和反关节动作。

三、得分标准（Scoring criterion）

得 2 分：

(1) 明显使用两个方法同时或连续击中对方有效部位，得 2 分。

(2) 将对方摔、打出界而自己立在界内（一脚踩线即为出界），得 2 分。

(3) 将对方摔打倒地而自己站立，得 2 分。

(4) 使用方法不当倒地，站立者得 2 分。

(5) 使用地躺动作将对方打倒，得 2 分。

(6) 用腿击中对方腰部以上者，得 2 分。

得 1 分：

(1) 一次明显击中对方有效部位，得 1 分。

(2) 用手点击到对方头部一次，得 1 分。

(3) 使用方法使对方失去平衡而附加支撑，得 1 分。

(4) 双方互摔，后倒地者，得 1 分。

(5) 自行出界或滑倒，对方得 1 分。

(6) 将对方逼、打、推出界，或将对方摔打倒地出界，自己也随之出界站立者得 1 分。

(7) 比赛中双方对峙不主动进攻，或一方消极逃避 8 秒钟时，前者场上裁判员指定任何一方进攻，后者指定消极逃避一方进攻，如 8 秒钟内仍不进攻，则对方得 1 分。

(8) 运动员用地躺动作倒地后，如超过 3 秒钟没有进攻动作时，则为消极，每出现两次消极，对方得 1 分。

加分：

每出现一次方法独特、技术熟练、效果显著的攻防动作，加 2 分。

优势胜利:

(1) 在比赛中,裁判员发现双方技术悬殊,经裁判长同意,可判技术强者为该场胜方。

(2) 被击中有效部位倒地达 10 秒钟或间歇 20 秒钟后仍不能比赛者,对方为该场胜方。

(3) 因对方犯规而受伤,经医生检查不能再比赛的受伤者,经裁判长同意,为该场胜方。

研究与实践

课题名称:试论武术腿法在散打中的应用

(1) 研究方法:可选择文献资料法与专家访谈法。

(2) 研究小组人员组成与分工:研究小组人员可一分为二,一部分人通过查阅书籍、刊物,搜集腿法在散打中应用的资料;一部分人外出访问,向散打教练、运动员、公安武警教练、战士了解散打、格斗中腿法应用的体会。

(3) 制定研究计划与进度:① 包括研究小组人员组成时间安排;② 查阅资料与访问时间安排;③ 资料、记录汇总与分析时间安排;④ 撰写论文时间安排;⑤ 论文征求意见与修改。

(4) 结题报告:论文汇报与专家评估。

(5) 课题研究总结并写成总结报告存档。

参考文献

[1] 佟庆辉.武术散打技术[M].北京:北京体育学院出版社,1993.

（时　霖）